작가의
드론 독서
4

작가의
드론 독서
4

정광모 지음

4

도서출판 전망

저자의 말

선택되지 못한 책들에게

 사 둔 책을 못 찾을 때가 있다. 읽지 않은 책이다. 넓지 않은 집이고 책을 많이 쌓아둔 것도 아니지만 책은 어딘가에 꼭꼭 숨어 나타나지 않는다. 책은 자신을 홀대한 주인을 향한 서러운 마음에 다시는 내 앞에 나타나지 않으리라 작심한 것 같다. 책장과 바닥에 둔 책들을 이리저리 뒤적여보다 나는 숨은 책에게 죄송하다는 마음을 전한다. 고작 몇 장만 넘기고 읽기를 미뤄둔 잘못을 사과한다. 그때 여러 사정으로 단박 읽어내지 못하고 마음을 접어둔 것이 실수였다고 후회한다.
 책은 그딴 사과나 후회로는 상처받은 마음을 달랠 수 없다고 굳게 다짐했는지 영 눈에 띄지 않는다. 한 시간을 찾던 나는 책에게 사과했던 마음을 접고 에이, 나오기 싫으면 관두라지, 인터넷 서점과 도서관에도 있다니까 하며 호기롭게 태세를 바꾼다. 그런데 도서관에는 그 책이 없고 인터넷 서점은 주문하면 이틀은 걸린다는 안내가 뜬다. 글을 쓰는데 당장 필요한 책인데 말이다.
 우여곡절 끝에 책을 구해 참고가 될 만한 구석을 찾아 글을 쓰고 난 며칠 후에 책은 단정히 모습을 나타낸다. 바닥에 깔린 책 중에서 책등을 뒤로 하고 앉아서 찾지 못한 것이다. 왜 이렇게 책등을 뒤로 뒀지 하며 책을 꺼내 독서 우선순위 책장에 꽂아놓는다. 때로는 멀쩡히 서가 아래

칸에 꽂혀 있기도 한다. 그럴 때면 깜짝 놀란다. 여러 번 훑었는데도 왜 책이 눈에 띄지 않았을까. 혹시 마법을 부리거나 보이지 않는 망토를 쓴 것이 아니었을까 의심하기도 한다. 우선순위로 읽을 책장에 꽂아놓아도 책 읽기는 미뤄진다. 새 책은 계속 출간되고 읽고 싶은 고전 역시 늘어나서 함께 하고 싶은 결심은 며칠을 가지 못한다.

거기다 도서관에서 빌린 책은 먼저 읽게 된다. 대학도서관과 우리 아파트의 작은 도서관에서 발견하는 괜찮은 책들이 있다. 이런 책들에는 반납 기한이 정해져 있어 어쩔 수 없다는 핑계를 대면서 손이 먼저 간다.

그러니 선택되지 못한 책들이여. 내 마음은 너를 사랑하지 않는 게 아니란다. 단지 인생의 시간이 부족할 뿐. 우리는 보르헤스가 말한 끝없이 이어지는 도서관에서 끝없이 책을 읽는 영생의 삶을 사는 독자가 될 수는 없다. 그런 독자가 꼭 행복할 것 같지도 않다. 항상 부족한 시간을 느끼며 그럼에도 만족하는 삶이 더 낫지 않을까 하며 마음대로 스스로를 위로한다. 그런데 읽히지 않은 책도 위로받을까?

『다치바나 다카시의 서재』란 책이 있다. 일본의 저널리스트인 다치바나 다카시가 자신의 서재인 '고양이 빌딩'의 책을 소개한다. 지하 2층부터 3층까지 공간에 가득 찬 책이 독자를 압도한다. 다카시는 주제별로 모아둔 서재 한 칸 한 칸의 책과 읽었던 소감, 그리고 논평까지 덧붙인다. 빌딩이 서재라니 침이 꿀꺽 넘어간다. 그런 서재를 보유하면 책을 향한 갈증이 더 심해질 것도 같다. 쌓인 책들에게 밀려서 울트라 마라톤을 뛰는 사냥꾼이 될 것도 같다. 정작 내가 쫓는 사냥물이 어디에 있는지도 모르면서 말이다. 그리고 읽지 못한 책도 빌딩의 크기 만큼 압도적으로 늘어날 것 같다.

서평을 쓰는 목적은 무엇보다 읽은 책을 다시 정리하는 기회를 갖기 위해서다. 즉 나를 위한 글이며 동시에 책을 위한 글이다. 글을 쓰면서 책에 표시해둔 곳을 읽으면 진하게 달인 향기를 느낄 때가 많다. 이런 곳을 놓쳤구나, 이런 부분을 더 고민했어야 되었네. 저자가 들인 마음과 정성을 느낄 때가 많다. 더 깊이 있는 분석을 하면 좋겠지만 이대로도 좋다. 이렇게 한 권 한 권씩 글을 정리해두면 겨울이 다가오는 오두막에 장작을 가득 쌓아둔 것 같아 생활의 부자가 된 것 같다.

그런 독서에서 선택되지 못한 책들아. 그대를 향한 내 마음이 순결하다는 것을 인정해주렴. 어쩌면 해보지 않은 연애가 사막의 우물과 같은 신비를 더 담고 있을지도 모르지. 그리고 다음 달에는 꼭 너와 함께 주말을 보낼게. 약속할게. 벌써 몇 번이나 약속을 어겼지 않았냐고! 그래도 이번은 진짜 진심이란다.

차례

저자의 말 __ 005

[문학]

[문학일기 1] 나혜석, 글 쓰는 여자의 탄생 __ 015

[문학일기 2] 눈먼 암살자 1, 2 __ 019

[문학일기 3] 댈러웨이 부인 __ 022

[문학일기 4] 경찰관 속으로 __ 025

[문학일기 5] 살인의 고백, 상·하 __ 029

[문학일기 6] 우리가 빛의 속도로 갈 수 없다면 __ 032

[문학일기 7, 8] 조난자들/한국이 낯설어질 때 서점에 갑니다 __ 036

[문학일기 9] 연을 쫓는 아이 __ 046

[문학일기 10] 런던, NW __ 050

[문학일기 11] 굴드의 물고기 책 __ 053

[문학일기 12] 노랑의 미로 __ 057

[문학일기 13] 사람들 __ 062

[문학일기 14, 15] 변신 단편전집/꿈 같은 삶의 기록 __ 067

[문학일기 16] 지복의 성자 __ 073

[문학일기 17] 혼불 1-10권 __ 077

[문학일기 18] 반지의 제왕 1-6권 __ 081

[문학일기 19] 태어난 게 범죄 __ 087

[문학일기 20] 나는 매일 천국의 조각을 줍는다 __ 091

[문학일기 21] 어떤 죽음이 삶에게 말했다 __ 095

[문학일기 22] 카프카의 일기 __ 100

[문학일기 23] 이정식 자서전 ⎯ 106

[문학일기 24] 아웃 오브 아프리카 ⎯ 111

[문학일기 25] 할배의 탄생 ⎯ 117

[문학일기 26] 방랑자들 ⎯ 122

[문학일기 27] 요코 이야기 ⎯ 126

[문학일기 28] 그늘까지도 인생이니까 ⎯ 130

[문학일기 29] 파친코 ⎯ 135

[문학일기 30] 2021 젊은작가상 수상작품집 ⎯ 139

[문학일기 31] 향모를 땋으며 ⎯ 142

[문학일기 32] 해리포터 시리즈 전권 ⎯ 148

[문학일기 33] 노가다 칸타빌레 ⎯ 153

[문학일기 34] 할매의 탄생 ⎯ 159

[문학일기 35] 듄 ⎯ 165

[문학일기 36] 등대로 ⎯ 168

[문학일기 37] 광막한 사르가소 바다 ⎯ 172

[문학일기 38] 혼자의 넓이 ⎯ 179

[문학일기 39] 이 땅에 태어나서 ⎯ 185

[문학일기 40] 드리나 강의 다리 ⎯ 191

[문학일기 41, 42] 밤의 여행자들/스노볼 드라이브 ⎯ 196

[문학일기 43] 뿌리 ⎯ 202

[문학일기 44] 토지 1-20권 ⎯ 208

[문학일기 45] 삼체 1-3부 ⎯ 218

[문학일기 46] 흰 ⎯ 221

[문학일기 47] 빅토리아 클럽 ⎯ 224

[문학일기 48] 여름은 오래 그곳에 남아 ⎯ 227

[인문 · 사회 · 자연과학]

[독서일기 1] 탄생의 과학 __ 233

[독서일기 2] 문학상 수상을 축하합니다 __ 238

[독서일기 3] 종의 기원 톺아보기 __ 243

[독서일기 4] 몸은 기억한다 __ 250

[독서일기 5] 바이러스 폭풍의 시대 __ 256

[독서일기 6] 우리 안의 악마 __ 262

[독서일기 7] 암 치료제의 혁신, 면역항암제가 온다 __ 271

[독서일기 8] 인수공통 모든 전염병의 열쇠 __ 281

[독서일기 9] 콜럼바인-비극에 대한 가장 완벽한 보고서 __ 290

[독서일기 10] 영원한 권력은 없다 __ 294

[독서일기 11] 전체주의의 기원 1, 2 __ 301

[독서일기 12] 타인의 해석 __ 311

[독서일기 13] 아가씨 아카입 __ 318

[독서일기 14] 나는 풍요로웠고 지구는 달라졌다 __ 328

[독서일기 15] 해석에 반대한다 __ 333

[독서일기 16] 한류의 역사 __ 341

[독서일기 17] 제국대학의 조센징 __ 353

[독서일기 18] 조 바이든, 지켜야 할 약속 __ 359

[독서일기 19] RAIN_비 __ 364

[독서일기 20] 읽는 직업 __ 369

[독서일기 21] 감염도시 __ 374

[독서일기 22] 트랜스퍼시픽 실험 __ 379

[독서일기 23] 우리의 불행은 당연하지 않습니다 __ 388

[독서일기 24] 사피엔스와 바이러스의 공생 __ 392

[독서일기 25] 우연의 질병, 필연의 죽음 — 397

[독서일기 26] 바다에서 본 역사 — 401

[독서일기 27] 행운에 속지 마라 — 407

[독서일기 28] 적을 삐라로 묻어라 — 413

[독서일기 29] 강방천의 관점 — 416

[독서일기 30] 격탕 30년 — 420

[독서일기 31] 태양계가 200쪽의 책이라면 — 428

[독서일기 32] 외계어 없이 이해하는 암호화폐 — 433

[독서일기 33] THE 인물과 사상 01 — 438

[독서일기 34] 기억 전쟁 — 443

[독서일기 35] 기꺼이 길을 잃어라 — 450

[독서일기 36] 민간중국 — 455

[독서일기 37] 경계 너머의 삶 — 461

[독서일기 38] 일본의 굴레 — 467

[독서일기 39] 재밌어서 밤새 읽는 해부학 이야기 — 478

[독서일기 40] 강방천&존리와 함께하는 나의 첫 주식 교과서 — 484

[독서일기 41] 두 얼굴의 한국어 존대법 — 491

[독서일기 42] 21세기 자본 — 497

[독서일기 43] 돈의 심리학 — 509

[독서일기 44] 백년의 급진 — 515

[독서일기 45] 뇌가 지어낸 모든 세계 — 521

[독서일기 46] 1991 — 526

[독서일기 47] 변화하는 세계질서 — 535

[독서일기 48] 징비록 — 539

[문학]

[문학일기 1]

나혜석, 글 쓰는 여자의 탄생

나혜석/ 정영은 엮음/ 문학동네

나혜석은 살아 있다. 글 쓰는 여자, 나혜석은 살아 있다. 소문과 관습의 희생양으로 문단과 사회 밖으로 쫓겨난 나혜석은 살아 있다. "문명해지면 해질수록 그 문명을 지배할 자는 오직 우리 여성들이외다." 외친 나혜석은 살아 있다. 나혜석은 자식들에게 "네 에미는 과도기에 선각자로 그 운명의 줄에 희생된 자였더니라."고 외치며 괴로워했지만 그녀는 죽지 않았다. 오늘의 말하고, 생각하는 수많은 여자로 부활했다. 누구도 글 쓰는 여자 나혜석을 물리치지 못한다. 오늘 우리는 나혜석을 다시 읽어야 한다.

한국 최초의 여성 서양화가였던 나혜석은 1948년 서울의 한 병원에서 무연고 행려병자로 삶을 마감한다. 그녀는 1896년 수원의 나 참판 댁 딸로 태어나 도쿄의 여자미술전문학교로 유학을 다녀오고 1927년에 조선 여성으로 첫 세계 일주를 했다. 1919년 3·1 운동 시위 관련자로 검거되어 5개월간 수감 생활을 겪기도 했으며 일본 유학 시절부터 잡지 ≪여자계≫의 발행을 주도했다. 여성 인권에 관한 논설은 물론 조혼과 가부장제 사회를 비판하는 소설도 꾸준히 발표했다.(6쪽) 그녀는 선각자였고 글 쓰는 여성이었으며 당대의 관습에 단호하게 저항했다.

그러나 남편 김우영과 같이 다니던 세계 여행 중 파리에서 최린을 만나면서 그녀 인생은 파란만장한 길로 접어든다. 언론은 나혜석을 주목했으나 예술가로 평가한 것이 아니라 스캔들의 주인공으로만 다뤘다. 1934년에 남편과 이혼하게 된 과정을 쓴 「이혼 고백장」을 발표한 후에는 오빠를 비롯한 가족들에게조차 외면당하게 된다.(8쪽) 가부장제 관습과 여성 차별이 심각한 1930년대에 왜 그녀는 자신을 파멸시킬지도 모를 「이혼 고백장」을 발표했을까? 그녀가 글이 가져올 파문을 몰랐을 리는 없다.

엮은이는 나혜석이 발표한 글 「모델-여인일기」를 인용한다.

"남자는 칼자루를 쥔 셈이요, 여자는 칼날을 쥔 셈이니 남자 하는 데 따라 여자에게만 상처를 줄 뿐이지. 고약한 제도야. 지금은 계급 전쟁 시대지만 미구에 남녀 전쟁이 날 것이야. 그리고 다시 여존남비시대가 오면 그 사회제도는 여성 중심이 될 것이야. 무엇이든 고정해 있지 않고 순환하니까."

엮은이는 위의 글을 들어 이렇게 해석한다. 나혜석은 칼자루를 쥔 남성 중심 사회를 바꾸기 위해서는 칼날을 쥔 여성들이 상처를 두려워하지 않고 말과 글을 남겨야 한다고 믿었다. 나혜석은 자신이 다치게 되더라도 직접 글을 쓰는 길을 선택했다. 당장 제대로 읽히지 않는다 할지라도 진실을 직접 밝히겠다는 나혜석의 의지가 오늘날 그녀를 근대 여성 지식인의 원류로 평가받게 했다. 그렇기에 그녀는 충분히 합당한 역사적 지위를 되찾아야 한다.(10쪽)

나혜석의 글을 읽으면 놀랍다. 「이혼 고백장」에 쓴 글을 보자. 그 시절에 이런 말을 할 수 있다니.

"조선 남성 심사는 이상하외다. 자기는 정조 관념이 없으면서 처에게나 일반 여성에게 정조를 요구하고 또 남의 정조를 빼앗으려고 합니다. 서양에나 동경 사람쯤 하더라도 내가 정조 관념이 없으면 남의 정조 관념이 없는 것을 이해하고 존경합니다."(200쪽)

글 「신생활에 들면서」에는 이런 말도 나온다.

"정조는 도덕도 법률도 아무것도 아니요. 오직 취미다. 밥 먹고 싶을 때 밥 먹고, 떡 먹고 싶을 때 떡 먹는 거와 같이 임의 용지로 할 것이요. 결코 마음의 구속을 받을 것이 아니다."(210쪽)

나혜석은 「회화와 조선 여자」란 글에서 이렇게 말한다.

"아직 우리의 여러 가지 형편이 조선 여자로 하여금 그림에 대한 흥미를 줄 만한 기회와 편의를 가로막고 있으니까 그러하지, 만일 이 앞으로라도 일반 여자계에 그림에 대한 취미를 고취할 만한 운동이 일어나기만 하면 반드시 여류 화가가 배출할 줄로 믿습니다."(311쪽)

조선 여자의 기회를 가로막은 여러 가지 형편은 오늘에는 줄거나 사라졌을까? 그 형편들은 시대 변화에 따라 조금씩 좋아졌지만 그림뿐만 아니라 정치, 사회, 기업 각 분야의 여성 진출을 여전히 막고 있다.

책에 실린 나혜석의 소설은 계몽 성격이 강하다. 문학 작품으로서 완성도는 미흡해 보인다.

수원 팔달구 인계동에는 2000년 경 만들어진 나혜석 거리가 있다. 나혜석 거리는 수원 태생인 최초의 한국 여성 서양화가 정월 나혜석 여사의 업적을 기리기 위해 조성된 약 300m가량의 문화 거리로 문화예술회관, 효원공원, 야외 음악당 등을 연결하는 공간으로 이루어져 있다. 도로 내 분수대, 음악이 흐르는 화장실, 조경수가 잘 조성되어 있는 보행자 전용 도로로서 거리 공연과 같은 다양한 볼거리, 주변의 전문식당가로 먹거리가 산재해 있어 많은 사람들이 찾는 문화와 만남이 공존하는 거리다.(한국관광공사) 원래 이 자리는 홍난파 거리로 계획되었으나 홍난파가 친일 논란에 휩싸이면서 나혜석 거리로 바뀌었다고 한다.

나혜석 막내아들 김건은 한국은행 총재까지 지냈다. 그가 2015년 죽으면서 보관하고 있던 어머니의 자화상을 수원시에 기증했다. 김건은 생전에 나혜석의 아들인 사실에 침묵하거나 때로는 부인하면서 살아왔다고 한다. 김건이 기증한 나혜석의 자화상은 독특한 눈빛으로 우리를 바라본다. 그녀의 눈빛은 신비스럽고 불가사의하다. 선각자로 무리의 선두에 섰던 한 여자의 얼굴—글 쓰는 여자의 탄생을 보여주는 얼굴이다.

[문학일기 2]

눈먼 암살자 1, 2

마거릿 애트우드/ 차은정 옮김/ 민음사

    2000년도 부커상 수상작이다. 저자는 캐나다 작가로 1939년생이다. 61살에 이 책으로 부커상을 수상했는데 80세가 넘어서도 왕성하게 책을 쓰고 있다. 최근에는 『시녀 이야기』의 속편인 『증언들』을 내놓았다.

    『눈먼 암살자』는 대단한 작품이다. 작품을 다 읽으면 그냥 입이 딱 벌어진다. 1910~1940년대 캐나다 역사와 소설 주인공인 아이리스의 가족사와 자이크론 행성 이야기를 버무려 완벽한 하나의 작품으로 완성했다. 소설 마지막을 보고 작품 앞부분으로 돌아와 주인공들이 어떻게 소개되었는지 확인했다. 신문 기사 형식으로 1945년 5월 26일에 25세의 로라 체이스 양의 죽음, 1947년 6월 4일에 리처드 E. 그리픈의 죽음, 1975년 8월 25일에 에이미 그리픈의 죽음, 1998년 2월 19일에 위니프리드 그리픈 프라이어 부인의 죽음. 마지막으로 책 끝에 1999년 5월 29일, 소설의 화자인 아이리스 체이스 그리픈의 죽음이 실려 있다.

    소설 앞부분을 읽으면서 왜 이들 죽음을 신문 기사 형식으로 소개했는지 생각하며 이름을 책 앞 여백에 메모를 해놓았다. 이들 죽은 이들은 모두 소설의 주요한 사건과 연결되어 있으며 소설의 등뼈를 구성한다. 왜 아니겠는가? 주인공들이 죽은 사실을 친절하게 신문 부고문 형식으로 눈에 띄게 실어놓았는데.

소설은 82세의 아이리스 체이스 그리핀이 과거를 회상하는 형식으로 진행된다. 소설 첫 문장은 아이리스의 여동생 로라의 죽음 소식으로 시작한다. "전쟁이 끝난 지 열흘째 되던 날, 내 동생 로라는 차를 몰던 중 다리 아래로 추락했다. 그 다리는 수리 공사 중이었다. 로라는 위험 표지판을 그대로 지나쳐 간 것이다."

그 뒤에 「눈먼 암살자」라는 제목이 붙은 그와 그녀의 대화가 소설 곳곳에 끼워져 진행된다. 이건 그와 그녀의 대화 같기도 하고, 소설 속의 소설 같기도 하다. 그와 그녀는 누구일까. 처음에는 로라와 도망 중인 공산주의자 알렉스 토머스의 이야기처럼 보인다. 대화 소재는 우주의 다른 차원에 위치한 자이크론 행성에서 벌어지는 암살자 얘기다. 젊은 암살자는 눈이 멀었고, 혀가 잘려 말을 못하는 처녀를 암살하려다 사랑에 빠져 구해낸다. 도대체 자이크론 행성 이야기는 왜 들어온 것일까? 이런 생각을 하면서 읽어나가면 엉뚱한 이야기가 묘하게 『눈먼 암살자』 전체에 긴장감을 주면서 어떤 은유가 아닌가 생각이 든다.

이 소설은 아이리스가 회고하는 자서전과 아이리스의 동생 이름으로 사후 출판된 소설 『눈먼 암살자』와 신문 기사 등이 섞인 구성으로 캐나다 현대사를 보여준다.

소설 막바지에 이르러서야 아이리스가 왜 자서전을 쓰고 있는지, 그리고 그 자서전을 누구에게 물려주려고 하는지가 나타난다. 손녀 사브리나 그리픈이 자서전을 물려받을 사람이다. 그러면서 소설 속의 소설인 『눈먼 암살자』를 누가 썼으며, 그 소설이 은유하는 바도 확실해진다.

아이리스는 자서전에서 자신의 잘못과 실수를 감추려 하지 않는다. 그리고 자신의 치명적 잘못을 담담하게 기술해서 손녀 사브리나에게 물려주기로 결심한다. 그래서 이 소설은 어떻게 보면 아이리스라는 할머니의 비통한 미시사를 서술한 셈이다. 캐나다 현대사와 얽힌 미시사. 아이리스는 손녀 사브리나가 이 미시사 속에서 인간의 어리석음, 욕망, 파멸, 거짓, 배신 모두를 숨김없이 읽어내기를 바란다. 그래서 아이리스는 아낌없이 자신의 치부를 털어놓는다. 아이리스가 소설에서 사브리나에게 남기는 말을 들어보자.

"그렇지만 우리 집안의 모든 여자들처럼 너는 약간 무모하기도 할 것이다. 그렇기 때문에 어쨌든 들어올 것이다. 너는 입을 열 것이다. 그리고 그 한 마디로 인해 나는 더 이상 버림받은 사람으로 남지 않을 것이다 … 그런 다음 나는 네게 이야기를 하나 들려줄 것이다. 이 이야기를 들려줄 것이다. 네가 어떻게 이 곳에 오게 되었는지, 어떻게 내 식탁에 앉아 내가 네게 하고 있었던 이야기를 듣고 있는지에 대한 이야기 … 내가 네게서 무엇을 원하게 될까? 사랑은 아닐 것이다. 그건 너무 과분하다. 용서도 아닐 것이다. 그건 네가 할 수 있는 것이 아니다. 아마도 그저 내게 귀 기울여 주는 사람을 원할 것이다. 그냥 나를 바라봐 줄 누군가. 그렇지만 무엇을 하든 나를 미화하지는 마라."(2권 395쪽)

『눈먼 암살자』는 소설이자 캐나다 역사이며 한 인물의 자서전이다. 그리고 진실에 관한 이야기이다. 작품 하나에 이 모두를 담다니 놀랍지 않은가.

[문학일기 3]

댈러웨이 부인

버지니아 울프/ 최애리 옮김/ 열린책들

　소설은 문장이면서 이야기다. 이야기에는 처음과 중간과 끝과 플롯이 들어 있다. 영웅서사에서 사실주의에 이르기까지 소설은 오랫동안 이야기의 길을 걸어왔다. 버지니아 울프는 다른 방식으로 글을 쓰고자 했다. 그녀 방식은 어떤 형태였는가? 버지니아 울프가 쓴 현대소설론을 들어보자. "마음속을 들여다보세요. 그러면 삶이란 전혀 '이러한' 게 아닌 듯합니다. 여느 때 여느 마음을 잠시 살펴보세요. 마음은 갖가지 인상들을 받아들입니다. … 만일 작가가 자유민이고 노예가 아니라면, 자기가 써야 하는 것이 아니라 쓰고 싶은 것을 쓸 수 있다면, 플롯이니 희극이니 비극이니 하는 것, 상식적인 연애담이나 파국이니 하는 것은 없어질 것입니다."(262쪽)

　역자는 이런 방식을 "겉보기에는 아무리 무관하고 일관성이 없더라도, 각각의 광경이나 사건이 의식에 새겨지는 패턴을 추적해보자는 것이 그녀의 제안이다. 제임스 조이스의 방법이기도 한 이런 심리적 기법이야말로 우리가 삶이라고 부르는 것에 좀 더 가까이 다가가게 해준다."라고 설명한다.(263쪽)

『댈러웨이 부인』은 이런 방법론을 바탕에 깔고, 1923년 6월의 하루, 런던을 무대로 등장인물의 의식을 따라가면서 그 흐름을 살펴보는 작품이다. 소설 첫 장면은 주인공인 댈러웨이 부인이 파티에 쓸 꽃을 사기 위해 런던 빅토리아 스트리트를 걷는 모습이다. 댈러웨이 부인은 자신의 눈에 비치는 거리와 지나는 사람과 소리와 느낌을 자세하게 묘사한다. 지금도 댈러웨이 부인이 지나간 길을 따라 걸으면서 주변을 관찰할 수 있을 만큼 묘사가 상세하다. 런던에 소설 『댈러웨이 부인』에 나온 '거리 따라 걷기' 같은 문학 프로그램이 있을지도 모른다.

  『댈러웨이 부인』이 '의식의 흐름' 수법을 택했다고 해서 스토리가 없는 건 아니다. 옛날에 클라리사(지금의 댈러웨이 부인)를 사랑했지만 결혼하지 못한 피터 월시의 이야기가 나온다. 피터 월시는 인도로 가서 행정 업무를 보다가 결혼한다. 피터 월시는 런던에 와서 댈러웨이 부인을 만나고 그녀가 여는 파티에 참석한다. 또 다른 주인공은 셉티머스다. 그는 1차 세계대전에 참전한 후 트라우마 때문에 살아가려는 의욕을 상실한다. 셉티머스는 전쟁 후유증으로 고통을 받지만 치료를 하는 의사 홈스로부터 사내답지 못하다는 비난을 받는다. 의사 홈스가 셉티머스를 괴롭히자 그는 투신자살을 한다. 셉티머스는 죽고 싶지 않았다. 산다는 건 좋은 일이었다. 셉티머스는 의사를 비롯한 인간들이 자신에게 뭘 원하는지 이해할 수 없었다.

  줄거리가 없는 듯 하지만 댈러웨이 부인과 피터 월시, 셉티머스 등의 내면 이야기가 잔잔하게 흐르고 있어 난해하거나 지겹지는 않다. 겨울 얼음장 밑에서 졸졸 흘려가는 냇물을 지켜보는 느낌이라고나 할까. 버지니아 울프는 어떨 때는 매일 아침 약 50단어 밖에 쓰지 못하는 시기를 겪으면서 더디게 집필 작업을 해서 작품을 완성한다. 이런 스타일의 소설은 문장과 심리 묘사가 탁월한데 우리는 번역본으로 보니 아무리 번역을 잘해도 원 맛을 다 느끼지 못해서 아쉽다.

댈러웨이 부인이 연 파티는 성황리에 끝난다. 영국 수상도 파티에 참석한다. 댈러웨이 부인은 브래드쇼 부부에게서 청년 셉티머스가 자살했다는 소식을 들어서 불쾌하다. 파티에 와서 그런 얘기를 하다니. 그렇지만 자살 소식이 파티의 즐거움을 망치지는 않는다. 댈러웨이 부인은 야외복을 입고 선 채로, 행복감에 젖는다. "이상하고 믿을 수 없는 일이지만, 이렇게 행복해 본 적이 없었다. 모든 것이 좀 더 천천히 지나갔으면, 좀 더 오래 지속되었으면 싶었다."(241쪽)

댈러웨이 부인은 파티에 온 딸 엘리자베스가 자랑스럽다. 남편도 분홍 드레스를 입은 예쁜 딸을 못 알아보고 저 아가씨가 누구지? 라고 생각한다. 댈러웨이 부인은 파티장을 벗어났다가 다시 돌아온다. 소설의 마지막 문장은 이렇다. "나도 갈게요. 피터는 말했지만, 잠시 더 앉아 있었다. 이 두려움은 뭐지? 이 황홀감은? 그는 생각했다. 나를 이토록 흥분으로 채우는 이게 대체 뭐지? 클라리사로군. 그는 말했다. 거기 그녀가 와 있었다."(253쪽)

댈러웨이 부인의 하루 파티는 그녀의 전 인생과 맞먹는 스케일을 보여주면서 행복하게 끝난다. 따지고 보면 우리의 하루하루 삶도 전 인생에 버금가는 주름과 깊이를 지니고 있지 않을까. 인생이란 매일 매일이 쌓여 만들어지는 것이다. 댈러웨이 부인이라는 사람 자체도 그런 하루가 쌓여 만들어지는 것이고, 소설『댈러웨이 부인』은 그 하루를 깊게 절개해서 독자에게 보여준다.

[문학일기 4]

경찰관 속으로

원도 지음/ 이후진프레스

책을 읽으면 저자의 성격을 대략 알 수 있다. 때로 자기도취증이나 사디즘 성격을 드러낸 책도 있다. 은근히 권력을 지향하거나 가부장 성격을 감추지 못하는 저자도 있다. '언니에게 부치는 편지'라는 부제를 단 이 책 저자는 여리고 보드라운 성격이다. 정의를 지키고 싶지만 앞장서서 나서지는 못한다. 상대에게 공감을 잘 하고 화가 나면 속으로 삭힌다.

저자는 경찰이라는 조직에 들어온 지 3년이 넘은 젊은 여성이다. '여는 글'에서 그녀는 이렇게 말한다.

"얼마 안 되는 햇수인데 그 사이 스스로 너무 많이 늙어버렸다는 생각을 해. 3년 동안 참 많은 사람을 봤어. 말 그대로 사람 말이야. 살아있는 사람, 현장에 도착했을 때 죽어있던 사람, 그리고 죽은 사람 옆에 남은 사람들까지. 한 사람 속에도 수많은 이야기가 있지만, 세상은 그 이야기에 도무지 관심이 없더라. 어제 사람이 죽어서 인구가 한 명 줄어버린 관내를 오늘 아무렇지 않게 순찰해야 하는 직업, 바삐 돌아가는 세상에서 자기 자리를 잡지 못하고 떨어져 나온 탓에 그 누구도 관심 가져주

지 않는 사람의 이야기를 들어주는 직업, 그게 경찰관이더라."(12쪽)

사람의 이야기를 들어주는 직업이 경찰관이란 말이 와 닿는다. 우리는 알게 모르게 경찰관은 쥐꼬리 권력이라도 쥐고 있다고 상상한다. 소수지만 말단에 있으면서 권력을 휘두르고, 부패를 저지르는 경찰관도 있을 것이다. 대부분의 경찰관은 그렇지 않다. 저자는 매일 소주를 마시면서 행패만 부리는 주취자를 보고 속으로 이 사람은 얼른 사라지는 게 나라를 위한 일이겠다는 생각을 하면서 욕을 하고, 침을 뱉으며 노상 방뇨를 하는 아저씨를 보면 뒤통수를 때려주고 싶은 충동에 휩싸인다고 고백한다. 그렇게 회의적이고 냉소적으로 변해가는 자신의 모습을 지켜보는 게 견디기 어렵다고 선배에게 토로했더니 선배는 그런 이유로 괴로워하는 너는 아직 초심이 남아있는 거라고 말한다.

그러니까 이 책은 아직 초심을 간직하고 있는 청년 경찰이, 앞으로도 초심을 잃지 않으려고 노력하는 이야기다.

초심을 잃게 하는 일은 매일 일어난다. 여자가 112에 살려주세요, 라는 말을 남기고 전화를 끊었다. 112 지령실에서 여자를 찾으라는 명령을 받은 저자와 동료는 핸드폰 발신지 위치추적을 해서 논밭 가운데로 간다. 비닐하우스를 뒤지며 몇 시간을 헤매다 지쳐서 너덜너덜해진 저자가 파출소로 돌아오자 상황이 끝나 있었다. 여자 신고자는 남자친구와 술을 마신 뒤 싸워서 허위신고를 했고 집에 안전하게 있다고 확인이 되었다. 만약 당신이 이런 일을 당하면 어떻게 하겠는가? 신고자에게 분노를 터뜨리지 않겠는가? 저자는 말한다. 신고자가 인간이 안 돼도 좋으니까 그런 식으로 죽지는 마라, 앞으로 허위 신고는 안 하면 좋겠고, 악의적으로 허위 신고를 지속할 경우 형사처벌도 할 거지만, 네가 언제 어디서 신고를 해도 나는 또다시 너를 발 벗고 찾아 나설 거다.(24쪽) 이런 마음이 초심이 아닐까.

　책에는 경찰관의 일상과 근무 형태가 자세하게 나온다. 우리는 드라마와 영화를 많이 봐서인지 경찰관의 일상을 대충 안다고 생각하지만 그렇지 않다. 힘든 야간 현장 근무의 실태도 가슴 아프다. 저자는 이렇게 말한다. 경찰관으로 일하면서 자주 놀라게 됐는데 그 이유 중 하나는 사람들이 별의별 일로 신고를 한다는 거였다. '정말 이런 걸 왜 신고하지' 싶은 일이 너무도 많다고 한다. 전봇대에 앉아있는 새가 너무 큰데 홍학인지 뭔지 모르겠으니 확인을 해달라거나, 다짜고짜 차가 너무 밀린다거나, 보일러가 고장 나서 추워죽겠다든가, 자주 가는 술집이 문을 안 열었는데 사장을 좀 불러 달라는 이야기. 상상이 가는가? 이런 신고가 많은 한국 현실을. 한국인은 경찰관을 공권력으로가 아니라 만만한 '을'로 보는 게 아닐까. 아니면 한국의 서민은 사방이 막힌 현실에 절망해 어디엔가 호소하고 싶어 하는가? 심지어 운동장에 게이 둘이 앉아있다고 신고가 들어오기도 한다. 경찰이 게이를 어떻게 할 수 있는가? 112 지령실은 민원이나 감사 때문에 이런 신고를 자르지 못하고 지역 경찰에 지령을 내린다. 그러면 저자는 게이가 앉아 있는 운동장으로 출동을 해야 한다. 한국의 사회적 신뢰자본이 바닥이라는 사실을 이런 신고가 여실히 보여주고 있다. 한국인은 한 마디로 경찰관을 만만하게 화풀이할 수 있는 '을'이나 '병'으로 보고 있는 것이다.

　한국은 자살률이 높은 나라다. 자살현장에 먼저 도착하는 사람이 경찰관과 119대원이다. 경찰관은 참혹한 현장을 보고 범죄 혐의가 없는지를 확인해야 한다. 어느 날 저자는 아들이 유서를 쓰고 죽었다는 연락을 받고 현장에 출동한다. 아들은 책상에 4장이나 되는 유서를 남겼다. 유서에는 컴퓨터를 잘 모르는 엄마를 위해 자신의 공인인증서를 다운받는 방법부터 어떻게 인터넷 뱅킹을 하는지, 자신이 가지고 있는 통장이 몇 개인지, 자신의 사후 정리 매뉴얼처럼 보일 정도로 자세하게 쓰여 있었다. 저자는 유서를 읽으면서 가슴이 먹먹했다. 고인은 생전에 소심하고 낯을 많이 가려 사회생활을 하면서 자주 어려움을 겪었다고 한다. 저자는 생각한다. 소심함이란 무엇일까? 남보다 깊이 생각하고 많이 걱정하며 성심성의껏 상대방을 배려하는 행위를 소심하다는 한마디 말로 낙인찍는 건 아닐까? 소심함을 외향적으로 고쳐야만 한다고 몰아가는 사회에서 그분은 이리저리 치이느라 많이 힘들었던 건 아닐까?(104쪽)

책은 경찰관의 애환도 전한다. 경찰관이 직무를 수행하다가 사고를 내면 경찰 조직조차 현장 경찰관을 보호해주지 않는다. 그 일을 반면교사 삼아 각종 매뉴얼만 만들어 하달하기 바쁘다. 그렇게 경찰관들은 비겁함을 배운다. 무력감이 온몸을 잡아먹고 정신적 스트레스에 시달린다.(164쪽) 적극적으로 일을 해결해보려고 하는 경찰관은 점점 소심해진다. 저자 역시 소심한 경찰관인지 모른다. 아니 소심한 경찰관이 되도록 강요당하고 있는지도 모른다.

한국은 강자가 대접받고 외향적이고 동물적인 인간이 살아남는 사회로 변모하고 있다. 한국 사회는 만인의 만인에 대한 투쟁을 넘어 만인이 서로 목을 물어뜯는 사회로 달려가고 있다. 말단 경찰관이 한국 사회의 민낯을 기록한 내용을 읽으니 이렇게까지 한국 사회의 내면이 무너지고 있는지 슬프다. 그래도 저자의 앞날이, 젊은 경찰관들의 따뜻한 마음이 다치지 않는 경찰 조직과 사회가 되었으면 좋겠다.

[문학일기 5]

살인의 고백, 상·하

마치다 고/ 권일영 옮김/ 한겨레출판

일본인들이 죽음을 대하는 태도는 특이하다. 한국인인 우리가 보기에 죽음을 미화하는 모습이 많다. 주군의 복수를 한 사무라이가 담담하게 할복해서 죽는 실화는 일본의 교과서에까지 실려 있다고 한다. 근대에 일본에 온 서양인들이 가장 인상 깊게 기록한 사건도 사무라이의 할복의식이었다. 차분하게, 어찌 보면 기쁜 표정으로 자신의 배를 가를 단도를 어루만지는 사무라이의 모습을 지켜본 서양인은 큰 충격을 받았다. 근대 이전에 사무라이에게 스스로 죽는 할복 형이 아닌 참수나 교수형을 내리는 건 모욕 중의 모욕이었다. 모리 오가이가 쓴 「아베 일족」에는 성주와 가신이 사무라이에게 할복 형이 아닌 다른 방식의 사형을 내리자 일족이 저항해서 몰살당하는 과정이 나온다. 좋게 말하면 '죽음의 미학'이고, 나쁘게 말하면 '생명 경시'다.

『살인의 고백』은 2005년, 41회 다니자키 준이치로 수상작이다. 1893년(메이지 26년)에 사카이 현에 사는 기도 구마타로, 다니 야고로 두 사람이 애정과 금전 문제가 얽힌 원한으로 구마지로 일가 등 열 명을 죽이고 곤고산에 숨어들었다가 자결한 사건을 소설로 만든 작품이다.

이 집단 살해 사건은 대중의 흥미를 끄는 극적 요소가 많아 '가와치 10인 살해사건'이란 이름으로 일종의 축제 공연으로 자주 올라간 모양이다. 일본 대중이 이 사건을 좋아한 이유도 잘 납득되지 않는다. 구마타로와 야고로의 죽음을 각오한 의리를 높게 칠 수는 있겠지만 부패한 권력에 저항했다거나 지주와 싸운 의인과 같은 사회성 짙은 이야기가 아니기 때문이다.

역사 사건을 소설로 만드는 작품을 썩 좋아하지는 않는다. 우리는 실존 인물과 사건, 결말을 모두 알고 있다. 그러니 사건과 인물에서 새로움과 참신한 시각을 찾아내지 못하면 상투성이 가득하고 지루한 작품이 되기 쉽다.

그런데 이 작품은 한 편의 논픽션을 보는 것처럼 생생하다. 동네에서 건달로 지내는 구마타로가 왜 그런 생활을 할 수밖에 없었는지 묘사가 치밀하다. 1890년 당시의 사회 풍습과 도박 현장 모습이 생생하고, 구마타로와 야고로 건달 두 사람이 생사를 함께 하는 우정을 맺는 과정도 설득력 있다.

지하 무덤의 석관 앞에서 구마타로가 도깨비라고 부르는 도루와 싸우는 장면(1권 129~132쪽)과 도박판에서 아이를 폭행하는 농사꾼을 두들겨 패는 장면은 인상적이다.(1권 219~220쪽) 먼저 도깨비 도루와 싸우는 모습이다.

"도루는 벌렁 자빠졌다. 도루의 뒤통수는 이미 엉망이 되어 흘러내린 피부가 감긴 정체를 알 수 없는 덩어리와도 같았다. 그 뒤통수가 석관 모서리에 부딪혔다. 쿵 하는 둔탁한 소리가 석실 안에 울려 퍼졌다. 쓰러진 도루를 향해 구마타로가 악을 썼다. 덤벼, 인마, 날 죽이겠다고 했잖아. 이 자식아. 죽여봐. 어서. 죽이라니까. 뭐 하는 거야. 어서 날 때려. 죽이라고. 그렇지만 도루는 꿈쩍도 하지 않았다."

농사꾼을 폭행하는 구마타로의 모습이다.

"화가 치민 나머지 두뇌회로가 끊어진 구마타로의 머릿속에서는 초간장이 든 몇 백 개나 되는 유리병이 숲을 질주하다가 나무에 부딪혀 깨지고 부서졌다. 하지만 실제로 구마타로는 팔꿈치에 얻어맞은 순간 반사적으로 입을 멍하니 벌린 농사꾼을 두들겨 패고 있었다. 그리고 농사꾼의 코에서 주르륵 흘러나온 새빨간 피가 주먹에 묻어 끈적거린다는 사실을 깨닫고서야 비로소 정신을 차렸다."

묘사력이 뛰어나 동네에서 게으르게 지내는 놈팡이 비슷한 구마타로가 여러 사건을 거치면서 내면의 변화가 일어나고 동네의 심판관 같은 존재로 변모하는 모습도 여실하게 보여준다.

역자는 출판사에서 번역 요청이 왔을 때 이 작품을 번역하기 어렵다고 생각해 고사했다고 한다. 작품 거의 전체가 사투리로 구성되어 있기 때문이었다. 그것도 19세기 말의 일본 농촌 사투리인데다 등장하는 생활용품이나 용어도 낯설었다. 역자는 원작의 사투리를 살리지 못하고 어쩔 수 없이 한국 표준어로 작품을 번역했다. 일본 사투리의 맛을 살린다고 해도 문제는 여전하다. 경상도 사투리, 전라도 사투리, 충청도 사투리 어느 말로 번역할지부터가 난감하다.

'가와치 10인 살해사건'의 시대 배경과 당시 농민과 건달의 생활상을 자세히 알 수 있으면 작품을 더 잘 이해할 수 있지 않을까 싶다. 1890년대 당시의 일본 사회와 민중 생활을 잘 모르니 어딘지 작품에 푹 빠져들지 못하는 아쉬움이 남는다.

[문학일기 6]

우리가 빛의 속도로 갈 수 없다면

김초엽/ 허블

    소설을 읽고 놀랐다. 아니 소설을 읽기 전의 소식에 놀랐다. 이 책이 베스트셀러이기 때문이다. 한국에서 한국인이 쓴 SF소설이 베스트셀러가 된 적이 있었나? 과문해서 그런지 몰라도 없는 것 같다. 프랑스 작가 베르베르가 쓴 『개미』를 비롯한 많은 작품이 잘 팔리면서 한국에도 SF소설 독자층이 넓다는 얘기는 돌았다. 그런 말은 외국 작가에게 해당될 뿐이었다. 심지어 한국 SF작가가 한국에서는 인정받지 못하고 외국에서 먼저 알아주고 책을 내는 일도 생겼다.

    책 뒤에 '수록작품 발표 지면'이 나온다. ≪현대문학≫에 실린 단편 「스펙트럼」을 빼면 모두 SF잡지에 실린 작품이다. 일반적으로 한국 문단에서 '문학'으로 인정받는 단편소설의 범주는 정해져있다. SF소설이나 판타지문학은 그렇게 인정받는 '문학'의 범주에 들어가지 못했다. '문학'의 범주에 들어가는 뛰어난 단편소설이 잡지에 실리면 평론가와 독자와 언론에서 주목한다. SF소설은 설령 뛰어나도 그런 주목을 받지 못한다. 먼 곳을 도는 혜성과 같은 신세였다고 할까. 그만큼 한국 소설계를 휘감고 있는 '리얼리즘'의 벽은 두꺼웠다.

그런데 『우리가 빛의 속도로 갈 수 없다면』은 그런 제약을 뛰어넘어 베스트셀러가 되고 언론과 독자에게 주목받은 것이다. 왜일까?

혹시 한국문학이라는 해시계가 다른 방향을 바라보기 시작한 건 아닐까? 한국독자의 독서방향도 바뀐 것 아닐까? 아니면 이 작품집이 유달리 탁월한 것일까?

책에 실린 7편의 작품은 다 좋다. SF소설은 착상이 뛰어나야 한다. 동시에 작품에서 한 발 더 나아가거나 한 발 더 깊게 들어가서 진부함을 넘어서야 한다. 1993년생인 저자가 이런 성취를 보였다는 결과가 놀랍다. 7편의 작품 모두가 현재의 인간 존재, 인간이 세계를 접촉하고 감지하는 방식, 우주와 세계와의 관계 등에 관한 나름의 성찰을 담고 있다. 이런 성찰은 어떻게 얻은 것일까? 저자는 작품「감정의 물성」을 쓰게 된 동기를 '작가의 말'에서 이렇게 말한다. 다른 작품도 비슷한 토대가 있을 것이다.

"나는 사람이 물질에 기반을 둔 존재라는 것에 항상 흥미를 느꼈다. 화학을 전공했던 이유 중 상당 부분도 그 때문이었다. 감정의 물질성, 추상적인 것과 구체적인 것의 전환을 자주 생각하곤 했다. 사람들이 어떤 물질을 소유하고, 그것으로부터 정서적 욕구를 충족한다면, 어쩌면 감정 그 자체를 소유하고 싶어 할 수도 있지 않을까? 그 질문에서 시작된 글이「감정의 물성」이다."

작품의 주인공으로 여성이 많다. 작품「나의 우주 영웅에 관하여」는 두 명의 여성 우주인에 관한 소설이다. 출산을 겪은 48세의 동양인 비혼모 최재경과 이모였던 최재경을 동경하고 역할모델로 삼아 우주비행사가 된 가윤이다. 소수자로 우주비행사가 되었던 최재경은 자신에게 쏟아지던 기대와 증오를 지긋지긋하게 겪어낸다. 최재경은 어느 날 딸에게 "나는 이 정도면 할 만큼 했는데. 그렇지?"라는 말을 남기고, 우주가 아닌 바다로 뛰어든다. 가윤은 신체개조 장기 프로젝트를 완수하고 다른 우주로 가는 터널을 통과하는 임무에 성공한다. 가윤은 자신의 영웅이었던 최재경을 본받아 꿈을 키우고 힘을 축적해서 마침내 성공한다. 가윤의 성공은 최재경의 실패를 딛고 얻은 것이다. 그런데 최재경의 실패를 실패라고 부를 수 있을까?

인아영 평론가는 해설에서 이렇게 말한다. "시스템의 요구나 세간의 기대에 함몰되지 않고 신체의 물리적인 한계를 넘어서는 데 집중한 중년의 비혼모 우주비행사의 선택은 아랫세대인 여성 우주비행사 가윤에게로 이어진다. 가윤 역시 소수자를 대표하면서도 별다른 압박감 없이 우주비행사로서 성공적인 출발을 할 수 있었던 것은, 재경이 온갖 편견과 기대를 헤쳐내고 만들어놓은 길 덕분이기 때문이다."(327쪽)

「우리가 빛의 속도로 갈 수 없다면」의 주인공도 여성 과학자다. 우주 행성 간 이동이 가능한 시대에 슬렌포니아라는 행성에 가기 위해 100년 넘게 우주정거장에서 우주선을 기다리는 안나의 이야기다. 그녀는 현재 170세 나이로 우주개척시대의 초기에 인체를 냉동 수면하는 딥프리징 기술을 연구하는 과학자였다. 그러나 우주 공간을 통과해 빛보다 빠르게 이동할 수 있는 웜홀 통로가 개발된 후로 딥프리징은 낡은 기술로 전락한다. 우주 연방은 경제성과 효율에 따라 웜홀 통로가 없는 먼 우주인 슬렌포니아 행성으로 우주선을 보내지 않게 되고 안나는 남편과 아이를 떠나보낸 행성으로 갈 수 없게 된다. 안나는 언젠가는 슬렌포니아에 갈 수 있지 않을까 일말의 희망을 기다리면서 딥프리징 기술로 생명을 연장하며 폐쇄된 우주정거장에서 홀로 기다린다. 그러나 슬렌포니아 행성계로 가는 우주선은 없다. 이미 폐쇄된 우주정거장에서 우주선은 오지도 않고, 올 수도 없다.

안나는 빛의 속도로 갈 수 조차 없다면 같은 우주 안에 가족이 있다는 게 무슨 의미냐고 묻는다. 안나는 낡은 셔틀을 타고 홀로 우주정거장을 떠난다. 그건 죽음의 길이다. 그녀는 떠나기 전, 우주정거장 본사에서 나온 직원에게 말했다. '나는 내가 가야 할 곳을 정확히 알고 있어.' 이 작품은 기다림과 망각과 속도에 관한 소설이다. 우리는 KTX를 타고, 혹은 시속 1,000킬로 남짓한 비행기를 타고 사람을 만날 수 있는 시대에 감사해야 한다. 지나친 공간 확장과 지나친 빠르기는 인간성을 집어삼킨다.

소설집에 실린 7편의 작품은 모두 토론해볼 주제를 예쁘게 안고 있다. 28살밖에 안 된 저자의 깊이와 한 발 더 파고드는 작법에 놀라면서 다음 책을 기대해본다.

[문학일기 7, 8]

조난자들
주승현/ 생각의힘

한국이 낯설어질 때 서점에 갑니다
김주성/ 어크로스

경계에 선 사람이 있다. 그는 안쪽으로 들어가려고 노력한다. 그런데 안쪽으로 들어 와보니 바깥쪽에서 왔다고 타박한다. 안쪽이라고 생각한 자리가 오히려 먼 바깥으로 나가는 통로일 수도 있다. 그렇다 해도 경계에 선 자들은 그 자리에 안주하기보다 안으로 때로는 밖으로 가려고 노력한다.

한국 현대사는 안과 밖을 명백하게 분리하는 방향으로 진행되어 안쪽 사람들은 더 안쪽으로, 바깥쪽 사람들은 더 바깥쪽으로 나가는 방향으로 살아야 삶이 쉬워졌다. 경계에 서서 안쪽 사람에게서는 당신 바깥쪽 사람 아니야 라는 질문을 받고, 바깥쪽 사람에게서는 당신 안쪽 사람 아니었어 라는 추궁을 당하고 싶지 않기 때문이다.

안도 밖도 흡족하지 못해 경계에 서서 우물쭈물하고 있으면 기회주의자로 비난받는다. 안과 밖의 구심점에 있는 사람들은 경계에 선 자에게 선택을 강요한다. 경계는 늘 불안정하다.

주승현은 『조난자들』에서 이렇게 말한다. "한반도는 분단 체제하에서 수많은 조난자들을 양산해냈다. 조난자들은 여전히 왜곡되고 피폐한 삶을 살아가고 있다. 통일을 이루지 않고서는 우리 사회의 모든 구성원들이 잠재적인 조난자의 운명을 배면에 깔고 있는지도 모른다."

조난자는 항해나 등산 따위를 하는 도중에 재난을 만난 사람을 말한다. 주승현은 북한 출신의 탈북민이다. 비무장지대 북한군 심리전 방송국에서 근무했던 스물 두 살의 그는 2002년, 한국군 경계초소로 탈출한다. 뛰어서 걸리는 시간은 단 5분이지만 목숨을 건 길이었다. 비무장지대의 북한 지역에 설치된 1만 볼트 고압전기가 흐르는 4선 철조망과 촘촘한 매복호, 각종 장애물과 겹겹의 철책선, 넓은 지뢰 구역을 지나고 전방 탐지 기기의 추적을 피해야 한다. 위험천만한 전방을 넘으면 자유와 희망이 기다린다고 그는 믿었다.

북한 이탈 주민의 초기 적응 교육을 실시하는 하나원을 거쳐 그는 자유와 희망이 숨쉬는 한국사회로 나왔다. 그런 그는 곧바로 '잉여인간'으로 전락한다. 그는 고백한다. "북한에서는 한 번도 굶어본 적이 없었지만 남한에서 처음으로 굶어봤다. 생활비라도 벌기 위해 주유소에 찾아가 면접을 봤지만 퇴짜 맞기 일쑤였다. 구인 공고가 실린 지역생활정보지가 집 한편에 켜켜이 쌓여갔지만 탈북민을 받아주는 곳은 어디에도 없었다."

주승현은 사선을 넘어 한국으로 왔는데 '한국사회의 생존'이라는 또 다른 사선을 넘어야 했다. '능력', '노력', '자기계발', '적응'으로 포장되어 있는 한국의 사선은 교묘하고, 질기며, 빠져나갈 수 없는 그물망이었다. 탈북민 중 일부는 성공한다. 저자는 하나원을 나온 지 십여 년이 지난 송년모임에서 하나원 출신들을 만난다. 유력신문의 기자로 유명해진 이도 있고, 한의사, 공무원, 박사도 있고 중견 회사의 간부로, 잘 키운 아들딸 여럿을 둔 이도 있다. 그들은 주승현처럼 "사선을 넘어와 또 다른 사선에서" 오늘까지 싸워왔다. 조난자 중에서 그들은 행운이든, 본인의 노력 덕분이든 구조된 자에 속한다. 그들은 성공해서 경계를 넘어간 것이다. 경계를 넘었기 때문에 성공한 것은 아니다. 그들은 한국사회에 안착했고 뿌리를 깊게 내리고자 노력한다. 경계인의 삶에서 이런 해피 엔딩 스토리가 대다수라면 얼마나 좋을까! 다수는 그렇지 않다.

저자는 차분히 탈북민의 실태를 말한다. 2014년에 통일부에서 조사한 자료에 따르면 탈북민의 평균 소득은 146만 원으로 노동자 평균 소득의 절반도 안 되며, 탈북민 실업률도 평균 실업률보다 4배 넘게 높다. 2007년 한국형사정책연구원 연구에 따르면, 탈북민의 범죄피해율은 24.3퍼센트에 달하고, 평균 범죄피해율 4.3퍼센트의 5배가 넘는다. 사기피해율도 탈북민 5명 중 1명꼴로 평균 사기피해율의 43배에 달한다. 2016년 기준 한국인의 자살률은 인구 10만 명당 24.6명으로 OECD 회원국 중 13년 연속 1위였다. 탈북민의 자살률은 그 3배에 달한다.

저자는 귀순 후 십 년 만에 학부와 대학원을 마치고 통일학 박사를 취득했다. 그 과정은 혹독할 만큼 시리고 궁핍했다. 저자는 차분히 자신의 생존 경험을 말하는데 거센 파도와 싸우며 뗏목의 가장자리를 악착같이 붙잡은 처절함이 배여 있다. 저자의 지인 중 한 명은 대학을 다니다 위암으로 죽고, 북한에서 엘리트 대학으로 손꼽히는 김책공업대학교를 졸업하고 한국에 와서 다시 경영학과에 다녔던 고향 지인은 목을 매어 자살한다. 교사 출신의 탈북민은 식당 주방 보조로, 북한군 연대장 출신의 탈북민은 주유소 아르바이트로 밥줄을 잇고, 북한에서 의사였던 한 명은 청소부로 유리창을 닦다 추락해 숨진다.

탈북민이 넘어야 하는 한국의 사선은 경제적 빈곤만이 아니다. 탈북민을 대하는 한국사회의 심각한 편견과 차별, 배제가 기다리고 있다. 저자는 탈북민을 생각하면 너무나 가슴 아프다고 말한다. "북한에서는 배신자로, 한국에서는 북한 체제의 증언자인 동시에 이등 국민, 삼등 국민으로 취급된다. 결국 탈북민은 탈출자인 동시에 남북한 어느 곳에서도 제대로 인정받지 못하는 사생아다." 그래서 목숨을 걸고 입국한 한국을 다시 등지는 탈북민의 행렬이 이어진다. 그들은 국제사회의 디아스포라로 살아가기를 선택한다. 한국인들은 그들 디아스포라의 선택을 또 비난한다.

한국인은 탈북민을 환대하지 않는다. 북한과 체제경쟁을 할 때 잠시 탈북민을 환대한 적은 있었다. 환대란 나를 찾아온 타인을 무조건 받아들이고 호의를 베푸는 의식과 행동이다. 환대는 특정한 공간에서 실천해야 한다. 한국인은 '우리'라는 독특한 관념, '단일 국민'이라는 기이한 상상력에 갇혀 있다. 그래서 그 관념을 받아들이고 그 상상력 안으로 무릎을 꿇고 기어서라도 들어오는 자만을 환대한다. 우리는 탈북민만 아니라 모든 난민과 3세계인을 차별한다. 우리는 조난자를 차별 없이 구조한다는 생각을 좀처럼 하지 못한다. 우리의 눈은 맹목적으로 서구와 미국의 가치와 평가에 맞춰져 있고, 그런 가치를 벗어나 한국인 독자의 정체성을 세우기를 겁낸다. 한국인은 근대 국민국가를 넘어서지 못하면서도 '조국'이 서구와 미국에게 인정받기를 원한다. 탈북민이나 난민과 같은 뒤쳐진 자에게 한국이 인정받은들 무슨 소용이 있는가 생각한다. 우리는 그들에게 시혜를 베풀 따름이다.

그래서 주승현은 한국사회에 실재하는 탈북민에 대한 편견과 차별, 배제가 북한 주민들에게 전해질까 걱정한다. 걱정을 넘어 두려워한다. "이런 사실을 북한 주민들이 알게 된다면 한국에 대한 감정이 악화되어 남한이 주도하는 통일을 더욱 강력하게 거부할 것이며, 통일 그 자체에 대한 열망도 사그라질 것이다."

통일되더라도 북한 주민들이 이등 국민으로 살아야 한다면, 그들이 왜 통일조국에서 살겠는가? 북한 주민 대다수가 조난자로, 디아스포라로 나서는 일이 벌어지지 않을까? 3만 3,000명 남짓한 탈북민을 포용하지 못하면서 2,500만 명 넘는 북한 주민을 포용한다는 건 불가능하다. 그와 함께 이런 질문을 던져보고 싶다. 한국은 살만한 곳인가? 탈북민이 견뎌내지 못하는 한국사회는 어떤 의미인가? 우리 한국인들은 어린 시절부터 무한경쟁에 시달리면서 벼랑에서 버티는 삶에 익숙하다. 그래서 우리가 삶으로 부르는 실체는 도저히 정상이 아닌 삶이 아닐까? 우리가 먹지 못하는 음식을 다른 사람에게 먹으라고 내줄 수는 없는 것이다.

저자는 또 한국 진보 진영이 왜 북한 주민과 탈북민의 인권 문제에 침묵하는지 묻고 있다. 그는 인권 문제에 관해 침묵하는 진보는 결코 진보가 아니라고 지적한다. 북한 인권 문제를 북한 체제를 향한 공격용으로 이용하는 것도 문제지만 북한이 인권 청정구역인 것처럼 아무 말 하지 않는 것도 문제다. 세상 어느 나라도 인권 문제가 없는 나라는 없다. 지구의 국가가 모두 유토피아로 변하지 않는 한 인권문제는 끊이지 않을 것이다.

책 2부는 남북분단에 따른 한반도의 조난자들을 1940년대부터 2000년대까지 시기별로 정리하고 있다. 서북청년단과 소설『광장』의 이명준, 이중간첩 이수근과 황장엽이 조난자들이다. 한반도의 조난자들 중에서 1960년대에 만경봉호에 오른 북송 재일동포가 눈에 띈다. 1959년부터 1984년까지 총 186차례에 걸쳐 9만 3,339명이 북한으로 이주했다. 그런데 당시 일본 정부는 북송 재일동포에게 일본으로 다시 돌아올 수 있는 가능성이 거의 없다는 사실을 숨겼고 적십자를 개입시켜 일본 정부의 정치적 책임을 회피하려고 했다.

저자는 북송 재일 동포에 관해 이렇게 평한다. "1960년대 북송을 선택한 재일동포는 지상낙원 북한으로 향하는 만경봉호에 들뜬 마음으로 올라앉았을 것이다. 그러나 약속은 지켜지지 않았다. 이들은 출신 성분에서 불이익을 받고 체제 부적응자로 낙인이 찍혀 군 입대나 승진에 있어서도 차별 대우를 받았다. 특히 배급제가 제대로 작동하지 못했던 1990년대를 보내면서 이들의 처지는 순식간에 나락으로 곤두박질쳤다."

최악의 생활고로 재일동포 출신들도 탈북 대열에 합류했다. 한국으로 입국한 이들도 있고, 제3국을 거쳐 일본으로 입국한 사람들도 있다. 『한국이 낯설어질 때 서점에 갑니다』를 쓴 북한 작가 김주성은 재일동포 출신 탈북민이다. 그는 일본 도쿄에서 출생한 재일조선인 3세다. 어린 시절 또래 일본인 친구들에게 '조센징'이라고 놀림당하며 자랐고 1979년 16살 나이에 조부모와 함께 북송선을 타면서 '북한 인민'이 됐다. 북한에서는 또 '쪽발이', '째포(재일교포)'라 불리며 성장기를 지내야 했다. 조선작가동맹의 현직 작가로 활동하다가 2009년에 탈북해서 대한민국 시민이 됐다. 경계인 중의 경계인인 셈이다.

김주성의 가족사를 보자. "나의 조부님은 경상도 사람이다. 일제강점기에 일본으로 건너가셨고 나는 거기서 태어났다. 그리고 이념 때문에 북한으로 갔고 나도 뒤를 따랐다. 당시 10대 소년이었던 나는 이념과 제도의 개념조차 제대로 몰랐다. 다만 편견과 차별이 없는 사회주의 지상낙원에서 행복한 미래를 바랐을 뿐이었다. 그러나 그곳엔 자유가 없었다. 햄버거도 라면도 없었다. 결국 탈북을 하여 조부님의 고향인 대한민국에 정착하게 되었다. 조부님이 1930년대에 일본으로 떠나셨으니 거의 80년 만에 출발점으로 돌아온 것이다."

김주성은 한국에 와서 제일 좋았던 점이 뭡니까? 라는 질문을 받았을 때 스스럼없이 이렇게 답했다고 한다. "24시간 정전 없이 전기가 들어오고 24시간 수돗물이, 그것도 온수까지 나오고 취사할 수 있는 것이 제일 좋았습니다." 그는 '자유의 맛'을 전기와 온수로 느낀다. 김주성은 10대까지 일본에서 자란 영향이 있어선지 글과 생각이 유쾌하고 명랑하다. 그가 한국을 파악하는 방법은 '책'을 통해서다.

사람이 세상을 파악하는 방법은 첫째가 '경험'이며, 둘째가 '상상력'이고 세 번째가 '책'이다. 책과 영화를 비롯한 자료는 현실 세계를 한 번 걸러 제시한다. 그가 '책'을 통해 받아들이는 한국은 낭만이 배경으로 깔려 있다. 주승현이 『조난자들』에서 보여준 처절함과 거리가 멀다. 왜 그럴까? 그의 조부가 경상도에서 살았던, 그래서 한국에 고향이 있는 사람이기 때문일까? 아니면 한국의 전기와 온수가 다른 모든 불평등과 차별을 압도하고도 남는 물질적 유혹이기 때문일까? 그것도 아니면 김주성 개인의 캐릭터가 밝기 때문일까?

김주성이 책을 통해 한국을 이해하는 내용보다 책 내용과 비교하는 북한의 생활이 더 흥미롭다. 그는 북한이라는 '윗동네'에서 작가였다. 그는 북에서 문학이란 정해진 틀에서 벗어날 수 없는 체제 선전을 위한 일종의 프로파간다라고 말한다. '윗동네'의 작가들은 '직업적인 소설가'다. 국가의 월급을 받고 해마다 정해진 수만큼 무조건 작품을 써서 출판해야 한다. 소설가의 경우 1년에 단편 두세 편, 3년에 중편 한 편 정도다. 당국이 제시한 과업을 완수하지 못하면 '부진작가'로 낙인찍혀 종당에는 작가동맹에서 퇴출된다. 그가 무라카미 하루키의 『직업으로서의 소설가』를 읽고 깨닫는 것은 '책은 팔기 위해서 쓰는 것'이며 한국과 같은 '우물 밖'에서도 직업적인 소설가가 된다는 것은 조련치 않다는 깨달음이다.

김주성은 안은별이 쓴 『IMF 키즈의 생애』를 읽고 1997년 환난의 시대를 한국 청년들이 어떻게 살았는지를 학습한다. 북한에서는 1990년대 '고난의 행군'이라는 극심한 식량난과 기근을 겪은 세대를 '장마당 세대'로 부른다고 한다. 국가의 공급체계가 멈춘 뒤, 주민들이 자생적으로 장사를 해서 키운 세대라는 뜻이다. 김주성은 'IMF 키즈'와 '장마당 키즈'는 서로 다른 환경에서 비슷한 고생을 했던 세대가 아닐까 싶다는 선에서 멈춘다. 그는 두 세대를 비교 분석하지 않는다. 일부에서 말하는 한국이 'IMF'를 겪었기 때문에 비약적인 사회변혁과 경제발전을 이룰 수 있었다는 주장을 소개하면서 진통을 겪어야만 진화가 이루어지고 발전한다는 정도로 가볍게 짚고 넘어갈 뿐이다.

김주성은 『전태일 평전』을 읽고 자신이 동경하기만 했던 한국의 과거사를 음미하고, 『왜 우리에게 기독교가 필요한가』를 읽고 한국에 왜 이렇게 교회가 많은지, 교회가 사회를 위해 뭘 할 수 있을지를 고민하며, 『엔지니어의 생각하는 즐거움』을 읽고 북한의 먹고 살기 힘든 엔지니어와 한국의 월급 많은 엔지니어를 비교해 보기도 한다.

김주성이 책을 통해 이해하는 한국사회는 피상적이다. 다르게 말하면 한국사회와 한국인을 지나치게 긍정한다. 적어도 책에 나오는 내용은 그렇다. 주승현이 탈북민을 정치적 생산자로서 세우는데 관심이 있다면 김주성은 정치적 소비자로서 한국을 겉으로 나타나는 현상을 통해서만 파악한다. 그것도 나쁘지 않다. 한국사회를 전기와 온수가 풍부하게 공급되는 사회로 파악하는 것도 진실의 한 단면이다. 그러나 정치적 소비에도 여러 길이 있으며 '소비'하면서도 사회를 더 좋게 바꾸는 방향도 있을 법하다.

주승현의 책에 경계인으로서 고민과 성찰이 넘쳐난다면, 김주성의 책에는 거의 없다시피 하다. 그는 현실을 긍정하고 탈북민이 받는 차별이나 배제도 비판하기보다는 인간 세상에 으레 있는 속성으로 치부한다. 김주성은 가볍고, 쿨하고, 낙관과 달관으로 경계인의 삶을 대한다. 그는 아내와 함께 생애 첫 크리스마스트리를 가지면서 "작은 나무 하나조차 어떤 마음으로 대하느냐에 따라 이토록 커다란 행복을 만들어주는구나." 깨닫는다. 그래서 그가 한국 사회에 방송인으로, 강사로 잘 적응하고 있는지도 모른다.

　양쪽 다 삶의 한 방식이며 탈북민은 어느 쪽이든 선택할 수 있다. 단지 경계와 경계인의 의미를 다시 생각해보고자 한다. 지구에서 벌어진 생명의 역사는 쫓겨서 경계까지 몰린 생명이 새롭게 진화하고 적응해 살아간 역사다. 경계에 내몰린 어류가 육지로 다가가면서 폐가 진화했다. 어류는 가뭄이 들면 바닥이 드러나거나 얕아서 물 위로 드러나는 육지도 기웃거린다. 인간의 조상이 땅으로 올라오게 된 것이다. 새가 하늘을 날게 된 것도 경계의 생존이 절박했기에 선택한 것이다. 경계란 고통스럽지만 새로운 창조의 시발점인 것이다.

　경계인 역시 그러한 존재다. 탈북민은 남한과 북한의 경계에 선 사람이기도 하지만, 한국 내부에서도 첨예한 경계에 서 있다. 그 경계는 경제와 정치, 배제와 차별, 포용과 수용 여러 부문에 걸쳐 있다. 모든 경계인은 고통스러운 삶을 사는 운명이다. 그 속에서 경계를 뚫고 새로운 선을 긋는 탄생이 일어난다. 주승현과 김주성의 새로운 선을 만드는 노력이 성공하길 바란다. 무엇보다 그 과정에서 행복했으면 한다. 너무 고통스러우면 뒤에 따르는 탈북민이 선뜻 다음 발을 떼지 못할까 두렵다. 두 작가의 평안과 건승을 빈다.

[문학일기 9]

연을 쫓는 아이

할레드 호세이니/ 왕은철 옮김/ 현대문학

책 표지에 ≪뉴욕타임스≫ 5년 연속 베스트셀러로 박혀 있다. 그럴 만 하다. 소설은 미국인을 위한, 미국을 위한 작품이다. 아프가니스탄 카불에서 두 소년의 우정과 배신과 속죄와 구원을 다룬 웅대하고 아름다운 서사지만 철저하게 미국인 독자의 심금을 울리도록 배치되어 있다. 뿐만 아니라 작가가 어떤 의도로 썼던 결과적으로 미국의 아프가니스탄 침공을 옹호하는 이데올로기가 기반이 되고 있다.

작품 후반에 파키스탄의 이슬라마바드에 있는 변호사 오마르가 아미르에게 말하는 장면을 보자. "나는 미국에서 성장했습니다. 미국이 나한테 가르쳐준 게 있다면, 단념하는 것은 주어진 기회를 날려 버리는 바보 같은 짓이라는 겁니다."(501쪽) 이 말보다 소설에 깔려 있는 아메리칸 드림을 잘 보여주는 대사는 없을 것이다. 이 장면은 어떤가? 미국에 망명 온 아미르의 아버지 바바가 레이건을 보고 하는 행동이다. "미국과 세계에 필요한 것은 강한 남자였다. 손을 쥐어짜며 초조해하는 대신 행동으로 옮길 줄 아는 남자였다. 그때, 로널드 레이건이 나타났다. 레이건이 텔레비전에 나와서 쇼라위(러시아)를 '악마의 제국'이라 부르자 바바는 밖으로 나가더니 활짝 웃으며 엄지를 치켜세우고 있는 레이건 대통령의 사진을 사갖고 들어왔다. 그는 사진을 액자에 넣어, 넥타이를 매고 자히르 샤 국왕과 악수를 하고 있는 자신의 흑백사진 옆에 걸었다."(188쪽) 이런 경우 작품을 어떻게 평가해야 할까? 난감하다. 레이건을 좋아한다고 해서 문제가 된다는 말이 아니다. 작품 속에 이런 장면이 들어오면 작품 해석에 영향을 미치기 때문이다. 작가 할레드 호세이니는 1965년 카불에서 태어났지만 소련이 아프가니스탄을 침공한 후에 외교관인 아버지를 따라 1980년 미국으로 망명했다. 미국에서 의대를 졸업한 후에 캘리포니아에서 의사로 활동하는 틈틈이 쓴 소설이 이 작품이다. 그럼 작가가 의도적으로 미국인 마음에 꼭 들게 쓴 것일까? 그렇지는 않을 것이다. 무의식적으로 몸과 의식에 배인 습慣이 문장과 장면에 배여 나왔을 것이다.

　소설에서 다루는 시대는 1973년 경 아프가니스탄의 자히르 샤 국왕이 쿠데타로 쫓겨나고, 1979년 12월 소련이 아프가니스탄을 침공하고, 탈레반이 정권을 잡는 시점까지 이어진다. 책을 읽으면 덤으로 아프가니스탄 역사를 알게 된다. 카불이라는 도시가 1970년대 중반까지 아름다운 도시였다는 사실과 아프가니스탄의 주류 민족인 파슈툰 족과 비주류이자 소수민족인 하자라 족의 갈등도 알게 된다. 주인공인 아미르는 파슈툰 족이며 수니파고, 친구이자 하인이었던 하산은 하자라인이자 시아파이다.

　아미르의 아버지인 바바는 부자이면서 이슬람의 정의를 실현하는 존재다. 바바는 이웃에게 존경받으며, 1981년 파키스탄을 거쳐 미국으로 망명하는 과정에서 부닥친 위험한 사건에서도 이슬람신자로서 부끄럽지 않은 행동을 보인다. 아프가니스탄 사람이 망명 와서 사는 캘리포니아 프리몬트에서도 타의 모범이 된다. 아들인 아미르는 바바의 눈에 들지 않는 못난 아들이고, 아버지의 기대를 채우고자 노력하나 늘 부족하다. 그래서 아미르의 눈에 아버지 바바는 넘어설 수 없는 거대한 산으로 보인다. 후에 아미르가 바바의 무서운 비밀을 알게 되기 전까지 말이다.

아미르는 소년 시절, 자신을 위해 천 번이라도 연을 잡아 오려고 노력하고, 자신을 위해 무슨 희생이라도 마다 않는 충직한 하산을 배신한다. 아미르는 하산의 매트리스 밑에 시계와 돈뭉치를 넣어 도둑으로 모는 모함도 감행한다. 소설에서 가장 가슴 아픈 장면이다. 작가는 아미르가 그렇게 하는 심리적인 트라우마를 뛰어나게 묘사해 소설은 운명이자 필연적인 코스를 밟아가는 것처럼 보인다. 미국 시민이 된 아미르는 훗날 속죄하기 위해 탈레반이 점령한 아프가니스탄에 찾아간다. 하산의 아들 소랍을 구해내기 위해서다.

아미르는 목숨을 건 투쟁을 통해 스스로 속죄하고 새로운 인간으로 거듭 난다. 재미있고 감동적으로 읽으면서도 소설 서사가 거슬렸다. 아프가니스탄에서 아미르는 하산과 짝을 맞춰 연을 날리고, 많은 세월이 흘러 미국 시민이 된 후 아미르는 미국에서 하산의 아들 소랍과 연을 날린다. 소설은 명백히 국왕이 통치하던 시절의 아프가니스탄과 현재의 미국을 찬양하고 있고 미국 쪽에 더 방점이 찍혀 있다. 소설 끝에 아미르는 소랍의 미소를 보고 이렇게 말한다. "너를 위해서라면 천 번이라도." 다 큰 남자인 아미르는 함성을 지르는 아이들과 함께 연을 쫓아 달린다.

미국문학은 아프가니스탄 이민자의 문학을 포용하는 방식으로 자신의 영역을 확대하고 있다. 한국인 이민자와 재미교포도 영어로 작품을 쓰면서 미국 문학 확대에 일조하고 있다. 나쁘다고 말하는 것은 아니다. 어쩔 수 없다. 미국이 자국 문화를 풍요롭게 만들면서 동시에 미국이 문화 헤게모니를 전 세계에 관철하는 방식이다.

[문학일기 10]

런던, NW
제이디 스미스/ 정회성 옮김/ 민음사

  책표지에 실린 소개 글이 독자의 시선을 잡아당긴다. "다문화주의에서 강건한 신자유주의로 전환하는 영국의 현주소, 제이디 스미스의 미학적 실험과 시대의 조류가 만나는 접점의 역작!" 소개에 반해 책을 산 당신은 곧 줄거리와 인물을 파악하기 위해 악전고투하게 된다. 소설의 줄거리는 헷갈리고 많은 인물들은 정서적으로 와 닿지 않는 대화를 나누며 지명과 도로 이름은 뭔가를 암시하거나 은유하는 것 같지만 어떤 의미인지 파악하기 쉽지 않다.

  애를 먹으며 책을 읽다가 저자를 검색해본다. 1975년 영국 런던 북서부 브렌트에서 자메이카 이민자인 어머니와 영국인 아버지 사이에서 태어났다. 케임브리지 대학교 영문과에 재학할 때 이미 단편소설로 주목받았고, 25세에 출간한 첫 장편소설 『하얀 이빨』은 즉각 베스트셀러가 되어 영국 문단의 최고 이슈로 떠올랐다. 여러 크고 작은 문학상을 휩쓸었고 운운….

  저자는 여자인데 지금은 뉴욕과 런던을 오가며 살고 있고, 미국 컬럼비아 예술대학교에서 문예창작을 가르치며 인터뷰도 많다. 저명한 작가의 작품이니 다시 마음을 가다듬고 독서에 몰두한다. 그래도 재미있게 책이 나가지 않는다. 다시 책 뒷날개의 요약을 읽어본다.

"NW는 런던 북서부 지역을 가리키는 우편번호다. 네 명의 런더너 리아, 내털리, 필릭스, 네이선은 어린 시절 이곳의 저소득층 주택단지 '콜드웰'에서 자랐다. 현재 삼십 대가 된 그들 중 보란 듯이 성공한 것은 법정 변호사가 된 내털리뿐. 백인인 리아가 마리화나를 피우며 세월을 보내는 동안, 유색 인종인 내털리는 도서관에서 독학해 오늘날의 성취를 이뤘다. 어느 오후, 내털리는 상류층 인사들이 가득한 자신의 파티에 리아 부부를 초대하지만 리아 부부는 파티에 섞이지 못한 채 낯선 긴장감을 유발하는데…"

소설은 리아, 내털리, 필릭스, 네이선의 삶을 세밀하고 위트 넘치는 문장으로 보여준다. 이런 문장이다.

"필릭스, 어떻게 해서든 좋은 남자가 되고 싶어 하는 자기의 그 병적인 욕구는 정말 못 말리겠어. 아주 따분한 사람이야. 솔직히 자기는 마약 밀매자로 내 집에 들락거렸을 때가 더 재미있었어. 자기는 이제 내 인생을 구해 주지 않아도 돼."(266쪽)

"새롭고 현대적이고 진보적인 법률 회사에 스카우트된 그녀는 보수를 꽤 많이 받으면서도 도덕적으로 아무런 비난을 받지 않았다."(415쪽)

"내털리 블레이크는 가난이 어떤 것인지 완전히 잊었다. 가난은 그녀가 언급하기를 그만둔, 또한 이해하는 것도 그만둔 단어였다."(452쪽)

NW 지역이 가난하기만 한 곳은 아니다. 그곳도 빅토리아풍의 저택이 모여 있는 지역이 있는데, 네이선은 내털리에게 이 집들 가격이 십 년 전보다 스무 배 올랐다고 말한다. 네이선은 햄스테드 히스 공원에서 노숙자로 살고 있고, 불운이 졸졸 자신을 따라다닌다고 내털리에게 신세 한탄을 한다.

    소설은 2000년대 세칭 신자유주의 시대를 사는 런던 북서부 청년들의 삶을 쪼개서 보여준다. 기승전결은 없고, 내털리가 네이션을 살인용의자로 신고하는 극적인 사건은 있지만 이상하게도 밋밋하다. 소설의 절정이 아니라 신문에 나오는 살인 사건 기사를 보는 느낌이다. 마리화나와 코카인과 같은 마약이 소재로 자주 나온다. 소설이 런던 청년들 삶을 제대로 보여줬다고 가정하면 영국은 마약으로 망해가고 있는 것처럼 보인다. 완독이 쉽지 않았다. 묘한 기운으로 가득 찬, 낯선 문법을 선보이는 소설책이다.

[문학일기 11]

굴드의 물고기 책

리처드 플래너건/ 유나영 옮김/ 문학동네

놀랍다는 말밖에 나오지 않는 이 대단한 소설을 뭐라고 평해야 할까. 소설 공간은 오스트레일리아 테즈메이니아 섬의 유형소이고 주인공은 죄수와 물고기들이다. 소설은 역사 소설처럼, 다큐처럼 진행되는데 여기서 역사란 사실이라기보다 이야기이다. 낡은 가구를 수선해서 역사가 오래된 고가구로 속여 파는 업을 하는 시드 해밋은 자신의 직업을 이렇게 말한다.

"관광객들은 돈이 있었고 우리는 그것이 필요했다. 그 대가로 그들이 요구한 것은 그저 거짓말을 들려 달라, 자기를 속여달라는 것이었다."(21쪽)

시드 해밋은 고물상이었던 한 가게 찬장에서 『물고기 책』을 발견한다. 윌리엄 뷜로 굴드라는 죄수가 물고기를 그리고 쓴 책이었다. 물고기는 켈피, 가시복, 별바라기, 쥐치, 장어, 톱상어, 줄무늬거북복, 볏해초고기, 민물가재, 은달고기, 풀잎해룡이다. 굴드는 물고기 그림을 그린 여백에 자신의 이야기를 적어놓는다. 이 책은 죄수 굴드가 쓴, 해상감옥과 세라섬의 총독 등 환상적인 이야기로 넘쳐난다.

굴드가 쓴 『물고기 책』은 사실일까? 아니, 굴드라는 죄수가 있기는 한 걸까?

시드 해밋은 『물고기 책』을 식민지 시대를 연구하는 역사학자 로만드 실바 교수에게 가져가 검증을 받는다. 실바 교수는 『물고기 책』이 가짜라고 단언한다. "사료상 1820년부터 1832년까지 세라섬이 대영제국을 통틀어 가장 무시무시한 유형지였다는 것은 사실이지만, 『물고기 책』에는 우리에게 알려진 그 지옥의 섬의 역사와 일치하는 내용이 전무하다시피 합니다."(33쪽)

실바 교수가 『물고기 책』이 가짜라는 논거를 들수록, 시드 해밋은 그가 이야기가 아닌 사실 속에서 진실을 추구한다는 것을, 그에게 역사란 현재에 대한 침울한 체념의 구실에 불과함을 깨닫는다.(33쪽) 그러니 이 책은 세칭 역사와 거대한 환상 사이에서 환상 편에 서 있다. 그러나 그 환상은 바탕을 이루는 사실이 아예 없었다거나 날조되었다는 것과 멀다. 책을 읽으면 읽을수록 소설이 설령 환상이라 하더라도 테즈메이니아 섬에서 영국인이 벌인 진실을 더 정확하게 반영한다고 느낀다.

우리가 보는, 영국인이 테즈메이니아 섬의 원주민을 몰살시키고 만든 역사라는 기록은 세라섬 등기소의 늙은 네덜란드인 요르겐 요르겐센이 만든 죄수에 관한 기록과 닮은 게 아닐까.

"늙은 덴마크인의 이야기 속에서는 모든 것이 전연 달랐다. 모든 삶이, 모든 행동이, 모든 동기가, 모든 결과가 … 그가 오랜 세월을 들여 자기 주인을 위해 창조해낸 우주에서는 모든 세부사항이 증대되고 적격성이 부여되고 표로 정리되어 있었다 … 나는 요르겐센이 창조해낸 모든 것에 경탄할 수밖에 없었다. 예를 들어 몇 년에 걸쳐 채찍 사용이 감소했다는 통계를 길고 정연하게 정리한 표, 육필 설교집, 최신 감방의 도면들은, 죄수들의 타고난 야수성과 싸우는 불가피한 체형 체제에서 독방이나 감리교회의 선교 같은 좀 더 계몽된 실천으로 이행되는 과정을 종합적으로 보여주고 있었다 … 요르겐센은 후세인들에게 죄수들의 야만성과 행정관의 현명함 모두를 납득시킬 수 있는 유형지의 이미지, 즉 부단하고도 적정한 규율을 통해 소매치기가 구두장이로, 남색꾼이 기독교인으로 갱생할 수 있음을 보여주는 모범적인 사례를 창조해냈다."(311~314쪽)

식민주의자의 역사란 요르겐센이 테즈메이니아 섬 유형소의 진실을 창조한 것처럼 창조된 것이다. 인종우월주의도 아래 장면에서 보듯 창조된 것이다.

굴드는 수퇘지 캐슬레이에게 먹혀버린 렘프리어 선생의 두개골을 다른 원주민의 두개골과 같이 영국으로 보낸다. 영국의 코즈모 휠러 경은 렘프리어 선생의 두개골을 원주민의 특이한 두개골로 파악하고, 야만적인, 그야말로 동물에 근접한 종임을 밝히는 책을 낸다. 영국인 식민주의자가 보는 세계는 그들의 이념에 맞춰 재단되어 있다. 객관적인 세계란 없다.

그래서 굴드는 이렇게 파악한다. "왜냐하면 책이 될 세계가 이제 존재하지 않기 때문이다. 존재하는 건 세계가 되려는 가당찮은 야심을 품은 책뿐이었다."(318쪽)

굴드는 세라섬이 불타는 중에 탈출하고 소설 마지막에서 풀잎해룡으로 변신한다. "지금 나는 완벽한 고독 속에서 살고 있다 … 나는 동료 물고기들이 좋다."(430쪽)

소설 후기에 식민장관의 1831년 서신철이 실려있다. 윌리엄 뷀로 굴드. 수감 번호 873645, 일명 시드 해밋. 요르겐 요르겐센, 카푸아 데스, 팝조이, 사령관.

그럼 이 소설에 나오는 주인공 모두는 굴드의 분신인가? 소설은 굴드가 다양한 시각으로 진술한 세라섬 유형소의 진실인가? 아니면 소설은 굴드가 창조한 하나의 세계인가?

알 수 없다. 풀잎해룡에게 물어봐야 할 것 같다.

꼭 읽어보기를 권한다.

[문학일기 12]

노랑의 미로

이문영/ 오월의봄

이문영이 서울 용산구 동자동의 쪽방 건물에 산 45명 사연을 5년 동안 추적해서 쓴 논픽션이다. 책을 읽으며 먼저 우리 언론이 반성해야 한다는 생각이 들었다. 방송과 신문은 이 쪽방 건물을 취재해서, 특히 오랜 시간 주민들의 삶과 죽음과 이동을 조사해서 크게 보도했어야 했다. 쪽방 건물뿐이겠는가? 한국에 사는 극히 가난하고 아픈 사람의 사연을 발굴하고 크게 방송하고 싶어야 한다. 그러나 한국 언론은 그렇게 하지 않는다. 시청률과 열독율이 떨어지는 작업을 많은 시간과 비용을 들여 진행하고 싶지 않기 때문이다. 언론의 시선에 지극히 가난한 사람의 사정은 들어오지 않는다.

동자동 쪽방 사람이 주거 조건이 더 나은 연희동 매입임대에 들어가면 어떤 일이 벌어질까?

"연희동 매입임대도 원룸이지만 종전 동자동 건물의 방보단 넓고 깨끗했다. 작지만 방마다 별도의 화장실이 있었고, 좁지만 세탁기를 둘 수 있는 별도의 베란다가 있었다. 이 특별할 것 없는 방이 그들에겐 특별했다 … 그들은 이사 첫날부터 '너무 큰 방'의 보일러와 가스비를 걱정했다. 못 견디게 추운 날만 잠깐 켰다가 금방 꺼야지. 늘어날 공과금 지출을 계산하며 엄장호가 말했다 … 계속 틀어두면 안 되고 타이머 맞춰서 때 되면 멈추게 해야 돼. 그들은 가스보일러 사용하는 법부터 배워야 했다. 정해진 시간에만 난방이 됐던 동자동 건물 방에서 그들은 보일러를 직접 켜고 꺼본 적이 없었다."(238~239쪽)

연희동 주민은 LH 집에 이사 오는 사람들이 밤마다 술 먹고 난리라며 이런 사람들을 우리 동네에 데려다 놓으면 어떡하냐고 LH직원에게 항의한다. 같은 임대주택에서 한 청년이 자신은 밤에 일하고 낮에 자는데 낮에 이렇게 시끄럽게 이사하면 어떻게 하냐고 항의한다. 이문영은 말한다. "가난과 다투는 것은 가난이었다."

동자동 쪽방 건물주는 주민을 내쫓고 새 건물을 지으려고 한다. 그런데 건물주도 그렇게 독한 사람이 아니라서 주민 퇴거 작업은 지지부진하다. 전기와 수도를 끊는 강수도 두면서 쪽방 주민 45명 중 41명을 쫓아내지만 4명은 끝까지 남았다. 건물주는 쪽방에 보증금 없이 월 16만 내외를 받고 있었다. 쪽방 주거민이 건물주에게 건물 철거 시도에 항의하자 건물주는 이 지역에 이 정도 싼 달세 받는 곳도 없고, 오랜 기간 올리지도 않았다면서 자신도 어렵다고 하소연한다. 마침내 주민이 낸 공사중지가처분을 법원이 받아들이는 바람에 건물 철거를 포기한다. 그래도 상대적으로 괜찮은 건물주다. 건물주는 쪽방을 유지하는 대신 서울시에 건물 전체 임차를 요청한다. 그래서 책을 읽다 보면 어떤 블랙코미디를 보는 기분도 든다. 한국 사람에게 부동산, 그것도 서울 요지의 부동산 거주권을 둘러싸고 세입자와 건물주가 벌이는, 처절한 생존권이면서 동시에 희극적인 상황 말이다. 여기 사는 주민은 기초수급자만 있는 것이 아니라 폐지를 수집하거나 일용노동을 하거나 보조출연 등을 하면서 돈을 버는 사람도 많다. 주민의 사연도 하나하나가 한국 현대사 단면을 보여준다.

    1945년 황해도 출생인 404호 엄장호의 인생을 돌아보자. 엄장호는 스물다섯에 베트남에 파병되었다가 생사의 고비를 넘은 용사였고 귀국해서는 사우디아라비아서 아파트와 체육관을 짓는 건설용사가 되었다. 그 후로 엄장호의 인생이 잘 풀렸으면 좋았겠지만 그렇지 않았다. 새우잡이 배도 타보고 돼지농장에도 일하다가 결국 동자동 쪽방으로 흘러 들어온 것이다. 기초수급비로 48만원을 받는다고 하면 방값 18만 원을 내고 전화요금 내고 나머지 돈으로 쌀 사고 반찬 사고 겨우 한 달을 사는 것이다.(247~251쪽)

    주민 최용구는 서울역에서 노숙할 때 양복쟁이가 접근했다. 양복쟁이는 최용구의 취직에 필요하다면서 주민등록등본과 인감증명 등을 떼 달라고 해서 내주었다. 최용구는 그후로 양복쟁이에게 국밥을 얻어먹고 고시원에 몇 달 지내고 용돈을 몇만 원 받으면서 양복쟁이가 원하는 서류를 떼주었다. 최용구가 떼준 서류로 최용구는 온갖 범법을 저지른 범죄자가 되었다. 최용구가 알지도 못하는 그의 소유 대포차를 누가 운전하는가 하면 최용구 명의로 온갖 대출을 받고 돈을 떼먹고 도망가기도 했다. 최용구는 끝없는 독촉장과 경찰 추적에 시달린다. 거기에 더해 최용구는 한국에서 결혼할 남자를 찾는 브로커를 만나 중국 칭다오에 가서 가짜 결혼을 하기도 한다. 한국어를 한마디도 못하는 명반리라는 여자를 만나 사진관에 가서 사진을 찍는 예식도 올린다. 그 여자와 진짜 부부가 되고 싶은 마음이 생겨버렸으나 헛된 꿈이었다. 여자는 중국에 남편과 딸이 있었고 돈을 벌기 위해 한국으로 온 것이었다. 십대 후반에 섬으로 끌려가 강제노동을 한 주민도 있다. 발명왕이었던 301호 주민 김대광도 있다. 동자동 쪽방 주민은 외롭게 죽는다. 이문영은 그들의 죽음 과정도 추적해서 책에 올려놓았다. 대부분은 빈소가 차려지는 경우도 드물었으나 106호 김택부는 대학병원에 빈소가 차려진다. 소식을 끊었던 장성한 자식들 덕분이다. 주민들의 외로운 죽음을 나열한 후에 이문영은 그들 망자를 대신해 이렇게 말한다. "나는 죽고 나서야 더는 쫓겨나지 않았다. 죽을 때도 이생으로부터 쫓겨나듯 죽었다."(567쪽)

철거와 이주는 끝이 없다. "쫓아내고 쫓겨나는 이야기도 언제나처럼 되풀이됐다. 노란집을 통과한 가난의 경로가 '전국의 노란집들'로 다시 뻗어가고 있었다. 끊기지 않는 길이었다." 이문영은 이 책의 요약을 이렇게 말한다. "빠져나오지 못하는 가난의 미로 안에 끝내지 못한 가난한 이야기가 갇혀 있다."(573쪽)

왜 이들 쪽방 주민의 삶은 언론이 대서특필해 '사건화' 되지 않는가? 이문영은 후기에서 이렇게 말한다. "가난한 사람들의 사건은 그들의 목소리만으론 '사건화'되지 않는다. 두 사람도 앉을 수 없는 방에 정치인이 들어와 손을 잡거나, 재벌 임원들이 찾아와 사진을 찍고 후원 물품을 나눠줄 때, 쪽방의 공고한 일상은 특별한 사건이 된다. 화재가 발생해 사람이 죽거나, 추위와 더위에 허덕이는 장면이 필요하거나, 명절에도 고향을 찾지 못하는 외로움을 채집하려 할 때, 언론은 쪽방을 사건으로 채택한다. 정치와 자본과 언론은 '가난의 상징'으로 쪽방을 소비해왔다."(575쪽) 우리에게 쪽방은 영원히 없어지지 않을 주홍글씨인가? 국민소득이 아무리 오르고 경제력이 세계 10위권에 들어도 해결되지 않을 업보인가? 한국에서는 신라 시대부터, 중국에서는 춘추전국시대부터, 서양에서는 고대 그리스 시대부터 이어져 왔을, 아니 어쩌면 구석기시대부터 내려왔을 가난, 특히 극심한 가난의 문제는 해결 방도가 없는 것일까? 블랙 유머를 곳곳에 심은 책을 읽으며 든 답답한 생각이다.

[문학일기 13]

사람들

황경란/ 산지니

    소설을 읽으면서 작가의 다음 작품을 보고 싶을 때가 있다. 이 소설집이 그랬다. 2012년 ≪농민신문≫ 신춘문예로 등단한 후로 책을 내기 일 년 전에 본격적으로 소설에 마음을 쏟기 시작했다니 안타까웠다. 장편과 또 다른 소설집을 독자의 손에 더 쥐어줬다면 좋았을 텐데.

    소설 세계는 두 가지 사건과 인물이 얽히는 과정과 관계가 소설 맛을 가름할 때가 많다. 작품집의 세 번째 소설인 단편 「선샤인 뉴스」에서 안마사로 일하는 시각장애인 치윤과 높이 60미터의 크레인 위에 올라와 있는 여자는 아무런 연결 고리가 없다. 두 사람은 만난 적이 없고 어쩌다가 부딪힐 일도 없어 보인다. 치윤은 라디오를 통해 여자의 사연과 상태를 듣는다. 여자는 길을 잃어도 괜찮은데 제 아무리 복잡한 미로라고 해도 60미터의 크레인 위에 올라와서 아래가 훤히 내려다보이기 때문이다.

    치윤은 암흑이라는 미로 속에 들어 있다. 집의 현관에 들어선 치윤이 열 걸음을 걸어 창틀로 향하고, 열다섯 걸음을 걸어 화장실로 향하고, 침대까지 아홉 걸음을 걸어 옷을 갈아입어도 어둠에 싸인 미로임은 변하지 않는다. "익숙한 공간과 시간이라는 치윤의 미로 속에는 또 다른 미로가 이렇게 존재했다. 크레인 위에 살고 있다는 그녀도 겹겹이 둘러싸인 미로 속에 또 다른 미로가 교묘하게 생겨났다고 말했다."

치윤은 상상력의 가느다란 촉수를 뻗어 크레인 위에 사는 그녀와 자신을 같은 면과 선 위에 올려놓고 비교하고 가슴 아파한다. 그녀가 "살아서 돌아가고 싶어요." 말하고 라디오 대화에서 사라지자 진행자는 아무런 말을 하지 못하고 치윤도 말을 잊는다.

치윤은 생각한다. 크레인 위의 그녀라면 치윤이 울었던 날들을 기억하며 함께 울어줄 것 같다고. 치윤은 그녀를 "가장 아름다운 밤, 높이 60미터의 달에서 살아서 돌아가고 싶은 사람"으로 기억하고 점필로 기록한다. 치윤과 그녀는 전혀 연결되어 있지 않지만 라디오라는 매체를 통해 치윤의 영혼 깊게까지 이어지며 치윤은 그녀의 안녕과 생존을 기원한다. 돈이 가치 판단의 기준이며 돈을 향해 전력으로 질주하는 우리 대한민국의 정신과 삶이 그래도 무너지지 않는 이유는 치윤이 전하는 보이지 않는 유대와 공감 때문일 것이다.

치윤이 미로 출구를 찾는 단편 「선샤인 뉴스」는 단편집의 첫 번째 소설 「사람들」과 연결된다. 언론사의 기자인 륜이 연재한 기사에 타워 크레인의 그녀가 나온다. 륜이 쓴 기사의 마지막 줄은 이렇다. "그녀는 가장 아름다운 밤, 높이 60미터의 달에서 살아서 돌아가고 싶은 사람이었다." 소설집을 되새겨보면 몇몇 단편은 「사람들」의 주인공인 륜이 쓴 연재기사에 나오는 사람과 맺어진다. 드넓은 미국에서 6단계만 거치면 모든 사람과 연결된다는 실험 결과가 있다. 한국은 더 촘촘한 그물망으로 사람들의 행복과 불행과 기쁨과 슬픔이 얽혀 있다. 그물 한쪽을 건드리면 먼 곳까지 출렁거림은 이어진다.

류은 환경미화원, 농기구상, 독거노인, 경비원 등의 사람에 관한 기사를 기획한다. 류은 '가난보다 추할까'라는 문장을 가장 싫어한다. 류의 언론사 상사인 부장은 자신의 젊은 기자 시절 열정을 빼닮은 류을 격려하고 싶으면서도 부담스럽다. 부장의 젊은 시절은 멀리 흘러갔고, 류이 선배, 가난은 추하지 않아요. 가난보다 추한 건, 그건 …이라고 말해도 부장이 흔쾌히 동의하지 못하는 건 자신의 때 묻고 누추한 삶이 걸리기 때문이다. 언론사 부장은 자신의 현재 삶을 쉽사리 들춰보지 못하는데 단편「얼후」는 그런 삶의 비루함을 들춰내고 직시해야만 끌어낼 수 있는 광채를 이야기한다.

「얼후」에서 연변의 새불이 마을에 사는 주인공 양춘은 엄마는 돈 벌러 한국으로 떠나고 아버지는 엄마를 찾으러 한국으로 떠나버린 아이다. 양춘은 할아버지 인락과 산다. 양춘은 연변 시내로 나가 탈북자를 밀고하며 돈을 번다. 그는 광적으로 돈을 모으는 사람이란 뜻의 차이미이로 불리지만 할아버지 인락을 따라 다시 새불이 마을로 돌아온다.

연변의 마을에서 부모들이 자식을 놔두고 한국으로 떠난 건 돈을 벌기 위해서였다. 할아버지 인락이 기억하는 눈에 발자국을 만들며 항일 독립군을 지원한 새불이 마을의 전통은 사라졌고 양춘은 독립군 따위는 퇴락한 한탄으로 받아들인다. 양춘은 탈북민을 밀고해서 돈을 벌어 한국에 가는 방식을 택한다. 하지만 할아버지 인락이 쓰러지면서 양춘은 마을의 김 단장 얼후 소리에 맞춰 연변 아리랑을 배워 한국에서 공연을 여는 형태로 방향을 튼다. 가난보다 추한 건 무엇일까. 그렇다. 양춘이 탈북민에게 괴로움을 가해 돈을 끌어모으는, 고통의 확산과 전가이다. 넘겨씌움이다.

'가난보다 추할까' 문장은 먼 아프리카의 마다가스카르 섬, 타마타브 항구에서 다시 전해진다. 단편 「킹덤」에서다. 암마토비 광산에서 채굴한 니켈은 타마타브 항구의 제련소인 킹덤에서 제련되어 컨테이너 부두를 통해 수출된다. 주인공 리켈의 아버지는 어부로 예전에 배를 샀지만 이제는 정박시킬 부두를 찾지 못한다. 아버지는 부두에서 죽고 리켈은 타마타브 항구에 불을 지를 결심을 한다.

제련소 준공식을 앞두고 리켈은 한국인이었던 선생 쌩파가 준 책의 마지막 페이지를 펼친다. "가난보다 추할까" 문장이 눈에 들어온다. "누가 누구를 향해 쓴 말인지 리켈은 알 수가 없었다. 하지만 리켈은 아버지의 가난을 보았고, 아버지가 보았다는 할아버지의 가난을 보았다. 할아버지가 가난해서 배를 사지 못했던 것처럼, 아버지의 가난은 배를 정박할 곳을 찾지 못했다." 리켈은 아버지가 했던 기도 '땅속의 물과 뿌리가 영원하기를' 기도문을 떠올리며 항구에 불을 지른다. 불길 속에서 할아버지와 아버지가 깨어나 걷는 모습을 리켈은 보고 할아버지와 아버지를 향해 '땅속의 물과 뿌리가 영원하기를' 소원을 다시 외친다.

땅속의 물은 땅속에서 지상으로, 다시 하늘로 가서 땅으로 내려오는 순환을 거친다. 뿌리는 대지에 깊숙이 박혀 물과 영양분을 줄기로 끌어올린다. 자연스럽고 아름다운 순환을 막는 적대자는 제련소 킹덤이다. 리켈은 킹덤을 불태워 자연과 함께 하는 순환을 갈구한 아버지의 기도를 실현시키려 한다.

리켈의 소원은 단편 「그날 이후로」에서 위안부였던 금령이 일본 대사관 앞에서 만난 선명한 글자인 "우리는 쉽게 죽지 않는다."와 이미지로 연결된다. 위안부 노인들이 사죄를 받지 못하고 죽어도, 땅속의 물과 뿌리가 순환하며 쉽게 죽지 않는 것처럼 피해자가 일본에게 요구한 사죄와 책임 추궁은 계속 이어질 것이다.

"집으로 돌아온 금령은 일본 대사관 앞에서 깃발처럼 펄럭이던 글자를 떠올렸다. 그런 글을 쓰고 싶었다. 금령은 엄마와 자식이라는 자음과 모음을 떠올렸다. 자음과 모음이 만나 글이 되고, 글이 소리가 되고, 소리가 생명이 되어 오래도록 살아가는 그런 글을 써야 했다."

금령만이 아니라 작가도 '사람들'에게 생명이 되고 힘이 되는 그런 글을 쓰고 싶어 했으리라. 소설집에 나온 '사람들'은 거리를 다니며 서로에게 안부를 묻고 격려하면서 생명이 넘치는 글을 짓기도 하고, 스스로 글거리가 되기도 한다. 작가는 '작가의 말'에서 이들 '사람들'에게 안부를 묻는 소설이 되었으면 한다고 말한다. "출근과 퇴근을 반복하는 일상 속에서 분명히 들었던 뉴스 한 토막 속의 우리에 더해, 길 한복판에서 한숨을 쉬어본 적 있는 우리들의 안부 말이지요."

안부는 서로가 서로에게 묻고 퍼져나가는 게 좋다. 꼭 현실의 '사람들'끼리만 안부를 묻는 것도 아니다. 소설의 '사람들'이 소설의 '사람들'에게, 현실의 사람이 소설의 '사람들'에게, 소설의 '사람들'이 현실의 '사람들'에게 안부를 물음직도 하다.

'사람들'이 안부를 따뜻하게 묻고, 안부에 감각과 지성이 들어가면 그게 소설이다. 이 소설집에 나오는 '사람들'이 우리에게 전하는 정의와 온화한 애정 섞인 안부를 찬찬히 더듬어본다.

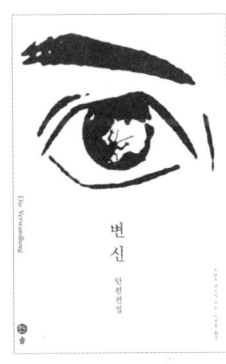

[문학일기 14, 15]

변신 단편전집
프란츠 카프카/ 이주동 옮김/ 솔

꿈 같은 삶의 기록
프란츠 카프카/ 이주동 옮김/ 솔

　모두 10권인 카프카 전집의 1권과 2권이다. 1권은 736쪽, 2권은 1011쪽에 이르는 두꺼운 책이다. 카프카 전집은 그야말로 카프카가 쓴 모든 종류를 긁어모았다. 단편과 장편, 일기와 편지와 엽서까지 들어있다. 일반인보다 연구자나 문학 관련자들이 읽을 전집으로 보인다. 만약 카프카가 살아나서 자신이 쓴 메모나 끄적거린 초고나 한두 번 고치다가 그냥 버려둔 글까지 모두 전집에 들어가서 한자리를 버젓이 차지한 사실을 알면 어떤 반응을 보일까?
　역자가 한국어판 결정본으로 부른 이 전집이 완성되는 과정이 책 뒤에 실려 있다. 카프카는 현대에 살았음에도 불구하고 유대인이었고 2차 세계대전이 지나가는 바람에 불행히도 작품이 사라져버릴 위기에 처했다. 카프카의 미발표 유고들은 책상 서랍이나 친구와 연인과 가족 등 여기저기에 흩어져 있는 상태였다. 그래서 친구이자 평론가인 브로트는 수집한 원고와 가족들의 원고를 모아 1935년에서 1937년까지 6권으로 된 전집을 출간했다. 그 후 미국에서 망명생활을 하던 브로트가 쇼켄 북 출판사에서 1946년 다섯 권으로 된 두 번째 전집 판을 낸다. 그 후로 카프카가 명성을 얻게 되면서 많은 비교 텍스트와 비판본이 나오게 된다. 일반 독자는 이런 일련의 복잡한 과정을 알 필요가 없다.

변신 단편전집을 읽으면 우리가 흔히 카프카 단편선집으로 읽는 것과 느낌이 확실히 다르다. 카프카란 숲이 더 우거지고 아름드리나무부터 죽은 묘목까지 다양한 나무가 자란다는 것을 알 수 있다. 그리고 카프카의 작품이 꿈에서 소재를 얻었거나 사실상 꿈을 다룬, 즉 초현실주의 작품이 많다는 것을 알 수 있다. 1권의 「시골의사」는 조금 합리적인 꿈이라고 볼 수 있다. 1권의 「요제피네, 여가수 또는 서씨족」은 노래하는 쥐를 이야기한다. 노래는 쥐의 삶에서 필수적이지 않다. "우리 여가수의 이름은 요제피네이다. 그녀의 노랫소리를 들어보지 못한 이는 그녀 노래의 힘을 알지 못한다. 그녀의 노래에 감동되지 않을 이는 없다. 그것은 우리 종족 전체가 음악을 사랑하지 않는 만큼 더욱더 높이 평가될 수 있는 것이다. 조용한 평화가 우리에게는 최상의 음악이다. 우리의 삶은 고달프다. 우리가 아무리 한 번쯤 모든 일상적인 걱정을 떨쳐버리려고 애쓴다 하더라도, 우리는 음악과 같이 우리의 평상시 생활과 너무 거리가 먼 것들 쪽으로 우리 자신을 끌어올릴 수는 없다."(1권 302쪽)

카프카의 작품을 읽으면 은근히 음악과 관련된 내용이 많다. 작품 「변신」에서 갑충으로 변한 그레고리 잠자가 여동생이 연주하는 바이올린 소리에 기뻐하며 방에서 나오는 장면이 있다. 잠자는 바이올린 소리를 이렇게 즐기고 감상할 수 있는 내가 왜 인간이 아닌가라고 생각한다. 음악을 연주하고 감상하는 능력은 인간만이 가진 힘이다. 쥐이지만 노래를 즐기는 요제피네는 어떻게 보면 쥐세계에서의 그레고리 잠자와 같은 존재이다. 1권의 「만리장성」을 읽으면 카프카의 작품 세계가 넓다는 점을 인정하지 않을 수 없다. 중국의 만리장성 축조를 다룬 이 작품에서도 카프카 특유의 아이러니가 펼쳐진다. 황제가 임종 직전에 보낸 칙사는 결코 궁궐의 방을 벗어나지 못한다. 방을 벗어나더라도 정원이 나타나고, 정원을 지나면 두 번째로 에워싸는 궁궐, 또다시 계단과 정원, 또다시 궁궐, 그렇게 수천 날이 계속될 것이다. "당신은 창가에 앉아 그 칙명이 오기를 꿈꾸고 있다. 꼭 그렇게, 그렇게 희망 없고 또 그렇게 희망에 차서, 우리 백성은 황제를 바라본다. 어느 황제가 통치하고 있는지는 모른다. 또한 왕조의 이름마저 확실치 않다. 이미 오래전에 죽은 황제들이 우리 마을에서는 왕좌에 앉혀지고, 노래 속에나 살아 있는 이가 방금 포고를 발하여, 그것을 사제가 제단 앞에서 읽어준다. 고대 역사의 싸움이 여기서는 이제야 비로소 벌어지는 것이다."(1권 57쪽) 중국의 은혜로운 황제 시스템을 이렇게 절묘하게 파악할 수 있을까?

1권에서는 「굴」이 인상적이다. 굴에서 살면서 끝없이 식량을 모으고 침입할 동물을 경계하고 새로운 장벽을 만드는 시스템, 이건 뭘 상징할까? 글쓰기의 은유처럼 보이기도 한다. 이 굴에 출구는 있는 것일까? "어쨌거나 나는 밖으로 나가기 위하여 더이상 작업하지 않아도 되는,

쉽게 도달할 수 있는, 완전히 열려 있는 출구가 그 어디인가에 있다는 확신이 꼭 있어야겠다." "그래도 그 출구는 하나의 희망이며 그것 없이는 살 수가 없다."(1권 677쪽) 굴에 사는 동물은 어딘가에 출구가 있다는 믿음으로 산다. 이 굴속에 다른 침입자가 있을 수 있고 물리쳐야겠지만 나 혼자 있는 것 같기도 하다. 그래서 "믿을 수 있는 것이라곤 나와 굴뿐이다."(1권 692쪽) 카프카는 말한다. 다른 떠도는 동물이나 자신만의 굴을 파는 동물이 있을 수 있겠지만 만나는 순간 나는 발톱과 이빨을 열 것이고 의사소통이란 불가능할 것이다. 굴속에 사는 동물은 자본주의 또는 사회주의 체제 안의 고립된 개인일 수도 있고, 가족과 사회에서 고립된 개인일 수도 있고 카프카 본인일 수도 있다. 작품「굴」을 읽으면 글 속의 동물이 이상하게도 점점 나를 닮은 무엇이라는 느낌을 지울 수 없다.

전집 2권「꿈 같은 삶의 기록」의 부제는 '잠언과 미완성 작품집'이다. 미완성이고 단락이 끊겼으며 꿈을 기억해내 쓴 게 아닐까 싶은 앞뒤 맞지 않는 작품이 여럿 있다. 작품「어느 투쟁의 기록」은 그야말로 꿈속 세계를 다룬 초현실주의 작품이다. 인과관계도 없고, 논리적이지도 않다. 소설 속 나는 독수리를 불러 내리기도 하고, 높은 산을 세우기도 하며, 언덕을 한없이 넓히기도 한다. "모르긴 해도 강이 나와 갈라놓을, 내가 있는 길 건너 꽤 먼 곳에 나는 높은 산을 우뚝 세웠는데, 그 산꼭대기는 잡목 숲으로 뒤덮여 하늘과 맞닿아 있었다."(2권 67쪽) "그때 이 강의 언덕이 한없이 넓어졌다. 나는 손바닥으로 멀리 있는 아주 작은 도로 표지판의 쇠를 만져보았다. 나는 그 일을 전혀 이해할 수 없었다."(2권 99쪽)

카프카가 살아서 전집을 냈다면 「어느 투쟁의 기록」은 실지 않았거나 개작했을 것이다. 그림에서 초현실주의가 가능하다면 소설에서도 가능하지 않을까 하는 생각이 들 수도 있지만 적어도 논리적 일관성은 갖춰져야 할 것이다.

책에 뛰어나고 생각할 거리가 있는 잠언이 많다. 다음과 같은 돈키호테 해석을 보자.

"여하튼 그것을 자랑한 적이 없는 산초 판자는 세월이 지나가면서, 저녁이나 밤 시간에 많은 기사소설과 도둑소설들을 곁에 두고 읽음으로써, 그가 후에 돈키호테라는 이름을 붙여주었던 악마로 하여금 절제 없이 가장 미친 짓들을 행하게 함으로써 그 악마를 자신으로부터 떼어놓는 데 성공하였다. 그러나 그 미친 짓들은 미리 정해진 대상이 없었으므로 - 물론 산초 판자가 그런 대상이 되었어야 했겠지만 - 아무에게도 해를 끼치지는 않았다. 자유인인 산초 판자는 무관심하게, 아마 어쩌면 얼마만큼은 책임감에서 원정을 나서는 돈키호테를 따라 나섰으며 그가 생을 마칠 때까지 거기서 크고도 유익한 즐거움을 맛보았다."(2권 416쪽)

돈키호테를 이렇게도 해석할 수 있구나. 신선하면서 카프카의 전복적 사고를 다시 체험한다. 카프카의 잠언은 놀라운 점이 많다. 다음 잠언들을 보자.

"악은 선에 대해 알지만, 선은 악에 대해 모른다."(2권 427쪽)

"선은 어떤 의미에서는 절망적이다."(2권 428쪽)

"단지 우리의 시간 개념이 우리로 하여금 최후의 심판을 그렇게 부르게 했다. 원래 그것은 하나의 즉결 심판이다."(2권 433쪽)

"12월 2일, 그들은 왕이 되느냐, 왕의 파발꾼이 되느냐 선택해야 했다. 아이들은 그들 기질대로 모두가 파발꾼이 되고자 했다. 그리하여 온통 파발꾼만이 존재한다. 그들은 세상을 두루 질주하며, 왕이 없으므로 의미가 사라진 소식을 서로에게 외쳐댄다. 그들은 기꺼이 자신들의 비참한 생활을 끝내고 싶었지만, 직무상의 서약 때문에 감히 그렇게 하지 못했다."(2권 436쪽)

"악은 선의 별이 총총한 하늘이다."(2권 438쪽)

수전 손택은 1966년 발간한 『해석에 반대한다』에서 가장 많이 해석된 작가로 카프카를 꼽았다. 그녀는 말하기를, 카프카를 사회적 알레고리로 읽는 이들은 현대 전체주의 국가에 근원적으로 만연한 관료주의의 광기와 좌절에 관한 사례 연구를 보며, 정신 분석학적 알레고리로 읽는 이들은 아버지에 대한 공포, 거세 불안, 무능력함, 자신의 꿈에 속박된 자기 자신에 대한 카프카의 필사적인 폭로를 본다. 카프카를 종교적 알레고리로 읽는 이들은 『성』의 K는 천국에 도달하고자 안간힘을 쓰고 있으며, 『소송』의 요제프 K는 무정하고 불가사의한 신의 정의에 따라 심판을 받는 것이라고 설명한다. 54년 전에 작가와 평론가들이 벌써 엄청난 평과 해석을 했지만 우린 더 계속 독자적인 방식으로 읽어나가야 하지 않을까 싶다. 그만큼 카프카의 작품은 시대와 사람에 따라 달리 읽힌다. 마치 『돈키호테』가 풍자소설에서 낭만주의 소설로, 다시 실존주의 소설로 옷을 갈아입는 것처럼.

[문학일기 16]

지복의 성자
아룬다티 로이/ 민승남 옮김/ 문학동네

소설의 넓이는 작가가 사는 땅 넓이와도 관계가 있다는 생각을 가끔 한다. 중국과 미국, 남미의 작가를 읽을 때 드는 생각인데 아룬다티 로이도 해당된다. 소설이 안고 있는 총체성, 주제와 소재뿐 아니라 인물에서도 그렇다.

소설에서 주된 두 명의 주인공은 여자다. 하나는 어린 시절에 집에서 아프타브라는 이름으로 불렸으나 후에 안줌으로 개명한 히즈라다. 히즈라는 남자의 몸에 갇혀 있는 여성이다. 작품에서 의사 나비가 진단하기를 아프타브는 외적으로는 남성적 특징이 더 지배적으로 나타나지만, 실은 남성과 여성의 특징을 모두 지닌 헤르마프로디테라고 한다. 어쨌든 아프타브는 남자와 여자의 성기를 모두 갖고 태어났으나 후에 여자로 변신해서 안줌으로 부르게 된다.

아프타브는 열다섯 살이라는 나이에, 그의 가족이 수세기 동안 살아온 델리의 터전에서 겨우 몇백 야드 떨어진 곳에 있는 평범한 문을 지나 다른 세계로 들어간다. 히즈라들이 모여 사는 콰브가(꿈의 집)이다. 인도에는 일곱 개 지역에 '히즈라 가라나'로 불리는 히즈라들의 공동체가 있다고 한다.

안줌은 널리 알려진 히즈라로 콰브가에서 삼십 년 넘게 산 끝에 마흔여섯에 콰브가를 나와서 델리의 묘지에 와서 살기 시작한다. 안줌은 묘지에 판잣집을 짓고 살았는데 조그만 부엌이 달린 작은 집으로 키웠다. 시 당국에서 묘지 거주를 금지했지만 시 공무원들은 안줌에게서 약간의 돈과 축제 때 식사를 제공받는 것으로 집을 묵인한다. 안줌은 무덤 주위에 벽을 둘러 방을 몇 개 만들고 빈털터리 여행객들에게 세놓았다. 일종의 묘지 게스트 하우스가 된 셈이다.

이 묘지 게스트하우스에 틸로타마가 찾아온다. 틸로에게는 대학 시절 만난 세 명의 남자가 있는데 대학을 졸업한 후에 언론인이 된 나가, 인도 정보국의 카슈미르 부지부장이 된 가슨 호바트 그리고 카슈미르에서 독립운동을 벌이게 된 무사 예스위다. 틸로는 무사와 사랑에 빠지게 되고 카슈미르에서 무사를 만났다가 인도 군인에게 체포돼 죽을 고비를 넘기지만 나가와 가슨 호바트의 도움으로 살아남는다. 틸로는 나가와 결혼하지만 마음은 무사에게 있다. 그리고 어느 날 틸로는 묘지에 와서 버려진 아이를(후에 미스 우다야 제빈으로 불린다.) 자신의 집으로 데려갔다가 다시 묘지로 돌려주면서 나가를 떠나 안줌이 사는 묘지 게스트하우스로 온다.

소설은 남자와 여자의 구별을 넘어선 성性인 히즈라 안줌과 카슈미르 주민의 저항과 학살이라는 인도의 아킬레스 건과 얽힌 틸로라는 여자를 통해 인도가 앞으로 나아가야 할 관용과 해방의 길을 보여준다. 관용의 길은 안줌이 운영하는 묘지 게스트 하우스 인근에 있는 잔타르만타르 광장에서도 찾을 수 있다. 델리에서 합법적인 집회가 허용되는 그곳은 공산주의자, 폭동 선동가, 분리독립 지지자, 혁명가, 몽상가, 게으름뱅이, 코카인 중독자, 괴짜, 온갖 프리랜서 등이 몰려온다. 1984년 보팔에서 발생한 유니언카바이드 가스 누출사고로 장애를 얻은 수천 명의 피해자들을 대표하는 쉰 명의 사람들도 있으며 정부에 땅을 빼앗긴 수천 명의 농부들을 대표해 단식 투쟁을 벌이는 간디주의 운동가도 있다.

  이들의 다양한 주장은 정부가 그 주장을 검토하는가 또는 받아들여지는가에 관계없이 바로 옆의 묘지에 잠든 사르마드 샤히드 영묘와 상관관계가 있다. 책 제목인 '지복의 성자'가 바로 사르마드를 가리킨다. 사르마드는 일생의 사랑을 찾아 페르시아에서 델리로 온 아르메니아 유대인 상인이었다. 그 일생의 사랑이 그가 신드에서 만난 힌두교인 소년이었다. 사르마드는 유대교를 버리고 이슬람교를 받아들였으나 영적 추구를 끝까지 한 나머지 정통 이슬람교까지 버렸다. 그는 샤자하나바드의 길거리에서 알몸의 고행자로 살았다. 당시 황제였던 아우랑제브가 사르마드를 궁으로 불러 그에게 칼리마ー알라 외에 신은 없고, 마호메트는 알라의 사도다ー를 암송해 진정한 이슬람교도임을 증명하라고 명했다. 사르마드는 첫 구절, 라 일라하, 신은 없다 까지만 암송했다. 사르마드는 영적 추구를 완성해 충심으로 알라를 받아들일 수 있을 때까지는 그 이상 증언할 수 없다고 고집했다. 사르마드는 이슬람 사원 자마 마스지드의 계단에서 참수당했는데, 머리가 몸에서 잘려나간 뒤에서 계속해서 사랑의 시들을 낭송했고, 태연하게 자신의 말하는 머리를 들고 자마 마스

지드의 계단을 올라가 천국으로 직행했다고 한다. 그런 이유로 안줌의 어머니가 안줌을 위해 기도한 장소가 사르마드의 영묘였다. 사르마드는 위로받지 못한 자와 사랑과 관용을 대표하는 성자인 셈이다.

소설의 마지막은 자이나브와 사담의 결혼이다. 안줌이 이슬람 사원에 버려진 아이를 키웠는데 그 아이가 자이나브다. 자이나브의 별명이 왕쥐였다. 자하나라 베굼의 아들은 딸인 안줌이 되었고, 왕쥐는 이제 신부가 되었다. 하지만 그것 말고는 사르마드의 영묘는 별반 달라진 게 없었다. 바닥도 붉고, 벽도 붉고, 천장도 붉었다. 하즈라트 사르마드의 피는 아직도 씻기지 않았다. 안줌은 기도를 올린 후 사르마드에게 자이나브와 사담, 두 젊은 부부를 축복해달라고 간청했다. 그리고 사르마드는 그렇게 해주었다.(544쪽)

사르마드는 어떻게 축복해 주었을까. 알 수 없다. 소설은 사르마드를 지복의 성자이자, 위로받지 못한 자들의 성인이며, 정확히 규정될 수 없는 자들, 신자들 속의 신성모독자, 신성모독자들 속 신자의 위안으로 말한다. 사르마드는 훌륭한 성인이지만, 사르마드가 현실의 고통 받는 자를 위해 할 수 있는 건 없다. 소설은 사르마드를 통해 희망을 말하고 있지만, 인도의 성 소수자 또는 카슈미르 등의 정치적 소수자들이 가야 할 길은 험하고 멀다. 그래서 소설은 더욱 희망을 말하고 있는지도 모른다. 인물과 사건이 복잡하고 다사다난한 작품의 끝은 이렇게 끝난다.

"하지만 그조차도 결국엔 모든 게 다 괜찮을 것임을 알고 있었다. 그렇게 될 것이다. 그래야만 하니까. 왜냐하면 미스 제빈, 미스 우다야 제빈이 왔으니까."(573쪽)

그렇게 될 것이다. 그래야만 하니까.

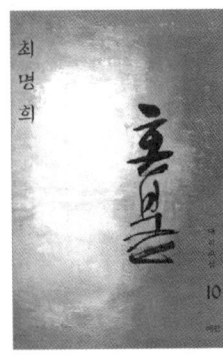

[문학일기 17]

혼불 1-10권

최명희/ 한길사

소설은 농업사회의 마지막 노을을 다루고 있다. 소설에 나오는 두레와 양반의 상례와 종가의 풍습은 다시 돌아오기 어려운 과거의 풍경이 되었다. 마을을 돌아다니는 방물장수와 황아장수도 그렇다. 거멍굴과 매안 원뜸으로 표상되는 천민 마을과 양반 마을의 구분도 그렇다. 그래서 『혼불』은 박경리의 『토지』와 마찬가지로 귀중한 문학유산이면서 동시에 다시 창작되기 어렵고, 다시 창작될 수도 없는 시대의 이정표와 같은 소설이다.

매안 종가를 일군 종부 청암부인을 보자. "일찍이 부인의 친정 동네 이름이 청암이어서, 이곳 매안의 이씨 문중 종가에 종부로 시집온 그날부터, 그네는 택호를 '청암'이라 하였다. 그러나 시집을 왔다고 하지만 그것은 눈이 시리게 흰 소복을 입은 청상의 몸으로였던 것이다. 그때 그네가 들어선 종가의 형상은 참담한 것이었다. 대문은 비그러지고, 댓돌은 잡초에 묻힌 채 흙먼지 자욱한데, 기와는 군데군데 떨어져 나가 마치 험하게 두드려 잡은 고기 비늘 같았었다. 거기다가 거북의 등짝처럼 이리저리 갈라져 금이 간 벽이라니. 그 삭막 황량한 집안에 의지할 곳

없이 혼자 앉은 청암부인은 허리를 곧추세우고 말했다. 내 홀로 내 뼈를 일으키리라."(3권 129쪽)

조선의 가부장제 질서는 종가의 종부를 통하여 일어나는 셈이다. 역설이다. 조선 가부장제로 가장 피해를 본 여성이 그 피해를 가져다준 질서를 완전히 엄호하는 수호신으로 나서는 셈이다.

청암부인은 이렇게도 말한다. "내가 그 참담한 형상 중에도 목숨을 버리지 않고 살아남은 것은 오로지 종부였기 때문이었느니라. 내게는 남의 가문의 뼈대를 맡은, 무거운 책임이 있었던 것이다. 종부는, 그냥 아낙이 아니니라."

청암부인은 몇 년 전, 친정 대실에서 이제 갓 신행 온 손부 효원을 맞이하여 마주 앉아 이렇게도 말한다. "너도 이제 이 집안의 종부가 되었으니 내 말을 잘 들어라. 대저 종가란 무엇이냐. 그것이 단지 큰집이라는 말만은 아닐 것이다. 우리 조상 저 윗대 아득하신 현조 이래로 그 어른의 장자에 장자로만 이어온, 한 가문의 맏이 집안이 곧 종가이니라. 그것이 어찌 한갓 태어난 순서나 혈통만을 이르는 것이겠느냐. 거기에 깃든 정신의 골격도 참으로 중요한 것이니라."(3권 164쪽)

청암부인은 한 가문의 바른 피와 정신의 봉화불이 종가에서 이어진다고 강조한다. 그래서 소설의 중심 인물은 청암부인이다. 강모와 강실의 사랑 이야기도 있고 거멍골 춘복이의 강실을 향한 집념과 옹구네의 복수심이 어우러지기도 하나, 청암부인이 죽은 후 마지막 10권의 부서방에 이르기까지 청암부인이 끼친 삶의 자세는 크다. 소설 주인공인 종손 강모를 보자. 강모는 동경으로 건너가 바이올린을 배우고 싶어한다. 그러나 아버지는 이를 일언지하에 거절한다. 종손이 고등문관시험도 아니고, 일본 제국대학의 신학문도 아니고 바이올린이라니. 조선과 일제 강점기에 이르기까지 아직 예술은 제대로 대접받는 분야가 아니다. 그림은 환쟁이요, 음악은 풍각쟁이요, 문학은 소설 나부랭이로 취급받던 시절이다. 서양과 달리 돈도 명예도 얻기 어렵다. 아버지 이기채가 바이올린을 배우겠다는 강모를 향해 퍼붓는 말이다.

"일본놈 창씨개명 나무랄 거 하나도 없구나아. 하나도 없어. 아니 내 집구석에서 내 자식놈이 먼저 망허느라고, 제가 자청해서 풍각쟁이가 되겠다니. 성씨가 있으면 무얼 허며 가문이 있으면 무얼 헐 것이냐."

"이미 바이올린은 그의 손에 잡혀 허공에서 한바퀴 맴을 돌아, 방바닥에 후려쳐지고 있었다. 바이올린의 몸통이 한순간에 부러지면서 팽팽하던 네 가닥 줄이 힘없이 늘어져 버린다. 강모의 얼굴은 흙빛으로 질려 부르르 떨린다."(1권 305~306쪽)

강모는 종손의 무게와 강실과의 어긋난 사랑에 짓눌려 만주 봉천으로 떠난다. 거기서도 강모는 배회하고 유랑할 뿐이다. 뭔가 뜻을 세워 끈질기게 헤쳐나가는 의지와 개척은 없다. 그러니 소설 주인공이 어찌 청암부인이 아닐 수 있는가!

그래서 『혼불』은 주제의식에서 퇴행적인 소설인가? 그렇다고 볼 수 있다. 그러나 리얼리즘 정신에서 볼 때 1930년대와 40년대 종가와 종부를 사실대로, 그 정신을 뛰어나게 밝히고 있다. 그 점에서 뛰어난 소설이다. 책 표지에 '대하예술소설'이라는 글자는 그래서 박혀 있는 셈이다. 소설은 예술인데, 왜 예술소설이라는 말을 따로 붙였을까? 소설 문장과 풍속과 장소 묘사가 보기 드물게 섬세하고 깊기 때문일 것이다. 그래서 이 소설은 다시 창작될 수 없는 한 시대의 초상화인 셈이다. 그것은 중국 문화대혁명 시대에 창작된 선전 소설과 선전 포스터가 다시 생겨나기 어려운 장르인 것과 같다.

소설의 배경은 전남 남원 인근의 매안이라는 마을이다. 전주와 봉천도 제법 깊게 나온다. 소설은 느리게 진행된다. 1930년대 후반에서 1942년 경까지 5~6년의 세월을 천천히 천천히 나아간다.

소설의 문제점을 몇 개 짚어본다. 하나는 갈등이 약하다. 소설에 여러 인물과 나오고 이런 저런 갈등도 없지 않으나 소설을 기본적으로 끌고 가는 기본 축과 기본 갈등이 약하다. 둘째는 지나치다 싶은 설명이 많다. 8권의 경우 나라에서 남원 이름을 다시 얻게 된 경위, 풍패지향인 전주에 관한 설명, 견훤과 고려 시대 이야기, 의자왕과 백제 부흥군 얘기까지 8권의 절반 이상을 차지하고 있다. 이런 부분을 과감하게 줄여 총 7권으로 냈으면 소설 완성도 면에서 훨씬 좋지 않았을까 싶다. 끝으로 소설이 미완성인 점이 아쉽다. 10권 마지막에서 효원이 강실이가 온전한 몸으로 살아 있기를 기원하면서 소설이 끝난다. "효원은 등을 구부리고 기도하듯 강실이를 부른다. 그 온몸에 눈물이 차오른다." 10권이나 되는 대하소설의 끝으로는 미진하다. 51세에 죽은 최명희 작가가 안타깝다. 작가도 이른 죽음을 예상치 못하고 소설 집필 계획을 짰으리라. 좀 더 오래 살아 작품을 더 완성했으면 하는 아쉬움이 남는다.

그리고 현재 한길사 판은 절판이고 '매안'이라는 이름 없는 출판사에서 『혼불』이 나온다. 그 점도 아쉽다. 한길사 판과 매안 판을 비교해보니 다른 점은 없다. 전주MBC에서 <혼불문학상>을 공모해서 시상하고 있어 좋다. 최명희문학관도 전주에 있다.

[문학일기 18]

반지의 제왕 1-6권

J.R.R. 톨킨/ 김번 외 옮김/ 씨앗을뿌리는사람

절대반지란 무엇인가? 절대권력이다. 인간은 절대권력을 쥐는 순간 절대권력의 노예가 된다. 권력은 인간의 뇌와 행동을 변형시킨다. 인간이 권력을 행사하는 것처럼 보이지만 실제로는 권력이 인간을 움직이는 것이다. 『반지의 제왕』은 이 절대권력의 힘을 중간계라는 가상세계의 판타지를 통해 세밀하게, 리얼하게 보여주는 걸작이다.

반지는 그것을 지닌 인간에게 어떤 영향을 끼칠까? 1권에서 간달프가 프로도에게 말한다. "프로도, 인간들은 위대한 반지들 중 하나만 가져도 영원히 죽지 않을 수 있어. 물론 더 성장하거나 힘을 얻는 것은 불가능하지만 최소한 죽지 않고 생명이 유지되는데, 그러다가 결국은 순간순간이 권태로워지지. 그리고 만약 다른 사람에게 자기 형체를 감추기 위해 반지를 자주 사용하게 되면 몸이 점점 '소멸'되지. 그러다가는 영원히 우리 눈앞에서 보이지 않게 되고, 결국에는 반지를 지배하는 악의 세력이 감시하는 미명의 지대를 헤매게 되어 있어. 언젠가는 말이야. 혹 의지력이 강하거나 원래 선량한 사람이라면 그 순간이 다소 지연될 수도 있겠지만, 의지력이나 선량함이라는 것도 영원히 지속될 수는 없는 법일세. 결국엔 악의 세력에 사로잡히고 만다는 것이지."

 권력이 지닌 부정적인 힘을 잘 짚고 있다. 유교가 선비와 권력자에게 권력 실체를 경계하고 또 경계하면서 많은 자기 수행과 견제 수단을 내놓았지만 결국 실패한 것도 이 때문이다. 권력은 인간의 의지력이나 선량함을 뛰어넘고 만다.

 엔트(나무수염으로도 불림)가 마법사 사루만에 관해 한 말을 들어보자. 엔트와 사루만과 관계는 이랬다. "그때까지도 사루만은 사악하게 변신한 것은 아닐 거야. 어쨌든 이웃에게 해를 끼치거나 하지는 않았지. 난 그와 말을 나누곤 했어. 그가 내 숲 주변을 거닐던 때가 있었거든. 그 당시 그는 아주 정중했지. 언제나 숲에 들어오기 전에, 적어도 나와 마주쳤을 땐 내 허락을 먼저 구했지. 그리고 내 말에 열심히 귀를 기울였어. 난 그에게 그 스스로는 절대로 알아낼 수 없는 많은 사실을 가르쳐 주었지. 그러나 그가 나와 같은 방식으로 내게 보답한 적은 결코 없었어. 그가 내게 무언가 알려 준 적은 한 번도 없었단 말이야. 그는 계속 그런 식이었지. 그를 본 지 상당히 오래되었지만, 내가 기억하기론 그의 얼굴은 돌벽에 나 있는 창문처럼 되어버렸지. 안에 덧창이 달린 창문 말이야."(3권 109쪽)

 마법사 사루만도 결국 권력의 덫에 걸려들었다고 엔트는 말한다.

 "그가 무엇을 하는지 이젠 짐작할 수 있을 것 같아. 권력을 잡으려는 거야. 그는 차가운 강철같은 심장의 소유자여서 자기에게 쓸모가 있는 경우가 아니면 어떠한 생물에도 관심을 기울이지 않아. 그가 사악한 배신자라는 건 이제 분명한 사실이야. 그는 더러운 오르크들과 결탁했어."(3권 110쪽)

엔트는 사루만과 오르크를 왜 미워할까. 숲을 파괴하고 있기 때문이다. "그들은 저 아래 숲 경계 지역의 나무들을, 좋은 나무들을 베어 넘어뜨리고 있어. 아무 목적도 없이 그냥 베어 버리고는 썩히는 나무도 많아. 그 나무들은 처음 싹을 틔웠을 때부터 내가 속속들이 알고 있는 내 친구들인데, 그중 대부분은 말을 할 수 있는 것들인데 이제 영원히 가 버리고 말았지. 그리고 한때 노래하는 작은 숲을 이루던 곳이 이제는 그루터기와 가시덤불만 뒤덮인 황무지가 되고 말았어. 나도 너무 무심했지. 손을 놓고 있었어. 이제 더이상 가만히 있지 않겠어!"

곤도르의 수도 미나스 티리스의 전사인 보로미르와 그의 동생 파라미르는 반지를 대하는 자세가 다르다. 파라미르는 반지를 절대로 사용하지 않겠다고 프로도에게 말한다. "난 그게 대로에 놓여 있다고 해도 절대 줍지 않을 것이오. 미나스 티리스가 몰락하고 있으며, 그것을 구할 수 있는 사람이 오로지 나뿐일지라도, 나는 곤도르와 나의 영광을 위해 암흑의 군주 무기를 쓰지 않을 것이오. 아니오. 난 그러한 승리는 바라지 않소. 드로고의 아들 프로도여."(4권 120쪽) 파라미르는 형인 보로미르가 반지를 탐내고 또 거기 유혹되었으리라고 능히 짐작할 수 있다고 말한다. 보로미르는 반지의 힘을 이용해 미나스 티리스를 방어하고 힘을 키우겠다고 작정한 것이다. 그러나 반지 원정대의 한 명이었던 보로미르는 프로도에게서 반지를 뺏으려 하다가 실패하고 오르크들에게 죽고 말았다.

미나스 티리스의 섭정인 테네소르 역시 아들인 보로미르가 반지를 가져오기를 기대하고 있었다. 테네소르는 반지를 자신이 가져도 제어할 수 있다고 마법사 간달프에게 말한다. "만일 곤도르가 쓰러지면 사람들은 어디서 도움을 얻을 수 있소? 만일 내가 반지를 이 궁성 지하에 갖고 있을 수 있다면 우린 더이상 어둠을 두려워하며 떨지 않아도 될 것이고, 최악의 순간을 염려하지도 않을 것이며, 우리의 계획도 방해받지 않을 것이오. 내가 그것의 유혹을 견디지 못할 것이라 생각한다면 날 잘 모르는 것이오." 간달프는 테네소르에게 이렇게 반박한다. "당신은 강하니까 어떤 문제들에 있어선 스스로 제어할 수도 있겠지요. 그러나 그것은 당신 손에 들어가면 당신을 정복하고 맙니다. 만일 당신이 그걸 민돌루인산 아래 깊이 묻는다 해도 그건 마치 어둠이 번지듯 당신 가슴에서 불타오를 것이고, 그렇게 되면 그 후에 따를 더 나쁜 결과가 우리에게 닥칠거요."(5권 114쪽)

소설에서 강력한 의지와 불굴의 충성을 보이는 자는 프로도의 하인 샘이다. 모르도르 가까이에 있는 산맥에서 샘은 자신의 죽음을 예감한다. "지금까지 언제나 그는 돌아갈 일까지 생각하고 있었던 것이다. 그러나 그는 드디어 진실을 뼈저리게 깨닫게 되었다. 식량은 기껏해야 목적지에 도착할 때까지밖에 지탱이 안 될 것이며, 임무를 마치고 나면, 그들은 그 끔찍한 황야 한복판에서 집도, 먹을 것도 없이 결국은 외롭게 죽을 수밖에 없는 것이다. 고향으로 돌아간다는 것은 생각조차 못할 일이었다 … 떠날 때 결심했던 건 무엇보다 주인님을 끝까지 돕는다는 것이었어. 그러니 주인님과 함께 죽는 것도 내 소임이지 … 그러나 샘의 마음속에서 희망이 사라지자, 아니 사라지는 것처럼 보이자, 그건 오히려 새로운 힘이 되어 나타났다. 샘의 평범한 호빗 얼굴은 안으로 다져진 의지로 인해 엄숙하고도 단호한 모습으로 바뀌었다."(6권 64~65쪽) 모르도르에 가까이 가자 프로도 역시 반지의 힘에 짓눌려 탈진해서 죽을 지경에 이른다. "그동안 프로도는 말 한마디 없이 반쯤 몸을 구부린 채 비틀거리며 걷기만 했다. 눈에는 더이상 발아래 길이 보이지 않는 것 같았다. 반지의 무게는 점점 가중되어 신체적으로 엄청난 짐이 되었을 뿐 아니라 정신적으로도 견디기 힘든 고통이 가해졌다."(6권 67쪽) "프로도는 의지를 모두 발휘해서 비틀거리며 일어섰지만 다시 무릎을 꿇으며 쓰러지고 말았다. 그리고는 간신히 두 눈을 뜨고는 높이 솟아오른 운명의 산 검은 비탈을 쳐다보고 측은하게도 두 손으로 기기 시작했다."(6권 75쪽)

절대 반지를 파괴하는 유일한 방법은 불의 산 오로드루인 깊숙한 곳에 있는 운명의 산의 틈을 찾아 그 속에 던져 버리면 된다. 그곳은 용암이 끓는 화산이다.

악의 제왕 사우론은 반지가 자기 목 밑에까지 오는 것을 깨닫지 못했을까? 그는 막판에야 자신의 엄청난 실수를 깨달았다. 그는 누군가가 반지를 사용해서 엄청난 힘을 행사할 것을 두려워했지만 반지를 가진 자가 반지를 파괴한다는 생각은 아예 하지 못했던 것이다.

반지의 강력한 힘, 절대권력의 힘은 프로도가 반지를 삼마스 나우르의 문, 화산의 용암에 던져버리기 직전에 마음을 바꾸는 데서 나타난다. 프로도는 또렷하고 힘차게 외친다. "마침내 여기까지 왔다. 하지만 난 이 일을 할 수가 없어. 아니, 하지 않겠어. 이 반지는 내 것이야!" 그렇게 외치면서 반지를 손가락에 끼는 순간 프로도는 샘의 시야에서 사라져 버렸다. 샘은 입을 딱 벌렸지만 소리칠 사이도 없이 순식간에 많은 일이 벌어졌다.(6권 83쪽)

골룸이 보이지 않는 프로도와 싸우고 이빨로 프로도의 손가락을 잘

라내서 반지를 빼앗지 않았다면 프로도 역시 반지의 힘에 휩쓸려 무너졌을 것이다. 반지를 쥔 골룸이 화산의 벼랑에서 떨어지면서 반지는 파괴되고 말았다. 악마의 탑들은 무너져 내리고 성벽도 산산조각이 나 버렸다. 땅이 진동을 하며 평원이 갈라지고 융기하자 오르드루인 산 전체가 휘청거렸다. 드디어 반지를 파괴한다는 장대한 반지 원정대의 임무는 끝난 것이다.

프로도가 절대반지를 파괴하기 위한 위험한 여행을 떠난 나이가 50세라는 게 놀라웠다. 영화에서는 프로도가 청년으로 보인다. 영화와 소설의 이미지가 어긋나는 지점은 여럿이다. 소설은 반지가 용암 속에서 파괴되는 최후 장면을 건조하게 그린다. 영화는 샘이 반지를 끼려는 프로도를 말리고, 반지가 용암으로 떨어져 색이 변하고 요정 문자가 나타나면서 사라지는 과정을 장대하게 보여준다. 문자 이미지를 영상 이미지로 바꾸는 과정은 쉽지 않다. 각색과 촬영과 배우의 힘이 보태져야 한다. 『반지의 제왕』 소설은 탁월하다. 각색해서 만든 영화도 탁월하다.

[문학일기 19]

태어난 게 범죄

트레버 노아/ 김준수 옮김/ 부키

  남아프리카공화국의 아파르트헤이트 체제를 이해하기 위한 좋은 책이다. 웬만한 역사책보다 낫다. 아파르트헤이트 체제를 직접 겪은 사람이 썼으니 더 나을 수도 있겠다. 트레버 노아는 남아공 요하네스버그에서 태어나서 미국으로 건너가 스탠드업 코미디언으로 활동하고 있다. 미국 방송에도 자주 출연한다.

  트레버 노아는 흑인 어머니와 백인 아버지 사이에서 태어나 피부색이 적당하게 흰 편이다. 아파르트헤이트 체제가 금지한 인종 간 결혼으로 태어났으니 제목 그대로 '태어난 게 범죄'인 아이였다. 유럽인과 원주민 간의 불법적 성관계는 대략 5년 이하의 징역형에 처해지는 죄였다. 책에는 트레버 노아의 피부색에 관련해 일어난 많은 사건들이 유머있게 실려 있다. 도대체 웃어야 할지, 울어야 할지, 아니면 침묵해야 할지 말하기 어려운 사건들이다. 이 이야기들이 모두 실화라는 게 더 놀랍다.

  트레버 노아의 엄마는 어떻게 백인의 아이를 임신했을까? 트레버 노아의 아버지는 독일계 스위스인이었다. 엄마는 도시에서 사무실 타이피스트로 일하면서 이웃에 사는 스위스 남자와 눈이 맞았다. 스물네 살

나이였던 그녀는 마흔여섯 살 스위스 남자에게 당신의 아이를 낳고 싶으며, 당신에게 양육비 등 어떤 부담도 지우지 않겠다고 약속했다. 한마디로 남자의 정자를 빌려달라는 요구였다. 스위스 남자는 계속 거절하다가 마침내 알 수 없는 이유로 허락했다. 마침내 그녀가 아이를 낳았을 때 산부인과 의사는 한동안 난감해했다. "흠, 애 피부가 되게 하얗군." 분만실 안에 이 사태에 책임을 지고 싶어 하는 사람은 없었다. 의사가 애 아빠가 누구인가 묻자, 그녀는 남아공 동쪽 내륙의 작은 왕국인 스와질란드 사람이라고 둘러댔다.

트레버 노아의 엄마는 노아를 유색인 가정의 아이로 둔갑시켜 유색인 거주지의 보육원에 맡기는 등 아파르트헤이트 체제의 허점을 찾아내 겨우겨우 키운다. 흑인 거주구 소웨토 지역에서 노아가 자랐을 때는 대부분의 시간을 실내에서 보냈다. 바깥에서 놀다가 경찰이 아이의 정체를 의심하고 조사라도 하면 큰일이기 때문이었다. 그러니 친구도 없었지만 외로움을 타지는 않았다고 한다. 책을 읽고 장난감 놀이를 하고 상상의 나래를 폈쳤다. 자신만의 머릿 속에서 산 것이다. 트레버 노아가 스탠드업 코미디언으로 성공할 수 있었던 건 이런 과거가 작용하고 있기 때문이 아닐까?

책에는 몇십 광년 떨어진 혹성에서 벌어진 일이 아닐까 싶은 사건들이 연달아 나오는데, '고 히틀러!'도 그중 하나다. 트레버 노아가 음악 CD를 복제해서 파는 일을 하다가 거리 댄스 공연을 열었다. 댄서 중 가장 춤을 잘 추는 아이 이름이 히틀러다. 히틀러는 흔하지는 않아도, 남아공에서 아주 유별난 이름은 아니었다. 아파르트헤이트 체제에서 흑인들은 교육을 받지 못해 히틀러에 대해 잘 몰랐다. 예전에 히틀러라는 사람이 있었고, 그 사람 때문에 연합군이 졌기도 했다는 내용 정도를 알았다. 이 히틀러라는 사람이 너무도 강력한 나머지 그와 싸우는 백인들을 돕기 위해 흑인들이 전쟁에 차출돼야 했다. 그러니 히틀러는 엄청나게 터프한 사람일 것이다. 당신 자식을 터프하게 키우고 싶다면, 아이 이름을 히틀러라고 지으면 된다. 그냥 그렇게 된 것이다.(284쪽) 히틀러는 워낙 춤을 잘 춰 댄스 공연에서 히틀러가 반원 중앙으로 뛰어들면, 관중들은 이성을 잃는다. 히틀러가 춤을 추는 동안 다른 댄서들은 그를 둘러싸고 이렇게 소리친다. "고 히틀러! 고 히틀러! 고 히틀러! 고 히틀러!" 그러면 거리에 모인 1,000명의 사람들이 공중에 손을 들고 따라 외치는 것이다. "고 히틀러! 고 히틀러! 고 히틀러! 고 히틀러!"

댄스공연 요청이 왔다. 킹 데이비드 스쿨, 유대인 학교였다. 트레버 노아의 공연 팀은 미니버스에 장비를 싣고 학교로 갔다. 무대에 선 노아가 마이크를 잡고 말했다. "즐길 준비 됐나요?" "예에에에!" "소리 질러!" "예에에에" 그리고 공연이 시작되고 공연이 절정에 이르자 히틀러가 무대 중앙에 뛰어들었다. 주변의 댄서들이 그의 이름을 연호했다. "고 히틀러! 고 히틀러! 고 히틀러! 고 히틀러!" 노아도 마이크에 대고 외쳤다. "고 히틀러! 고 히틀러! 고 히틀러! 고 히틀러!"

"갑자기 강당 전체가 멈췄다. 누구도 더이상 춤을 추지 않았다. 선생님들, 인솔자들, 부모들, 야물커를 쓴 수백 명의 아이들 모두 얼어붙은 채 새파랗게 질린 얼굴로 무대 위의 우리를 쳐다봤다. 나는 그 이유를 명백히 알 수 있었다. 히틀러의 춤 솜씨에 넋이 나간 거였다. 우리는 공연을 계속했다. "고 히틀러! 고 히틀러! 고 히틀러! 고 히틀러! 히틀러를 향해 손 머리 위로, 요!"(289쪽) 교사 한 명이 음향 기기의 전원 플러그를 뽑아내고 어떻게 감히 이런 짓을 하다니, 구역질 난다고 소리쳤다. 트레버 노아는 대체 그녀가 무슨 소리를 하는 건지 알 수가 없었다.

아파르트헤이트 체제가 무너지고 남아공에 바로 평화가 오지 않았다. 주도권은 흑인에게로 넘어왔지만 남아공에는 줄루, 코사, 츠와나, 소토, 벤다, 은데벨레 등 각기 다른 언어를 쓰는 여러 부족들 사이에 권력 쟁취를 향한 싸움이 붙었다. 대체로 줄루족이 장악한 '잉카타 자유당'과 대체로 코사족이 장악한 '아프리카 민족회' 사이에 폭력 사태가 빈발했다. 이 둘은 평화롭게 힘을 뭉치는 대신 서로에게 믿을 수 없을 만큼 야만적인 행위를 저질렀다. 곳곳에서 폭동이 일었다. 수천 명의 사람들이 살해됐다. 사람 팔을 결박하고 고무 타이어를 몸통에 씌운 후, 휘발유를 들이붓고 불을 붙여 산 채로 화형시키는 일이 흔하게 벌어졌다. 트레버 노아 어머니는 코사족이었다. 트레버 노아는 어머니와 함께 미니 버스에 탔다가 줄루족 버스 기사에게 죽을 뻔한 고비를 넘긴다. 가족들은 버스가 신호등에서 속도를 줄이는 순간 문을 열고 뛰어내린다. 아니다. 어머니가 꾸벅꾸벅 조는 트레버 노아를 먼저 밖으로 내던진 것이다. 이게 무슨 일이지! 노아는 깨닫기도 전에 엄마가 뛰어!라고 고함을 지르자 무작정 뛰기 시작한다.

트레버 노아의 삶은 이렇게 무작정 뛰고 또 뛰는 과정으로 이어졌다. 책에 나오는 에피소드를 읽으면 가슴이 짠하면서도 뭉클한 이 느낌을 다 전할 수 없다. 책을 읽어 보는 게 제일 빠르다. 삶과 죽음이 갈리는 순간에도 태연하게 유머로 대하는 낙천적인 자세가 넘친다.

트레버 노아는 우여곡절을 거쳐 다행히 미국에 정착해서 잘 살고 있다.

[문학일기 20]

나는 매일 천국의 조각을 줍는다

바데이 라트너/ 황보석 옮김/ 자음과모음

캄보디아 왕족의 딸이었던 바데이 라트너가 1975년부터 1979년까지 캄보디아를 장악한 공산주의 정부였던 크메르 루주 치하에서 겪었던 경험을 소설로 만든 작품이다. 아버지인 왕족 시소와스 아유라반은 죽었고 저자의 친척 또한 대다수가 죽는다. 1979년 크메르 루즈 정권이 무너지자 그녀는 어머니와 함께 태국의 난민수용소로 탈출해서 미국으로 이주한다. 프놈펜의 저택에서 하인을 두고 살던 저자가 프놈펜에서 쫓겨나 농촌에서 강제노동을 할 때 저자 나이 5살이었다. 소설은 소아마비에 걸려 한쪽 다리를 잘 쓰지 못하는 7살 소녀 라미가 자신의 기억을 회상하는 형식을 빌려 진행된다. 소설에서도 라미는 왕족의 딸이며 프놈펜에서 쫓겨난다. 라미는 기아와 처형이 넘치는 지옥도에서 왜 이런 일이 벌어지는지 이해하려 애쓰면서 사건을 조망한다. 라미의 여동생은 농촌에서 말라리아로 죽고, 삼촌 가족들은 모두 죽는다. 충격적이고 가슴 아픈 장면이 넘치지만 소녀의 시선은 절제되어 있다. 인간과 가족을 사랑했던 휴머니스트 시인 아버지의 기억이 소녀의 삶을 지탱해준다. 딸을 사랑한 아버지가 인간과 세계를 이해하고 견디는 방식을 가르쳐주어 라미는 살아남는다.

크메르 루주는 150만 명 내외(정확한 숫자는 알 수 없지만 100만 ~150만 명이라고 한다.)의 대학살을 왜 자행한 것일까? 소설을 읽으면서 계속 드는 의문이었다. 모두가 처형을 당해 죽은 건 아니고 강제노동에 동원되면서 기아와 질병으로도 많이 죽었다. 그러나 그 죽음은 크메르 루주가 직간접적으로 책임을 져야 할 일이었다. 1975년 당시 이 정도의 학살을 하고서 정권이 유지될 수 없다는 것을 크메르 루주는 몰랐던 것일까? 소설에서 라미의 삼촌은 이렇게 말한다. "그런데 저들(크메르 루주)의 주장이 뭐지요? 우리는 모릅니다. 안 그래요? 그리고 내 이건 틀림없다고 믿는데, 저 애들도 모를 거고요. 이상에 대해서라면, 나는 저 애들이 그게 무슨 말인지도 모른다고 생각해요."(89쪽)

실제로 크메르 루주, 정식 이름은 캄푸치아 공산당 정권은 4년을 채우지 못하고 몰락하고 만다. 캄보디아인이 미워하는 베트남이 쳐들어와 캄보디아를 해방시키는 역설이 벌어지고 만 것이다. 캄보디아 국민은 크메르 루주 통치가 너무나 끔찍해서 베트남의 공격과 통치를 용인하는 지경에까지 이른 것이다.

소설을 정확히 이해하기 위해서 실천문학사에서 낸 『폴 포트 평전』을 읽었다. 폴 포트는 크메르 루주의 지도자였다. 먼저 1970년경 당시 캄보디아의 정치 지형이 상당히 복잡함을 알 수 있었다. 크메르 루주가 학살에 이르게 되는 과정은 간단하지 않았다. 아래의 내용은 『폴 포트 평전』에서 옮긴 것이다.

1960년대에 태동해서 세력을 확장한 크메르 루주는 1970년대 상반기에 네 개의 전쟁을 치르고 있었다. 첫째 크메르 루주는 괌에서 출격한 B52 폭격기로 공격하는 미국과 전쟁을 치렀다. 미국의 표적은 캄보디아 내에 있는 베트콩과 크메르 루주였지만 민간인들의 피해도 컸다. 둘째 크메르 루주는 캄보디아 반공정부인 론 놀 정권과 전쟁을 치렀다. 셋째 크메르 루주는 베트남 공산세력과도 싸웠다. 둘은 협력할 때도 있었지만 기본적으로 대립관계였다. 캄보디아와 베트남은 오랜 기간 서로 적대 세력이었다. 넷째 크메르 루주는 베이징에 있는 전 국왕 시아누크와 권력 싸움을 벌였다. 이런 모든 요소들이 크메르 루주가 승리한 다음에 폭정을 펼치게 되는 배경으로 작용했다.

왜 크메르 루주는 프놈펜을 점령하자 모든 도시민을 농촌으로 몰아냈을까? 그 당시 프놈펜의 인구는 시골에서 몰려온 난민까지 합쳐 250만 내외였다. 그 시절에 캄보디아의 인구는 750만 내외였다고 한다. 250만 명을 한꺼번에 농촌으로 몰아내고 집단농장으로 수용하면서 엄청난 문제가 발생했다. 프놈펜에 진입한 크메르 루주 병사는 교육을 받지 못했고 빈농 출신이 많았다. 1970년대 초반의 캄보디아 농촌의 빈곤은 극심했다. 그들은 "한 번도 돈을 본 적이 없었고, 자동차가 어떻게 생긴지도 모르는 젊은이들"이었다. 그들은 자신들이 미국과 싸우는 반제국주의 전쟁을 벌이는 동안 흥청망청 놀아난 프놈펜의 부유층과 지식인에게 증오감을 품고 있었다.

그러나 프놈펜에서는 살육이 일어나지 않았다. 크메르 루주가 그들의 이상향을 건설하기 위해 프놈펜에서 시민을 내쫓고 집단농장을 건설하고, 임금도 없이 옷과 식량만 지급하면서 강제노동에 동원한 방식이 문제였다. 그건 사실상 노예제 국가였고 성공할 수 없는 체제였다. 크메르 루주는 내부 숙청에도 나서 상당수의 동료와 간부마저 미국과 베트남의 간첩으로 몰아 투올슬렝 수용소에서 처형한다. 한 마디로 크메르 루주는 무능했고 이상주의적 열정만으로 평등한 세상을 억지로 만들려고 했으며 공포와 독재로 통치하려고 했던 것이다. 이런 유토피아를 만들려는 시도는 세계사에서 여러 번 일어났지만 모두 참혹한 실패로 끝난다. 크메르 루주가 캄보디아 내의 베트남 세력을 공격하고 친베트남 세력을 숙청하자 베트남 공산정부는 1978년 12월부터 캄보디아를 공격한다. 베트남은 승승장구해 순식간에 캄보디아 대부분을 점령한다. 1979년 3월경 캄보디아인 난민 20만명이 국경을 넘어 태국으로 넘어간다.

소설 끝에 라미와 라미 어머니가 태국으로 넘어가 유엔에게 구조되는데 그때가 1979년 3월 즈음인 셈이다. 그 뒤로도 크메르 루주는 명맥을 유지하지만 결국 1990년대 후반이 되면 완전히 소멸하고 만다. 놀랍게도 폴 포트는 캄보디아 내 밀림지대 병영에서 자연사한다.

크메르 루주 정권은 잔혹했지만 라미는 이를 이겨낸다. 소설에는 분노와 증오보다 화해와 공감이 넘쳐난다. 저자도 대단하지만 이런 아픔을 이겨낸 캄보디아 국민도 대단하다.

[문학일기 21]

어떤 죽음이 삶에게 말했다

김범석/ 흐름출판

우연히 잡은 책을 단숨에 읽을 때가 있다. 이 책이 그랬다. 아파트 단지가 운영하는 도서관에서 손에 들었다가 대출해서는 바로 마지막 장을 넘겼다. 지은이는 서울대학교 암 병원 종양내과 전문의다. 주로 중증 암환자 항암치료를 맡고 있다. 지은이가 얼마나 많은 삶의 괴로움과 끝을 봐 왔을지 짐작이 되고도 남는다. 말기 암환자를 상대하면 환자가 치료되는 기쁜 일도 많겠지만 궂은일도 많을 것이다. 한창 피어나는 젊은이의 마지막을 지켜봐야 할 경우도 있을 것이다.

지은이는 책에서 자기가 치료 과정에서 만난 많은 인간을 담담하게 진술하고 있다. 이 책의 가장 큰 미덕은 과장이나 과도한 감정 없이 담백하고 간결하게 사건을 진술한다는 점이다. 제목 그대로 '죽음'이 '삶'에게 말한, 더도 덜도 없는 사실로 가득찬 책이다. 과장 없는 사실이 책장을 메우지만 울림은 장중하고 묵직하다. 사실 자체가 지닌 힘이 워낙 강렬하기 때문이다.

첫 글의 제목은 「너무 열심히 산 자의 분노」다. 글은 이렇게 시작한다. "남자의 눈에는 살기가 서려 있었다. 나를 죽일 것만 같았다. 더 이상 항암치료를 못한다니요? 그게 무슨 소리입니까? 신장암에 대해 할 수 있는 모든 항암치료를 다 해봤지만 이제는 더 이상 방법이 없습니다."(15쪽) 환자는 가난한 농가에서 태어난 8남매 중 맏이였다. 그는 집안 형편이 어려워 학교를 가지 못하고 농사를 지어야 할 사정이지만 낮에 일하고 밤에 몰래 공부하며 대학에 합격했다. 스스로 등록금을 벌어가며 공부했고 외국계 기업의 임원 자리에까지 올랐다. 불가능을 가능으로 바꾸는 것이 그의 삶 자체였다. 3년 가까이 항암치료를 받으면서도 출장까지 다니며 평소보다 두 배로 열심히 일했다. 그게 삶이었고 자신의 존재를 드러내는 방식이었다.

환자의 부인은 남편을 꺼렸다. 아이도 아버지를 꺼렸다. 어쩌다가 아버지가 집에 있으면 집안에 냉기와 침묵이 흘렀고 아버지가 집을 비우면 다시 화기애애해졌다. 환자는 '회사 인간'이었다. 그가 가족을 위해 일할수록 아이러니하게도 가족은 그가 가족을 위해 일한다고 생각하지 않는다. 그런 사람은 회사에서의 습관이 몸에 배어 가족을 부하직원 다루듯 대하기도 한다. 너무 열심히 살아온 그는 분노가 넘쳤다. 환자는 병원에 있는 동안 주로 혼자였다. 부인 외의 가족들은 잘 찾아오지 않았고 아이들이 병문안 오는 일도 없었다. 지은이는 묻는다. 그는 왜 그토록 끝없이 달리기만 했을까? 한 번쯤 멈춰 설 수 있는 기회가 있지 않았을까.(24쪽)

나는 그 환자의 삶이 한국 현대사를 대표하는 삶으로 느껴진다. 경제성장을 위해서 달리고 또 달린 한국인. '회사형 한국인'. 세계 제일의 자살률과 최저 출생율을 보여주는 한국. 풍요로웠지만 그 풍요를 제대로 쓸 줄도 모르고 풍요 때문에 도리어 인간과 가족의 가치가 무너지는 나

라. 지은이는 '회사형 한국인'의 마지막을 담담하게 우리 앞에 내놓은 셈이다. 어찌 보면 한국의 미래 같기도 하다. 환자는 어느 날 호스피스 병원에서 쓸쓸히 세상을 떠났다고 한다.

의사는 암 환자에게 기대여명을 말해야 할 때가 있다. 폐암 4기로 진단받은 환자의 평균적인 기대여명은 1년 내외라고 한다. 실제 여명은 그보다 더 길 수도 더 짧을 수도 있다. 문제는 의사와 환자가 생각하는 방향이 서로 다르다는 데 있다. 의사는 예상되는 남은 기간에 환자에게 정말 필요한 게 뭔지를 고민한다. 어떻게 치료를 할지, 어떤 항암제를 쓸지, 아니면 호스피스 완화 치료가 필요할지 등을 가늠해보며 환자가 남은 날 동안 삶을 잘 마무리할 수 있도록 돕고자 하는 것이다. 그러나 환자와 보호자는 입장이 다르다. 의사의 입에서 튀어나온 기대여명은 지금까지의 삶이 고작 몇 개월 뒤면 끝난다는 선언이므로 환자와 보호자는 큰 충격을 받는다.(59쪽) 일흔 살 연세의 노인 환자가 있었다. 그는 자신의 기대여명을 듣고 10년만 더 살았으면 좋겠다고 말했다. 지은이는 눈앞의 환자에게 물었다.

"10년 더 사시면 뭘 하고 싶으세요?"

"……."

침묵이 흘렀다. 그는 아무 대답도 하지 않았다.

"더 살게 된다면 해보고 싶은 일 없나요?"

"……."(61쪽)

노인 환자는 제주도로 가족 여행을 가고 싶다거나, 좋아하는 노래를 듣거나, 손주들에게 편지 쓰기와 같은 소소하지만 의미 있는 일을 하나도 말하지 못했다. 지은이는 이 환자가 특별한 케이스가 아니라고 말한다. 이 환자 또한 압축 성장이 낳은 현대 한국인의 한 전형으로 보인다. 우리는 무엇을 향해 달리는지 모른 채 달리고 또 달렸으며 죽음이 몇 달 남은 순간까지도 도착할 목적지가 어떤 의미를 지니는지 묻지 않는다. 아니, 도착할 목적지가 있는지나 모르겠다. 삶의 목적과 수단이 뒤집힌 것이다. 우리는 야수적인 자본주의에 몸을 싣고, 자본의 욕망을 자신의 욕망으로 착각해서 끝없이 아파트 평수를 늘리고 통장의 숫자를 늘리면서 살아갈 뿐이다. 우리는 자본을 대리하는 인간이고 극단적으로 말하면 자본의 머슴일 뿐이다. 자본은 자신의 존재 의미를 묻지 않는다. 오직 끝없는 팽창이 필요할 뿐이다. 그런 점에서 자본은 암세포를 닮았다. 한국의 야수 자본주의는 경악스럽게도 유능하며 한국인은 야수 자본주의의 뛰어난 대리인으로 인정받고자 인생을 다 바쳤을 뿐이다. 이제는 삶의 방향을 바꿔야 할 때인데도 지금까지의 관성 그대로 끌려가고 있는 것이다.

암 환자는 지은이와 같은 의사 선생님이 자신을 가족처럼 진료해주기를 바란다. 지은이는 「별과 별 사이-600대 1의 관계」란 글에서 그런 관계는 현실에 존재할 수 없다고 말한다. 한 천문학자 출신 암환자가 "선생님에게는 제가 600명 중 한 명일지 몰라도 저에게는 선생님 한 명이거든요"라는 말을 듣고 지은이가 한 생각이다. 이유는 간단하다. 환자는 실제로 의사의 가족이 아니기 때문이다. 나는 이 책을 읽으면서 지은이가 한 달에 600명이 넘는 암 환자를 진료하면서 어떻게 마음의 평정을 유지할 수 있을까 궁금했다. 나 같으면 환자를 앞에 두고, 당신은 앞으로 석 달 밖에 못 삽니다, 이런 말을 매일매일 하면서 살기는 어려울 것 같다. 그 말을 들은 환자와 가족의 절망을 어떻게 견딘단 말인가.

지은이도 '가족 같은 의사'라는 말은 그저 판타지일 뿐 현실에서 그런 기대는 접는 게 낫다고 말한다. 무엇보다 의사가 자신의 환자 전부를 가족처럼 여기면 그 의사도 버티지 못한다. 만약 누군가가 가족 600명 모두가 아프거나 떠나보내야 한다면 그 사람은 필시 미쳐버리지 않을까? 그래서 의사들은 스스로를 지키기 위해서라도 의식적으로 환자와 적절한 거리를 찾는다.(156쪽)

책에는 이런 종류의 삶과 죽음을 성찰하는 글이 가득하다. 지은이는 '이야기를 마치며'에서 "우리는 죽음만 잊고 사는 것이 아니다. 삶도 잊어버린 채 살아간다."고 말한다. 환자의 마지막은 언제나 지은이를 향해 당신도 언젠가 여기에 다다르게 될 텐데 어떻게 현재를 살고 있는가? 질문을 던진다고 한다. 그렇다. 우리는 어떤 방식으로 목적지에 도착해야 할까? 스스로와 가족과 이웃에게 어떻게 기억되는 삶을 살아야 할까? 담담하면서도 생의 감각이 충만한 책이다.

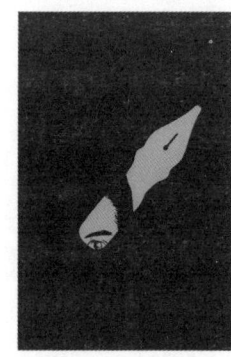

[문학일기 22]

카프카의 일기

프란츠 카프카/ 이유선 외 옮김 / 솔

    카프카 전집의 6권이다. 카프카 전집을 한 권씩 읽는데 책 두께가 만만치 않아 쉽지 않다. 이 책도 주석까지 합하면 근 940쪽이다. 연구자가 일기 끝에 붙인 주석이 골치 아프다. 주석을 일일이 대조하면서 읽으려니 힘들고, 주석을 빼고 읽으니 일기에 나오는 수많은 인명과 지명을 이해할 수 없다. 카프카가 출판용으로 쓴 것이 아닐 텐데도 글의 밀도가 상당히 높다. 카프카의 내면을 나타낸 글이 많고 그의 문학을 이해하기 위해서도 좋은 자료. 역자 대표 이유선에 따르면 일기는 "작품을 쓸 수 없을 때는 자신과의 대화의 장이 되기도 하며 자기 관찰에 대한 예리한 시각을 훈련시키고, 감정의 폭을 확대시키기도 했다."고 한다.

    카프카는 일기를 1909년, 26세부터 쓰기 시작했다. 앞부분에는 유대인 연극 관람과 연극 배우 만남이 많이 나온다. 카프카는 누이들 앞에서 낭독을 잘했다고 한다. 사회보험 공사의 직원으로 일하는 것과 작품 쓰기 사이의 갈등은 일찍부터 나온다. "이 두 가지 직업은 서로를 견뎌낼 수 없고, 공동의 행운을 허락할 수 없습니다. 한 군데에서 가장 작은 행운이 두 번째에서는 커다란 불행이 됩니다. 어느 날 저녁에 제가 좋은 글을 썼다면, 다음 날 저는 사무실에서 안달하다가 아무것도 끝낼 수가 없습니다. 이런 우유부단함 때문에 점점 더 속상해집니다."(32쪽) 카프카는 보험회사에서 일을 잘했다고 한다. 보험회사 일이 작가의 역량을 얼마나 갉아먹었을지 안타까울 뿐이다.

카프카의 작품은 꿈에서 가져왔거나 꿈을 응용한 작품이 많다고 생각한다. 일기를 보면 그는 밤마다 꿈에 젖어 살거나 꿈과 싸운 것 같다. 그리고 꿈의 내용을 자세하게 기록한 글도 많다. "나는 자고 있기는 하지만, 많은 꿈들로 동시에 깨어 있는 그런 상태에 있다. 나 스스로는 꿈들과 맞붙어 싸워야만 하는 동안 내 곁에서는 내가 모양새로는 잠을 자고 있다. 새벽 5시경에 잠의 마지막 흔적도 다 써버렸고, 나는 깨어 있는 것보다 더 힘든 것을 꿈꾸고 있을 뿐이다."(44쪽)

이런 꿈 내용은 어떤가? 거의 카프카 작품 속의 한 장면 같지 않은가? "나는 마치 사람들이 이 기차 칸에서 저 기차 칸으로 가는 복도 있는 열차에서처럼, 2층까지 1층 높이로 길게 늘어선 건물들을 지나갔다. 나는 아마 아주 빨리 지나갔다. 왜냐하면 때로는 건물이 무너질 것 같았기 때문인데, 사람들은 이미 건물이 무너질까봐 서둘렀을 정도다. 그 건물들 사이의 문들은 전혀 내 눈에 띄지 않았는데, 그것은 바로 문으로 연결된 일렬로 늘어선 거대한 방들이었다 … 그 침대는 내 왼쪽으로 아마 지붕 밑 방처럼 경사진 검은색 아니면 더러운 벽 가에 있다. 값싼 침대보에 단지 거친 마로 된 이불은, 여기에서 잠을 잤던 사람들의 발에 밟혀서 끝단의 올이 늘어져 있다. 아직도 많은 사람들이 침대에 누워 있는 시간에 내가 그들의 방을 지나간다는 것을 창피하게 느꼈다. 그래서 발꿈치를 들어 큰 걸음으로 걸었다."(60쪽) 꿈속에서도 별별 생각을 다 하며 관찰력도 대단하다. 그대로 작품의 한 장면으로 옮겨도 괜찮을 듯 싶다.

이런 꿈을 자세하게 묘사한 일기는 많다. "그저께는 꿈을 꾸었는데, 극장 그 자체였다. 한 번은 위층 꼭대기 관람석에 있었고, 한 번은 무대 위에 있었는데, 몇 달 전에 내가 좋아했던 소녀가 연기하고 있었다 … 조명은 어둡고 가을 냄새가 풍기는 구름이 결정적이었다 … 민중은 성으로 쳐들어갔다. 나 자신도 바로 앞뜰에 있는 우물의 돌출부 너머 야외로 달려갔다."(196쪽)

가족과의 관계도 일기에 자주 나온다. 카프카가 어머니와 아침 식사를 하다가 나눈 얘기를 들어보자. "어머니가 나에 대해 가지고 있는 표상이 얼마나 비현실적이며 순진한 것인지를 처음으로 분명하게 알게 되었다. 어머니는 내가 건강한 청년이지만 아프다는 상상 때문에 약간 시달리고 있는 것이라고 생각한다. 이러한 상상은 시간이 지나면 저절로 사라지지만, 결혼하고 아이를 낳는 것이야말로 이러한 증세를 가장 잘 없애줄 것이라고 한다. 그렇게 되면 문학에 대한 나의 관심도 교양인에게 필요하다고 생각되는 정도로 줄어들 것이란다."(246쪽)

카프카에게 문학은 인생의 전부인데, 결혼하고 아이를 낳으면 문학이 교양 역할 정도로 줄어들다니. 카프카 가족이 카프카의 작품을 제대로 이해하지 못하고 높게 평가하지 않았다는 것이 여실히 드러난다.

카프카의 아버지는 카프카 성격 형성에 큰 영향을 미쳤다고 한다. 소설 「변신」에서 벌레가 된 그레고리에게 사과를 던져 죽게 만드는 아버지가 떠오른다. 카프카는 현대 한국의 청년들처럼 아버지가 '나 때는 말이야'로 시작하는 단정과 비난에 괴로워했다. 세대 간의 경험과 집단기억을 둘러싼 갈등은 어느 나라, 어느 민족에서나 비슷한 모양이다.

"아버지가 끊임없이 동시대인들의, 특히 자식들의 행복한 상황을 빈정대면서 당신이 어린 시절에 겪어야만 했던 고통에 대해 이야기할 때 귀 기울이는 일은 고통스럽다. 아버지가 수년 동안이나 겨울옷이 충분치 않아서 다리의 상처를 내놓고 다녀야 했다는 것, 아버지가 자주 굶주렸다는 것, 아버지가 이미 열 살 때부터 겨울에도 아침 일찍부터 수레를 끌고 마을을 돌아다녀야 했다는 것은 아무도 부인하지 않는다 … 나는 그 모든 것을 겪지 않았다는 사실과 비교된다고 해서, 내가 아버지보다 더 행복하게 살아왔다거나, 아버지가 이러한 다리 상처 때문에 남들에게 교만한 태도를 취해도 된다거나, 당신이 겪었던 고통들의 진가를 내가 인정할 줄 모른다고 가정하고 주장하거나, 나는 아버지와 동일한 고통을 겪지 않았기 때문에 아버지에게 무한정 감사해야 한다는 결론으로 이어질 수 있는 것은 아니다."(262쪽)

카프카의 정신세계가 독특하고 감수성이 유달랐다고 말들 한다. 그의 정신에는 약간의 편집증과 자폐증과 강박증이 녹아있는 것 같다. 카프카의 신비롭고 수수께끼 같은 작품은 이런 그의 정신에서 나온 것이다. 달리 어디서 나왔겠는가? 카프카가 자신 몸을 자물쇠처럼 여긴, 1912년 8월 30일의 일기다.

"나는 어지간해서는 놀라는 사람이 아닌데도 지금은 불안하다. 오늘 오후에 침대에 누워 있었는데, 누군가 자물쇠에 열쇠를 놓고 빠르게 돌리는 소리가 들렸다. 그 순간 내 몸 전체가 마치 가장무도회에서처럼 자물쇠로 뒤덮여 있는 것처럼 느껴졌고, 짧은 간격을 두고 한번은 내 몸

의 여기, 또 한 번은 저기에서 자물쇠가 열리고 닫히고 하는 것 같았다."(355쪽)

카프카는 일기에서 자신의 작품이 어떻게 탄생했는지 해설하기도 한다. "「선고」를 교정하는 것을 계기로 나는 이 이야기 속에서 명백하게 드러나고 현재 내가 관련되어 있는 모든 관계들을 기록한다. 이런 과정이 꼭 필요한 이유는, 이 이야기가 정상 분만 때의 출산에서처럼 온갖 더러운 점액들로 뒤덮여서 내 몸 밖으로 나왔기 때문이며, 오직 내 손만이 억지로 몸으로까지 밀고 나갈 수 있으며, 그리고 그렇게 하고 싶어 하기 때문이다."(407쪽)

「선고」는 난해한 작품이다.(장편『소송』과는 다른 작품이다.) 작품에 나오는 친구는 어떤 의미인지, 왜 아들은 아버지의 말을 듣고 강으로 몸을 던지는지 잘 납득이 되지 않았다. 카프카는 작품의 친구가 아버지와 아들 사이의 연결끈이며, 그 둘의 최대 공통점이라고 말한다. 카프카의 해설을 읽으니 작품이 얼른 이해될 듯도 하다.

1913년 10월 20일 일기에서 카프카는 집에서 「변신」을 읽었는데 형편없다고 말한다. 초고였을까? 1914년 1월 19일에도 「변신」을 비판하고 있다. "「변신」에 대한 큰 반감. 읽을 수 없는 결말. 거의 철저하게 불완전하다. 그 당시에 출장으로 방해받지만 않았어도 훨씬 더 잘 쓸 수 있었을 텐데."(509쪽) 「변신」은 1915년 10월에 잡지에 발표된다. 카프카가 계속 퇴고에 퇴고를 거듭했는지, 아니면 카프카가 자신의 작품을 평하는 기준이 극도로 높은지 알 수는 없다. 「변신」과 같은 걸작을 저렇게 평가한다면, 내 죽은 후에 유고를 모두 불태워 버리라고 한 말이 진심일 것도 같다.

일기에는 그가 쓴 작품의 배경 철학처럼 보이는 글도 있다. 그의 신비로운 작품을 이해하는데 도움이 될 글이다.

"감옥이라면 그는 오히려 적응했을 것이다. 갇힌 자로 끝나는 것-그것이 삶의 목표였을 것이리라. 그러나 그것은 창살로 된 우리였을 뿐이다. 무관심하고, 교만하며, 마치 제집에 앉아 있는 듯 창살을 통해서 이 세상의 잡음들이 몰려 들어오고 또 몰려나갔다. 그 갇힌 자는 원래 자유로웠고, 모든 것에 참여할 수 있었고, 외부 세계의 어떤 것에 대해서도 놓친 적이 없으며, 그 우리를 떠날 수도 있었을 것이다. 창살 간격은 정말로 일 미터 간격으로 세워져 있었기에 그는 한 번도 갇힌 적이 없었던 셈이다."(689쪽)

그가 폐결핵에 시달리면서 죽음을 향해 다가가고 있을 즈음인 1923년 6월 12일의 일기에서는 글 쓸 때의 불안을 말한다. "글을 쓸 때는 언제나 더 불안해진다. 이해할 수 있다. 모든 단어들은 유령-손을 이렇게 획 돌리는 것이 유령들 움직임의 특징이다-의 손안에서 방향을 바꾸면서 화자에게로 끝을 겨누는 창이 된다. 이같은 발언은 매우 특별하다. 그리고 그렇게 무한하다. 위로가 된다면 단 하나, 내가 원하든 내가 원치 않든 그것은 일어난다는 것이다. 그리고 네가 원하는 것은 눈에 띄지도 않을 만큼 거의 도움이 되지 않을 뿐이다. 위로 이상의 것은, 너도 역시 무기를 가졌다는 것이다."(751쪽)

자기가 쓴 글이 자기를 겨누는 창이 된다. 카프카는 그런 불안에 시달리면서 작품을 쓴 것이다. 카프카가 지닌 무기는 무엇이었을까? 그가 자신의 삶 전부를 차지한다고 말했던 문학에서 그는 어떤 무기를 지니고 있었을까?

[문학일기 23]

이정식 자서전

이정식/ 일조각

영웅은 난세에 난다는 말이 있다. 이정식은 난세의 영웅까지는 아니지만 '난세의 학자'라는 말을 들어도 충분하다. 사람은 어느 시대, 어느 장소에서 태어나는가가 인생의 대부분을 결정한다는 말도 저자에게 맞춰 보면 딱 들어맞는다. 미국 대학에서 한국의 독립운동과 공산주의 운동을 연구한 학자로 유명한 그의 삶을 개관해보자.

"나는 일본 군부 세력이 중국 대륙을 침공한 1931년에 평안남도에서 태어났다. 내가 세 살 무렵 가족은 만주로 이주했는데 이것이 나의 유랑 생활의 발단이었다. 나는 만주 테링과 한커우에서 가족과 함께 살다가 평양에서 초등학교 4~6학년까지 다닌 후 다시 만주로 돌아가 생활하던 중 해방을 맞이했다. 아이러니하게도 민족의 해방은 내게 뜻하지 않은 시련을 가져왔다. 겨우 만 열네 살에 소년가장이 되어야 했기 때문이다. 나는 만주에서 돌팔이 의사의 조수로서 국민당군 병사들의 매독 치료에 일조했고, 랴오양 면화공장에서 하루 열두 시간씩 일했다. 해방 후 평양 신양리 시장에서는 쌀장수로 장바닥을 누볐고, 한국전쟁 때는 중공군 포로를 심문하는 미군 통역관으로 활동했다. 그리고 태평양을 거쳐 도착한 미국에서는 우여곡절 끝에 박사학위를 받고 펜실베이니아 대학의 정치학 교수로 변신했다."

저자는 중일전쟁, 제2차 세계대전, 국공내전, 한국전쟁 등 20세기를 뒤흔든 전쟁들의 한복판을 지나온 셈이다. 책 부제인 '만주 벌판의 소년가장, 아이비리그 교수 되다'가 전한 그대로의 삶이다. 별별 경험이 책에서 꼬리를 물고 이어진다. 해방 후에 평양군중대회에서 앉아 쉬고 있던 김일성을 직접 보았다고 할 정도이다. 삶의 무수한 고비마다 온갖 사연과 목숨이 왔다갔다 하는 사건이 벌어졌다. 저자는 펜실베이니아 대학 정치학 강의 시간에 학생들이 졸음이 온다 싶으면 살아온 삶 이야기를 해줬다고 한다. 그러면 모두가 눈을 번쩍 뜨고 열심히 귀를 기울였다고 한다.

저자에게 벌어진 온갖 사건은 희안하게도 끝에는 대개 득이 되었다. 중일전쟁이 한창이던 시절 저자는 초등학교 2학년이었는데, 한커우의 일본 학교를 다녔다. 그 덕분에 저자의 일본어 발음이 완전히 일본인의 발음과 똑같아진 것이다. 당시에는 몰랐지만 후에 저자가 미국 교수로 일본에 드나들며 회의에 참석하고 정치와 외교 등을 가르칠 때 크게 도움이 되었다. 평양에 돌아온 초등학교 6학년 때는 일본의 황국 신민화 교육을 직접 받게 된다. 저자는 중국 국공내전 당시에 국민당군과 팔로군을 모두 겪는다. 저자는 1948년 초까지의 중국 공산주의와 그 후에 본 북한의 공산주의는 여러 면에서 대조적이었다고 말한다. "단적으로 말하면, 중국의 공산주의는 부드럽고 서민적인 데 반해 북한의 그것은 딱딱하고 관료적이었다. 원래부터 관료주의적이었던 우리 정치에 러시아의 유명한 관료주의 정치 문화가 섞였기 때문일 것이다. 물론 중국의

공산주의도 그 후로 많이 변질되었다."(131쪽)

저자가 1947년 경 랴오양 면화공장 사무실에서 회계업무를 보았는데 조금 후에 팔로군이 급격히 북상한다는 소식을 들었다. 저자는 당시 만주의 조선인이 국공내전을 바라보는 시각을 전한다. "만주에 있던 조선인의 태반이 그랬겠지만 우리는 팔로군과 중앙군(국민당군)의 싸움에 대해 중립적이었다. 즉 어느 쪽이 이기든 우리와는 상관이 없다는 태도였다 …… 대체로 중국 사람들도 무감각한 듯했다. 정부의 역할이 마적을 잡고, 세금을 받아 가며, 허가를 내 주는 곳이라는 것 외에는 아는 바가 없었다."(181쪽)

저자는 평양 신양리 시장에서 쌀장수로 일하다가 월남해서 국민방위군 간부로 입대한다. 그 후 통역사로 중공군 포로를 신문했고, 2년간 다닌 연합군 번역통역부 ATIS에서 실전 영어로 영어 문법과 회화 실력을 늘린다. 부산에서 '신흥대학'이라는 급조된 대학에 학생으로 등록해 졸업장을 따기도 한다. 치안국 고문관실에서 번역 업무를 할 때인 1953년 이른 봄, 저자는 서울로 환도하게 된다. 그때의 서울 풍경을 보자. "아직 민간인들의 환도가 허용되지 않은 탓인지 거리에는 사람의 모습이 전혀 보이지 않았다. 폐허가 된 도시의 곳곳은 마치 오래된 흑백영화에 펼쳐진 유령도시 같았다. 한 가닥 핏줄처럼 겨우 남은 경첩에 의지해 삐걱거리며 흔들리던 어느 상점 2층의 찌그러진 생철문 소리가 지금도 요란하게 들리는 것 같다. 바람이 불 때마다 그 소리는 더 요상하고 괴이하게 도시의 대기를 흔들었다. 내 생의 전쟁은 그 후로 오랫동안 계속되었다."(305쪽)

그렇다. 한국전쟁은 한국민 모두에게 어떤 방법을 써서라도 살아 남아야 한다는 '생존경쟁' 유전자를 깊이 남겨놓은 것이다. 지옥 같은 전쟁도 겪었는데 그보다 더 무서운 게 뭐가 있으랴! 하는 집단 심리였을 것이다.

저자는 근무하던 미군 부대의 장교가 주선해줘서 미국의 대학으로 유학을 가게 된다. 캘리포니아주 패서디나에 있는 기독교 학교인 하일랜드 대학이었다. 그 대학은 저자를 받아들이고 재정보증서도 함께 보내왔다. 이승만 정권에서 미국 유학을 가기란 하늘의 별 따기였다. 한국에서 미국으로 달러 송금은 엄격한 제한이 따랐다. 유학 수속을 밟기 위해서는 동사무소부터 구청, 경찰국, 외무부, 문교부, 국방부 등 허가를 받아야 하는 곳이 셀 수 없이 많고, 규정과 절차도 까다로웠다.

미국 하일랜드 대학은 총 학생 수가 43명밖에 되지 않는 아담한 기독교 대학이었다. 주로 성서를 배우다가 하일랜드 대학이 문을 닫는 바람에 저자는 1954년, UCLA로 편입하게 되었다. 입학 과정이 매우 까다롭고 어려운 대학에 운 좋게 들어가게 된 것이다. UCLA 학부에 한국인이라고는 저자 한 사람이었고 그 외 대학원에 두 사람이 있을 뿐이었다. 그는 식당 일을 해서 학비를 벌면서 대학과 대학원을 졸업한다. 그리고 버클리대학에 있던 스칼라피노 교수를 만나게 되어 정치학자의 길로 들어서게 된다. 이 과정에서 일어난 사건 하나하나가 오디세우스의 모험 같기도 하고 운명의 여신이 맘 내키는대로 짜놓은 우연과 필연의 결과같기도 하다. 저자의 '생의 전쟁'은 계속된 것이다.

저자는 어떻게 '생의 전쟁'에서 승리해 미국 아이비리그 대학 정치학과 교수를 역임하고 자서전까지 내게 되었을까? 첫째로 저자는 어떤 곳에 가더라도 최선을 다해 일했다. 랴오양의 면화공장 사무실에서는 주산으로 곱하기 하는 방법을, 평양의 쌀시장에서는 쌀 파는 기술을, 미군 부대에서는 독학으로 영어 공부를, 그런 방법으로 미국 대학에서도 저자는 안주하지 않고 전력을 다했다. 배우고 또 배웠으며 새로운 길을 개척했다. 그 결과로 암흑을 빠져나갈 수 있는 아드리아네의 실을 한 가락 붙잡은 것이다. 둘째, 저자의 경력을 살펴보면 기독교 신자였던 것이 큰 도움이 되었다. 기독교 신자가 아니었다면 미국 유학은 불가능했을 것이다. 셋째 저자의 아버지와 친인척이 상공업계에 종사했던 유지로 인맥이 좋아 그 덕을 보았다. 불과 14살에 랴오양 면화 공장 사무실에 취직한 것도 인맥 덕이 아니었으면 불가능했을 것이다. 덧붙인다면 운명이 그에게 차갑지 않게 대한 것도 클 것이다. 어쩌면 해방 전후와 한국전쟁을 거친 한국인은 저자와 비슷한 삶의 궤적을 그렸는지도 모른다. 저자는 그들 중 일부를 대표해서 '노력과 행운의 자서전'이란 기록을 남긴 것인지도 모른다. 그리고 저자는 1985년에 북한 학자를 미국으로 초청해 세미나를 열어, 미국과 북한의 화해를 위한 디딤돌을 놓는다. 남과 북과 미국을 다 겪어보았기 때문에 가능했던 일이 아닐까.

[문학일기 24]

아웃 오브 아프리카

카렌 블릭센/ 민승남 옮김/ 열린책들

　덴마크 작가가 쓴 17년간의 아프리카 생활을 담은 회고록이다. 소설이 아니다. 먼저 영화와 책이 달라서 너무 놀랐다. 시드니 폴락 감독, 메릴 스트립(카렌 블릭센 역), 로버트 레드포드(데니스 핀치해턴 역)주연의 영화에서 아프리카는 단순한 배경일 뿐이며 두 남녀의 비극적 사랑이 중심이다. 그에 반해 책은 아프리카의 얕은 숨소리부터 웅장한 포효까지 남김 없이 들려준다.

　회고록 무대는 케냐의 은공 언덕이다. 케냐의 수도 나이로비에서 불과 19킬로 떨어진, 해발 1,800미터 고원 지대다. '은공'은 마사이족 언어로 '코뿔소의 봄'이라는 뜻이라고 한다. 카렌은 은공 언덕에서 커피를 재배하며 키쿠유족과 더불어 살아간다.

　작품에 나오는 아프리카 부족은 세 부류인데 키쿠유족과 강 건너에 사는 마사이족, 카렌의 충실한 하인 파라가 속한 소말리족이다. 세 부족은 개성이 모두 다르다. 소말리족은 유목민으로 이슬람교인이다. 유목 민족은 정주한 주거 환경에 철저히 무관심하다. 소말리족 여인에 관한 묘사가 일품이다. 마사이족은 용맹한 전사 부족이었으나 지금은

(1910년대부터) 보호 구역에 갇혀 지낸다. 키쿠유족은 카렌의 커피 재배지를 경작하거나 소작을 하면서 살아간다.

카렌이 1910년대 초에 은공 언덕에 살 때 언덕에는 버펄로, 일런드영양, 코뿔소가 서식했으며 늙은 원주민들은 코끼리가 살던 시절을 기억하고 있었다. 그러나 일요일이면 나이로비의 젊은 상인들이 오토바이를 타고 달려와 눈에 보이는 것은 닥치는 대로 쏘곤 했는데, 그 탓에 맹수들이 그곳을 벗어나 더 남쪽으로 이동하게 되었다고 카렌은 말한다.(16~17쪽) 카렌도 아프리카에 처음 살 때는 야생 동물을 종류별로 다 사냥하려고 했으니, 그저 슬픈 일이다. 카렌의 커피 농장이 실패하자 그녀는 나이로비의 개발 업자에게 농지를 팔고 덴마크로 떠난다. 농장은 아마도 지금은 건물과 주택으로 추하게 덮여 있을 것이다.

카렌은 제국주의자는 아니지만 어쨌든 백인 농장주였고 그녀 스스로가 고백하듯 키쿠유족을 비롯한 원주민을 제대로 알기란 쉽지 않았다. "그들은 예민한 청각을 지닌 바람 같은 존재였다. 그들을 놀라게 하면 눈 깜짝할 사이에 자신들의 세계로 숨어 버렸다 … 원주민들은 백인들에 비해 삶의 위기감이 훨씬 적었다. 그들은 삶 그 자체에, 우리는 결코 도달할 수 없는 그들 고유의 영역 안에 있어서 삶의 위기감을 느끼지 못하는 듯했다 … 신과 악마는 하나이며, 그들의 위험이 함께 영원하며, 그들이 창조되지 않고 자존하는 두 존재가 아닌 한 존재라는 지식을 우리에게 가르쳐 줄 곳은 다른 대륙이 아닌 아프리카이다."(30~31쪽)

회고록에는 인상적인 사람이 많다. 카렌은 원주민 소년 카만테를 치료한 일을 말하는데 그녀가 초원에서 처음 카만테를 만났을 때 양쪽 다리가 깊은 상처와 고름으로 뒤덮여 있었다. 아이의 납작하고 각진 얼굴에는 병마에 지친 표정과 무한한 인내심이 어려 있었고 눈동자는 죽은 사람의 그것처럼 흐릿했다. 키쿠유족은 예측할 수 없는 것을 순순히 받아들이며 그런 일에 익숙하다. 흑인은 운명과 우호적인 관계를 유지하며 운명의 손아귀에서 벗어나지 않는다. 운명은 그들에게 어떤 의미에서는 집과도 같다. 오두막의 친숙한 어둠, 자신의 뿌리를 감싼 땅속 깊은 곳의 흙이다.(35쪽) 카렌은 카만테를 선교 병원에 데리고 가서 치료한다. 후에 카만테는 카렌의 요리사가 되는데 탁월하고 창조적인 요리 솜씨를 뽐낸다.

농장에 잠시 산 덴마크 뱃사람 출신 크누센 영감이 정말로 재미있었다. "그는 고원의 농장과는 어울리지 않는 인물로 너무도 바다냄새가 강해서 마치 농장에 날개 잘린 늙은 앨버트로스 새 한 마리가 살고 있는 듯했다 … 그는 덴마크 어부 집안에서 태어나 뱃사람이 되었으며 무슨 바람에 밀려 아프리카까지 흘러 들어왔는지 몰라도 가장 초기의 아프리카 개척자 중 하나가 되었다 … 그는 자신을 꼭 '크누센 영감'이라는 삼인칭으로 불렀고 입만 열었다 하면 자랑과 허풍이 극에 달했다. 이 세상에서 '크누센 영감'이 해내지 못할 일이 없었고 '크누센 영감'이 때려눕히지 못할 싸움 왕이 없었다. 그는 다른 사람들의 문제에 대해서는 지독한 비관주의자로 그들의 모든 활동이 응당 파국적인 결과로 이어질 것이라고 예견했다. 그러나 자신에 대해서는 터무니없이 낙천적이었다 … '크누센 영감'의 위대한 업적과 모든 분야에서 탁월함은 그것에 대해 떠벌리는 허약한 노인의 무능함과 사뭇 대조를 이루었기에 그의 이야기를 듣다 보면 완전히 동떨어진 두 사람을 대하고 있는 듯한 기분이 들었다. 온갖 모험의 주인공인 무적의 용사 '크누센 영감'이 당당한 위용을 자랑하며 중심에 우뚝 서 있었고, 우리 농장에서 기거하는 노인은 '크누센 영감'의 늙어 꼬부라지고 기력이 다한 하인으로 지칠 줄 모르고 주인 자랑을 늘어놓는 듯했다."(73~75쪽)

　카렌은 부시벅 영양 새끼를 기르면서 야생과 조우하기도 한다. 새끼 이름은 룰루로 스와힐리어로 '진주'를 뜻했다. 룰루는 모든 습성이 깔끔했다. 어릴 적부터 이미 고집쟁이였지만 카렌이 못하게 하는 것이 있으면 '소동이 벌어지는 건 싫으니 참아야지' 하는 식으로 순순히 말에 따랐다. 룰루는 꽃다운 나이가 되자 날씬하고 고운 선을 지닌 암사슴의 자태를 갖추었고 코끝부터 발가락 끝까지 믿을 수 없을 정도로 아름다웠다. 마치 하이네의 노래에 등장하는 갠지스 강가의 영리하고 온순한 가젤영양을 세밀화로 그려낸 듯한 모습이었다. 숲으로 돌아간 룰루는 가끔 카렌의 농장집을 찾았다. 룰루는 카렌이 두려움의 대상이 아니라는 걸 알 만큼은 그녀를 기억하고 있었다. 룰루는 잠시 카렌을 바라보았는데 깊고 그윽한 자주빛 눈에는 아무런 표정도 없었고 눈을 깜빡이지도 않았다. 카렌은 신이나 여신은 눈을 깜빡이지 않는다는 사실을 떠올렸고 마치 암소 눈을 가진 헤라와 마주하고 있는 듯한 기분이 들었다. 룰루의 남편인 수컷 부시벅은 숲 가장자리에 있는 케이프밤나무 아래에 서 있었다. 수컷은 사람이 사는 집 가까이에 무서워서 오지 못하는 것이다.(91~93쪽) 카렌은 부시벅과 농장 집의 자유로운 결합을 진귀하고 영예로운 일로 여겼다. 룰루는 야생의 세계에서 가끔 돌아와 돈독한 관계를 증명했고 카렌의 집을 아프리카의 풍경과 하나가 되게 만들어 어디부터 아프리카의 풍경이 끝나고 카렌의 집이 시작되는지 아무도 알 수 없게 했다.(95쪽)

작품에는 숱한 사건과 인물과 동물과 아프리카의 자연이 나온다. 당장이라도 은공 언덕으로 달려가고 싶게 만드는 매력 넘치는 문장들이 책 갈피마다 그득하다. 카렌은 원주민들이 벌이는 춤판인 보름밤의 은고마를 묘사하고, 데니스와 같이 사자를 사냥한 모험을 자랑하며, 함부르크로 팔려가는 기린을 애도하고, 키쿠유족 추장인 키난주이와의 우정과 추장의 죽음을 말한다. 데니스 핀치히턴과 경비행기를 타고 아프리카의 하늘을 날기도 한다. 카렌은 우기가 되어도 비가 오지 않는 아프리카의 재앙과, 메뚜기떼에 공격 당해 옥수수가 모두 먹혀 버리는 고통을 당하기도 한다. 농장 커피 작황이 갈수록 나빠져 카렌은 마침내 커피 농장을 팔고 덴마크로 돌아가게 된다. 카렌은 키쿠유족 소작인들을 위해 식민지 당국과 교섭해 그들이 옮겨갈 땅을 얻는데 성공한다. 키쿠유족 노인들은 떠나는 카렌을 위해 은고마를 열려고 하지만 식민 당국은 원주민의 은고마를 금지시키고 만다. 데니스는 비행기 사고로 죽고 은공 언덕에 묻힌다.

카렌은 영국 제국주의가 점령한 케냐 나이로비 근처 농장에 살았지만 제국주의자는 아니었다. 그녀는 지주로서, 인종우월주의자로 원주민을 대하지 않고 동등한 인간으로 우정을 나눴다. 카렌은 은공 언덕 모두가 자연보호구역으로 지정되기를 바랐으나 결국 자신의 농장을 개발업자에게 팔고 떠나게 된다. 그녀는 아프리카 고원과 광활한 대초원, 그곳에서 사는 나무와 동물을 사랑했지만 그들을 떠날 수 밖에 없었다. 그녀는 결국 아프리카와 뿌리까지 연결된 백인은 아니었던 셈이다. 카렌은 회고록에서 단 한 번도 자신의 남편에 관해 이야기하지 않는다. 30세 때에 남편에게서 매독이 옮아 덴마크로 돌아가서 치료해야 했기 때문일까. 아니면 남편과 아프리카의 자연과 원주민을 바라보는 시선이 전혀 달랐던 것일까. 카렌은 넘쳐나는 애정을 아프리카의 자연과 원주민에 쏟아부었고, 그 정수를 글로 남겨 우리에게 전해주었다. 책을 덮으니 정말 아프리카로 가고 싶다.

[문학일기 25]

할배의 탄생
최현숙/ 이매진

책방 한탸에서 최현숙 저자를 모시고 강연을 열었다. 강연 제목은 '페미니즘 관점으로 구술생애사 읽기'다. 저자의 책『할배의 탄생』과『억척의 기원』을 읽고 오란다. 부랴 부랴 집에 있던『할배의 탄생』을 찾았으나 어디에 숨었는지 도통 찾을 수가 없다. 결국 도서관에서 빌려서 읽었다. 예전에 책을 샀을 때 냉큼 읽었으면 되었지만 이런 저런 이유로 미루다보면 이런 사달이 난다. 집에 같은 책을 2권 산 경우도 왕왕 있어 그 중 1권을 중고서점에 도로 팔기도 한다.

최현숙 저자는 강연에서 자신이 요양보호사로 일했는데 요양보호사들이 자기에게 주절주절 인생 이야기를 늘어놓더란다. 그래서 구술생애사를 쓰자고 하면, 80넘은 여자 노인은 내가 겁날 게 뭐가 있어! 좋다!고 하고, 60대와 70대는 아직 살아있는 남편과 자식들 눈치를 좀 본다고 한다.『할배의 탄생』에 나오는 노인 두 분은 1945년생과 1946년생인데 저자가 독거노인관리사를 하면서 만난 분이라고 한다.『할배의 탄생』은 출판사로 원고가 일찍 넘어갔는데 이런 저런 출판사 사정으로 2016년 10월 26일 출판되었다. 저자 말로는 이즈음 JTBC에서 최순실

태블릿PC 보도가 나오고 촛불시위와 태극기부대 시위가 터지면서 서울시청 광장에 나온 태극기 '할배'들이 대체 왜 저렇게 시위를 하는지 많은 사람이 그 심리적 구조에 관심을 가졌다고 한다. 그래서 졸지에 부제를 '어른신과 꼰대 사이, 가난한 남성성의 시원을 찾아'를 단 『할배의 탄생』이 무척 잘 팔렸다고 한다. 그리고 저자도 언론이 주최한 태극기 부대로 나선 노인들이 왜 그런 생각을 가지게 되었을까를 소재로 한 대담에 자주 출연했다고 한다.

저자가 구술생애를 기록하는 방식과 소감은 이렇다고 한다. 첫째 진실이란 없다. 기억의 장면은 바뀌고 계속 해석도 바뀐다. 둘째 개인 생애에서 가족관계에서 오는 상처가 크다는 것이다. '내면의 아이'라고 하는, 어릴적의 상처가 인생을 계속 따라다닌다. 셋째 개인사와 사회사를 연관지어야 한다. 구조 속의 개인을 바라봐야 한다.

『할배의 탄생』은 두 노인, 1945년생 김용술과 1946년생 이영식을 다룬다. 둘 다 가난하게 살았지만 두 사람은 대조적이다. 한 명은 과잉 남성성, 한 사람은 과소 남성성을 지녔다. 김용술은 지주 집안의 아들이었으나 집안이 몰락하면서 양복점 재단사, 비디오방, 과일 장사 등 다양한 직업을 거친다. 김용술은 인물도 잘 생기고 결혼해서 자식도 여럿 둔다. 이혼했고 아이들은 전 처가 키웠다. 많은 여자를 거쳤고 성관계에 자신있으며 노골적으로 관계를 말한다. 김용술은 여자와 만날 때 돈은 남자가 써야 하고, 헤어진 자식들을 만나러 가고 싶지만 돈이라도 좀 들고 가야 자녀들에게 얼굴이 선다고 생각한다. 남자는 강해야 한다고 생각한다. "요즘 또 22사단 총기 사고 때문에 난리드만. 그게 다 요즘 애들이 약해서 그래. 하나나 둘만 낳아서 오냐오냐하고 키우고 어려움

견디는 걸 안 가르치니까. 조금만 힘들어도 그렇게 뻗치는 거야."(51쪽) 지금은 단칸 상가에서 가죽 수선을 하고 잠도 자는 신세지만 김용술은 호탕한 남자로 여자와 돈이 있을 때마다 신나게 놀러다녔다. 한바탕 재미있게 잘 살은 셈이다.

김용술의 삶에서 개인사와 사회사가 부딪치는 중요한 지점은 이렇다. 속초서 양복점을 잘 운영했는데 어느날 대기업에서 기성복을 내면서 양복점 문을 닫게 되었다. 그때가 한국에서 기성복이 유행하기 시작할 때였다. 그런데 없이 살고, 온갖 몸으로 하는 일에 익숙해 있어 IMF 외환위기의 타격은 오히려 적게 받았다.

1946년생 이영식은 가족관계가 복잡하고, 어릴 때 양자로 간 트라우마가 컸다. 매사에 소극적이고 여자 관계도 적고, 결혼도 하지 못했다. 그는 베트남 전쟁에 지원입대해서 1년을 근무하기도 한다. 목수로 살면서 전국 곳곳을 떠돌아다닌다. 그는 성실하게 살았으나 늘 자신이 별 볼일 없는 인생이라고 생각한다. 최현숙이 이영식에게 "저는 가난뿐 아니라 결혼 안 하거나 못 배운 사람, 이혼, 미혼모, 동성애자, 장애인, 그런 사람들을 비정상이나 뭔가 잘못된 사람이라고 보는 시선들에 맞서 싸워왔어요. 저는 그런 걸 다양한 삶이라고 생각해요. 노인도 그렇고요. 가난한가 아닌가보다 더 중요한 게 가난한 사람들이 자기를 어떻게 여기는가지요. 빈곤을 게으름이나 방종으로 낙인 찍고 비정상과 사회악으로 규정해서 사회에서 밀어내려는 나쁜 강자들의 생각을 가난한 사람들이 그대로 좇아가는 거지요. 어딜 봐도 탓할 게 없는 분이 그러시니 화가 나고 밉기까지 하네요."(222쪽)

이런 최현숙의 말에 이영식은 이렇게 답한다. "그게 말로는 맞는 말이지요. 교과서에는 그렇게 나올 거예요. 근데 교과서 바깥세상에서는 그렇게 안 봐요. 뭐가 모자르고 잘못됐고 비정상인 걸로 받아들여요. 남들이 어떻게 보느냐가 중요하다고 생각해요. 특히 있는 사람들은 우리 같은 사람을 대놓고 무시하잖아요. 많이 배우고 높은 자리에 있고 힘깨나 쓰는 사람일수록 나 같은 사람을 하찮게 봐요. 그러니 그나마라도 비웃음을 안 당하고 살려면 숨길 건 숨기는 거지요."(223쪽)

저자와 이영식 노인의 이야기를 더 들어보자. 인생관과 세계관의 차이다. 당위와 현실의 차이기도 하다. 앞으로 가야 할 미래와 현재의 좌표 차이기도 하다.

최현숙의 말이다. "저는 노인을 보면 저 사람이 살아온 삶이 궁금해요. 그 사람들의 노동이 사회를 만든 거잖아요. 겉보기에 초라하게 늙은 노인일수록 더 힘들게 더 열심히 일하며 살았을 가능성이 많지요. 그 늙음이나 추레함이 더 고맙고 소중해요. 이제껏 살아온 삶의 구구절절이 궁금해져요. 일부러 붙들고 말이라도 걸고 물어보고도 싶어요."

이영식은 이렇게 답한다. "최 선생 얘기는 아이들 교육할 때나 중요하고 필요한 얘기지. 세상은 그렇지가 않잖아요. 사람들은 그렇게 생각을 안 해요. 세상은 나 같은 사람을 쓰잘데없는 사람으로 봐요." 최현숙. "그래요. 세상은 그런 기준으로 사람을 봐요. 문제는 선생님 자신이 자기를 어떻게 보고 느끼느냐지요. 선생님은 삶을 잘 살아왔고 앞으로도 잘 사실 거라 믿어요. 제가 느끼기에 선생님은 그런 분이에요."(225쪽)

이영식이 한국 투표 제도에 관해 날카로운 안목을 보여준다. "투표는 빠지지 않고 해요. 근데 투표는 사실 형식적인 거지요. 노인들이 갈수록 많아지니까 정치하는 사람들은 노인들 표를 염두에 두겠지요. 선거

때는. 근데 투표라는 게 요란만 하지 우리 같은 사람들하고는 아무 상관이 없어요. 후보들에 대한 정확한 정보도 없구요."(250쪽)

저자는 이영식과의 대화에서 '정상 가족을 향한 선망과 자기 비하'를 읽는다. 가난한 사람의 자기 비하를 자기 긍정으로 만들 에너지를 어떻게 만들까도 고민한다. 쉽지 않은 일이다.

두 사람의 기록에서 1960년대 후반의 군대가 얼마나 폭력이 넘치고 비합리적이며 반인권적이었는지를 본다. 지금 60대 이후의 남자들은 왜곡된 군대문화에 절어있는 셈이다. 한국 남성의 원형을 만든 상당 부분이 군대라고 생각한다. 그래서 모병제와 남북 군사 대치의 종결이 한국 남자의 인간성을 되살리는데도 큰 역할을 하리라고 생각한다.

앞으로도 최현숙의 구술생애사를 여러 권 읽을 예정이다.

[문학일기 26]

방랑자들

올가 토카르추크/ 최성은 옮김/ 민음사

『방랑자들』은 독특한 형식이다. 장편소설로 표시되어 있지만 에세이와 단편소설과 저자의 상념이 섞여 있다. '여행'과 '방랑'에 관한 소제목을 단 글은 모두 110편에 달한다. 책은 저자의 어린 시절 주변과 첫 여행을 다루면서 시작한다. 단편과 에세이와 상념이 연결되어 넓은 그물을 형성하고 있는 듯하다. 사람이 빠질 만큼 그물코가 큰 소설용 그물이라고 할까. 이걸 소설의 형식 실험으로 부르기도 곤란하다. 그야말로 자유롭게, 형식이니 구성이니 하는 제약 없이 쓴 책 같다. 그런데 책을 읽으면 독특한 자장―'방랑'을 둘러싼―이 펼쳐져 있다고 직감한다.

「쿠니츠키:물Ⅰ」은 섬에 놀려온 남자의 아내와 아이가 실종되는 이야기인데, 조금 있다 「쿠니츠키:물Ⅱ」가 나오고 책의 끝무렵에 「쿠니츠키: 대지」가 나온다. 「쿠니츠키」 시리즈는 완성된 중편으로 보이는데, 작품을 1과 2와 3으로 나누고 떨어뜨려 배치하면서 특이한 이격 효과를 내고 있다.

「재의 수요일 축일」은 에릭이라는 이방인이 어느 섬에 흘러들어와서 섬과 육지를 연결하는 유람선 선장으로 일하는 이야기이다. 그런데 이야기에서 에릭의 대사는 상당 부분 장편 『모비 딕』에 나오는 등장인물들의 대사이며, 『모비 딕』의 여러 장면을 인용하고 있다. 독립된 단편소설이면서 장편의 한 장으로 들어온 「재의 수요일 축일」은 장편 『모비 딕』과도 섞여서 현실적이면서 환상적인 분위기를 자아낸다. 유람선을 운행하며 섬과 육지만을 반복해서 운행하던 에릭이 어느날 모비딕을 찾는 선장처럼 유람선을 망망대해로 모는 장면은 작품 전체에 방향성을 잡아주는 것 같기도 하다. 에릭은 유람선을 마음대로 몰았다는 이유로 재판에 회부되는데, 그는 불안에서 비롯된 혼란스러운 외침에 응답하기 위해 여행을 떠나는 사람들도 있다고 변론한다.

작품은 인체로 향한 여행도 다루고 있다. 미라가 되어 '호기심의 방'에 전시된 흑인 신하나, 인체 박물관, 인체 조직을 생생하게 보존하는 플라스티네이션 기법을 상세하게 추적한다. 저자가 해부학을 깊게 파고 들어 씀직한 치밀한 묘사와 기괴한 해부학자와 인체 보존학을 읽다 보면 이 주제가 살아 있는 인간의 '방랑'이라는 주제와 멀리 떨어져 있는 것 같으면서 땅 아래의 균류처럼 밀접하게 연결된다는 생각도 든다. 우리는 자신의 몸 안도 제대로 여행해보지 않았으니까 말이다.

'오스트리아 황제 프란츠 1세에게 요제피네 졸리만이 보낸 서신'은 모두 3통이다. 요제피네 졸리만의 아버지는 흑인으로 1720년경 북아프리카에서 태어나 노예로 팔렸다. 그는 리히텐슈타인 대공 세자비의 호의로 코르시카에서 노예 생활을 벗어나 궁궐로 입성하게 되었다. 그는 뛰어난 정치가로, 총명한 사절로, 매력적인 사나이로 이름을 날렸고, 프란츠 1세의 숙부인 요제프 2세에게 충성을 다했다. 피부가 검은 노예의 후예 가운데 요제피네 졸리만의 아버지처럼 의미 있고 높은 지위까지 올라간 사람은 거의 없다. 그런데 그녀의 아버지는 죽은 후에 야생동물처럼 사람들의 호기심을 충족시키기 위해 화학약품으로 방부 처리되고 박제가 되어 '황실의 호기심의 방'에 전시되었다. 그녀는 아버지의 시신뿐만 아니라 '호기심의 방'에 전시된 다른 시신들도 매장할 것을 청원하고 있다.(254쪽) 그녀의 청원은 성사되었을까? 이 편지들은 실제 사실에 근거한 것일까? 아니면 '호기심의 방'에 전시된 인체 박제물을 보고 창작한 것일까? '호기심의 방'은 단순한 자연과학적인 호기심에서가 아니라 백인들의 제국주의적이며 인종차별주의적인 관심이 반영된 전시실이었다. 요제피네 졸리만의 편지는 그 내용 자체만으로도 서구가 내세운 저열하고 위장된 '호기심'을 통박하고 있다.

장애인 아들을 둔 아누슈카는 어느 날 가출해서 추위에 떨다가 노숙인 노파의 도움으로 잠자리를 구하고 거리와 도시를 방황하다가 다시 집으로 돌아오게 된다. 아누슈카를 도와준 노숙인 노파는 '날뛰는 여인'으로 불린다. 노파는 아누슈카에게 몸을 흔들고 움직이라고 말한다. 단지 추위에 얼어 죽지 말라고 그러는 것만은 아니다. 이 이야기 다음에 '날뛰는 여인은 무슨 이야기를 했을까'라는 글이 이어진다. 날뛰는 여인은 이렇게 말했다. "몸을 흔들어, 움직여. 움직이라고. 그래야만 그에게서 도망칠 수 있어. 이 세상을 다스리는 존재에겐 움직임을 지배할 능력이 없어. 우리의 몸은 움직일 때 비로소 신성하다는 것을 그는 알고 있어. 움직여야만 그에게서 벗어날 수 있는 거야. 그는 정지 상태에 놓여 있는 것, 꼼짝도 하지 않는 것, 수동적이고 무기력한 모든 것을 지배해 … 그래서 그들은 자유로운 모든 사람을 강제로 정착시키려 하고, 형벌이나 다름없는 주소를 우리에게 부여하려 애쓰는 거야. 그들이 원하는 건 경직된 질서를 만들고 시간의 경과를 조작하는 거야. 그들은 하

루하루가 똑같이 반복되고, 구별이 안 되길 바라지."(392쪽)

우리를 얽어매려는 그들은 누구일까. 그들이란 혹시 일상의 안온한 왕복에 빠져 있는 '나'의 나태함과 관습은 아닐까.

그리스를 항해하는 크루즈 선박에서 그리스 신 '카이로스'를 강의하는 교수의 이야기를 들어보자. 그는 말한다. 카이로스는 늘 인간의 시간과 신의 시간이 교차하는 지점, 즉 순환의 시간 속에서 활동했다. 그것은 장소와 시간이 교차하는 지점, 즉 다시 오지 않을 유일한 기회, 적절한 가능성을 만들기 위해 아주 짧게 열리는 순간이다. 또한 무無에서 무無로 달려가는 직선이 원과 맞닥뜨리는 바로 그 지점이기도 하다.(579쪽)

여행을 자주하는 사람은 낯선 장소에서 눈을 뜨면 '나는 지금 집에 있다'고 생각한다고 한다. 여행 심리학자들이 말하는 다음 단계는 '모르겠다, 지금 내가 어디에 있는지'의 단계에 이른다. 핵심적이고 궁극적인 마지막 단계는 이렇다. 목적지가 어디든 간에, 우리는 항상 이런 방향으로 향하고 있다는 것이다. "내가 어디에 있든 중요치 않다." 어디에 있는지 상관없다. 여기 내가 있으므로.

그래서 여행은 단순히 바다를 건너고 낯선 도시를 돌아다니는 것만을 말하는 건 아니다. 여행은 새로운 지식을 충전하는 기회이기도 하고, 낯선 나 자신의 내면으로 들어가는 기회이기도 하며, 과거의 기억을 만나서 새롭게 해석하는 기회이기도 하다. 다양한 단편과 에세이와 사념을 담은 이 책은 올라 토카르추크의 내면 여행 기록이기도 한 셈이다. 동시에 일상에 묶여있으면서 여행과 방랑을 갈구하는 현대인에게 진정한 움직임이란 무엇일까 생각할 기회를 주는 기록이기도 하다.

[문학일기 27]

요코 이야기

요코 가와시마 윗킨스/ 윤현주 옮김/ 문학동네

임지현이 쓴 『기억전쟁』에 이 책이 소개되어 읽었다. 아쉽게도 절판된 책이라 도서관에서 책을 빌렸다. 일제가 패망하기 직전인 1945년 7월 말에 조선의 북동쪽, 나남에서 살던 요코라는 어린 소녀가 조선을 빠져 나와 일본으로 탈출하는 이야기다. 어머니와 요코, 요코의 언니 등 여자 3명으로만 구성된 요코 가족은 소련군이 곧 만주를 공격한다는 정보를 듣고 움직였다. 어린 나이에 굶주림과 죽음, 질병의 공포, 폭격, 성폭력의 위협 등 온갖 고난을 이겨내고 요코는 일본으로 가지만 전후 일본에서도 차별과 삶의 어려움은 이어진다. 요코와 요코 언니는 쓰레기통을 뒤지면서 생존을 이어가 이 모든 고난을 이겨낸다.

나남에서 기차를 타고 탈출한 요코 가족의 일차적 목표는 서울이었다. 기차에서 내린 후 열흘이 넘게 걸어서 서울로 향한 요코 가족은 죽음과 공포의 순간을 여러 번 넘긴다. 성폭행을 피하기 위해 머리를 박박 깎고 죽은 인민군의 군복을 벗겨서 입고 걷는다. 패전한 일본인은 조선 전역에서 안전하지 못했다. 1945년 8월 16일 경 그들은 서울역에 도착해서 일본인이 운영하는 병원에서 다친 상처 치료를 받는다. 요코 가족은 5주 정도 서울에 머물다가 화물 기차를 타고 부산으로 내려간다. 부산역에 도착하자 요코 가족은 부산항 옆의 창고로 가라는 지시를 받고 요코는 열이 올라 생사를 넘는다. 이런 피난 과정에서 요코 가족들은 조선인이 저지르는 많은 성폭행 사례를 보고, 그들 자신도 성폭행의 위협에 시달린다.

부산에서 일본으로 가는 배는 일주일마다 오는데 한 번에 백 명만 탈 수 있었다. 요코 가족은 여러 번 기다린 끝에 마침내 배를 타고 일본으로 떠난다. 그들은 겨우 살아남은 것이다.

"서서히 멀어져 가는 조선 땅을 물끄러미 바라보며 서 있는 언니의 뺨에 눈물이 흘렀다. 집을 떠나온 이후로 처음 보는 언니의 눈물이었다. 나는 도로 어머니 곁으로 가 가만히 앉았다. 얼룩진 어머니의 얼굴에도 눈물이 끊임없이 흘러내리고 있다."(160쪽) 요코 가족은 전쟁 중에 폭격을 받지 않은 교토로 가서 요코와 요코 언니는 학교를 다닌다. 학비도 없고, 쓰레기통을 뒤져 음식을 찾아 먹고, 거지 같은 차림의 옷을 입고 학우들에게 왕따를 당하는 생활이 이어진다. 그리고 할아버지와 할머니가 폭격으로 죽은 사실을 안 어머니도 죽는다. 요코와 요코의 언니는 험난한 일본에서의 삶을 헤쳐 나가야만 한다.

요코 가족은 일본 민간인이다. 일본 제국주의의 침략전쟁에 나서지 않았고 일본의 조선 강점에 책임질 행동도 하지 않았다. 하지만 그들은 일본 국민으로 조선에서 유복한 생활을 지냈다. 이런 사람이 조선을 탈출해서 일본으로 건너오는 과정을 썼으니 그들의 고난에 찬 여정은 빤하다. 그럼 요코 가족은 일본 제국주의 전쟁의 피해자인가? 가해자인가? 아니면 피해자이자 가해자인가? 요코 가족이 기억하는 '피난의 공포와 충격'은 사실일 것이다. 그럼 민간인이 겪은 이런 공포와 충격은 어떻게 해석해야 할까. 요코 가족은 일제 강점기에 피해를 당한 한국인에게 사과를 해야 할까? 요코 가족은 사과할 주체가 되기는 하는 걸까?

저자가 한국의 독자들에게 쓴 서문에 이런 이야기가 나온다. 미국에서 이 책을 출간한 요코는 이집트의 국제 학교에서 강연을 하게 되었다. 한 한국인 학생 그룹이 그곳을 방문한 요코를 못마땅하게 여겼고, 학생의 어머니는 일본인이 쓴 쓰레기와 같은 책이라고 비난했다고 한다. 요코는 학생들에게 물었다고 한다. "저는 한국인들을 한 번도 나쁘게 대한 적이 없지만, 일본 정부를 대신해서 저라도 사과를 한다면, 여러분들의 마음이 조금은 더 나아질까요?" 그리고 요코는 고개를 깊이 숙이고 거기 있는 모든 한국 학생들에게 사과를 했다.(12쪽)

옮긴이는 이 책은 현재 중국과 일본에서는 출판을 할 수 없다고 말한다. 중국의 경우, 과거에 일본이 저지른 나쁜 일들 때문에 반일감정이 드센데다 정부가 출판시장을 통제하기 때문에 어렵고, 일본의 출판사는 책 내용 중에 요코 어머니가 전쟁을 도발한 일본 정부를 강한 어조로 비판하고 있고, 전쟁 중의 일본 정부가 했던 나쁜 행위를 사실적으로 묘사했다는 이유로 거부당했다고 한다. 요코 씨는 번역자에게 일본은 과거에 자기들이 저지른 잘못에 대해 한국과 중국에 반드시 사과해야 하며, 역사 교과서를 더 이상 왜곡하지 말고 일본 학생들에게 진실을 있는 그대로 가르쳐야 한다는 자기의 뜻을 꼭 전해달라고 당부했다고 한다.

『요코 이야기』는 미국의 많은 학교에서 교과과정에 포함되어 있다고 한다. 침략국의 민간인이 침략이 끝난 후에 피해자 나라에게 입은 피해를 어떻게 봐야 할까? 그리고 그런 피해를 어떻게 기억해야 하는 걸까? 이런 '피해'와 '기억'은 얽히고 얽혀 만만치 않은 딜레마를 양산한다. 홀로코스트의 피해자인 유대인이 세운 이스라엘이 팔레스타인 사람에게 가하는 폭력과 살인을 어떻게 봐야 할까? 한국 군인이 베트남에서 저지른 민간인 학살을 한국정부는 어떻게 처리하고, 한국인들은 어떻게 기억해야 하는 걸까?

『요코 이야기』는 담백하고 담담한 필치로 생명의 존엄과 사랑, 타인을 이해하려는 노력을 칭송한다. 그리고 전쟁과 수많은 비인간성을 고발한다. 책이 보여주는 큰 줄기를 인정한다면, 가지에서 벌어진 반갑지 않은 사건들도 넓은 마음으로 살펴봐야 할 것이다.

[문학일기 28]

그늘까지도 인생이니까

박용만/ 마음산책

2021년 3월까지 대한상공회의소 회장을 맡았고 두산인프라코어 회장이었던 박용만의 에세이를 모은 책이다. 한겨레 신문에 난 책 관련 인터뷰 기사가 흥미 있어 읽었다. 이런 책을 좋아한다. 한국의 경영인이나 전문가들은 이런 종류의 책을 많이 냈으면 좋겠다. 물론 자신의 공과 과를 솔직하게 밝히는 건 쉽지 않다. 사회 유명 인사가 자서전이나 거창한 제목을 단 에세이 책을 낼 경우가 많다. 그러나 그런 책의 대부분은 작가가 붙어서 대리로 만든 책이다. 그래서 소금 안 친 곰탕처럼 밍밍하고 듬직한 건더기도 없어 얄팍하기 일쑤다.

저자도 책 끝의「나가며」에서 이렇게 말한다.

"내가 책을 쓴다고 하니 대부분 표지 한가운데 내 얼굴이 크게 들어가거나 탄생부터 오늘까지의 일을 기록한 자서전이라고 짐작들을 했다. 심지어 어느 출판사에서는 내가 청하지도 않는데 찾아와서 '그냥 서너 시간만 내주시고 말씀만 해주시면 저희가 다 써서 책 만들어 드리겠습니다.'했다."(436쪽)

박용만은 이 글을 직접 썼다. 기업 경영과 자신의 삶에 관련한 온갖 에피소드가 재미있기 그지없다. 이런 책에서 저자가 발가벗고 자신의 모든 선악을 까발릴 수는 없지만 오호, 이런 이야기까지 라는 생각이 드는 자신의 약점과 실수를 올려놓았다. 그 중 ○○저널 직원과 만난 이야기는 웃지 못해 황당하며 '세상에 이런 일도' 수준의 에피소드다. 30년 전쯤 한 언론의 보도로 회사가 호되게 당한 후에 언론이라면 벌벌 떨던 차에 ○○저널 ○○○님이 사무실로 찾아왔다.

저자는 혹시 회사에 무슨 건수가 걸렸나 싶어 기자에게 미리 선수를 치려고 온갖 쓸데없는 회사 이야기를 하면서 시간을 끌었다. 그러자 그 기자 왈, "이사님, 제가 당황해서 말씀을 제대로 못 드리겠습니다." "아이고, 무슨 말씀을 … 제가 너무 떠들었습니다. 무슨 말씀이든지 하세요. 허허허, 어이! 여기 찬 음료라도 가져오지." "저기요. 이사님. 저 혹시 기억 안 나세요?" 무조건 기억을 해야 하는 상황이었다. "아! 그러네요. 이거 미안합니다. 못 알아 뵈서. 일에 시달리다 보니 기억력만 나빠지고 …." 바로 이어진 기자의 멘트에 기절했다. "저, 이사님, 저 자주 들르시던 카페 XXX의 웨이터 김군입니다." "…." "기억나시죠? 저 이번에 그 술집 그만두고 이 동네에 ○○저널 보급소 차렸습니다." 결국 그날 ○○저널 30권을 정기 구독했다.(302쪽) 한국에서 기업을 상대하는 언론의 위세를 알 수 있는 에피소드이면서 시간이 흘렀지만 이런 이야기를 털어놓는 저자의 배포도 대단하다.

국회에 법 제정 요청을 한 사건도 머리에 남는다. 저자가 대한상공회의소 회장으로 근무하면서 젊은 창업가들을 초청해서 간담회를 열었다. 창업가들이 하소연을 했다. "법이 없어서 저희 사업은 모든 것이 불투명한 상태입니다." "해외에서는 사업 모델이 너무 좋다고 같이 하자는

데 정작 우리나라에서는 할 수가 없으니 지금도 허공에 떠서 일하는 형국입니다." "사업 인가 담당하시는 분이 아이디어 참 좋은데 적용할 법률이 마땅치 않으니 웬만하면 해외 나가서 사업하지 그래? 하시는데 정말 참담했습니다." 이런 하소연을 듣고 저자는 젊은 창업가들과 함께 국회로 가서 관련 국회의원들을 만났다. 국회 의원회관 안에서 며칠째 적은 날은 4~5킬로미터, 많은 날은 7킬로미터 넘게 걸었다. 국회의원들도 법안에 별 이견이 없었다. 저자가 창업자들에게 말했다.

"이견이 없다니까 정기국회 때는 법안이 상정될 거야."

"하하하. 회장님. 그렇게 이견 없는 상태로 2년째입니다."

얼굴을 들 수가 없었다. 그리고 어른으로서 정말 미안했다. 그러니 의원실 나서서 다음 방으로 옮기느라 걸어가는 복도에서 내가 할 수 있는 말은 "미안하다"뿐이었다.(240쪽)

저자는 이렇게 말한다. 젊은 창업가들이 가져오는 도전을 담아내기에는 우리의 법과 제도가 너무 늙고 굳어버린 탓이었다. 다른 대부분의 나라에서는 이것 이것만 하지 마라, 그것들만 아니면 뭐든 해도 좋다, 하고 문제점이 생기면 그때 가서 보완하고 고치는 방법을 택하고 있다. 우리는 문제점을 막는 데 초점이 맞춰져 있고 다른 나라는 가능성을 여는 데 맞춰져 있다.(241쪽)

저자가 직원들과 SNS나 만남으로 소통하는 방식과 사건도 재미있었다. 심지어 메일로 온 직원의 결혼 관련 부탁에도 반응해서 결혼식장까지 가는 일도 있으니 이거 실화야? 싶기도 하다. 그런데 책에서 가장 놀란 부분은 저자의 봉사 이력이었다. 저자는 봉사단체에 후원만 하는 것이 아니라 직접 몸으로 봉사를 한다. 급식소 주방에서 앞치마 두르고 모자 쓰고 묵묵히 칼질을 하면 다른 봉사자가 식당하셨냐고 묻는다. 저자는 그늘에 있는 분을 도울 때 꼭 내 몸으로 직접 일을 하는 것을 원칙으로 하고, 그분들과 직접적인 접점이 있도록 노력한다. 어느 성직자 분께서 해주신 '담장 너머로 먹을 것을 던지는 행위를 경계해야 한다'는 말씀이 그리하는 계기가 됐다고 한다. 저자가 신앙하는 천주교 교리에서도 그리 가르친다고 한다.

한국에서 선거철에 정치인들이 봉사를 하는 예는 많다. 대기업 회장이, 대한상공회의소 회장이 직접 주방에서 일을 한다는 사례는 지극히 드물 것 같다. 정말 대단하다. 독거노인이 사는 동네나 쪽방촌에서 봉사를 하며 저자가 할머니, 할아버지와 나누는 대화를 보면 한국의 노인 빈곤 실태가 확 눈에 들어온다.(353쪽) 저자는 말한다. 버려진 어른들이 동네에 가득하다. 이 사회 구석구석 다니고 보면 볼수록 자신의 작은 목소리조차 내지 못하고 그늘에 있는 사람들이 너무도 많다. 명동이나 강남 번화가에서 보는 대한민국과 같은 나라에 산다고 도저히 생각할 수 없을 정도로 처절한 삶도 많고, 선진국이라 하기에는 너무도 부끄러울 정도로 말 안 되는 일도 허다하다.(359쪽) 사회 엘리트층이나 부유층이 직접 이런 한국의 빈곤 현실을 대하기는 어렵다. 그래서 한국 사회의 양극화 문제를 해결하기 더 어려운지도 모른다.

저자는 천주교 신앙인으로 프란치스코 교황을 무척 존경한다. 저자의 잠자리 옆의 벽에도 프란치스코 교황 사진 두 장이 걸려 있다. 대한상의 일이 많아지면서 저자의 봉사활동도 밀려드는 일에 밀리기 시작했다. 공식 일정은 많고 시간은 없다. 그래서 비서실장이 은근히 저자의 봉사활동 일정을 뺐으면 하는 눈치를 보였다. 저자는 프란치스코 교황의 어록을 담은 책을 꺼내어 페이지를 열어 비서실장에게 보여줬다. "가장 가난한 이들, 병든 이들, 사회의 끝자리에 있는 사람들에 대한 봉사는 어떤 다른 일보다 먼저 해야 합니다."(363쪽)

대기업 간부와 회장의 속을 들여다보고 싶은 사람들에게 추천한다. 빚이 많아 1995년부터 시작한 두산그룹 구조조정 글을 읽으면 매일매일 부도 위기에 시달리는 대기업 간부의 삶도 만만찮다고 느낄 것이다. 그런데 외환위기에 2년 앞서 구조조정을 하는 바람에 두산그룹은 살아남았다. 박용만 회장의 삶도 그렇게 먼저 뭔가를 조치했기 때문에 웃으면서 '그늘'까지도 돌아볼 여유를 지니게 되었으리라.

[문학일기 29]

파친코

이민진/ 이미정 옮김/ 문학사상

일제 강점기 시대에 일본으로 건너간 부산 영도 출신 가족의 삶을 형상화한 소설이다. 저자는 유년 시절에 가족과 함께 미국으로 이민해서 뉴욕에 정착한 작가다. 영어 원작 제목도 『PACHINKO』다. 윤여정 배우가 앞으로 찍을 이 작품의 영상물에 배우로 출연한다고 한다. 미국의 오바마 전 대통령이 추천한 책이기도 하다. 책에 부산 사투리가 많이 나오는데 이건 영어 원서에서는 어떻게 표현되었을까 하는 의문이 먼저 들었다.

부산 영도의 가난한 어부와 아내 양진이 순자라는 여자아이를 낳는다. 영도 집에서 하숙 일을 하는 순자는 일본에 살면서 부산에 가끔 오는 고한수와 사랑하고 아이를 갖는다. 알고 보니 고한수는 일본 간사이에서 일본인 고리대금업자의 사위인 유부남이었다. 목사인 백이삭은 순자가 고한수의 아이를 임신한 사실을 알고서도 그녀와 결혼해서 일본으로 건너간다. 순자는 아버지가 고한수인 첫 아들 노아를 낳고, 아버지가 백이삭인 둘째 아들 모자수를 낳는다. 이들 가족은 일본의 조선인 차별에 때로 좌절하고, 때로 극복하면서 생활하고 사업을 벌이기도 한다. 그러나 결국 그들은 조선인이 주로 하는 파친코 사업을 벗어나지 못한다. 소설의 시대 배경은 1910년대부터 1989년까지 이른다. 소설의 정신적 배경으로는 기독교가 깔려 있다. 백이삭은 일본에서 천황 숭배를 거부하다 감옥에서 병을 얻어 1944년에 죽고 만다. 또 하나의 중요한 배경은 이방인으로 일본에서 살아가는 재일조선인이란 정체성이다. 우리는 일본이 재일조선인을 어떻게 차별하는지 익히 알고 있지만 재일동포를 잘 알지 못하는 미국인 독자에게는 이색적인 소재였을 것이다.

소설에는 수많은 인물이 나온다. 가장 인상적이며 성공한 암흑가의 두목인 고한수의 생존 철학이 이 소설을 꿰뚫는 주제와 연결되어 있다. 고한수가 부하인 김창호가 좌파 모임에 나가자 이렇게 말한다.

"난 사업가야. 난 네가 무슨 일이 있어도 네 자신의 이익을 높일 생각을 하기를 바라. 일본인이든 조선인이든 상관없이 모든 사람들이 단체만 생각하기 때문에 망하는 거야 … 나는 좋은 조선인도, 일본인도 아니야. 돈을 잘 버는 사람이지. 모든 사람이 사무라이 정신이니 어쩌니 하는 헛소리를 믿는다면 이 나라는 산산조각이 나고 말걸. 천황은 그 누구에게도 관심을 갖지 않아. 그래서 난 너한테 그런 모임에 가지 말라거나 어떤 단체에도 가입하지 말라고 하지는 않아. 하지만 이건 알아둬. 그 공산주의자들은 널 돌봐주지 않아. 그 누구도 돌봐주지 않지. 그들이 조선을 생각한다고 믿는다면 넌 정신이 나간 거야."(1권 354쪽)

자본주의 사회의 승자독식은 일본의 조선인에게는 더 냉혹하게 작동한다는 말이다.

김창호가 가끔씩 고국이 그립다고 말하자 고한수는 이렇게도 말한다. "우리 같은 사람들에게는 고국이라는 게 없어." 고한수는 일본인이 아니며, 남한 사람도, 북한 사람도 아니다. 제 3의 종족이지만 일본은 3의 종족을 부인한다.

소설에서 가장 비극적인 삶을 사는 주인공은 노아다. 노아의 어머니는 순자고 아버지는 고한수다. 그런데 법적인 아버지는 백이삭 목사다. 고한수는 일본에서 폭력조직 및 암흑계, 고리대금업 일을 하고 있다. 노아는 와세다대학 영문과에 합격해서 대학을 다니던 중 자신의 진짜 아버지가 고한수임을 알게 된다. 고한수가 노아에게 도쿄의 학비와 주거지를 제공했다. 어디서나 '출생의 비밀'이 문제다. 그때부터 노아의 방황은 시작된다. 그는 믿음이 신실했던, 성경 속 노아와는 다른 인물이다. 노아는 자신의 신분을 완전히 감추기로 결심하고 잠적한다. 노아는 나가노로 가서 일본인 행세를 하면서 파친코에서 일하고, 일본인 처와 결혼해서 자녀도 둔다. 그런데 고한수는 아들인 노아의 행방을 계속 추적하다가 1978년이 되어서야 나가노에 있는 노아를 찾아낸다. 고한수는 순자와 같이 노아를 만나러 가면서 순자에게 노아를 멀리서 지켜만 보라고 당부하지만 순자는 아들을 보자 너무 반가운 마음에 가서 직접 만난다. 노아는 곧 어머니 집에 찾아가겠다고 말하고, 그날 총으로 자살한다. 노아는 자신이 조선인인 것, 자신이 배타적인 일본 사회에서 조선인으로 사는 것, 자신의 아버지가 폭력계의 두목이라는 사실이 너무나 끔찍했던 것이다.

모자수가 유미와 결혼해서 낳은 아들 솔로몬이 외국인 등록을 하는 장면을 보자.

"여자 직원은 솔로몬의 왼손 집게손가락을 잡아서 검은색 잉크가 담긴 통에 부드럽게 담갔다. 솔로몬은 색칠하는 아이처럼 하얀색 카드에 손가락을 눌렀다. 모자수는 시선을 돌리고 크게 한숨을 쉬었다. 직원이 솔로몬에게 미소를 짓고 다음 방에서 등록증을 가져가라고 했다."(2권 249쪽) 솔로몬의 아버지 모자수는 등록증을 '개목걸이'라고 부른다. 외국인은 몇 년에 한 번씩 외국인 등록을 해야만 한다. 규범에 익숙한 일본인은 왜 재일동포가 외국인 등록 절차에 분노하는지 이해하지 못한다.

『파친코』는 대중소설이다. 사건 진행 속도가 빠르고 서술이 많다. 사건과 인물의 내면을 묘사한 장면은 적거나 단순하다. 한 세기에 걸쳐 일본이 저지르는 이방인에 대한 불평등을 고발하는 문제의식은 좋지만 문학적으로 충분히 형상화되었는지는 의문이다. 또 중요한 인물-특히 아들-의 이름이 노아, 모자수, 솔로몬 등 성경의 인물명을 딴 것도 거슬린다. 그 주인공들의 기독교적 정체성은 중요하지만 한국과 일본 사이에 얽힌 역사적 갈등 만큼 중요한 것일까? 저자가 미국인 독자를 의식해서, 또는 본능적으로 주인공 이름을 기독교식으로 정하고 기독교를 중요한 배경으로 잡은 것은 아닌가 싶기도 하다.

소설 마지막은 1989년에 순자가 일본 공동묘지에 안장된 이삭의 묘지를 찾는 것으로 끝난다. 1907년에서 1944년까지 산 이삭의 이름은 묘비에 일본어와 조선어로 새겨져 있다. 순자는 아들인 노아와 모자수의 사진이 든 열쇠고리를 묘석 아래쪽에 묻어둔다. 어떤 이는 죽고 어떤 이는 살아남는다. 일본에서의 재일동포의 삶은 그렇게 이어지는 것이다.

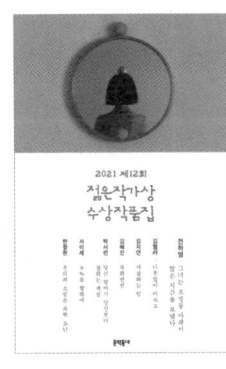

[문학일기 30]
2021 젊은작가상 수상작품집
전하영 외 6/ 문학동네

문학동네가 내는 2021 젊은작가상 수상자 7명은 모두 여성이다. 언젠가 꽤 유명한 장편문학상 심사위원 전원이 여성인 적도 있었다. 괜찮은 작품을 쓴 젊은 작가 중에 남성이 하나도 없었던 것일까? 아니면 소설의 주독자층인 20대 30대 여성을 겨냥한 목적 지향적 구성일까? 심각하게 받아들이지 않아도 될지 모른다. 그저 우연의 일치일 뿐, 소설 수상자를 결정할 때 성별 할당제를 둬야 하는 이야기는 너무 나간, 농담 같은 이야기일 수 있다.

모두 잘 쓴 소설들이다. 단편 한 작품에 이 정도 공력을 들이기 쉽지 않으며, 문장과 구성 또한 품격있고 깔끔하다. 그런데도 작품집 전체를 두고는 허전한 마음이 드는 건 왜일까? 여기 실린 젊은작가들이 앞으로 한국 문학 미래의 상당 부분을 담당할 작가라는 생각이 들자 괜찮겠다. 생각이 들면서도 그래서는 곤란하지 라는 마음도 함께 들었다.

작품집 중 서이제 작가가 쓴 독립영화를 소재로 한 작품 「0%를 향하여」에 이런 문구가 있다.

"누군가는 '자기들끼리' 찍고 '자기들끼리' 보고 '자기들끼리' 해먹는다고 했다. 맞는 말이었다. '자기들끼리'라도 안 보면, 정말로 독립영화를 봐줄 사람이 없었다."(263쪽)

한국문학이 그 정도 상황은 아니다. 강력한 상업영화의 그늘 아래 겨우 숨을 쉬는 독립영화와 한국문학은 아직도 거리가 멀리 떨어져 있다. 그럼에도 작품집 전체를 아우르는 전통적 묘사, 전통적 구성, 전통적 인물은 폭넓은 상상력과는 거리가 있어 보인다. 리얼리즘 또는 뭐라고 이름 부르던 비슷한 경향의 비슷한 스타일의 작품들로 채워져 있다는 것이다. 개별적인 작품의 완성도에 감탄하면서도 전체로서의 작품집에 마음을 턱 내려놓기가 어려운 것이다. SF나 판타지 계열의 작품이 꼭 들어와야 하는 건 아니다. 리얼리즘 계열이라도 작품의 바탕과 차이가 적지 않다. 마술적 리얼리즘이라는 말도 괜히 탄생한 건 아니다.

수상 단편 한 편마다 해설을 붙이는 건 별로다. 책 두께를 늘려야 해서 그랬는지는 모르겠지만 거슬린다. 책 끄트머리에 총평으로 붙이는 정도가 적당하지 않을까 싶다.

수록 작품 「0%를 향하여」에 한국 예술의 실태를 보여주는 글이 있어 옮긴다.

"정말로 이건 영화만의 일도 아니었다. 대학교에서 예술을 배운 사람들 중 꽤 많은 사람들이 과외를 하거나 학원에서 일을 했다. 문학을 전공했든, 음악을 전공했든, 무용을 전공했던, 미술을 전공했든, 연기를 전공했든. 내 동기들도 때에 따라 과외를 했고 학원에서 일을 했다. 때에 따라 상업 현장에서 일을 하기도 했고, 때에 따라 독립영화를 만들기도 했다. 때에 따라 사는 사람들이었다. 그래, 이제 세상 모든 예술학교는 사범대지."(273쪽)

젊은 작가들의 경력을 가만히 살펴보면 그들의 분투가 느껴진다. 모든 예술의 길은 험난하다. 가까운 문화회관에서 공연하는 음악인들의 경력을 보면 깜짝 놀랄 때가 많다. 독일과 미국의 저명한 대학이나 최고연주자과정을 졸업하고 수상경력이 짱짱한 사람도 여럿이다. 그런 분들도 예술고등학교 강사나 짬짬이 생기는 문화회관 등의 프로젝트 공연으로 겨우 예술의 생을 보낸다. 내가 사는 도시의 시립교향악단에서 바이올리니스트 1명을 채용하는데 100명이 지원했다고 한다.

대상을 받은 전하영 작가의 「그녀는 조명등 아래서 많은 시간을 보냈다」는 문장이 탁월하다. 적절한 지점에서 주인공의 마음과 상태를 명쾌하고 순발력있게 정리한 글을 읽노라면, 하나의 형상에 그에 딱 맞는 단 하나의 단어가 있다는 말이 떠오른다. 소설은 문장이다라는 명제를 다시 되새겨본다.

[문학일기 31]

향모를 땋으며
로빈 월 키머러/ 노승영 옮김/ 에이도스

향모Sweetgrass는 한국에서도 자라는 풀이라고 한다. 서식지가 많이 사라져서인지 현대 한국인에게는 낯선 풀이다. 북미의 인디언들에게 친근한 풀이며 일종의 약초이고 말려 태우는 향으로도 이용했다고 한다.

저자는 인디언 아니시나베 부족 식물생태학자이자 작가이다. 뉴욕주립대학교 환경생물학과 강의교수다. 책을 읽으면서 인디언들이 바라보는 생태와 대지는 서구인들과 정말 다르구나 느꼈다. 앞으로 인디언과 인디언식 사고방식이 미국을 구하겠구나 하는 생각도 들었다.

북미 인디언의 보금자리였던 북아메리카 탄생 신화부터 남다르다. 책 앞머리에 나오는 탄생 신화를 거칠게 정리하면 이렇다.

하늘여인은 단풍나무 씨앗처럼 가을 바람을 타고 빙글빙글 돌면서 떨어졌다. 추락하는 여인 아래에는 시커먼 물뿐이었다. 물 위로 기러기들이 솟구쳐 하늘여인을 받아주었고 물에 떨어진 하늘여인은 거북 등딱지에 올라앉았다. 사향뒤쥐님이 물 밑으로 들어가서 진흙 한 줌을 물고 올라오자 하늘여인이 진흙을 거북 등딱지에 펴 발랐다. 여인이 발로

흙을 어루만지며 춤을 추기 시작하자 오늘날의 북아메리카 대륙인 거북섬이 탄생했다. 여인은 하늘에서 떨어질 때 온갖 식물의 열매와 씨앗이 담긴 꾸러미를 가져 왔는데 새 땅에 열매와 씨앗을 뿌리고 하나씩 정성스레 돌봤다. 들풀, 꽃, 나무, 약초가 온 사방에 퍼졌다. 먹이가 많아지자 많은 짐승이 거북섬에 찾아와 여인과 더불어 살았다.(15~18쪽)

성경의 이브 이야기는 아주 다르다. 그녀에게도 텃밭과 나무가 있었다. 하지만 그녀는 열매를 맛보려다 텃밭에서 쫓겨났으며 그녀의 뒤로 철컹 하고 문이 닫혔다. 이 인류의 어머니는 예전에는 가지가 휠 정도로 매달린 달콤하고 촉촉한 열매로 입안을 채울 수 있었으나 이제는 황무지를 돌아다니며 이마에 땀을 흘려야 배를 채울 수 있었다. 그녀는 배를 채우려면 황무지를 정복해야 한다는 사실을 배웠다. 사람도 같고 대지도 같았지만 이야기는 달랐다. 창조 이야기는 우리에게 정체성의 원천이자 세상을 대하는 방향을 가리키는 나침반이다.(21쪽)

아메리카 인디언은 미국에 온 백인 정부에게 엄청난 탄압을 당했다. 그들은 땅을 빼앗기고 원래 살던 곳에서 쫓겨나 먼 인디언 보호구역으로 이주해야 했고, 백인들은 인디언 아이들을 강제로 부모에게서 떼어내서 기독교 문명 교육을 시키기 위해 기숙사 학교에 넣기도 했다. 그런 탄압을 받는 중에 인디언들은 많은 전통을 잃어버렸다. 그런 전통 중에 하나는 '감사의 기도'다. 저자는 아버지가 커피를 따라서 땅과 호수에 뿌리며 '타하와스의 신들께 바칩니다.'라고 기도를 올리는 장면을 자주 보았다. 저자가 말하는 제의는 고독한 제의였지만 땅과의 똑같은 유대에서 자양분을 얻었다. 제의의 축문은 "우리 왔어요."라고 말한다. 축문이 끝나면 땅이 이렇게 중얼거리는 소리가 여전히 들린다. "오, 고맙다고 말할 줄 아는 사람들이 '여기' 있구나." 저자는 옛 제의를 경험하면서 비로소 우리의 커피 제물이 우리의 것임을 깨닫는다. 저자는 이렇게 말한다. 나의 존재와 행위는 대부분 우리 아빠가 호숫가에서 행한 바침으로 싸여 있다. 지금도 '타하와스의 신들께 바칩니다'라는 감사의 말로 하루하루를 시작한다. 생태학자, 작가, 엄마, 과학 지식을 넘나드는 여행자로서의 임무는 이 축문의 힘에서 자라난다. 저자는 말한다. "마침내 타하와스의 신들에게 바치는 제물의 의미를 이해했다는 생각이 들었다. 내게 그것은 잊히지 않은, 역사가 빼앗지 못한 '단 하나'의 것이었다. 그것은 우리가 땅에 속했다는 사실을, 우리가 감사하는 법을 아는 부족이라는 사실을 아는 것이었다."(64쪽) 이 이야기의 끝에는 결이 다른 결론이 붙어 있지만 그것이 인디언의 제의와 대지를 대하는 방식을 바꾸는 것은 아니다.

오논다가 부족은 자신들이 운영하는 학교에서 감사 연설을 한다. 이 기다란 연설은 부족 사람들만큼이나 오래되었으며 더 정확한 뜻은 오논다가어로 '모든 것에 앞서는 말'이다. 이 오래된 의례는 감사를 최우선에 놓는다.

감사 연설을 들으면 부자가 된 느낌을 받지 않을 수 없다. 감사를 표현하는 것은 순진무구해 보이지만, 혁명적 개념이기도 하다. 소비 사회에서 만족은 급진적 태도다. 희소성이 아니라 풍요를 인정하는 것은 충족되지 않은 욕망을 창조함으로써 번성하는 경제에 타격을 가한다. 감사는 충만의 윤리를 계발하지만, 경제는 공허를 필요로 한다. 감사 연설은 우리에게 필요한 모든 것이 이미 우리에게 있음을 일깨운다.(169쪽)

한국인의 행복 지수가 낮은 것도 체제가 끊임없이 몰아가는 불만족의 대열에 휩쓸리기 때문이 아닐까. 사회 전체가 집과 차와 학벌에 관한 수준 높은 욕망을 설정하고 그 욕망을 만족시키지 못한 사람은 행복할 수 없다는 주문을 걸고 있는 셈이다.

인디언 토착 농업의 정수는 '세 자매'라고 부르는 옥수수, 콩, 호박의 세 가지 씨앗을 한자리에 심는 방식이다. 수천 년 동안 멕시코에서 몬태나에 이르기까지 여자들은 땅에 이랑을 만들고 이 세 가지 씨앗을 한자리에 심었다. 5월의 축축한 흙에 심은 옥수수 씨앗은 제일 먼저 땅속에서 모습을 드러내고 홀로 자란다. 다음으로 콩 씨앗이 자라 무릎까지 자란 옥수수 줄기를 휘감고 자란다. 호박은 꾸준히 땅 위로 뻗어 옥수수와 콩으로부터 멀어져서는 넓은 잎을 틔운다. 잎과 넝쿨은 털애벌레가 뜯어 먹지 못하도록 뻣뻣한 털이 나있다. 호박잎은 점점 넓어지면서 옥수수와 콩 밑동의 흙을 차지하여 습기를 머금고 다른 식물의 접근을 막는다. 세 자매는 높이가 들쭉날쭉한 덕에 해의 선물인 빛을 버리는 것 없이 알차게 쓴다. 북아메리카에 온 백인 이주민들은 인디언의 세 자매 농법을 비웃었다. 그러나 세 자매 밭은 셋을 따로따로 심었을 때보다 더 많은 식량을 생산한다. 더욱이 콩은 뿌리의 질소 고정 세균을 통해 질소를 생산한다.(193~196쪽)

저자는 감사의 철학을 말하며 한 숟가락 한 숟가락에 감사하고, 피해를 최소화하는 기술을 이용하라고 말한다. 주어진 것만 취하라. 그것이 인디언의 삶의 태도였고 기술이었다. 사실 그런 기술은 인디언이 산업혁명을 겪지 않고 시도하지 않았기에 당연한 태도일 수도 있다. 그런데 오늘 극단까지 나간 기술 문명으로 기후 위기가 닥칠 심각한 지경이 되자 그런 삶의 태도가 지구를 지키는 자세로 소환된 것이다. 저자는 땅속 깊이 묻힌 석탄을 취하면 돌이킬 수 없는 피해를 입힐 수밖에 없으므로 이는 규칙의 모든 조항에 위배된다고 말한다. 석탄은 우리에게 '주어진' 것이 아니다. 어머니 대지님에게서 석탄을 끄집어내려면 땅과 물에 상처를 입힐 수밖에 없다. 필요한 에너지를 소비해서는 안 된다는 말은 아니다. 바람은 매일 불고, 태양은 매일 빛나며 파도는 매일 밀려온다. 우리는 이런 재생 가능 에너지원이 우리에게 주어진 것임을 알 수 있다. 지구가 처음 생겨났을 때부터 지구 위의 생명들에게 공급된 에너지원이기 때문이다.(277쪽)

연어 귀환의 예를 보자. 오리건주 해안에는 습지가 풍부했다. 모든 가장자리의 가장자리인 만은 강, 바다, 숲, 흙, 모래, 햇빛이 만나는 생태계의 교차점으로, 생물 다양성과 생산성이 어느 습지보다 높다. 온갖 무척추 동물의 번식지이기도 하며, 자연적인 연어 양식장이기도 하다. 알에서 깬 지 며칠밖에 되지 않는 작은 치어는 몸을 불리고 짠물에 적응하는, 바다로 가는 2년생 연어(스몰트)가 된다. 민물에서 태어난 연어가 짠물로 이동하는 것은 신체 화학 조성에 엄청난 부담이 된다. 한 어류생물학자는 이것을 화학 요법의 고통에 비유한다. 연어에게는 점진적 전이 지대, 일종의 사회 복귀 시설이 필요하다. 강어귀의 거무스름한 물, 즉 강과 바다의 완충 지대인 습지는 연어의 생존에 중대한 역할을 한다. 백인 이주민들은 습지를 목초지로 개척해 소를 키웠다. 강 상류에 댐을 건설해서 강은 연어가 돌아올 수 없는 물길이 되었으며 방목과 산업적 임업으로 인해 환경이 오염되면서 연어 산란은 거의 자취를 감췄다.(362쪽) 1976년경부터 미국 산림청과 여러 제휴 단체들은 오리건 주립대학의 주도하에 강어귀 복원 사업을 실시했다. 그들의 계획은 제방과 댐과 방조 수문을 철거하고 다시 한번 연어가 원래 목적지까지 가서 목적을 이루도록 하는 것이다. 파괴하기는 쉽지만 복원하는데는 몇 곱절의 노력이 들어가야만 한다.

포타와토미족은 인간을 포함한 모든 동식물이 한 언어를 쓰던 때가 있다고 기억한다. 우리는 자신의 삶이 어떤 모습인지를 서로 이야기할 수 있었다. 하지만 그 선물은 사라졌고 우리는 그만큼 빈곤해졌다. 인디언이 자연을 대하는 방식은 수렵채집과 농경 초기의 목가적인 모습인지도 모른다. 확실한 건 자연과 인간의 평화가 깨지면 가장 큰 타격을 받는 곳은 인간이라는 사실이다.

[문학일기 32]

해리포터 시리즈 전권

조앤.K.롤링/ 최인자 옮김/ 문학수첩

해리포터 시리즈를 완독했다. 장편을 쓰기 위한 공부용으로 읽는 책 중의 하나다. 제1권『해리포터와 마법사의 돌』, 제2권『해리포터와 비밀의 방』, 제3권『해리포터와 아즈카반의 죄수』, 제4권『해리포터와 불의 잔』, 제5권『해리포터와 불사조 기사단』, 제6권『해리포터와 혼혈왕자』, 제7권『해리포터와 죽음의 성물』이다. 원서의 첫 번째 시리즈『해리포터와 마법사의 돌』은 런던에서 1997년에 출판됐고, 한국에서는 1999년에 출판됐다. 문학수첩의 관계자에게서 이 책을 출판하게 된 사연을 들은 적이 있었다. 출판 에이전시가 창비, 문학동네 등에 먼저 출간을 권했는데 이들 대형출판사들이 거절하는 바람에 문학수첩까지 판권이 넘어오게 되었다는 것이다. 문학동네 등은 해리포터 시리즈가 영국 전통을 담은 아동 판타지 문학이라서 한국 독자들의 반응이 시원찮을 것으로 생각했던 모양이다. 문학수첩에서는 대표의 대학생 자녀가 영어로 된 책을 읽어보고 아주 재미있다고 해서 출판하게 되었다고 한다. 책은 대히트를 쳐서 하루에 10만 권을 찍어내기도 했으며, 대형 서점에서 현금을 싸들고 와서 먼저 가져가겠다고 아우성이었다고 한다. 책과 출판사의 인연은 정말 알 수 없는 일이다.

해리포터는 성장소설이자 추리소설이며 판타지 소설이다. 11살이 된 해리 포터가 호그와트마법학교에 입학해서 벌이는 흥미진진한 모험담은 끝간 데를 모른다. 해리 포터가 한 살 먹으면 독자도 같이 나이를 먹으면서 같이 성장해 나간다. 판타지 소설이지만 일반인인 머글들이 사는 현실과 비슷한 성격과 유형의 교수와 학생들이 나온다. 실력없는 엉터리 교수도 나와 망신을 당하기도 하면서 청소년 독자에게 카타르시스를 제공하기도 한다. 고아였던 해리 포터는 친척 집에서도 온갖 고생을 하고 호그와트 마법학교에서도 말포이와 같은 악동에게 괴롭힘을 당한다.

마법학교에는 네 개 기숙사가 있다. 후플푸프, 레번클로, 그리핀도르, 슬리데린인데 이들 기숙사에 들어가는 학생의 성향이 나름 유형화되어 있다. 그 점이 소설의 마지막까지 이어져서 흥미롭다.

신기한 물건도 많다. 펜시브는 은빛이 감도는 액체가 담긴 대야인데 머리속에서 넘쳐나는 생각들을 빨아들인 다음에 대야에 쏟아붓기만 하면 된다(4권 67쪽) 덤블도어 교수의 복잡한 생각 정리용이다. 펜시브는 다른 사람의 기억을 추적할 때도 쓰인다. 마법이 판을 치니 사건이 막힐만 하면 마법 지팡이를 휘둘려 뚫고 나가서 좋기도 하다. 호그와트 앞의 호수에는 인어도 산다. 호그와트 앞의 숲에는 유니콘이 산다. 호그와트에서 벌어지는 모험과 경쟁을 위한 설정이겠지만 지나치다. 제7권 『해리포터와 죽음의 성물』에서 해리포터와 헤르미온느가 말포이 저택 감옥에 갇혔는데 개연성 없게도 집요정 도비가 나타나 해리포터를 구해준다. 어차피 마법 지팡이로 안 되는 일이 없으니 비판을 하지 말아야 할까.

　전체적으로 스토리 중심으로 흘러가지만 볼드모트 경이 부활하는 장면 등은 나름 묘사가 치밀하다. "갑자기 사방으로 튀어오르던 불꽃이 점차 사그라들기 시작했다. 그 대신에 가마솥에서 하얀 수증기가 자욱하게 피어 올랐다. 해리의 시야는 수증기로 인해 완전히 가려지고 말았다. 웜테일도 케드릭도 아무것도 보이지 않았다. 오직 허공을 채우고 있는 수증기뿐이었다… 그 순간 해리는 자욱한 수증기 사이로 검은 그림자가 서서히 나타나는 것을 보았다. 온몸이 싸늘하게 식어 버릴 정도로 엄청난 공포가 밀려들었다. 키가 훌쭉하고 해골처럼 앙상한 체구의 한 남자가 가마솥에서 천천히 솟아오르고 있었다."(4권 140쪽)

　『해리포터』시리즈가 대 히트를 친 데는 영국 추리 소설 전통이 깔려 있다. 마지막 제7권『해리포터와 죽음의 성물』은 4권으로 구성되어 있는데 결말이 어떻게 날지 독자를 안달나게 한다. 그리고 마지막 결말에 이를 쯤이면 앞에서 납득되지 않았던 사건과 갈등이 일목요연하게 해결된다. 시리즈 전권은 앞뒤가 들어맞게 무척 잘 짜여 있다. 전 세계 아동 독자들이 다음 시리즈를 학수고대했다는 것이 이해된다. 그리고 작품에는 영국 신화와 전설이 다양하게 현대화되어 녹아 있다. 영국의 신화와 전설이 전 세계 독자에게 호소하는 능력이 대단한 이유는 역으로 그만큼 우리 사회와 세계의 각 나라가 영국의 신화와 전설에 익숙하기 때문이다. 즉 영국과 미국의 소프트 파워가 세계 곳곳까지 뻗어 있다는 말이며, 세계화가 그 파워를 가속화시켰을 것이다. 저자는 영국의 전통을 자랑스럽게 여겨 시리즈를 영화로 만들 때도 배우들을 모두 영국 출신으로 쓴다는 조건을 달았다고 한다.

이 작품은 성장소설이기도 하다.

해리포터가 성장하는 과정에서 나타나는 갈등을 들어보자. 피니어스 나이젤러스가 해리에게 말하는 얘기다.

"이래서 난 절대 선생 같은 건 되고 싶지 않다니까! 어린애들은 무슨 일이든 자기만 절대적으로 옳다고 생각하지. 이 바람만 잔뜩 들어간 가엾은 앵무새야. 호그와트의 교장이 너에게 사소한 모든 일까지 절대로 털어놓지 않는 데에는 뭔가 그럴만한 이유가 있을 거라는 생각은 들지 않니… 아니, 너도 다른 젊은 애들이랑 마찬가지로 너 혼자서만 위험을 알아차리고 너 혼자서만 어둠의 마왕이 무슨 계획을 세우는지 미리 알아차릴 만큼 똑똑하다고…"(불사조기사단 3권 269쪽)

『불사조 기사단』의 5권에 가면 볼드모트가 갖은 애를 쓰면서 해리에 관한 예언을 찾으려 하는 이유가 나온다. 해리를 죽일 수 있는 방법을 그 예언이 가르쳐주기 때문이다. 즉 해리가 어렸을 때 볼드모트가 해리를 죽이려고 했던 이유는 해리가 태어나기 직전에 있었던 어떤 예언 때문이었다. 볼드모트는 그 예언이 있었다는 사실만 알았을 뿐, 그 내용까지는 몰랐다. 덤블도어는 그 예언을 알고서 마침내 해리에게 말해준다. 예언의 끝부분은 '다른 한쪽이 살아 있는 한은 어느 쪽도 살 수 없다'이다. 해리는 말한다. "결국엔 제가 그자를 죽이거나 그자가 저를 죽이게 되겠군요."

7권에 가면 해리포터는 덤블도어 교장도 믿을 수가 없는 지경에 다다른다. 도대체 어른들이란 왜 이다지도 엉터리일까. 볼드모트의 영혼을 보관하는 호크룩스는 왜 이렇게 찾기 어려운 것일까. 해리 포터는 불신으로 달아오른다. 해리 포터가 헤르미온느에게 하소연한 말을 들어보자.

"덤블도어가 나에게 요구했던 것을 좀 봐. 헤르미온느! 네 목숨을 걸어라. 해리! 그리고 또다시! 또다시! 그렇지만 내가 모든 걸 설명해 주길 기대하지는 마라. 그냥 맹목적으로 나를 믿어라. 너는 나를 믿어라! 절대로 모든 진실은 알려주지 않으면서! 절대로!"(『해리포터와 죽음의 성물』 2권 259쪽) 안타깝게도 이 모든 불신을 넘어서야만 해리 포터는 성공할 수 있다.

이처럼 추리는 하나씩 풀린다. 하지만 덤블도어가 알면서도 해리에게 말하지 않은 예언의 속사정이 있었으니 작품의 끝에 가서야 그 매듭이 나타나고 해결된다. 헐리우드 영화에서도 그렇지만 주인공 해리 포터를 죽이고 악의 대명사 볼드모트가 성공하도록 놔둘 수는 없지 않겠는가.

로스엔젤레스 할리우드에 있는 유니버셜 스튜디오에 갔을 때 호그와트 학교와 해리포터 가상현실 체험관이 있었다. 영국의 문학이 미국의 테마파크 체험관으로 재탄생했는데 탄복하지 않을 수 없었다. 영어의 힘이면서 동시에 수백 년 동안 이어온 소프트파워의 힘이기도 하다.

한국이 가야 할 문화강국의 길이기도 하다.

[문학일기 33]
노가다 칸타빌레
송주홍/ 시대의창

한국은 건설현장의 나라다. 언제 어디를 가더라도 건물을 짓거나 도로를 파거나 보도블록을 깔고 있다. 바닥에 철근을 놓고 레미콘을 타설하는 모습도 자주 보지만 현장에서 일하는 작업자의 이야기를 들어본 적은 거의 없다. '노가다'로 불리는 사람들 숫자가 적은 것도 아니다. 한국은 건설부문이 경제에서 차지하는 몫이 크기 때문에 일하는 사람도 많을 수밖에 없다.

현장에서 잡부로 시작해서 형틀 목수로 일하고 있는 저자의 이야기는 먼저 재미있다. 저자는 기자 생활을 하다가 우여곡절 끝에 '노가다'로 일하기로 결심하고 현장으로 간 사람이다. 생계를 해결할 목적이 크지만 나름 매력있는 직업이라는 생각에서다.

저자는 거짓과 꾸밈이 없는 정직함이 노가다 직업에 있다고 말한다. 세상의 많은 직장인은 남을 속이거나 과장해서 말하게 된다. 저자가 종사했던 언론이 특히 더 그랬다. 노가다는 그렇지 않다. 몸을 써서 움직여야 무거운 걸 옮길 수 있고, 그게 확인되어야 일당을 받을 수 있다. 단순하고 명확하다. 몸 쓰고 땀 흘려야 끼니를 보장받는 삶에 재미와 보

람을 느낀다.(19쪽)

　노가다 경력이 없는 저자는 처음에 일자리를 구하려고 인력사무소에 나간다. 인력소 사장은 자신의 인맥을 활용해 일자리를 제공해주고, 일용직 노동자는 일자리를 소개받는 대가로 일당의 10퍼센트를 인력소 소장에게 떼준다. 2020년 기준 잡부 일당이 보통 13만 원이니 일자리 하나당 1만 3000원이 오가는 거다. 여기서 벌어지는 온갖 사건이 무척 재미있다. 인력소에 나온 구직자가 일거리가 없어 집으로 돌아가는 것을 '데마 맞는다'고 하는 데 거기에 얽힌 사연, 철거 현장 오야지가 몽골인을 선호하는 이유, 주머니에 100원 동전까지 떨어져야 일 나오는 사람들 이야기 등등. 그런데 책을 읽으면서 공사장 용어가 아직까지 대부분 일본말인 점이 놀라웠다.

　공사판에서 노가다 밥 20~30년을 먹은 사람은 반장급이다. 눈 감고도 건물 한 채 뚝딱뚝딱 지을 수 있는 사람이다. 공사판에서 산전수전 다 겪은 사람이다. 이런 꾼들조차 굽실거리게 만드는 사람이 원청 건축기사다. 건축학과 졸업하고 자격증 따서 바로 현장에 온 건축기사를 현장에선 꼬마 기사라 부른다. 꼬마 기사들은 나이가 많아야 20대 후반이다. 속된 말로 자격증에 잉크도 안 마른 꼬마 기사가 산전수전 공중전까지 다 겪은 반장을 혼내면 반장은 두 손 공손히 모으고 "예, 예, 수정하겠습니다." 하면서 고개를 푹 숙인다.(47쪽)

　학생에게 이 장면을 보여주고, '그래서 공부 열심히 해 좋은 대학 가야 해' 라고 하는 것이 한국 교육이다. 그러나 나는 그 장면 자체가 잘못되었다고 본다. 왜 꼬마 기사는 현장 반장과 의논하지 않는가? 지시가 아니라 협의를 하면 안 되는가? 지시라도 예의를 갖추면 안 되는가! 공사 현장이 더 올바르게 바뀌어야 하는 장면으로 보인다.

저자는 처음 현장에 갔을 때 현장에서 쓰는 말과 상황을 알기 어려워 고생했다고 한다. 욕을 먹고 현장에서 일주일 쯤 지나면 용어도 점점 익숙해지고 앞뒤 일하는 요령도 생긴다. 그런데 왜 초보 노가다들이 참고할 수 있는 사례별, 상황별 책이 없을까. 저자는 철근, 형틀, 전기, 설비, 해체, 정리, 타일 등등 공정별 특징도 정리해놓으면 좋을 것 같다고 말한다. 적극 찬성한다. 저자는 그런 입문서 한 권이 있으면 초짜 시절, 쓸데없는 고생도 하지 않고 안전에도 도움된다고 말한다. 고참들이 알고 있는 작업 암묵지도 팁으로 물려주면 좋겠다.

저자가 기자로 일하면서 예술가를 만날 때마다 이런 생각이 들었다고 한다. "화가냐, 문인이냐, 연극배우냐에 따라 그 특유의 분위기가 있구나." 노가다 판도 마찬가지라고 한다. 같은 노가다꾼이라도 공정마다 특유의 분위기가 있다. 전기공들은 전반적으로 '차도남' 같은 분위기다. 간결하고 깔끔한 작업 방식에다 작업복과 안전화에 먼지 한 톨 묻지 않았다. 외국인 노동자들도 끼리끼리 모인다. 해체나 철거에는 몽골인, 키가 크고 날렵하면 유리한 비계팀엔 우즈베키스탄이나 러시아 등 추운 나라 사람이 많다. 키나 힘보다는 요령과 기술이 더 중요한 형틀목수팀엔 베트남, 캄보디아, 필리핀 등 동남아시아 사람들이 많다. 저자는 잠깐 일한 내장목수와 용접공 조수 일을 예로 들면서 자재가 보여주는 물성物性부터 말한다. 나무는 양陽이고 철은 음陰이다.(100~102쪽) 나무를 다루는 내장목수 일은 복잡하다. 와꾸를 짜는 용접공 일은 간단해 보이지만 1밀리만 수평이 차이나도 저쪽 끝에선 엄청난 간극이 난다. 이런 작업의 물성과 뭉치는 사람들의 특징이 합해져 작업 현장의 분위기를 만든다.

　저자는 노가다란 직업이 나쁘지 않다고 말한다. 돈벌이는 괜찮다. 일 많이 하는 것처럼 보이는데 6시쯤 출근해 5시쯤 퇴근하고 중간중간 쉬는 시간과 참 먹는 시간 등을 빼면 실제로 일하는 건 8시간쯤으로 직장인이랑 비슷하다고 한다. 직업 전망도 나쁘지 않다. 세상은 급변하고 우리나라에 10년만 지나면 망할 직종이 얼마나 많은가. 그런데 인간은 끊임없이 새로운 걸 생산하고 짓는 동물로 앞으로도 건축, 토목 공사는 무한히 반복될 것이다. 저자처럼 젊은 노가다꾼 전망은 더 밝은데, 노가다 판 평균 연령이 대략 55~65세로 이 분들은 길어야 10년 일하고 은퇴하게 된다. 이미 노가다 판 인력의 절반은 외국인이고 앞으로 그 비중은 더 늘어날 것이다. 그런데 외국인에겐 작업 반장을 맡기지 않는다. 의사 소통과 원청과 관계, 관리 문제 때문이다. 그래서 10년 뒤에는 반장을 할 한국인들이 없어 젊은 노가다꾼 전망이 더 밝다. 저자는 이런 말을 현장에서 많이 듣는다고 말한다. "10년만 지나봐, 니 세상이야. 니가 외국 인부들 데리고 일해야 돼."(163쪽) 땀은 정직하다. 그리고 육체 노동을 천시하는 세월이 변해서 주방 삼촌은 셰프로, 딴따라는 뮤지션으로, 인터넷 방송 하는 사람들은 크리에이티브로 대접받는다. 우리 사회가 다양성을 존중하는 사회로 나아간다는 증거다.(169쪽) 앞으로 노가다도 그렇게 되지 않을까?

　저자는 노가다 판 분야 중에서 형틀목공을 택해 전문가로 거듭 나고 있다. 형틀 목수는 거푸집을 만드는 사람이다. '터지지 않게' 만들어야 한다. 거푸집이 터져 타설한 시멘트가 흘러내리면 낭패다. 거푸집 만드는 핵심은 이렇다.

"거푸집은 유로폼을 한 장 한 장 이어붙이고, 그 사이사이에 고깔콘 모양의 손가락만한 쇳조각인 '외지핀'을 끼워 고정하는 방식으로 만든다. 마치 실과 바늘로 천을 조각조각 누벼 옷을 만들 듯 말이다."(234쪽) 우리가 거리에서 공사 현장을 볼 때 자주 보는 모습이다.

형틀 공사판에서도 노동자의 절반 이상이 외국인이다. 저자가 말하는 이유는 이렇다. 한국인 목수들은 평균 50~60대다. 기술력은 있으나 기술력만큼 작업 물량을 소화하지 못한다. 아무래도 젊은 외국인에 비해 체력과 지구력이 딸린다. 50~60대 한국인 목수만으로 구성한 팀과 20~30대 외국인 목수를 중심으로 구성한 팀이 똑같이 아파트 한 개 층을 작업하면 차이가 실로 엄청나다. 작업 현장에서는 헤베(m^2) 당 단가로 그 팀의 실력을 평가하는데 인건비가 얼마나 들어갔는지 따지는 방식이다. 젊은 외국인 목수팀이 통상 1헤베 당 일만 오천 원~이만 원, 나이 많은 한국인 목수팀이 이만 원~ 이만 오천 원 가량 들어간다. 거기다 한국인 목수들은 기술이 있는 만큼 고집도 세다. 그래서 건설 오야지들은 당연하게도 젊은 외국인 목수를 부리려고 한다.

저자는 책의 끝무렵에서 노가다판 안전사고를 말한다. 1년에 약 500명 가량의 작업자가 추락 사고 등으로 건설 현장에서 죽는데 10년째 줄어들지를 않고 있다. 저자가 생각하는 노가다 판 안전사고의 근본 원인은 '불법 다단계 하청 구조'다. 오야지들은 인부들 다그쳐서 공사를 빨리 끝내야만 돈을 더 많이 벌 수 있다. 인부 입장에서는 빠릿빠릿하게 움직여야 일자리를 보장 받을 수 있다. 안전관리자가 백날 "뛰지 마세요" "하나씩 들고 가세요" 잔소리해봐야 아무 의미 없는 말이다. 그래서 이 다단계 하청 구조를 해결하지 않는 한 안전사고는 터질 수밖에 없다.

왜 이런 다단계 하청 구조가 없어지지 않는지 의아하다. 문제 원인은 알고 있으니 과감하게 해결하면 된다. 정책 당국자와 원청 1군 건설회사들이 이런 핑계 저런 핑계를 대면 끝이 없지만 마음 먹고 해결하겠다고 나서면 해결될 일이다.

저자는 건설노동조합 집회에 참가한 경험을 쓰면서 책을 마무리한다. 건설노조의 오랜 투쟁 덕분에 직고용도 늘고 설날, 추석과 같은 국가 공휴일에 유급으로 쉰다. 저자는 현장을 기록하는 노가다로 오래 살고 싶다고 말한다. 나는 현장을 기록하는 이런 스타일의 책을 높이 평가한다. MBC방송에서 매주 화요일 <아무튼 출근>이라는 직업과 관련된 프로를 하는데 재미있다. 어디서나 밥벌이는 힘들지만 그 내용을 기록해서 남기면 우리 사회의 총체적인 모습이 잘 그려지지 않을까. 저자의 다음 책을 기다린다.

[문학일기 34]

할매의 탄생

최현숙/ 글항아리

대구 달성군 가창면 우록리에 사는 할매들 인생사로 가득찬 책이다. 이곳은 예전에 버스도 들어오지 않는 골짜기 깡촌이었다. 지은이는 구술사 작업을 하고 있는데 어찌어찌 인연이 닿아 한글학교를 다니는 할매들 이야기를 책으로 옮겨 담게 되었다. 저자는 머리말에서 이번 작업의 가장 큰 장벽이 경상도 깡촌 할매들의 고난도 사투리 풀기였다고 말한다. 저자는 녹취를 풀다가 죽어버릴 것 같다고 주위에 하소연해 대구 경북 사투리를 해독할 수 있는 여러 지인들의 도움으로 작업을 마친다. 그래서 책을 읽으면 넘치는 사투리로 쉽게 진도가 나가지 않지만 이상하게도 읽을수록 정겨움과 삶의 진솔함이 말 틈틈이 배어나오는 것 같아 좋기도 하다. 경상도 출신인 나도 70대, 80대 깡촌 할매의 어투나 단어가 금방 눈에 들어오지 않는 곳이 많다. 서울이나 경기도 쪽 분은 읽기가 쉽지 않으리라 짐작된다. 외국어처럼도 들리는 사투리는 어떻게 보면 언어 문화 유산이기도 하다. 수백 년 내려온 사투리 속에 농촌문화와 사고 방식이 녹아있기도 하다.

여섯 분 할매가 이렇게 자세하게 인생사를 구술했다는 점도 놀랍다.

여섯 분 외에 첫 회 인터뷰를 하고 자식들이 반대해서 취소한 분도 있고 가명으로 일부 사실만 인터뷰한 분도 있다. 아무리 나이가 들어도 이렇게 인생을 진술하기는 쉽지 않다. 동시에 본인과 자식들에게 큰 유산이 되는 구술사이기도 하다. 나는 이런 미시사적 구술사가 모여서 당대의 진솔한 역사가 된다고 생각한다. 우리는 너무나 거대한 사건, 대통령과 고관대작들, 재벌총수와 대기업 사장들의 삶에 익숙해져 있다. 이들의 삶도 시대의 표본으로 중요하지만 민초들의 삶도 사회의 뼈대를 구성하는 만큼 그만큼 중요하다.

첫 번째 삶은 조순이(대촌댁), 1937년생으로 제목은 "내 살은 거를 우예 다 말로 합니꺼"다. 첫 인터뷰는 2017년 1월 15일 어르신 집에서 했다. 아버지는 돈을 안 벌고 술이나 마시고 어머니가 고생을 많이 했는데 그 어머니가 구술자 열한 살에 돌아가셨다. 구술자 본인 집도 가난했고 온 동네가 가난했다. 겨울에는 무를 삶아서 죽으로 먹었다. "무 그거 밖에 없으니까. 그걸 씻어가 죽 끼려 묵고 그랬어예. 그래도 온 동네가 다 그래 몬살은 거니, 뭐 챙피하고 그런 거는 없었어예."(26쪽) 조순이 할머니는 아이들 키운다고 고생을 엄청 했다. 그런데 워낙 가난해서 아이들을 고등학교나 중학교 밖에 못 시켰다. 그나마도 할머니가 온갖 막일을 하면서 고등학교를 보냈는데 대구상고를 간 큰아들이 "오매가 한 게 뭐 있노?" 이렇게 말하니 섭섭하다. 그래도 할머니는 큰아들이 은행 부지점장까지 했으니 되었다고 기쁘다. 큰아들, 작은아들, 딸들 공부 이야기와 직장 얘기도 많이 나오는데 그 당시에는 상고를 나와도 괜찮은 직장을 다닐 수 있었다. 하긴 김대중, 이명박, 노무현 대통령이 모두 상고 출신 아니었는가. 지금 시골은 사람이 빠져 나가고 거의 소멸될 지경이다. 시골들이 텅텅 비어가 땅이 놀고, 기운 다 빠진 늙은 이들만 남아 밭이나 쪼매 가는 형세다. 조순이 할머니는 촌이 이렇게 망가지는 것은 세상이 다 함께 망가지는 것이라고 말한다. "쌀 만들어 대주는 시골들이 그래 낱낱이 망쳐지믄, 그기 다 한나란데 서울이고 뭐고 마 잘될 리가 없지예 … 제일로 고마운 거는 땅이지 섶어예. 몸둥아리 하나 말고는 암것도 없는 사람인데 애쓴 만큼 내주고, 힘들다 밉다 싫은 소리 한번 안 하고 해마다 주고 또 주고."(106쪽)

두 번째 삶은 유옥란(안동댁), 1942년생으로 제목은 "나 살아온 거야 좋지도 안하고 나쁘지도 안 하지 뭐"이다. 유옥란 할머니는 안동이 고향인데 계모 밑에서 자랐다. 아버지는 재혼을 했는데 밭이 좀 있고 살림은 그 당시로서는 괜찮은 편이었다. 할머니는 첫 결혼을 하고 신랑이 사람이 좋았지만 몸에 문제가 있어 아이를 낳지 못했다. 할머니가 무슨 일로 남편과 다투고 친정으로 가 버리자 남편이 농약을 먹고 자살을 해 버렸다. 할머니는 나이 마흔에 지금의 인물 좋은 남편과 재혼을 했다. 남편도 재혼이었다. 그런데 할머니는 기운이 좋았는지 나이 마흔이 넘어서 재혼한 남편과 사이에 아들 둘을 낳았다. 할머니는 이 마을에서는 농사만 지으면 자식들 안 굶기고 먹이는 것밖에 못한다고 했다. 그래서 할머니와 영감이 온갖 일을 다 했다. 콩 농사를 해서 메주를 많이 만들어 팔기도 하고, 영감도 아파트 경비 다니기도 했다. 할머니 취미가 장에 나가서 농작물과 물건 파는 것이라고 한다. 그래서 아들 둘을 대학까지 보냈다. 할머니는 선거 얘기는 하지도 말라고 손을 저었다. 박근혜가 우예 그럴 수가 있냐고. 나도 찍었고. 최고라꼬 협조해달라 캐가 다들 협조했지러. 달성 여가 박근혜 국회의원 만든 동네라 카이. 그 뭐라고 그러지. 그래 탄핵. 텔레비전 나오는 거를 보니까 속이 상하지. 우예 그럴 수가 있나 말이다.(165쪽) 여기 할머니들은 거의 모두 박근혜를 대통령으로 찍었는데 일종의 집단 밈이 작용한 것으로 보인다. 할머니는 현재의 물질문명 혜택을 말한다. 수도가 없어서 도랑에 가서 물 긷고, 빨래한 시절이었다. 지금은 세월이 너무 좋다고 말한다. 뜨거운 물 펑펑 나오고, 세탁기가 다 빨아주고, 내 어렸을 때 이렇게 되었으면 좋았을 거라고 세월이 아쉽다.

세 번째 할머니는 이태경(각골댁), 1934년생이다. 제목은 "글씨는 머리로 안 드가고, 베 짜는 거만 머리로 드가고"이다. 이태경 할머니도 물을 길어와야 하는 어려움을 이야기한다. 겨울에는 눈이 오고 도랑이 얼어도 물을 길어오고 언 물에 빨래를 해야 했다. 지금은 따뜻한 부엌에서 꼭지만 틀면 뜨거운 물이 콸콸 나오고, 세탁기도 뜨거운 물이 저절로 빨래를 다 해준다고 탄성이다. 그리고 삼시 세 끼 가마솥에 불을 때서 밥하고 찬을 만드는 것도 힘들었다. 장이 멀어서 머리에 이고 지고 한참을 나가서 농산물을 파는 것도 일이었다. 할머니 인생은 자고 나면 일하고, 먹고 나면 일하고 자식들 먹이고 가르치고 그게 다라는 말이었다. 시골 깡촌이 되어서 돈 벌 농작물도 별로 없어 자식들 교육비가 제일 걱정이었다. 할머니는 요새 젊은 여자들이 사내가 말을 안 들으면 사흘도 살지 않아 이혼하고, 자식들을 놔놓고도 이혼해서 가버리는 풍속이 자신이 살던 시기와 너무 달라 이해가 되지 않는다고 말한다. 여자의 권리가 높아진 때문이지만 남편과 시어머니가 아무리 애를 먹여도 참고 살았던 옛 시절과 비교하면 격세지감이다.

네 번째 할머니는 김효실, 1954년생으로 제목은 "나는 담배 따는 기계였지만 이젠 편케 생각한다"이다. 이 분 얘기는 엄마와 형제자매 사이에 일어난 갈등이 중심이었다. 담배 농사를 많이 지었는데 담배굴에서 담배를 건조하는 과정의 어려움을 많이 이야기했다. 특이한 게 할머니가 우록 2리로 이사와서 일어난 부동산 붐이었다. 우록 2리가 공기가 좋고 물이 맑아서 전원주택 바람을 타고 땅값이 많이 올라버렸다. 할머니는 남편과 아들과 같이 '백록 그집'이라는 식당을 운영하는데 블로그로 찾아보니 유명한 집이었다. 한때 식당으로 돈도 많이 벌었다고 한다.

다섯 번째 할머니는 곽판이(창녕댁), 1928년생이다. 제목은 "죽은 사람은 죽어도 산 사람은 모를 숨겨야 하는 거라"이다. 인터뷰 당시를 기준으로 90세라 그런지 자신과 타인의 죽음에 대해서 담담히 얘기한다. 어머니가 여자는 알아도 한이고 몰라도 한이라면서 글을 가르켜주지 않았다고 한다. 못된 사람보다 소가 낫다고 하고, 농사일이 제일 정직하고 좋은 건데, 갈수록 농사짓겠다는 사람이 없어지고 거꾸로 가니 촌사람만 못 사는 것이 아니라 도시 사람이고 나라 살림이고 다 망가진다고 말한다.

마지막 할머니는 임혜순(수점댁), 1942년생이다. 제목은 "허리 주저앉으면 맘도 주저앉는 기라"이다. 할머니는 60년이 되도록 이 골짜기에서 골이 빠지게 일만 하고 살아가 몸은 망가지고 우울증도 왔다고 말한다. 할머니는 병원에 가지만 의사를 이렇게 평한다. 높은 건물에서 깨끗하이 하얀 옷 입고 입으로 이래저래 하매 살아온 의사가, 내 겉은 사람 살은 거를 알 수가 없겠고 그라이 무신 상담이 되겠어예? 라고 웃는다.(385쪽) 할머니는 담배밭 구백평을 경작하면서 담배잎을 볕에 말리고, 담배굴에 찌고 말리고, 일 많다 해도, 담배 농사맨치로 그래 일이 많고 힘든 거는 없다고 말한다. 일이 징글징글해도 담배는 돈이 딱 들어와예. 누에를 키웠는데 누에는 예민해서 냄새를 피워도 죽고, 조금 더러워도 뽕을 안 먹고 아주 신경이 쓰였다. 영감은 먼저 가버렸다. 마을 밑의 집에 치매 걸린 할머니가 있었는데 이 마을에서 잘 지내고 있는데 아들이 병원에 모시고 간다고 해서 데려가서는 요양원에 넣었는데 몇 달 지나지 않아 죽었다고 한다. 할머니가 요양원에서 죽자 집을 부수고 땅을 평평하게 만들어 서울 주민에게 팔았다고 한다. 임혜순 할머니를 비롯한 마을의 할머니들은 마을을 벗어나 요양원에 들어가는 것을 무척 두려워하고 있었다.

 책에는 여섯 할머니의 진솔한 삶이 펼쳐져 있다. 우리 현대사의 민생사 장면을 보는 것 같다. 그 많은 에피소드와 할머니들의 마음을 간략하게 요약할 수는 없다. 사람의 삶은 모두 한 권 아니 여러 권의 책이다. 내 살은 거를 소설로 쓰면 열 권은 쓰겠다 라고 말하는 분이 우리의 어머니요, 아버지들이다. 우리가 매일 길에서, 버스에서, 지하철에서 보는 사람들의 삶이 이처럼 질곡과 기쁨이 섞여 있는 삶이리라. 사람의 삶이 귀중하고, 못배우고 깡촌에서 사는 삶이라고 해도 모두 귀한 교훈을 안고 있음을 배우게 된다.

[문학일기 35]

듄

프랭크 허버트/ 김승욱 옮김/황금가지

    2021년 10월 20일 경에 영화 <듄>이 개봉된다. 그래서 소설 『듄』을 먼저 읽기로 작심했다. 소설 『듄』은 1권에서 6권까지이고 1권만 940쪽에 이른다. 『듄』 1권을 읽고 이 글을 쓴다.

    『듄』은 공상과학소설이며 1965년경에 발표되었다. 원제는 『듄 연대기』이다. 『듄』을 읽으면서 든 첫 느낌은 '아라키스 행성'이라는 현실에 존재하지 않는 실체를 어떻게 생생하게 창조해냈을까 하는 경이감이다.

    스토리는 워낙 방대해 짧게 요약하기가 어렵다. 모래에 뒤덮힌 이 행성에서 '스파이스'라는 노화를 막는 물질이 생산된다. '스파이스'를 먹으면 예언 능력이 생기기도 한다. 스파이스를 생산하는 아라키스 행성을 지배하기 위해 아트레이데스 가문과 하코넨 가문이 싸운다. 여기에 페디샤 황제가 관련되고, 레토 아트레이데스 공작의 비공식적인 아내인 제시카는 베네 게세리트 마녀로서 비밀스런 능력을 갖고 있다. 하코넨 공작은 레토 공작의 아들인 폴과 제시카를 사막으로 보내 죽이려고 하나 폴과 제시카는 놀라운 능력으로 사막폭풍을 뚫고 살아난다. 사막에 사는 프레멘 종족은 폴과 제시카를 받아들이고 폴은 '폴 무앗딥'이라는 예언자로 재탄생해 하코넨 가문과 황제에 대항해 전쟁을 벌인다. 그리고 행성학자 카인즈는 사막 행성인 아라키스를 물이 가득하고 식물이 자라는 행성으로 바꾸기 위해 엄청난 행성 개조 계획을 세우고 실행에 옮긴다.

이런 단순한 요약은 작품의 진가를 보여주지 못한다. 작가는 '아라키스 행성'을 창조했기 때문에 수많은 단어를 새로 만들었다. 그래서 책을 읽으면서 책 뒤에 붙은 주석을 읽지 않으면 이 단어들이 뜻하는 바를 알 수 없어 혼돈에 빠지게 된다. 비읍 항목에서 임의로 찾은 단어를 보자. '바로타', '바샤르', '바카', '바클라와', '반중력장치' 이런 단어를 주석에서 찾아 읽지 않으면 작품을 이해하기 어렵다. 인물들은 어떤가? 거니 할렉, 카인즈, 샤도우트 메입스, 던컨 아이다호, 투피르 하와트, 페이드 로타 하코넨, 펜링 백작, 라반 백작, 챠니, 알리아, 스틸가 등 개성이 넘치는 주연과 조연들이 종횡으로 사건에 얽혀 작품을 빛낸다. 이 작품을 어떤 영화로 만들었을까 궁금하기도 하다. 이 방대한 작품을 소설 스토리에 따라서 만들지는 않았을 것 같고, 영화 감독이 영화 이미지에 맞게 재구성하고 손질했으리라 보여진다.

가끔 스토리에 치중한 작품의 특성때문인지 눈에 거슬리는 장면도 있다. 사막에 버려진 폴이 예언능력을 발휘해 어머니인 제시카가 하코넨 남작의 친딸이라고 제시카에게 말하는 장면이 있다.(370쪽) 제시카와 폴의 실존에 너무나 중차대한 '출생의 비밀'을 폴이 대화를 하면서 바로 제시카에게 밝히는 장면은 어색하기 짝이 없다. 폴이 그 사실을 깨달으면서 여러 고민과 갈등을 겪으면서 마음에 담아두고 고백은 적절한 기회에 하도록 미뤄두는 게 낫지 않았을까.

영미문학에서 이런 거대한 상상력을 발휘하는 토양은 어떻게 생기게 된 것일까? 그 점도 궁금하다.

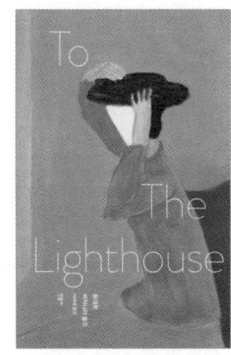

[문학일기 36]

등대로

버지니아 울프/ 박희진 옮김/ 솔

  죽간독서회에서 카프카 전집을 끝내고 버지니아 울프 전집에 도전하고 있다. 솔출판사에서 낸 버지니아 울프 전집은 13권인데 1권은 『등대로』이다. 울프는 정말 독창적인 작가다. 작품을 소설이라고 이름 붙일 수 있을까라는 의문을 불러일으키는 점에서 말이다. 전통적인 소설에서 말하는 '서사'라는 건 거의 없거나 있다 하더라도 희미한 그림자에 불과하다. 뭔가 스토리 비슷한 걸 기대하면서 책장을 넘기면 당신은 미로를 뱅글뱅글 돌게 된다. 카프카가 실존과 존재에 관한 문제의식으로 소설을 돌파해나갔다면 울프는 자연과 사물 묘사와 인물의 심리로 페이지를 빼곡이 채운다. 울프는 그야말로 개성으로 똘똘 뭉친 작가다. 그는 소설의 새로운 형식을 개척해내는데 주저함이 없다. 전집 2권의 『파도』와 같은 작품은 울프가 아닌 어떤 작가도 엄두를 내지 못할 독특한 스타일을 자랑한다.

  겉모습으로만 보면 『등대로』는 바닷가 저택에 머무르는 철학교수인 램지와 램지부인 그리고 여덟 명에 달하는 부부의 자녀들과 윌리엄 뱅크스와 릴리를 비롯한 손님들이 바다를 건너 등대로 가려는 이야기다.

등대 자체는 영원에 가까운 상징물로 소설의 기둥으로 굳건히 자리잡고 있지만 등대로 가는 과정 자체가 중요한 건 아니다. 램지 부인과 윌리엄 뱅크스를 비롯한 손님들의 관계와 대화, 그리고 시대가 그들에게 부여한 역할과 이미지에 더 주목해야 한다.

작품 1부 '창'은 램지부인이 아들 제임스에게 내일 등대로 간다는 말을 하면서 시작된다. 그 후로는 느릿느릿 날씨와 인물들의 신변잡기와 연애 사건 등을 거치며 우리의 인내심을 시험하다가 미혼 여성인 화가 릴리가 등장하면서 갑자기 활기를 띤다. 마침내 램지 부인이 내일은 비가 올 것이기 때문에 등대로 갈 수 없다는 말로 1부가 끝난다. 2부는 '시간이 흐르다'이다. 1부 이후로 램지 가족이 상당 기간 바닷가 저택을 찾지 않아 저택의 문은 잠기고 바람이 판자들을 물어뜯었으며 회반죽이 떨어져 내리고 벽지는 너덜거리고 마른 소금 가루로 가득 찼다. 그 사이 아름다웠던 램지부인은 죽고, 아들 앤드루 램지는 프랑스에서 전사하고, 결혼한 딸 프루 램지는 출산 후유증으로 죽었다. 많은 세월이 흘러 램지가 집을 수리하고 릴리 브리스코우가 저택에 들어온다. 저택은 다시 사람들로 찬다. 3부 '등대'에서는 램지, 캠, 제임스 등이 배를 타고 등대로 가고, 릴리는 그림을 그리면서 그들을 바라보며 과거를 추억하고 생각에 잠긴다.

소설을 생생하게 살리고 주제를 부각하는 사람은 미혼 화가 릴리다. 그녀는 램지 가의 손님으로 램지부인의 가정생활과 손님들을 관찰하면서 당대의 기혼 여성이 맞닥뜨려야 했던 운명을 예리하게 파악한다. 릴리는 당대 여성이면 어쩔 수 없이, 유일하게 허락된 직업인 결혼을 주체적으로 두 번 거부한다. 첫 번째는 램지부인이 생전에 적극 권했던 홀

아비이자 램지 씨의 동료 윌리엄 뱅크스와의 결혼이다. 두 번째는 램지 부인이 죽은 뒤에 램지 씨가 끈질기게 요구한 결혼이었다. 왜 릴리는 결혼하지 않았을까? 릴리가 보기에 램지부인의 삶은 가부장제 아래서 자식과 남편을 챙기는 가정사에만 매여 있다. 빅토리아 시대의 모범적인 '집안의 천사'다. 램지부인은 소소한 일로 가득찬 주부 대신에 모범적인 낙농업과 병원을 짓고 싶어 했다. 그러나 램지부인은 스스로에게 묻는다. "그렇지만 어떻게? 이 많은 자식들을 거느리고? 앤드루가 좀 크면, 그러면 어쩌면 시간이 날는지도 몰랐다. 애들이 모두 학교 다니기 시작하면." 하지만 그 날은 오지 않고 램지부인의 사회적 삶은 미뤄지고 미뤄지다가 마침내 램지부인이 죽음으로써 끝장난다. 릴리는 주체적으로 비혼을 선택하면서 램지부인의 반대편 쪽 삶을 살게 된다. 소설은 릴리가 캔버스에 그림을 그리면서 의미심장하게, 나는 드디어 통찰력을 획득했다고 생각하면서 끝난다. 릴리는 결혼을 거부하면서 윌리엄 뱅크스의 세계에 포섭되지도 않고, 램지 씨의 가정사에 끌려들어가지 않으면서 독자적인 그림 활동을 통해 예술가로서, 인간으로서 삶의 철학을 세우게 된다.

알렉산드라 해리스가 쓴 『버지니아 울프의 이름으로』에 따르면, 『등대로』는 가족력의 유령들을 잠재우는 작업이라고 한다. 울프는 이 작품을 '아주 빨리 쓸 수 있었고, 다 쓰고 났을 때는 엄마 강박에서 벗어날 수 있었다. 엄마의 목소리는 이제 안 들리게 되었고, 엄마의 모습도 안 보이게 되었다. 아빠의 유령은 아직 나타나지만, 나타나는 방식은 달라졌다.'라고 평했다. 해리스에 따르면 울프의 오랜 불안들이 『등대로』의 주인공 릴리의 초상에 투영되어 있다고 한다. 릴리는 아이가 없고, 가

정의 다망한 생활에서 배제되어 있다. 그녀는 비판에 예민하게 반응하면서 줄곧 미스터 램지가 자신을 공격하고 책망한다는 느낌에 시달리기도 한다.

하지만 마지막에 승리하는 사람은 미스터 램지가 아니라 릴리다. '바로 이게 내가 본 비전의 완성이다'라고 말하는 사람은 미스터 램지가 아니라 릴리다. 『등대로』의 모든 등장인물들은 화가 릴리의 상상 속에서 최종적으로 한데 모여 순간적으로 조화를 이룬다.

『등대로』는 뛰어난 문장으로 가득 차 있다. 비단같이 매끄러우며 정확하고 사물과 자연에 밀착한 문장은 작품의 밀도를 높이면서 울프가 시도한 문학 실험과 페미니즘에 빛을 비춘다. 느긋하게 『등대로』의 문장을 꼭꼭 씹고 음미해보자. 우리는 등대로 꼭 가지 않아도 좋다. 여성은 사회가 규정하고 조건 지은 삶 속에서만 생의 통찰력을 얻을 수 있는 건 아니다.

[문학일기 37]

광막한 사르가소 바다
진 리스/ 윤정길 옮김/ 펭귄클래식코리아

역사의 승리자는 자신의 찬란한 말과 행동을 기록해 후대에 넘겨준다. 때로 승리자의 관대함을 보여주기 위해 아주 희미하게 소수자와 패배자의 목소리를 남겨둘 때도 있다. 문학의 역사에서도 그런 일은 충분히 일어날 수 있다. 우리는 문자를 배우면서 과거를 쓴 지배자의 문학을 유산으로 물려받았다. 신라시대부터 조선시대에 이르기까지 우리에게 남겨진 문학의 실체는 대체로 그 범주를 벗어날 수가 없다. 당연히 영미 문학도 그 범주를 벗어나기 어렵다.

샬럿 브론테가 1847년 출간해 성공을 거둔 『제인 에어』도 승리자의 목소리를 기록했다는 혐의에서 벗어나기 힘들다. 제인 에어는 돈도 없고 친척도 없는 고아로 기아에 시달리다 자선학교에 들어가고 몇몇 교양 과목을 습득한 후에 가정교사로 된다. 그런데 제인 에어는 가정 교사로 일하던 손필드 저택의 주인 로체스터 씨를 사랑했지만 로체스터 씨가 저택에 광기에 찬 부인을 가둬 둔 것을 알고 저택을 떠난다. 그녀는 강렬한 지성에 강한 의지력을 지녔다. 로체스터 씨는 저택에 둔 부인이자 광녀였던 버사가 저지른 화재를 막기 위해 노력하다가 두 눈이 멀고 한 손을 절단하는 큰 장애를 입었다. 버사는 저택에 불을 내고 지붕에서 떨어져 죽고 만다. 제인 에어는 로체스터의 부인이 죽고 난 소식을 들은 후에야 그와 결혼하겠다는 결심을 한다. 이렇게 보면 작품 『제인 에어』는 한 처녀가 주체적으로 결단해서 심각한 장애를 당한 로체스터 씨와 결혼하는 이야기로 여성의 자각과 의지를 보여준 작품으로 읽힌다.

그런데 『제인 에어』에서 로체스터의 부인이자 광녀인 버사는 어떤 사람인가? 『제인 에어』에서 로체스터는 이렇게 말한다.

"내 아버지는 전 재산을 형인 로랜드에게 물려줘야 한다고 결정한 거요. 하지만 그는 또 다른 아들이 가난뱅이가 된다는 생각 또한 견디질 못했소. 부잣집 딸과의 결혼을 통해 내가 먹고살 만한 재산을 가져야 했던 거요. 그는 일찌감치 내 배우자를 찾아주었소. 서인도제도의 농장주이자 무역업자인 메이슨 씨가 아버지의 오랜 지인이었소. 아버지는 메이슨 씨의 재산이 실속이 있고 막대하다고 확신했소. 그리고 그에게 아들들과 딸이 있으며 딸에게 삼만 파운드를 물려줄 수 있고 또 실제로 물려줄 생각이라는 사실을 그로부터 직접 들었소. 그 정도면 충분했소. 대학을 졸업하자 나는 이미 정해진 신부와의 결혼을 위해 자메이카로 보내졌소 … 그녀(예비 신부)는 내게 애교를 부렸고 내 환심을 사기 위해 자신의 매력과 교양을 아낌없이 과시했소. 그녀 주변의 모든 남자들이 그녀를 동경했고 나를 부러워했소. 결국 나는 그녀에게 현혹되었고 고무되었소 … 내 내부의 경멸감이 나를 지배하고 있소. 나는 결코 사랑을 하지 않았고 존중하는 마음도 없었소. 그녀에 대해 제대로 잘 알지도 못했소. 그녀의 성격에 단 한 가지라도 장점이 있다는 확신이 없었소. 그녀의 마음과 태도에서 정숙함도, 자비로움도, 솔직함도, 우아함도 찾아낼 수가 없었소. 그런데도 결혼을 한 거요 … 신혼기간이 끝나자 나는 내가 실수를 저질렀다는 걸 알았소. 장모가 미쳐서 정신병자 수용소에 감금되어 있었던 거요. 그곳에 그녀의 남동생도 수용되어 있었소 … 아버지와 형은 이 모든 사실을 이미 알고 있었소. 그런데 삼만 파운드라는 돈만 생각했던 거요. 그래서 둘이 짜고 내게 음모를 꾸몄던 거요 … 하지만 기만적으로 그런 비밀을 은폐했다는 것 외에는 나는 아내와 관련된 일로 그들을 비난할 수는 없었소. 그녀의 본성이 나와 완전히 다르다는 사실을 알게 되었을 때도 그랬소. 그녀의 취향은 내가 정말 싫어하는 것이었고, 기질도 천박하고 저급하고 편협했소. 고매한 일엔 이상할 정도로 끌릴 능력이 없었고 폭넓게 마음을 확장할 능력도 없었고. 나는 단 하루 저녁도, 아니 하루 중 단 한 시간도 그녀와 편안하게 지낼 수 없다는 사실을 깨달았소. 우리 두 사람 사이에는 다정한 대화 자체가 아예 불가능했소. 내가 어떤 화젯거리를 꺼내든 간에 그녀에게서 즉시 거칠고, 진부하고, 악의적으로 어리석은 대답만 들을 뿐이었소. 난폭하고 터무니없는 그녀의 불같은 성질이 계속 폭발한다거나, 어리석고 모순되고 까다로운 그녀의 지시 사항들이 성질을 돋우면, 하인이라도 못 견딜 것이었기 때문이오 … 어느 날 밤 나는 그녀가 질러대는 고함 소리에 잠이 깨었소. 그녀가 미쳤다고 의사들이 선언한 이후 그녀는 당연히 감금되어 있었소. 타는 듯 후텁지근한 서인도제도 특유의 밤이었소 … 그 후 나는 그녀를 영국으로 데려왔소. 끔찍한 여행이었소. 배 안에 정말로 지긋지긋한 괴물을 데리고 탔던 거요. 마침내 무사히 그녀를 손필드 저택에 데려와서 3층 방에 안전하게 머물게 한 뒤 나는 너무나 기뻤소. 그 후 십 년 동안 그녀가 그 골방을 난폭한 짐승 우리로 만들어온 거요. 악귀 소굴 말이오. 나는 그녀를 보호할 간병인을 찾는 데 다소 어려움을 겪었소. 충직하고 신뢰할 만한 사람을 찾는 게 필수적이었기 때문이오. 그 미친 여자가 헛소리를 지껄이며 내 비밀을 다 누설할 게 뻔했소."(『제인 에어 2』/ 펭귄클래식코리아, 151~159쪽)

버사로 불리는 로체스터의 미친 부인 본명은 앙투아네트였다. 그녀는 영국 식민지였던 서인도제도 자메이카의 그랑부르에서 로체스터를 만난다. 그럼 앙투아네트는 로체스터를 어떻게 만났고 어떻게 결혼하게 되었을까? 그리고 로체스터의 말은 사실일까? 그에 관해 자메이카에서 앙투아네트가 겪은 이야기가 『광막한 사르가소 바다』이다. 즉 『광막한 사르가소 바다』에서 앙투아네트는 소수자, 여성, 가부장제, 식민주의 문제점을 말한다. 앙투아네트는 잊혀진 패배자와 침묵을 강요당한 자의 목소리를 대변한다. 『제인 에어』의 로체스터의 이야기는 승리자, 남성, 가부장제, 제국주의자의 목소리였다. 그리고 우리의 강인한 아가씨인 제인 에어는 로체스터의 이야기를 의심 없이 받아들이고 신뢰하고 만다. 1847년의 시대 상황에서 어쩔 수 없는 일이기도 했다. 또 제인 에어가 다른 정보를 구할 방법도 없었다. 제인 에어가 진실을 캐려고 마음먹었다면 못하지도 않았으리라. 그러나 제인 에어는 그런 생각 자체를 하지 못했다. 그녀 역시 1847년의 영국 제국주의, 영국 가부장제, 허약한 여성의 지위라는 시대적 실존에 사로잡힌 존재였던 것이다. 제인 에어에게 스스로의 노력으로 그런 시대의 제약을 뛰어넘으라고 요구하는 것은 공상에 가깝다.

『광막한 사르가소 바다』의 시대 배경은 1839년에서 1845년 사이이다. 소설에서 로체스터는 아내 앙트아네트의 이름을 버사로 바꿔 부른다. 이름을 마음대로 바꿔 부르며 그녀를 지배하고자 한다. 정치적 문화적 선민의식에 잡힌 로체스터는 영국 식민지의 크리올과 결혼했다는 사실에 수치심을 느낀다. 앙투아네트가 흑인 여인들과 영어가 아닌 토착어인 파투아어로 대화할 때, 하녀인 크리스토핀과 포옹을 하거나 입을 맞출 때, 로체스터의 불쾌감은 극에 달한다. 앙투아네트는 성욕도 왕성하며 돈을 가진 물주이기도 하다. 그래서 로체스터는 앙투아네트를 복종시켜 타자로, 희생자로 만들어야 한다.

이런 로체스터의 정체를 하녀인 크리스토핀은 꿰뚫어 본다. 크리스토핀은 로체스터에게 말한다. "서방님이 돈 때문에 결혼하셨고 앙투아네트의 전 재산을 손에 넣으셨다는 것은 누구나 다 아는 사실이에요. 그러고 나서 질투 때문에 아내를 파멸시키려고요? 앙투아네트가 서방님보다 훨씬 훌륭한 인간이지요. 몸에 흐르는 피가 훨씬 좋으니까요. 우선 아가씨는 돈에 관심이 없답니다. 돈은 중요한 게 아니니까요. 내가 처음으로 서방님을 만났을 때 나는 한눈에 알아보았어요. 젊은 분이 벌써 돌같이 차고, 감정이 메말라 있더라고요. 서방님이 잘도 속였지요. 마치 사랑에 빠져 아가씨만을 보느라 태양도 볼 수 없다고 생각하게끔 행동했으니까요."(215쪽)

앙투아네트는 로체스터의 사랑을 갈구한다. 그러나 로체스터는 거부하고 그녀를 멀리한다. 크리스토핀은 로체스터를 질책한다. "그런데도 서방님은 그런 아내를 파멸시킬 계획만 세우고 있으니."(215쪽)

크리스토핀은 로체스터에게 아가씨를 조금만 다시 사랑해 주라고 부탁하나 거절당한다. 로체스터는 크리올 아내에게 냉혹하고 잔인한 사람이었다. 그는 식민지인 자메이카의 자연 자체를 증오했고 그 자연의 일부였던 앙투아네트를 증오했다.

"나는 산들도 언덕들도 강들도 비도 증오하고, 그 색깔이 무엇이든 간에, 황혼도 증오한다. 나는 이곳의 아름다움도 마력도 그리고 내가 결코 알아낼 수 없는 비밀도 증오한다. 나는 이곳이 보여주는 아름다움 속에 내재한 무관심도 잔인성도 증오한다. 무엇보다도, 나는 이 여자를 증오한다. 왜냐하면 이 여자는 그 마력과 아름다움의 일부이기 때문이다."(242쪽)

『광막한 사르가소 바다』의 마지막에서 영국의 손필드 저택에 감금되었던 앙트아네트는 어느날 왜 여기에 끌려왔는지를 알게 되었고, 무엇을 해야만 하는지도 알게 된다. 앙투아네트는 로체스터를 보게 되어 말할 기회가 생기면, 뱀처럼 현명하고 비둘기처럼 양순하게 굴리라고 마음먹었다. 그녀가 가진 모든 것을 무조건 로체스터에게 드리고 단지 집으로 보내만 주기를 간곡하게 요청하리라. 그러나 로체스터는 한 번도 오지 않았다. 그녀는 어느 날 촛불을 켜들고 복도로 나선다. 그녀를 감금한 저택을 몽땅 불태우기 위해서다.

"바람이 어디서 불어왔는지 촛불이 깜박거렸고, 나는 촛불이 꺼졌다고 생각했다. 그러나 내가 손으로 바람을 막아주자 촛불은 다시 살아나 타오르기 시작했다. 내가 가는 이 캄캄한 밤을 밝혀 주기 위하여."(261쪽)

앙투아네트와 로체스터 사이에 벌어진 사랑과 결혼의 진실은 무엇일까? 로체스터의 말이 옳을까? 아니면 목소리를 되찾은 앙투아네트의 말이 옳을까? 아니면 진실은 그 둘 사이에 놓인 먼 길 사이의 어느 한 지점에 멈춰 있을까? 그것도 아니면 진실은 영원토록 알지 못하는 것일까? 제인 에어가 앙투아네트의 이야기를 들었다면 과연 로체스터를 사랑하고 결혼했을까? 영국의 가부장제와 제국주의 시대는 제인 에어와 앙투아네트를 서로 타자로, 멀고 멀어 아예 대화가 되지 않는 존재로 만든 것이다.

[문학일기 38]

혼자의 넓이

이문재/ 창비

　오랜만에 시집을 읽었다. 산청에 몇 명이 놀러 가면서 산천경개 좋은 곳에서 책 토론을 하기로 했는데 선정된 시집이다. 시집에서「모래시계」란 시가 가장 좋았다. 그런데 같이 간 사람마다 좋았다는 시가 모두 달랐고 서로 중복되지 않아 놀랐다. 각자의 경험과 안목에 따라 시의 스펙트럼도 변하는구나 싶었다.

　　모래시계

　　　이쯤에서 쓰러지자
　　　이쯤에서 쓰러져서
　　　조금 남겨두기로 하자
　　　당분간 이렇게 쓰러져 있기로 하자

　　　누군가 나를 일으켜 세워
　　　멈춰 있던 자신의 시간을 살릴 수 있도록

자기 시간을 찬찬히 들여다볼 수 있도록
누군가의 아픔이 기쁜 아픔이 될 수 있도록
누군가의 기쁨이 아픈 기쁨이 될 수 있도록

아니다
상체를 완전히 비우고
우두커니 서 있도록 하자
누군가 나를 뒤집어
자신의 새로운 시간과 만날 수 있도록
이렇게 하체의 힘으로
끝끝내 서 있도록 하자

숨을 죽이고
가느다란 허리의 힘으로
꼿꼿이 서서 기다리기로 하자
누군가 나를 뒤집어
누군가의 맨 처음이 시작되도록
누군가의 설레는 맨 앞이 되도록

    집에서 요리를 하면서 3분 모래시계를 자주 쓴다. 모래시계의 사라지는 모래를 보면 눈대중으로 1분과 2분을 쉽게 가늠할 수 있다. 그런데 모래시계의 시각으로 자신과 이 세상을 바라본다는 생각은 하지 못했다. 누군가 나를 뒤집는 것, 가느다란 허리의 힘으로 꼿꼿이 서서 시간을 기다리는 것. 모래시계는 참 할 말이 많은 존재다.

  시인은 '백서'란 제목을 단 시를 많이 썼다고 한다. 백서는 과거와 현재와 미래를 분석한 보고서라는 뜻이 강하지만 여기서는 본성을 알려주는 '흰 책'이란 이미지로 다가온다. 물에 관해 쓴 백서를 읽어본다. 물이 얼음으로 변했을 때다.

물의 백서 3
얼음

초겨울
얼음이 얼기 직전
뒤돌아보는 물처럼

초봄
녹기 직전
자기 앞을 내다보는
얼음처럼

한겨울
얼음 속으로
얼음의 한가운데로
꽝꽝 더 얼어가는

얼음처럼

더 차가워져서
더 딴딴해져서
스스로 터져나가기를
원하는 얼음처럼

제 몸 밖으로
터져나가
으스러지고 싶어하는
녹아 흐르고 싶어하는
얼음 속 언 물처럼

이윽고
가벼워져
구름의 손을 잡는
새벽 물안개처럼
보란 듯이 땅을 버리는
이른 봄 아지랑이처럼

물은 얼음으로, 기체로 변화무쌍하다. 그 존재의 본질은 수소와 산소의 결합으로 물과 얼음 모두 같다. 물은 얼음으로 변화하면서도 얼음장 밑으로 물고기를 키우고, 기체로 변화해서 비로 내리며 만물을 적시고 꽃과 열매를 만든다. 물은 얼음으로 변하기 직전에, 얼음은 물로 변하기 직전에 스스로를 돌아본다. 내 현재의 모습은 어떤 꼴이며 앞으로 어떤 꼴로 변할 것인가. 물은 두려워하지 않고 미래의 변화에 몸을 내맡긴다. 그건 어쩌면 물과 얼음 속에 작은 씨앗으로 내재된 욕망의 실현일지 모른다.

소설 단편집이든 시집이든 제목에 올린 작품이 중요하다. 이 시집의 제목은 '혼자의 넓이'이다. 가만히 읽어보면 여러 철학과 상념과 이미지가 겹쳐 있다. 「혼자의 넓이」란 표제작을 읽는다.

혼자의 넓이

해가 뜨면
나무가 자기 그늘로
서쪽 끝에서 동쪽 끝으로
종일 반원을 그리듯이
혼자도 자기 넓이를 가늠하곤 한다
해질 무렵이면 나무가 제 그늘을
낮게 깔려오는 어둠의 맨 앞에 갖다놓듯이
그리하여 밤새 어둠과 하나가 되듯이
우리 혼자도 서편 하늘이 붉어질 때면
누군가의 안쪽으로 스며들고 싶어한다
너무 어두우면 어둠이 집을 찾지 못할까 싶어
밤새도록 외등을 켜놓기도 한다

어떤 날은 어둠에게 들키지 않으려고
유리창을 열고 달빛에게 말을 걸기도 한다
그러다가 혼자는 자기 영토를 벗어나기도 한다
혼자가 혼자를 잃어버린 가설무대 같은 밤이 지나면
우리 혼자는 밖으로 나가 어둠의 가장자리에서
제 그림자를 찾아오는 키 큰 나무를 바라보곤 한다

   혼자란 무엇일까? 어떻게 사는 것일까? 나我란 존재는 고정된 실체가 없고 항상 변해 영원치 않다. 그럼에도 존재의 숙명상 누군가와 어울려야 하고, 누군가를 기다리기도 하며 누군가에게 말을 걸기도 한다. 그렇지만 결국 나를 깊이 바라보고 다른 누군가를 관조하면서 살아야만 한다.
   시집의 모든 시가 일관되게 뛰어나지는 않다. 대부분의 작품집과 시집의 속성이기도 하다. 그 시들 중에서 은근히 다가오는 시들이 마음을 적시고 굳었던 근육을 풀리게 해서 좋다.

[문학일기 39]

이 땅에 태어나서

정주영/ 솔

    기업가 정주영이 쓴 자서전이다. 정주영은 대한민국 국민이면 모두가 아는 현대그룹의 창시자이다. 책을 읽으면 기업가정신이 뭔지를 보여주는 일화가 넘쳐난다. 자서전이니 자신을 높이는 이야기가 많음을 감안하더라도 현대건설과 현대조선소, 현대자동차를 창업하고 키운 과정을 보면 이게 과연 가능할까 의문이 들 정도로 놀라울 뿐이다. 정주영이 회사를 창업하는 시대는 한국에 제대로 된 기업과 산업기반이 없어 무주공산이었다 하더라도 그 점만으로는 설명하기 힘든 정주영의 혜안과 추진력이 돋보인다. 1960년대부터 시작한 경제개발 과정에서 수많은 재벌과 대기업이 파산해서 사라진 점을 감안하면 튼튼한 기업을, 더욱이 후진국에서 찾기 어려운 자동차와 조선소를 비롯한 중후장대 기업을 일으켜 안착시킨 점은 높이 사야 마땅할 것이다.

    동시에 정주영의 기업 창업과 경영은 한국 현대사를 관통하고 지금의 한국사회를 규정짓는 어두운 흐름과도 일맥상통한다. 장시간 근로, 승자독식, 하면 된다 식의 무한경쟁, 안전 불감증, 위험감수사회 등등이다. 그래서 한국은 이제 부자나라가 되었지만 과거의 산업화 명암을 함께 물려받았고, 그 명암을 만든 대표적 인물 중의 하나가 정주영이다. 그러니 정주영의 생각과 행동을 읽는 건 오늘 현재의 우리를 아는 좋은 방법이다.

정주영은 젊을 때 인천에서 막노동을 했는데 밤에 합숙소 빈대 때문에 잠을 잘 수가 없었다. 그래서 밥상 위로 올라가서 자보기도 하고, 밥상의 네 다리에 물을 담은 양재기를 하나씩 고여놓고 자기도 했는데 밥상 다리를 타고 올라가는 게 불가능해진 빈대들이 벽을 타고 까맣게 천장으로 올라가서 사람 몸으로 툭 떨어지는 게 아닌가. 정주영은 그때 소름 끼치는 놀라움을 느꼈다. 그리고 생각했다. "하물며 빈대도 목적을 위해서는 저토록 머리를 쓰고 저토록 죽을힘을 다해 노력해서 성공하지 않는가. 나는 빈대가 아닌 사람이 아닌가. 인간도 무슨 일에든 절대 중도 포기하지 않고 죽을힘을 다한 노력만 쏟아붓는다면 이루지 못할 일이 없다."(42쪽) 한국식 '하면 된다', '이봐, 해보기나 했어?' 정신의 탄생이다.

이런 정신으로 정주영은 한국전쟁 당시 부산에서 미군 숙소를 건설한다. 미군 중위가 정주영에게 당신은 할 수 있는 게 무엇이오? 묻자, 무엇이든지 할 수 있습니다 대답한다. 그래서 미군 병사 10만 명의 하룻밤 숙소를 만드는 일을 따냈다. 휴교 중인 학교 교실을 소독해서 카세인 페인트 칠을 하고, 바닥에 길이 36자 폭 18자짜리 널빤지를 깔아 그 위에 천막을 쳐 교실을 숙소로 만들어내는 동안, 하루 3시간도 겨우 잘까 말까 하면서 일을 했다.(61쪽)

그러다 1953년 4월에 대구와 거창을 잇는 다리인 고령교 공사를 했는데 혹독한 시련 그 자체였다. 여름과 겨울의 낙동강 수심의 차이도 크고, 장비도 없는 데다 가장 결정적인 것은 날마다 천장을 모르고 폭등하는 물가였다. 고령교 착공 당시 책정한 설계 상의 기름 단가가 7백 환이었는데 공사가 끝날 무렵에는 4천 5백 환이었고, 40환이던 쌀 한 가마니는 4천 환으로 올랐다. 정주영은 노임 지급을 독촉하는 인부들에게 시달리며 미군 공사에서 벌은 돈을 다 털어넣고 서울의 자동차 수리 공장 자리와 아우들의 집도 다 팔고 월 18%대의 사채까지 당기면서 공사를 완료했다. 계약 금액 5천 4백만 환에 적자 금액 6천 5백만 환이었다. 정주영이 경험이 없어 장기 공사는 연차적으로 분할 계약을 해야 인플레 손실을 막을 수 있는데 기껏해야 두 배 정도 오르지 않겠냐고 경솔하게 계약한 것이 가장 큰 실수였다.(68쪽)

그러나 막대한 적자를 감수하고 끝까지 공사를 마무리한 현대건설의 '신용'이 남아 그 후 정부 공사를 수주하는데 큰 어려움이 없었다. 그런 점에서 보면 정주영은 '신용'의 기업인이기도 한 셈이다. 1954년부터 전후 복구 사업이 진행되던 때라 건설 공사는 많았다. 정주영은 '하면 된다' '시련은 있어도 실패는 없다' 정신으로 1965년 태국 파타니 고속도로 건설을 수주한다. 첫 해외 건설 시장 진출로 태국 파견 기술자와 노무자가 출국 비행기를 탈 때 KBS가 생중계를 하기도 했다. 그런데 현대건설은 전반적인 기술의 낙후성과 경험 부족, 전근대적인 공사 관리 체제, 미치 알지 못했던 엄청나게 쏟아붓는 비와 나쁜 토질 등으로 값비싼 대가를 치렀다. 임원들이 공사 중단 건의를 할 정도였다. '신용'의 정주영은 막대한 손실을 입고 고속도로 공사를 완공했다. 정주영은 손실을 입었지만, 시행착오를 재빨리 시정하는 과정에서 새로운 경험과 노하우를 얻었고, 국내 건설 회사들 중에서 최초로 고속도로를 시공한 실적으로 훗날에 국내의 경부고속도로 등 건설에서 주도적인 역할을 수행했다.(102쪽) 정주영은 모험이 없으면 큰 발전도 없다면서 세상일에는 공짜로 얻어지는 성과란 절대로 없다고 역설한다.

현대조선소 건설과 선박 수주 및 진수는 그야말로 대하 드라마다. 조선소도 없는 나라가 영국에서 차관을 얻고 그리스에서 선박 수주를 했다. 1972년 3월, 정주영은 현대조선소 기공식을 하고는 우선 도크를 빨리 만들어놓고 일해가면서 고쳐 쓰기로 작심했다. 그리스의 리바노스가 주문한 배 2척을 만들면서 동시에 방파제를 쌓고 바다를 준설하고, 안벽을 만들고, 도크를 파고, 14만 평의 공장을 지어 부지 60만 평, 70만톤급 드라이 도크 2기를 갖춘 국제 규모의 조선소 1단계를 완공했다. 1974년 6월에 준공을 했으니 기공식을 한 날로부터 2년 3개월 만이었다. 현대조선소는 최단시일에 조선소를 건설하면서 동시에 유조선 2척을 건조해낸 기록으로 세계 조선사에 남게 되었다. 조선소 건설은 박정희의 염원이기도 했는데 정주영은 박정희 대통령의 경제개발 의지와 실천력을 높이 평가한다. 둘 다 '하면 된다' 정신으로 뭉쳤기 때문일 것이다.

1976년 정주영은 사우디아라비아의 주베일항 공사를 따냈다. 정주영은 해안선에서 12km 떨어진 수심 30미터의 바다 복판에 50만톤급 유조선 4척이 동시에 정박하는 터미널을 만드는 기초 시공이 막막하고 캄캄했다. 수심 30미터에 12km의 자켓 구조물로 설계를 했고, 대형 강관 파일을 해저지반 30미터 깊이로 박아 내부의 흙과 돌을 제거하고 시멘트 콘크리트로 채워 구조물을 해저에 고정시키도록 된 설계였다. 현대건설은 그때까지 그런 구조물의 시공은 물론, 구경을 해본 적도 없었다. 정주영은 어렵사리 해양 구조물 및 지질 전문 기술자인 미국의 김영덕 씨를 모시고 공사를 했다. 정주영은 해양 자켓을 울산조선소에서 제작해서 주베일까지 1만 2천㎞ 바다를 가로질러 운반하자는 구상을 내놓았다. 모든 임원과 기술자가 기가 막히다는 얼굴이었다. 자켓 철 구조물은 하나가 가로 18미터, 세로 20미터에 높이 36미터, 무게가 5백 50톤에 웬만한 10층 빌딩 규모였다. 이런 자켓이 89개가 필요했고 콘크리트 슬래브까지 함께 실어나르기로 했다. 정주영은 참모들이 해상보험을 들자는 권유도 뿌리치고 태풍으로 사고가 나도 철 구조물이 바다 위에 떠 있도록 하는 공법을 구상하게 했다. 편도 1항차에 35일이 소요되는데 19항차 동안 단지 2번의 가벼운 사고가 있을 뿐이었다. 처음에는 세계의 건설 기업인이 비웃었지만, 성공하자 세계가 놀라서 입을 벌렸다.(227~229쪽)

정주영은 미래 사업 감을 폭넓게 찾았다. 1990년 고르바초프를 만났고 시베리아 개발 꿈을 세웠다. 그는 한국인의 지혜와 성실을 믿었다. 그는 사람의 힘을 믿었고 인적 자원의 위력은 여타 물적 자원과 비교될 수 없는 힘이 있다고 자신했다. 책에서 그는 정치자금을 주고받은 일을 털어놓으면서 현대가 결코 '정경유착'으로 큰 것이 아니라고 말한다. 어쩔 수 없는 시대의 한계였다는 말이다. 중화학 사업장이 많아 한때 격렬했던 노사분규에 관해서도 아쉬운 듯한 소회를 풀어놓기도 한다.

책이 출판된 1998년 3월에는 외환위기의 거센 파도가 칠 때였다. 정주영은 나라를 그 지경으로 몰고간 김영삼에 대한 분노가 컸다. 책에서도 가감없이 김영삼 정권 당시 했던 '세계화' 정책과 '외채 급증'을 비판하고 있다.

그는 이 책의 제목 그대로 '이 땅에 태어나서' 한 사람의 기업인이자 성실한 노동자로서 이 나라의 비약적 발전에 한몫을 다한 것에 무한한 긍지를 가지고 있었다. 글에서 정주영이 스스로를 '노동자'로 부른 것이 인상적이다.

정주영에게는 두둑한 배짱이 있었다. 그 배짱은 황무지와도 같았던 한국경제의 출발점에 서서, 주인 없는 땅이 널려 있는 것을 본 그의 기업가 정신의 발로가 아니었을까. 정주영의 삶에 흠이 없다고 말하긴 어려우나 탁월한 기업가임에는 분명하다. 오늘 한국이 3만 5천달러 국민소득에 선진국이 된 배경에는 정주영과 같은 탁월한 기업가의 노력이 큰 것은 사실이다. 물론 그 일들을 쳐낸 노동자의 힘도 대단했다. 그 둘이 맞들어 한국 경제가 세계에 유례 없는 성취를 일궈낸 것이다.

[문학일기 40]

드리나 강의 다리

이보 안드리치/ 김지향 옮김/ 문학과지성사

이 책을 소개하는 글에 다음과 같은 문장이 있다. '조국의 역사'와 관련된 인간의 운명을 철저히 파헤치는 서사적 필력이라는 평가를 받으며 1961년 노벨문학상을 수상하는 데 결정적인 역할을 했다. 극찬이지만 책을 읽으면 그 찬사가 조금도 틀리지 않았다는 느낌이 든다.

이 작품은 16세기부터 제1차 세계대전 이전까지 보스니아와 세르비아의 접경에 위치한 작은 도시 비셰그라드와 이 작은 도시를 가로질러 흐르고 있는 드리나강 위에 놓인 다리를 중심으로 펼쳐지는 400여 년의 인간사를 조망한 장편소설이다. 총 24장으로 구성된 이 작품에서 첫 장부터 8장까지는 오스만 터키 시대(1516~1878), 9장부터 마지막 24장까지는 오스트리아 시대(1878~1914)의 이야기를 다루고 있다. 소설의 주인공은 11개의 아치로 만들어진 석조 다리라고 할 수 있다.(480쪽) 다리의 건설부터 제1차 세계대전까지 다리 주변의 수많은 인물의 운명이 역사의 흐름과 씨줄날줄로 얽혀 진행된다. 다리는 지금도 존재한다. 책 앞에 다리 앞에 서서 찍은 작가의 사진이 나온다. 1500년대에 지은 다리인데 너무나 균형 잡히고 아름다운 모습에 놀란다. 여행을 가서 보스니아에 있는 오스만 터키 제국이 세운 모스타르 다리를 건너간 적이 있다. 그 아치형 다리 또한 아름다우면서 튼튼했다.

소설은 이야기 중심이고 많은 인물이 나오는데도 불구하고 지겹지 않고 슬슬 책장이 잘 넘어간다.

다리의 처음은 1516년 경 오스만 터키 제국이 보스니아 마을에서 징집한 소년들에서 시작된다. 이들 소년 중 한 명이 훗날 술탄의 황실에서 세계적인 명성을 지닌 정치가 메흐메드 파샤 소콜리(총독 베지르)가 되었다. 그는 세 대륙에 걸친 전쟁들을 대부분 승리로 이끌며 밖으로는 영토를 넓히고 안으로는 안정된 정치를 함으로써 오스만 터키 제국의 영토를 확장한 장본인이었다. 그가 명령을 내려 자신의 보스니아 고향 마을 부근에 위대한 돌다리를 건설하게 한 것이다.

총독 베지르가 파견한 다리 건설관 아비다가가 마을 사람 앞에서 한 연설은 인상적이며 이 다리가 범상치 않은 이력을 지니게 될것임을 예언하고 있다.

"나는 내 몸에 피를 묻히기를 좋아하는 잔인하고 제멋대로인 사람이다. 나는 위대한 베지르로부터 하명받은 명령을 오랫동안 수행하면서 그런 정평이 붙은 사람이다. 나는 나에게 맡겨진 임무를 수행할 뿐이며, 그 일을 마치면 떠나게 될 테고, 그 후에는 나에 대한 더욱 악명 높은 소문이 들리기를 원하는 사람이다."(35쪽)

아비다가는 혹독하게 마을과 인근의 주민을 동원해서 다리를 짓는데 밤이 지나면 계속 파손되었다. 주민들 사이에 물의 요정이 공사를 거부한다는 소문이 돌았다. 아비다가는 경비대장 플례블예인에게 명해 다리를 파손하는 범인을 잡도록 했는데 만약 경비대장이 기한 안에 잡지 못하면 경비대장이 대신 처벌받는다고 알렸다. 경비대장은 야간 경비를 서면서 마침내 다리를 파손하는 농부 라디사브를 붙잡았고 아비다가는 농부를 말뚝 꼬챙이에 꿰어 매달아서 죽이는 잔인한 형벌을 내렸다. 경비대장은 그 처형 장면을 보면서 자신이 그 처벌을 받을 수도 있었다는 생각에 광기 들려 미쳐버리고 만다.

소설은 다리를 둘러싼 많은 인물의 욕망과 안녕과 증오를 보여주면서 풍성하게 푸른 강물처럼 나아간다. 인상적인 몇몇 인물은 이렇다.

밀란은 좋은 밭과 말과 암소와 송아지를 가진 성실한 농부였다. 그는 심심풀이로 도박장에 다녔는데 어느날 도박장에서 한 이방인을 만나 돈을 잃었다. 그리고 달 밝은 가을밤 다리 가운데 카피야에서 이방인을 만나 오투즈 비르 도박(일명 31)을 하게 된다. 밀란은 돈을 잃고 집에 가서 다시 돈을 가지고 와서 도박을 하나 이방인에게 계속 잃게 된다. 그러다가 밀란이 따서 잃은 돈을 모두 회복하기도 한다. 그러나 밀란은 끝내 돈을 잃게 되고 이방인은 그에게 가축, 토지 그리고 재산 등을 걸라고 제안한다. 흥미진진하게 카드를 주고받으며 진행되는 도박 묘사가 압권이다. 밀란은 무엇에 홀린 듯 계속 말과 밭과 소를 잃는다. 그리고 침착하게 도박을 진행하는 이방인은 자신의 임무에 충실한 일꾼처럼 보였다. 밀란은 피가 귀밑으로 솟구치고 발 밑 돌바닥이 일어났다 가라앉았다 하는 것 같았다. 그러자 이방인은 단조롭고 약간 콧소리가 나는 어조로 말했다.

"여보시게, 친구? 우리 모든 것을 걸고 한 번만 더 합시다. 나는 오늘 저녁에 딴 돈 전부를 걸 테니 당신은 생명을 거시오. 만약 당신이 이기면 돈, 토지, 소, 모든 것이 전처럼 당신 것이 될 테고 만약 당신이 진다

면 당신은 카피야에서 드리나강으로 뛰어내려야 합니다."(221쪽)

다리 옆의 로티카 호텔을 운영하는 로티카는 빼어난 미인인 데다 과부였고 사업 수단도 뛰어났다. 유태인인 로티카가 남자를 다루는 솜씨를 보면 그녀가 남자란 인간의 깊은 바탕을 얼마나 잘 알고 있는지 알 수 있다. 그녀는 술에 취하고 자제를 잃어 사나워진 취객들을 황소를 다루는 투우사처럼 다루었다. 자기가 다루는 사람들의 성격을 금세 파악했고 언뜻 보기에는 복잡한 듯한 그 요구의 열쇠를 쉽사리 알아차렸다. 그녀는 모든 것을 주기라도 할 것처럼 내보이고 약속을 수없이 하면서도 주는 것이 거의 없거나 전혀 없었는데 그들의 욕망이란 본질적으로 만족을 얻을 수 없는 것이기 때문에 그들 자신도 이 조금으로 만족했다. 로티카는 친절한 성품과 따뜻한 마음씨를 지닌 이해심 많은 여자였다. 남자들은 선천적으로 미치고 싶어했기 때문에 그녀는 그들을 모두 미치게 했고 남자들은 속고 싶어했기 때문에 그들을 속였고 남자들이 이미 내버리거나 잃기로 작정한 돈만을 그녀는 손에 넣을 뿐이었다.(266쪽)

소설에서 가장 매력적인 인물 중 하나가 로티카일 것이다. 그러나 그녀도 1차 세계대전의 포격에 로티카 호텔이 파괴되면서 늙고 힘없는 유태인 노파로 변신하고 만다. 개인의 삶은 시대와 역사를 넘어설 수 없어 1차 세계대전의 폭풍우 속에 드리나 강 주변의 많은 사람들의 삶도 몰락하고 만다. 이 작품이 노벨 문학상을 받고 고전으로 남은 이유는 그 개인들의 삶과 감정이 시대에 맞물려 어떤 때는 기쁨으로 어떤 때는 절망으로 변화하는 지점을 정확하게 포착했기 때문일 것이다.

성실한 상인이자 독실한 이슬람교도인 알리호좌는 어느날 가게에 있다가 대기를 진동하는 육중한 폭음과 엄청난 파괴음을 들으면서 바닥으로 내팽개쳐진다. 그는 오래 바닥에 누워 있다가 겨우 정신을 차려 일어난다. 다리는 일곱 번 째 교각이 사라지고 그 사이로 푸른 강물이 보였다. 교각이 하나 없는 다리가 부서진 두 아치 사이로 입을 크게 벌리고 있었다. 그런 것들은 꿈에서나 겪고 볼 수 있는 것들이었다. 장터로 내려오는 길에서 누군가를 부르는 큰 목소리의 세르비아어의 명령이 들렸고 서두르는 헌병들의 발자국 소리가 들렸다. 알리호좌는 서둘러 덧문을 올리고 커다란 자물쇠를 채운 뒤 산 위에 있는 집으로 올라갔다. 알리호좌의 심장은 겨우 뛰었고 그는 질식할 듯한 두려움에 휩싸였다.(469쪽)

영원할 것만 같았던 베지르의 다리마저 목걸이처럼 부서지고 말았으니 어디쯤에서 이런 짓이 멈출지 알리호좌는 알 수가 없었다. 그는 심장마비로 언덕길에 쓰러져서 죽고 만다. 1차 세계대전은 드리나 강의 다리와 그 주변의 행복한 사람들을 함께 절벽으로 굴리고 말았다. 발칸반도 400년의 역사를 가로지르는 대서사이면서 다양한 민족 공동체들의 삶과 애환과 갈등을 유장하고 치밀하게 그려내었다는 칭송이 결코 아깝지 않은 작품이다.

[문학일기 41, 42]

밤의 여행자들

윤고은/ 민음사

스노볼 드라이브

조예은/ 민음사

　'재난'을 소재로 한 소설을 고르니 우연히 두 권 모두 민음사에서 나온 책이었다. 민음사는 '당신이 소장해야 할 한국문학의 새로움'이란 표어를 내걸고 '오늘의 젊은 작가 시리즈'를 발간하는데 두 권은 이 시리즈에 속해 있다. 이 젊은 작가 시리즈에 실린 약 서른 권의 소설에서 가장 널리 알려진 책은 『82년생 김지영』일 것이다. 작가 본인과 출판사도 예상하지 못했을 사회적 반향은 낡은 장르로 여겨지기도 하는 소설도 맥점을 잘 짚으면 파괴력이 만만찮음을 만천하에 과시했다.

　시리즈의 '젊은 작가'를 선정하는 기준은 무엇일까? 단순한 나이인지, 등단 연도인지, 아니면 나이를 먹었어도 발상과 문장의 신선함을 젊음의 기준으로 삼는지는 알 수 없다. 어쨌든 나이를 꽤 먹은 많은 소설가들은 이런 부류의 '젊은 작가' 시리즈에 참여할 수 없어 그저 안타까움을 씹고 있을 뿐이다.

『밤의 여행자들』에서 여행회사 정글에서 근무하는 요나는 재난 여행을 기획한다. 화산, 지진, 전쟁, 가뭄, 태풍, 쓰나미 등 재난의 종류는 정글의 분류 법칙에 따르면 크게 서른세 가지로 나뉘었고, 거기서 또 152개의 여행상품을 만든다. 여행자들은 재난으로 폐허가 된 지역을 관광하면서 재난 피해자들에게 연민과 공감을 느끼고 안온한 자신의 삶에 감사한다. 그렇게 충격을 겪은 후에 일상으로 다시 돌아오면서 여행자들은 어느 선사가 말했듯이 '평상심이 도'라는 일상의 행복을 만끽하는 삶으로 충전된다. 요나는 인기가 없어진 부족 학살 체험 재난여행지 무이섬으로 출장 여행을 가는데 섬에 이해관계가 깊은 폴이란 회사는 어이없게도 사막에 주민 수백 명이 빠져 죽는 거대한 싱크홀을 인위적으로 만들어 재난여행지로 다시 뜰 기획을 준비하고 있었다.

『스노볼 드라이브』는 녹지 않는 눈이 내린 지 7년 째 되는 곳이 배경이다. 주인공 백모루는 중학생일 때 학교 운동장에서 녹지 않는 첫눈을 맞는다. 아이들은 굵은 모래 같은 눈을 맞자 극심한 가려움과 통증을 호소하는 알레르기 반응을 보인다. 학생들은 손과 얼굴, 목덜미를 감싼 채 비명을 지르며 운동장에서 학교 건물로 도피한다. 백모루가 사는 백영시를 비롯한 나라 전체에 녹지 않는 눈이 쌓이고 이 눈은 태워야만 없앨 수 있다. 백영시는 눈을 태우는 특수 폐기물 센터를 운영하고 백모루는 폐기물 센터에서 일하면서 실종된 트럭운전사인 이모 유진을 찾아 나선다.

두 작품 모두 재난을 리얼리즘 시각에서 접근하지 않은 점이 눈에 띈다. 현실의 충실하고 완전한 재현을 꿈꾸는 리얼리즘 형식은 어떻게 보면 재난이란 소재를 다루기에 적합한 기법으로 보인다. 문인으로 등단하기 위한 주요한 무대인 신춘문예와 문예잡지 신인상은 대부분 리얼리즘 형식이 오랫동안 점령했다. 그러나 한편으로 리얼리즘 형식은 소설보다 더 소설적으로 도약하는 오늘의 현실을 따라잡기에 급급하면서 그 역동성을 많이 잃어버렸다. 과감하게 말하면 서구에서 발달한 리얼리즘은 19세기 서구의 지배자와 식민세력이 가장 선호한 문학 형식이 아니었을까? '좋은 시대'라는 뜻의 19세기 말부터 20세기 초까지를 가리키는 '벨 에포크'는 서구에게 지배당한 식민지 주민에게는 전혀 '좋은 시대'가 아니었다.

『밤의 여행자들』의 무이섬에서 전대미문의 인공적인 대참사를 기획하고 있는 폴의 계획은 이렇다. 8월의 첫 번째 일요일에 붉은 사막에서 두 개의 싱크홀이 발생하고 두 번째 싱크홀은 직경이 거의 30미터, 깊이는 최소한 200미터가 넘는다. 대부분의 사망자는 거기서 나온다. 실수로 무이섬에 계속 머무르게 된 요나는 리조트 매니저와 작가의 시나리오에 따라 대참사를 기획하는 일에 어쩔 수 없이 협조하게 된다. 요나가 매니저에게 상식적으로 용납되지 않는 재난 기획에 의문을 표하자 매니저는 말한다. "무이에서는 더이상 상식으로 기다리는 방식이 안 통합니다. 재해 때문에 죽나, 가만히 앉아 굶어 죽나 똑같지 않나요. 지금 상황에서는 차라리 재해 쪽이 낫지요. 정글과 계약해서 리조트를 세운 이래로 무이는 그 역할대로 일상을 재단해서 살아가고 있었습니다.

덕분에 외지로 빠졌던 젊은 인력들이 돌아오기도 했지요. 이제 와서 그 역할이 없어진다는 것은 삶이 없어진다는 뜻입니다."(120쪽)

 그럼 폴이라는 회사는 인공적인 대재난을 위해 실제로 사람을 죽이는 것일까? 그렇지는 않다. 죽은 사람을 냉동시켜 모았다가 그 날 한꺼번에 싱크홀에 투입하는 방식으로 '스펙터클'을 창조해내는 것이다. 그러나 한편으로 그런 시체 재고를 쌓기 위해 무이섬에서는 노란 트럭이 끊임없이 교통사고를 일으킨다.

 이렇게 만들어지는 재난은 소설가의 상상력에서만 외롭게 존재하는 것은 아니다. 2020년 한국 산재 사망자 882명 중에서 건설업 사망자는 458명으로 전체의 51퍼센트를 넘는다. 건설업 사망자 중 추락 사고 사망자는 328명에 달한다. 이는 대개 건설 현장에서 안전 난간을 설치하지 않았거나 방호망이나 안전대 미설치, 개구부 관리 소홀로 일어났다. 매일 한 명꼴로 죽는 추락사고가 수십 년간 버젓이 반복해서 발생하고 있는 것이다. 하청에 재하청을 받은 건설업자가 공기와 비용에 쫓겨 안전 난간을 설치하지 않는 것이나 무이섬에서 인공적인 재난을 일으키겠다는 발상이나 사고를 인식하는 바탕은 같다.

 대한민국이라는 일종의 회사도 무이섬의 폴이라는 회사와 비슷하다. 생존을 위해서라면 재난을 견디고 참아내야 한다는 것이다. 주민 일부는 죽지만 나머지 대다수는 그 죽음을 먹고 삶을 살아나가는 것이다. 그리고 입법을 담당하는 국회와 고용노동부를 비롯한 정부 그리고 한국인 대다수는 그런 산재 사망을 대한민국이라는 주식회사가 굴러가기 위한 불가피한 비용이나 희생으로 생각한다. 아니 아예 그런 비극은 없다고 머리에서 지워버린다. 울리히 벡이 『위험사회』에서 언제나 부의 생산논리가 승리하며 그 때문에 위험사회는 궁극적으로 승리를 거두게 된다고 갈파한 것과 같다.

　요나는 자기가 사랑하는 럭의 생존을 위해 인공재난 시나리오에 약간의 변경을 가한다. 그리고 그 대가로 요나는 죽음을 맞는다. 상당수의 생존을 위해 일부를 희생시키는 재난 시나리오는 누군가의 계획 변경을 용납하지 않는 신성불가침인 것이다. 그리고 대자연은 전혀 예기치 못한 방식으로 인간이 만든 재난 계획을 단번에 허물어버린다.

　『스노볼 드라이브』는 녹지 않는 눈이라는, 기후 위기에 따른 재난을 다룬다. 이건 무이섬에서 몇 백 명을 죽일 예정인 인공적인 재난과는 차원이 아예 다르다. 눈은 하늘에서 지상으로 장소와 사람을 가리지 않고 무차별적으로 떨어지고 눈을 맞으면 심각한 증상을 일으켜 죽을 수도 있다. 더구나 이 눈은 녹지 않아 태워버려야만 사라진다. 내리는 눈과 모은 눈을 태우는 폐기물 처리센터 사이에 누가 더 빠른가 속도전이 벌어진다. 그런데 소설은 인류가, 아니면 최소한 한국이 부닥친 절체절명의 위기에서 녹지 않는 눈이 내린 원인을 찾거나 없애버릴 궁리를 하도록 나아가지 않는다. 작가는 그런 어벤저스 급 주인공을 아예 배치하지도 않았다. 대신에 주인공 백모루는 실종된 이모를 찾는 일에 몰두한다. 백모루의 친구 이이월도 새엄마와 얽힌 가정사에 빠져있다. 소설 주인공들은 뒷산이 무너져 내리는데 숟가락 하나를 찾겠다고 집을 뒤지고 있는 셈이다. 저자는 '작가의 말'에서 초고를 완성하기 위해 두 번을 멈추었고 그대로 고꾸라질 뻔했는데 세 번째에 어떻게든 나아갈 힘을 얻었다고 말한다. 힘든 창작 과정에서 더 세차게 밀고 나갈 동력이 약해진 것일까.

타이타닉이 침몰하는 과정에서 살아남는 생존자의 스토리는 감동적이다. 불타는 고층건물에서 목숨을 걸고 탈출하는 스토리는 사람의 눈을 끌어당긴다. 그런데 녹지 않는 눈이 내리는 상황은 어떤 장소나 어떤 건물에서 벌어지는 국지적인 사건이 아니다. 그래서 소설 『로드』에서와 같은 묵시론적 주인공의 활약을 기대한 독자로서는 조금 당혹스럽다. 김애란이 단편 「물속 골리앗」에서 말한 '세계의 끝'의 장중한 풍경이 펼쳐졌으면 하는 바람은 아쉽게도 채워지지 않는다.

그럼에도 소설 전체를 감싸고 있는 '녹지 않는 눈'이라는 재난의 발상 자체가 너무 맘에 든다. 어쩌면 우리도 다가올 엄청난 기후위기를 나 몰라라 하고 눈앞의 아파트 값에 목을 매고 있다는 점에서 소설 속의 백모루와 이이월과 다를 바 없는지도 모른다. 그리고 지구 차원의 거대한 재난이 닥치면 마치 중생대의 공룡이 그러했듯이 그저 개인과 가족의 생존을 위해 몸부림치다가 멸종으로 다가갈지도 모르겠다. 재난을 다루는 문학적 상상력이 그 종말과 멸종을 리얼리즘으로 때로는 판타지로 때로는 SF로 생생하게 펼쳐 보이기를 기대한다. 혹시 아는가. 작품 한 편이 대홍수에서 인류를 구하는 잎을 물고 온 비둘기와 같은 귀물이 될지.

[문학일기 43]

뿌리

에바 틴드/ 손화수 옮김/ 산지니

　에바 틴드는 1974년 부산에서 태어나 한 살 때 덴마크로 입양되었다. 덴마크에서 작가가 된 그녀는 소설 『뿌리』에서 자기 개인의 뿌리를 찾는 궤적을 보여줄까. 그렇기도 하고 그렇지 않기도 하다.
　소설의 주인공 수이는 사분의 일만 한국인의 피를 물려받았다. 수이의 아버지 카이는 한국인 아버지와 덴마크인 어머니 사이에서 태어났으니 절반은 한국계이다. 수이의 어머니 미리암은 화가로 덴마크 사람이다. 이들의 출생과 생물학적 조건이 다르니 그들이 자신의 뿌리를 찾는 방식도 다를 것이다.
　먼저 미리암을 보자. 미리암은 성공한 화가다. 미리암은 51살에 젊은 건축가인 카이를 만나 잠시 사랑을 나누는데 기적의 임신을 하게 된다. 맙소사! 나이 51살에 임신이라니. 미리암은 아이를 키울 생각은커녕 낳을 생각도 없었다. 그렇지만 카이를 만나 의논 끝에 아이를 낳되 어머니로서의 권리를 포기한다. 미리암은 흔히 말하는 모성애라고는 전혀 없는 여자였다. 미리암이 하로스코겐 숲에서 수이를 만났을 때 엄마라고 부르는 수이에게 엄마 대신 이름인 미리암으로 부르라고 요구한다.

후에 밝혀지지만 미리암을 낳은 어머니 역시 미리암이 어릴 때 버리고 떠났으니 그들 모녀 모두 지독한 자기중심주의자인 셈이다.

미리암은 노년에 스웨덴 오지의 주택과 땅을 사서 높이 4미터, 둘레 15.5킬로미터의 담장을 쌓아 올린다. 사람의 손이 닿지 않은 거대한 원시 숲속의 공간을 둘러싼 원형의 벽은 1만 년 된 나무를 에워싼 채 자리한다. 담장은 앞으로 다가올 2, 3백년 동안 내외부의 동식물 교류를 제한하는 수단이다. 사람들은 오랜 시간이 지나 장벽이 무너지면 그제서야 내부 공간을 볼 수 있다. 미리암은 일종의 설치미술인 이 거대한 담장의 이름을 '로디니아'로 부르는데 10억 년 전 존재했던 초대륙의 이름을 딴 것이다.

미리암은 죽음이 다가오자 스스로를 그 나무 옆에 묻는다. 그녀는 나무 옆의 구덩이에 들어가 청산가리 알약을 깨물고 죽을 때 눈을 살짝 떠본다. 나무 뿌리와 흙으로 가득한 구덩이 속까지 한 줄기 빛이 새어 들어오는 모습에 이상함을 느낀다. 인간에게 뿌리란 존재의 근원으로 생물학적 부모일 수도 있고, 사상과 믿음의 근원일 수도 있으며 민족일 수도 있다. 물론 자연일 수도 있지만 미리암이 대자연이란 뿌리를 찾아 땅으로 돌아가는 모습은 그야말로 이상하기만 하다. 식민지를 가졌던 북유럽 선진국 시민의 무의식을 닮았다고나 할까. 미리암이 만든 원형의 담장은 자연을 안과 밖으로 나누는 장벽이다. 원래의 자연은 연속이고 경계가 없다.

미리암은 자연에게서 뭔가를 분리하는 방식으로, 자신의 마지막 삶뿐 아니라 죽음까지도 인공의 벽으로 가두는 방식으로 자신의 뿌리를 찾아간다. 미리암은 그 장벽을 10억 년 전에 존재했던 초대륙의 이름으로 지어서 영원에 가까운 원초성을 강조하지만 발작적인 퍼포먼스에 불과한 것이 아닐까. 자신이 낳은 아이를 바로 카이에게 떠넘기고 가버린 인간성 부재의 인간이 만드는 일회성 '스펙터클'로 보여진다.

수이의 아버지 카이는 어떻게 뿌리 찾기에 나설까.

알렉스 헤일리는 작품 『뿌리』에서 1760년 경 아프리카에서 납치돼 미국에 노예로 팔려온 자신의 조상 쿤타 킨테의 고향을 찾는 대장정을 보여준다. 알렉스 헤일리는 똑딱선을 타고 서아프리카 감비아강을 거슬러 올라가 킨테 마을에서 수백 년에 걸친 마을의 역사를 암송해서 들려주는 그리오라고 불리는 노인을 만난다. 노예의 후손인 알렉스 헤일리는 뿌리를 찾아 거대한 강을 오르지만 북유럽 선진국 시민인 카이는 다른 방향으로 뿌리 찾기에 나선다. 카이는 수이가 집을 떠나 독립하자 무기력한 공허감에 빠진다. 직장 출근도 포기하고 종일 울기도 한다. 카이의 수이를 향한 사랑은 지나쳐서 집착으로까지 보인다. 성인이 된 딸이 애인을 만나고 아버지 카이를 떠나는 것이 왜 그렇게 고통스러울까. 카이의 마음은 성숙하지 못해 이별과 분리를 두려워한다. 카이에게는 새로운 삶을 위한 처방이 필요하다. 카이는 슬픔을 극복하기 위한 명상 수행을 하기 위해 인도의 오로빌을 찾아간다. 삶의 위기에서 빠져나갈 탈출구를 찾은 셈이다.

오로빌은 남인도 코로만델 해안에 있다. 인도의 현자인 스리 오리빈도의 영감을 받아 그의 영적 협조자인 마더가 1968년에 헐벗은 벌판에 세웠다. 현재 약 50여 개국의 나라에서 온 2,700여 명 가량이 머물고 있다. 한국인도 30여 명 살고 있다. 오로빌은 '새벽의 도시'라는 뜻이다. 이 마을이 추구하는 이상은 인류가 인종, 국가, 종교, 문화, 정치 등 스스로 만든 분리의 장벽을 허물고 하나가 되어서 살아갈 신시대의 새벽을 열기 위한 넓은 장을 제공하는 것이다. 카이는 오로빌을 이렇게 말한다. "오로빌 사람들은 가난하지 않아. 오로빌은 작은 자치사회고 이곳에 사는 사람들은 평등하게 매주 25시간씩 일하고, 그 대가를 받아. 이곳에 있으면 전 세계 사람들을 만날 수 있다 해도 과언이 아니야."

한국인의 피를 절반 물려받은 카이니까 동양으로 간 것은 타당한 것일까? 카이는 오로빌에서 자신이 사람 몸에 손을 대서 병을 낫게 하는 능력을 지녔음을 알게 된다. 카이는 오로빌이라는 큰 뿌리로 들어와 자신의 치유 능력을 발견하고 작은 뿌리로 살아가는 셈이다. 카이의 오두막 앞에 치료를 받으려는 사람이 길게 줄을 선다. 카이는 많은 사람을 치료해주지만 환자들이 발산하는 부정적인 기운 때문에 에너지가 소진되면서 시간이 흐를수록 점점 피곤해진다. 카이는 새롭게 탄생하면서 동시에 그 대가로 부패해가는 것이다.

카이는 오로빌에서 계속 살 수도 있었지만 이전의 평범한 삶으로 되돌아가겠다고 결심한다. 딸 수이가 한국에서 보내온 소식 때문에 마음이 흔들려서 그렇게 바꾼 것일 수도 있다. 그러면서 카이는 주변의 세상을 회의적인 눈으로 보지 않고 항상 긍정적으로 받아들이겠다고 결심한다. 불교식으로 표현하면 카이는 출가했다가 나름의 깨달음을 얻고 다시 속세로 돌아온 것이다. 오로빌에서 살다가 다시 세상으로 나오는 그 사이에 카이는 인간과 세상에 관한 나름의 통찰력을 얻은 것이다.

카이는 마음 뿌리가 단단해졌고 그 단단함을 바탕으로 한국에 있는 자신의 아버지를 만나러 간다. 카이는 아버지의 팍팍한 삶 이야기를 들으면서 전혀 흔들리지 않는다. 어디를 둘러봐도 검은 머리, 검은 수염으로 빽빽한 전철에서 카이는 그곳에 왜 자신이 있는지 이유를 알 수 없었다. 아버지를 향한 느낌과 감정도 찾을 수 없었다. 그럼에도 카이는 말한다. 아버지와 나는 어떤 식으로든 엮여 있는 것만은 분명하고, 어쨌든 아버지는 내 삶에서 지울 수 없는 존재라고.

수이는 어떻게 자신의 뿌리를 찾아갈까. 수이는 미리암이 사는 오지의 숲이 싫다. 수이는 오지의 숲이 미리암을 산 채로 갉아먹고 있다고 생각한다. 높은 벽을 친 숲은 자연으로의 귀환이 아니라 오히려 자연에서 분리를 뜻하기 때문이다. 수이는 말한다. "나는 그녀의 현실 속으로 빠져들기를 거부한다. 만약, 그렇게 된다면 나라는 사람은 이 세상에서 사라져버릴 것이다." 수이는 한국에 관한 정보를 찾으면서 제주도의 해녀 사진을 본다. 해녀의 얼굴에는 주름이 가득했지만 자부심으로 가득 찬 눈빛은 그녀의 나이를 감추기에 충분했다. 그녀가 발산하는 힘은 강렬한 원시성을 연상시켰고, 그것은 수이의 가슴 속에 잠자고 있던 그 무언가를 깨웠다. 무엇이 수이의 마음을 깨웠을까. 수이는 생각한다. "미리암은 아무도 사랑하지 않았다. 심지어는 그녀 자신조차도." 미리암이 사는 스웨덴의 사람 하나 찾을 수 없는 광막한 숲에서는 찾을 수 없는, 자연과 공존하면서 동시에 승리하는 해녀의 삶이 그녀를 깨운 것은 아닐까. 비록 한국인의 피는 사분의 일에 불과하지만 거기에 수이의 뿌리가 있는 것은 아닐까.

수이는 할아버지가 살았던 한국의 남단 섬 마라도를 찾아간다. 할아버지와 같이 살았던 해녀 미옥 할머니가 수이에게 별채를 마련해주고 '수이의 집' 이름을 새긴 나무 팻말을 걸어준다. 수이는 여름이면 나이 많은 해녀들과 함께 해산물을 채취해서 그해 겨울을 날 수 있을 만큼의 돈을 벌었고, 겨울이 되면 할아버지가 직접 지었던 언덕 위의 오두막으로 옮겨가 글을 쓴다. 수이는 미리암에게서 엄청난 유산을 물려받았지만 그 돈은 한 푼도 건드리지 않는다. 돈에도 생명이나 죽음, 탐욕과 같은 뿌리가 달려 있다.

그녀는 글쓰기를 통해 새로운 인식과 지평으로 나아가고 삶에 깊이를 더하게 된다. 수이는 글을 쓰면서 새로운 생의 순환으로 나아간 것이다. 수이에게 글쓰기는 새로운 삶의 무늬고 영혼의 창문이며 뿌리를 깊이 내리기 위한 연장이다. 어느 날 수이는 바다 깊숙이 잠수해서 자신의 몸 일부분이 아가미가 되고, 피부는 은색으로 반짝이는 조개 껍데기로 변하는 체험을 하게 된다. 수이는 죽은 것일까. 아니다. 수이는 새롭게 완전히 재탄생한 것이다.

이 작품의 미덕 중 하나는 새로운 소설 형식을 취한 것이다. '코펜하겐, 2010 수이', '오로빌, 2010 카이', '달라르나, 2000 미리암'과 같은 제목을 단 100개의 짧은 글을 직조해서 장편 소설을 일궈냈다. 장소와 연도, 화자의 이름을 단 100개의 엽편이자 시퀀스로 일관성있는 스토리에 주인공을 개성 있는 입체적 인물로 부각하는 기술이 놀랍다. 소설 『뿌리』는 미리암과 카이, 수이의 삶과 로디니아와 오로빌, 마라도의 생활을 직조해서 아름다우면서 땅속으로 잘 뻗고 서로가 연대한 뿌리를 보여준다.

[문학일기 44]

토지 1-20권

박경리/ 나남출판

　토지 전권을 다 읽었다. 예전에 읽었지만 장편소설을 쓰기 위한 훈련 과정으로 다시 읽었다. 토지는 인물 묘사가 백미다. 서희와 길상을 비롯해서 윤씨 부인, 최치수, 조준구, 평산과 칠성이, 함안댁, 임이네, 두만네, 윤보, 문 의원 등등 인물 하나하나가 19세기 말과 20세기 초의 시대에 꼭꼭 박혀 너무나 잘 살아있다. 절절한 사랑 이야기도 백미다. 용이와 월선이, 귀녀와 강 포수의 사랑은 심금을 울린다. 현대의 막장 드라마와 연애 드라마의 원조가 『토지』에 뿌리를 두고 있는 것만 같다.

　1권과 2권에 최 참판댁이 재산을 모은 과정이 간간이 나온다. 흉년에 쌀 한 말 주고 논 마지기를 빼앗았다는 이야기다. 최참판댁 여인네들이 악착같이 매집해서 만석지기 땅을 모았다는 말이다. 소설『혼불』에서도 청암 부인이 그런 과정을 거쳐 땅을 사 모았다는 말이 나온다. 한국 부동산 투기의 원조는 윤씨 부인과 청암 부인 같은 양반댁 부인들인 셈이다. 조선의 양반은 곳간 열쇠를 부인에게 넘겨주고 재산의 유지와 형성은 모른 척하고 지냈다. 그런 문화가 세월을 따라 이어져서 지금도 월급 봉투를 통째 아내에게 넘겨주고 있는지도 모른다. 지금도 서울을 비롯한 전국 요지를 휩쓰는 부동산 투기는 상당 부분 여자들이 해내고 있다. 그리고 아직 한국 여자들은 주식에 손을 많이 대지 않는다. 한국 가계 자산은 80% 정도가 부동산으로 구성되어 있다. 역사 유산은 뿌리가 깊다.

2권에서 김개주가 윤씨 부인을 만나는 장면이 나온다. 소설에는 김개주가 절에서 윤씨 부인을 겁탈해서 구천을 낳은 것으로 묘사되고 있다. 나는 이렇게 바꾸었으면 좋겠다. 청상과부인 윤씨 부인은 절에서 잘생긴 김개주를 만나 한순간에 반해 정을 맺게 된다. 그러나 윤씨 부인은 김개주와 도망을 칠 생각은 없다. 집안을 짊어진 양반 부인의 무게를 계속 진다. 윤씨 부인을 시중든 어멈은 윤씨 부인이 김개주에게 겁탈 당해 아이를 가진 것으로 알고 있다. 진실은 윤씨 부인만 속으로 간직한다.

작품에 동학군을 이끌고 온 김개주가 야밤에 윤씨 부인을 만나는 장면을 넣으면 이런 대사가 어떨까?

김개주가 묻는다.
"실수였소?"
윤씨 부인은 말이 없다.
김개주가 다시 말한다.
"장난으로 한 번 놀아본 것이요?"
윤씨 부인은 여전히 꼿꼿이 앉은 채로 입을 다물고 있다. 태산 같은 침묵만 방을 감싸고 있다.

김개주가 묵직하게 말한다.

"나는 그대를 잊은 적 없소!"

그 말을 하고 김개주는 방문을 열고 나선다. 다음 날 새벽에 동학군은 최참판댁에서 물러나간다.

임이네의 성격 묘사를 보자. 임이네는 이런 사람이다. "칡넝쿨같이 줄기찬 생활력과 물가의 잡풀같이 무성한 생명력을 지닌 임이네, 식욕과 물욕과 성욕이 터질 듯 팽팽한 살가죽에 넘쳐흐르듯 왕성한 임이네는 대지에 깊이 뿌리박은 여자, 풍요한 생산의 터전이라고나 할까."(4권 122쪽)

서희의 성격은 어떤가? 열한 살이면 행세하는 집안의 규수는 음전해야 했다. 그러나 윤씨 부인이 죽고 조준구가 최 참판댁을 장악하고 난 후에도 서희 성격은 꺾이지 않는다. 서희가 조준구의 아들 꼽추 병수를 만나자 하는 말이다. "가아! 다시, 두 번 다시 별당에 얼씬거렸다간 당산나무에 매달아서 때려죽일테야."(3권 358쪽)

서희는 별당아씨 흉을 보는 삼수를 발견하고 말채찍으로 삼수의 등짝을 후려치고 외친다. "수동아! 길상아! 이놈을 묶어라!" 조준구의 아내 홍씨가 앞으로 다가서려 했을 때 서희는 말채찍을 흔들며 홍씨를 칠 듯한 기색을 보였다.(3권 363쪽)

서희는 어리지만 강인한 성격과 놀라운 의지를 지녔다. 최참판댁을 지키던 수동이가 죽고 난 뒤에 서희가 하는 말을 들어보자. "정말 그렇다면 나는 귀신하고 싸울 테야! 신령님네 살려주시오, 살려주시오 골백번 그래 봐야 아무도 살려주진 않던 걸. 구구하고 치사스러워."

놀라며 봉순이 쳐다본다.

"모조리 다아 잡아가라지. 하지만 나는 안 될 걸. 우리집은 망하지 않아. 여긴 최씨, 최 참판댁이야! 홍가 것도 조가 것도 아냐! 아니란 말이야! 만의 일이라도 그리 된다면 봉순아? 땅이든 집이든 다 물 속에 처넣어버릴 테야. 알겠니? 난 그렇게 할 수 있어. 내 원한으로 불살라서 죽여버릴테야. 난 그렇게 할 수 있어. 찢어죽이고 말려죽일 테야. 내가 받은 수모를 하난들 잊을 줄 아느냐?"(4권 147~148쪽)

5권부터는 용정으로 옮겨간 서희와 평사리 사람 이야기로 이어진다. 서희는 공 노인과 어울려 뛰어난 사업 수완을 보인다. 고루한 김 훈장은 이런 서희가 탐탁찮다. "명색이 양반이면 사내도 못할 짓을, 그래 규중의 규수가? 아무리 낯선 땅이기로, 겨우 열아홉 나이의 처녀 몸으로 미천한 시정배하고 한당이 되어 장사라니? 투기사업이라니?"(5권 27쪽)

어떻게 서희는 상업에 성공한 것일까? "어쨌든 신용 하나가 밑천인 공 노인은 서희에게 둘도 없는 좋은 길잡이였다. 윤씨 부인이 농발 대신 괴어두었던 막대기 속의 금은을 국자가 청인에게 주선하여 거금 삼천 원을 만들어 준 것도 청국 말에 능하고 그쪽 사회에 면식이 많은 공 노인이었다. 자금 삼천 원을 굴리는 데 적절하게 주선한 것도 역시 공 노인이었다."(5권 80쪽) 서희는 콩 특히 백두를 매점하여 곳간에 쌓아올리는 일부터 시작했다. 이런 식으로 안방에 앉은 서희는 촉수와도 같은 그 예리한 신경을 사방으로 뻗쳐 삼 년 동안 자본을 두 배로 늘리는 데 성공했다. 공 노인과 길상의 존재가 없었더라면 가능하지 못한 일이었다.(5권 81쪽)

떠나온 사람들은 모두 고향을 앓는다. 길상이 환상에서 떠올리는 평사리와 사람들을 보자.

"적막한 바람과 눅진눅진한 현기증과 오색의 환상과 환상, 장작불 타는 시꺼먼 밤의 오광대놀이가 한마당 막을 올리고 지나간다. 숲이 나타나고 황톳길이 나타나고 섬진강을 따라 굽이쳐 뻗은 삼십 리, 하동으로 가는 길이 나타난다. 그 위로 세월이 발소리를 내며 지나간다. 마음 바닥을 쿵쿵 밟으며 지나가는 세월의 발자국 소리, 끊이지 않는 기나긴 세월의 행렬, 지나가다가 어떤 것은 되돌아오곤 한다. 윤씨 부인의 모습이 지나간다. 우관 스님이 지나간다. 문 의원, 최치수, 김 서방, 봉순네, 수동이, 돌이, 이들은 무리를 지어 어디로 가는 것일까. 죄악의 늪같이 꺼무한 눈동자를 깜박거리지도 않고 쳐다보며 지나가는 여자는 귀녀가 아닌가. 텁석부리의 강 포수는 곰같이 뒤뚱거리며 가고 도포자락을 너풀거리며 뻐드렁니의 김평산이 지나간다. 헤일 수 없이 많은 사람들이 세월과 팔짱을 끼고 어두운 길을 지나가는 것이다."(5권 66쪽)

　서희는 마침내 길상과 혼인한다. 소설 토지에서 가장 놀라운 발상은 이 장면일 것이다. 최 참판댁 양반이 자신이 데리고 있던 하인과 결혼을 한다, 아무리 소설 속에서라도 쉽지 않다. 현실에서 수많은 눈들이 최서희를 지켜볼 것이다. 서희는 자주 이렇게 속말을 삼킨다. '하인하고 혼인을 했다 해서 최서희가 아닌 거는 아니야. 나는 최서희다! 최참판댁 유일무이한 핏줄이야. 이곳 사람들은 호기심에 차서 나를 바라본다. 고향사람들은 힐난의 표정으로 내 얼굴을 외면한다. 모두들 나를 격하하려 들고 있다. 최참판댁 가문이 시궁창에 던져졌다 생각할 게 아니야?' '그도 내 편에서 애걸복걸한 혼인이라면? 모멸의 뭇시선 속에서 그러나 난 이렇게 높은 자리에 앉아있는 게야. 나는 손상당하지 않아! 최 참판 가문은 손상되지 않는단 말이야! 나는 지키는 게야. 최서희의

권위를. 최참판 가문의 권위를 지키는 게 아니라 되찾는 게야. 영광도 재물도.'(7권 98쪽)

예전 상현도 서희에게 이렇게 말했다. "최참판네 여인 아니냐? 서희는 오대 육대, 최참판네 여인들의 마지막 꽃, 야차 같은 계집이지."

7권에서는 강 포수와 아들 두메가 용정촌에 찾아온다. 강 포수는 두메를 공부시키려고 한다. 평사리 인연은 질기게 용정에서 이어진다.

토지에서 가장 애틋한 장면은 월선의 죽음이다. 용은 월선이 죽기 직전에 찾아간다. 둘의 사랑은 죽음 직전에야 결실을 맺는가.

방으로 들어간 용이는 월선을 내려다본다. 그 모습을 월선은 눈이 부신 듯 올려다본다.

"오실 줄 알았십니다."

월선이 옆으로 다가가 앉는다.

"산판일 끝내고 왔다."

용이는 가만히 속삭이듯 말했다.

"야 그럴 줄 알았십니다."

"임자."

얼굴 가까이 얼굴을 묻는다. 그러고 떤다. 머리칼에서부터 발끝까지 사시나무 떨 듯 떨어댄다. 얼마 후 그 경련은 멎었다.

"임자."

"야."

이불자락을 걷고 여자를 안아 무릎 위에 올린다. 쪽에서 가느다란 은비녀가 방바닥에 떨어진다.

"내 몸이 찹제?"

"아니요."

"우리 많이 살았다."

"야."

내려다보고 올려다본다. 눈만 살아 있다. 월선의 사지는 마치 새털같이 가볍게, 용이의 옷깃조차 잡을 힘이 없다.

"니 여한이 없제?"

"야. 없십니다."

"그라믄 됐다. 나도 여한이 없다."

머리를 쓸어주고 주먹만큼 작아진 얼굴에서 턱을 쓸어주고 그리고 조용히 자리에 눕힌다.(8권 233쪽)

길서상회의 서희도 대단하다. 월선이 죽고 문상을 간 것이다. 서희는 남과 다름없이 절차대로 예를 치렀다. 서희는 옛날 하인이나 다름없는 작인 용이에게 맞절하는 것도 서슴지 않았다. 이 광경을 본 영팔이는 너무 놀라 얼굴빛마저 샛노래졌다.(8권 235쪽)

그리고 서희와 가족은 용정을 떠나 하동으로, 아니 진주로 돌아간다. 드디어 고국으로 돌아가는 것이다.

박경리의 인물과 탁월한 장면 묘사로 한복이와 김두수의 만남을 들 수 있겠다. 한복은 용정에서 형 김두수를 만난다. 김두수는 최 서기가 한복을 공노인네 객줏집에서 기거하도록 한 조치에 불같이 화를 낸다. 그 장면과 형과 아우의 대면을 보자.

최 서기는 웃었지만 두수의 악쓰는 소리가 아직도 귓가에서 울리고 있었다.

"야 이새끼야! 뭘 하구 월급 받아처먹냐!"

나이도 위인데 대뜸 두수는 그렇게 나왔다.

"이 개새끼들! 영사관놈들 다 때려죽인다! 누구 덕분에 베개 펴고 편한 잠 자느냐 말이다! 목숨 걸어놓고 뛰는 우리한테 뭘 했어! 이게 우리한테 하는 대접이야! 내 동생이 촌놈 꼴을 하고 왔기로, 네놈 눈에는 발싸개로 보이더냐? 모셔 앉혀 놔도 속이 부글부글 끓을 판인데 아 그래 객줏집에다 쳐박아놔?"

……

소나무에 머리를 부딪고 피를 흘리며 울던 소년의 모습이 생생하게 한복의 눈앞을 스치고 지나가는 것이다.

'형!'

심장에서 피가 솟구쳐 올리는 것만 같다. 입속에 고인 것을 뱉어낸다면 그것은 침이 아닐 것이며 새빨간 선혈일 것만 같은 생각이 든다.

'형!'

증오감은 그리움으로, 절실하고 강한 그리움으로, 한복은 달음박질 치듯 걸음을 빨리한다.

사방은 어두웠고 칠흑같이 캄캄하게 어두웠다. 두신거리는 사람들 소리를 뚫고 들어간다. 빨간 전등이 오두마니 켜져 있는 현관에, 그 현관에 김두수가 서 있었다. 비대한 돼지 상호의 김두수가 우뚝 서 있었다.

"형아!"

"이놈아!"

가장 악랄한, 잔인무도한 악인이 선량하고 정직한 아우를 껴안고서 눈물을 흘린다.(9권 427~429쪽)

박경리의 인물 성격 묘사가 탁월하다는 점은 책을 읽어나가면 더 다가온다. 조준구가 중풍에 걸려 통영의 아들 조병수 집에 누워있다 해도사와 대화하는 장면을 보자. 해도사가 누워서 운신을 못하는 조준구에게 변신의 술법을 길렀고 앉아서 천리를 보는 안력도 키웠으며 불로장수의 약초도 식별하게 되었는데 남의 계집을 탐내어 술법을 잃어버렸다고 말한다. 조준구는 해도사에게 풍을 낫게 하는 약초를 구해달라고 부탁한다. 그들 둘의 대화는 조준구라는 인간의 성격과 말로를 비장하게 폭로한다. 해도사가 조준구의 미간을 내려다보며 참으로 인간이란 기기묘묘하다는 생각을 하는데 독자들 역시 그렇다. 조준구는 그야말로 소설적 인간이다.(17권 282쪽)

이 부사댁 박씨는 서희를 만나 대화할 때 길상을 지칭 없이 부른다. 양반댁 박씨는 최 참판댁의 최서희와 혼인을 했다고 해서 하인 김길상을 격상할 생각은 추호도 없었던 것이다. 박씨는 최서희와 김길상의 결합을 철저히 부정한다. 오랜 세월 돈독하게 지내온 양가의 내력을 보아서도 박씨에게 하인과의 혼인은 용납될 수 없는 수치요 오욕이었던 것이다. 그것은 최씨 문중의 불명예였을 뿐만 아니라 이 부사댁도 무관하지 않은 것으로 간주하는 박씨였다.(17권 314쪽)

박경리는 인고를 지탱하는 힘으로 박씨의 길들여진 가치관을 지적하고 있지만 그것은 동시에 인간의 생각과 미래를 가로막는 족쇄이기도 한 것이다.

소설은 길고 긴 걸음을 섬진강처럼 유려하게 굽이 돌아 마지막에 이른다. 5부 5권에 이르러 1945년이 되었는데도 오히려 일상의 다툼과 생활이 펼쳐진다. 그리고 소설의 마지막에 이르러 서희는 일본이 항복을 했다는 소식을 듣는다.

  "그 순간 서희는 자신을 휘감은 쇠사슬이 요란한 소리를 내며 땅에 떨어지는 것을 느낀다. 다음 순간 모녀는 부둥켜앉았다. 이때 나루터에서는 읍내 갔다가 나룻배에서 내린 장연학이 둑길에서 만세를 부르고 춤을 추며 걷고 있었다. 모자와 두루마기는 어디다 벗어던졌는지 동저고리 바람으로, 만세! 우리나라 만세! 아아 독립 만세! 사람들아! 만세다! 외치고 외치며, 춤을 추고, 두 팔을 번쩍번쩍 쳐들며, 눈물을 흘리다가는 소리 내어 웃고, 푸른 하늘에는 실구름이 흐르고 있었다."

  어찌 알았으랴! 머지 않아 한국전쟁의 비극이 터진다는 것을. 인민군과 국방군, 중공군과 미군이 밀고 밀리며 강산을 붉은 피로 물들인다는 것을. 해방의 기쁨은 비극의 시작이었다. 처절한 동족상잔의 현장을 서희와 양현은 어떻게 견뎌내었을까. 궁금하다.

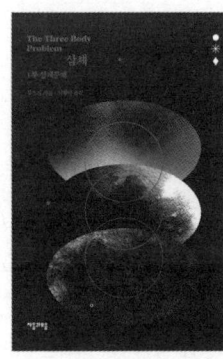

[문학일기 45]

삼체 1-3부

류츠신/ 하유영 옮김/ 자음과모음

 삼체 1부에서 3부를 모두 읽고 너무 거대한 스케일과 상상력에 놀랐다. 중국은 땅이 넓어서 이런 상상력이 가능한 것일까. 그저 먹먹할 뿐이다. 노벨문학상 수상자인 모옌이 쓴 표사가 내 느낌을 대변한다. "류츠신은 평범한 인간의 삶에 과학적 지식과 상상력을 더해 특별한 울림을 만들어낸다. 나로서는 결코 할 수 없었을 일이다."

 중국 문화 대혁명을 비롯해서 1부에서는 현대사와 삼체 세계가 얽힌다. 삼체인은 센타우루스 자리의 알파 항성계에 산다. 삼체 성계는 3개의 태양을 가지고 있고, 태양의 불규칙한 운동으로 삼체 문명은 존망의 기로에 선다. 삼체인은 생존이 불가능한 기후를 피하기 위해 언제든 체내 수분을 완전히 배출해 바싹 마른 섬유질 물체로 변하는 능력을 갖게 되었다. 1부에서는 삼체 세계의 역사를 게임으로 풀어낸다. 게임에는 묵자와 진시황, 갈릴레이, 뉴턴 등이 나오는 풍자와 유희가 펼쳐진다.

 삼체 2부의 부제는 '암흑의 숲'이다. 삼체인은 뛰어난 과학기술을 지니고 있다. 삼체인이 지구를 공격하기 위해 엄청난 함대를 보내자 지구 인류는 하나의 정부 아래 머리를 맞대고 '면벽 프로젝트'를 만들고 '면벽

자' 4명이 독특한 지구 문명 수호 방안을 내놓는다. 달마 대사가 생각나는 면벽 프로젝트는 대담한 착안이 인상적이다.

류츠신은 우주 문명에 관한 고찰로 나아간다. 책에서는 우주사회학의 공리를 이렇게 말한다. 첫째, 생존은 문명의 첫 번째 필요조건이다. 둘째, 문명은 끊임없이 성장하고 확장되지만 우주의 물질 총량은 불변한다. 이 공리에서 소설은 새로운 스토리로 나아간다. 그리고 거대한 우주 문명을 지배하는 암흑의 숲 이론은 우주에 내재한 소름 끼치는 폭력을 보여준다. 세계사에서 강한 문명이 약한 문명을 공격하고 절멸시키기도 하는 흐름이 우주에서도 되풀이되고 있다. 삼체 문명과 그보다 더 고차원의 우주 문명 앞에서 인류 문명은 그저 숨죽어 지내야만 하는 벌레보다 못한 존재에 불과한 것이다.

삼체 3부의 부제는 '사신의 영생'이다. 여기서는 암흑의 숲 이론이 더 깊어지고, 우주 물리 법칙에 따른 2차원 우주의 공격이 일어나며 주인공 청신이 새로운 우주로 들어가기도 한다.

관이판은 청신에게 오직 암흑뿐인 우주의 진실은 모르는게 낫다고 말한다. 그는 청신에게 암흑의 숲에 관해 이렇게 말한다.

"암흑의 숲 상태가 우리에겐 생존의 전부이지만 우주 전체로 보면 아주 작은 일이에요. 우주는 거대한 전쟁터에요. 각 진지 사이에 있는 저격수들이 실수로 자기 위치를 노출한 적을 사살하죠. 태양계 인류는 진정한 행성 간 전쟁을 보지 못했어요."(3부 732쪽)

진정한 행성 간 전쟁에서 고등 문명은 우주의 법칙을 무기로 사용한다. 우주의 법칙이 가장 무서운 무기다. "은하계든 안드로메다은하든, 아니면 국부은하군이든 초은하단이든, 진정한 행성 간 전쟁에서는 신에 버금가는 막강한 위력을 가진 문명들이 서슴없이 우주의 법칙을 전쟁 무기로 삼죠. 무기로 삼을 수 있는 규칙은 아주 많아요. 제일 흔하게 사용하는 게 공간적 차원과 광속이에요."(3부 733쪽)

그렇다. 3부에서는 한 우주 문명이 태양계를 2차원 무기로 공격해 지구를 비롯한 태양계 전부가 2차원으로 추락해 멸망한다. 3차원 지구가 2차원으로 바짝 눌러서 납작하게 변해 모두 죽고 만다.

거대한 우주 문명에서도 황금시대는 있었다. 그건 10차원 정도의 고차원 공간이었다. 하지만 우주문명은 전쟁과 전쟁으로 점점 더 저차원으로, 2차원으로까지 떨어지고 있었다.

청신을 사랑한 윈텐밍은 뇌만 우주로 쏘아올려진다. 그런데 그 뇌가 삼체세계에 붙잡혀 재생된다. 윈텐밍은 청신을 만나 인류가 만들 수 있는 광속 우주선을 삼체인의 감시를 피해 동화로 들려준다. 노주 공주와 허얼신건모쓰컨에서 만든 비누가 나오는 추리 동화와 해독은 흥미진진하다.

청신은 윈텐밍을 만날 듯 하지만 만나지 못한다. 작품은 항상 독자의 예상과 기대를 배반하고 새로운 세계로 나아간다. 청신과 관이판은 지자의 도움을 받아 다른 우주로 탈출한다. 청신이 머물렀던 소우주에는 메시지가 담긴 표류병 하나와 투명 공만 남았을 뿐이다. 이 거대하고 독창적인 작품이 남긴 메시지도 지구를, SF문학계를 계속 떠돌 것이다.

[문학일기 46]

흰

한강/ 난다

『흰』은 독특한 작품이다. 색깔 '흰'을 소재로 다양한 경험과 상상, 낯선 도시와 사물이 이어진다. 문장은 담백하면서 깊이가 있어 읽다 보면 이 세상을 '흰'이라는 프리즘을 통해 보게 되고, 봐야 할 것 같기도 하다. 의문이 든다. 한강은 왜 이 작품을 '에세이'가 아닌 '소설'로 불렀을까. 소설이 유연한 형식을 지닌 장르라고 하지만, 전통적인 소설, 아니 현대적인 의식의 흐름과 같은 기법으로 봐도 소설의 틀에 넣기가 쉽지 않은 작품이다. 스토리라 불릴 만한 것이 은은하게 흐르고는 있다. 스물세 살 난 여자가 아이를 혼자 낳았으나 바로 죽어버린 이야기. 화자는 죽은 아이의 동생이다. 화자는 말한다. "만일 당신이 아직 살아 있다면, 지금 나는 이 삶을 살고 있지 않아야 한다. 지금 내가 살아 있다면 당신이 존재하지 않아야 한다. 어둠과 빛 사이에서만, 그 파르스름한 틈에서만 우리는 가까스로 얼굴을 마주본다."

화자는 한때 유태인 게토가 있었던 도시에서 머무르기도 한다. 한국에서 무척 먼 곳이며 화자는 도시 이름을 밝히지 않는다. 화자는 머무는 도시의 유태인 게토에서 여섯 살에 죽은 친형의 혼과 함께 평생을 살고 있다고 주장하는 남자의 실화를 얘기하고, 나치가 시민들을 총살한 벽에 관한 말도 한다. 이 모든 얘기들은 '흰'이라는 한국인의 바탕 정서와 맞닿아있는 색깔과 물밑에서 연결되고 있다. 그럼에도 그 연결에는 명확하거나 어슴프레하기라도 한 인과의 관계는 없다. 단지 생각들이 이리저리로 날아들면서 이야기와 이야기를 이어주거나 이어주는 것같은 이미지를 제공해준다.

　이렇게 쓴 작품을 소설로 부른다고 한다면 과감하게 『붉은』, 『노란』, 『푸른』과 같은 제목을 달고 연작을 씀직도 할 것 같다. 그렇게 색깔에 관한 단상 또는 긴 생각과 긴 이미지가 모인다면 우리가 흔히 소설이라고 부르는 예술 장르에 더 가까워지고 충실해질 것 같다.

　이 작품의 미덕은 문장이다. 단아하고 정제되고 깊이 있는 문장이 어느 쪽을 펼쳐도 우리 눈을 사로잡는다. 처음에 나오는 '문'을 보자.

　"오래전 일이다.

　계약하기 전에 한 번 더 그 방을 보러 갔다. 원래 흰색이었을 그 방의 철문은 시간과 함께 색이 바래 있었다. 더러웠고, 여러 군데 페인트가 벗겨졌고, 칠이 벗겨진 자리마다 녹이 슬었다. 그게 전부였다면 그저 유난히 낡고 지저분한 문이었다고 기억되었을 것이다. 문제는 '301'이라는 그 방의 호수가 씌어진 방식이었다. 누군가가 ―아마 그동안 이 집에 세들었던 사람들 중 하나가― 송곳 같은 날카로운 것으로 그 문의 표면을 긁어 숫자를 기입해놓았다. 획순을 따라 나는 곰곰이 들여다보았다. 세 뼘 크기의 커다랗고 각진 3, 그보다 작지만 여러 번 겹쳐 굵게 그어 3보다 눈에 먼저 들어오는 0, 마지막으로 가장 깊게, 온힘을 다해 길게 긁어놓은 1, 난폭한 직선과 곡선들의 상처를 따라 검붉은 녹물이 번지고 흘러내려 오래된 핏자국처럼 굳어 있었다. 난 아무것도 아끼지 않아. 내가 사는 곳, 매일 여닫는 문, 빌어먹을 내 삶을 아끼지 않아. 이를 악문 그 숫자들이 나를 쏘아보고 있었다. 그것이 내가 얻으려 하는 방, 그 겨울부터 지내려 하는 방의 문이었다."(15쪽)

　화자는 흰 페인트 한 통과 큼직한 평붓을 사서 상처투성이의 문 위에 붓질을 한다. 숫자와 핏자국 같은 녹물들을 지운다. 페인트가 잘 말랐는지 보러 나오자 성근 눈이 내리고 있다. 수백 개의 깃털을 펼친 것처럼 천천히 낙하하는 눈송이들의 움직임. 화자는 그 눈송이들을 멍하니 지켜본다.

　작품에 나오는 여러 에피소드들은 다양한 방식의 송곳으로 그은 숫자와 녹물일지 모른다. 화자는 글을 쓰면서 '흰' 그 무엇으로 긁힌 숫자와 녹물을 하나씩 지운다. 그러면서 자신의 마음에 새겨진 상처의 숫자와 녹물도 함께 지운다. 독자는 화자를 뒤따라 '흰' 길을 같이 걸어본다.

[문학일기 47]

빅토리아 클럽
스스칭/ 김양수 옮김/ 한걸음더

　백년어 강좌 <섬이 띄우는 인문학 이야기> 중 네 번째 강좌 '홍콩과 문화혼종성'의 교재 소설이다. 모두 15강인 위 강좌에는 강의 소재로 여러 권의 문학작품이 나오는데 그 중에는 번역이 안 된 작품도 많다. 교재를 읽지 못하면 강사의 강의 절반 밖에 흡수하지 못한다. 다행히 『빅토리아 클럽』은 번역서가 나와 있다. 저자는 대만 출신인데 홍콩을 거쳐 뉴욕에서 거주하고 있다. 그래서인지 홍콩 현지인이 아님에도 홍콩의 역사와 홍콩인의 감정을 능숙하게 묘사하고 있다.

　소설 제목인 '빅토리아 클럽'은 홍콩의 식민지 지배층인 영국인과 상류층 중국인들이 모여 사교를 하던, 입회하기 어려운 고급 클럽 이름이다. 소설은 이 클럽의 구매 주임 초위와이가 자신의 직위를 이용해 뇌물을 받은 사건과 재판과정을 축으로 다양한 홍콩인들 모습과 갈등을 그린다. 소설의 시대배경은 1980년대 초반이다.

　소설 주인공인 초위아이는 중국이 공산화되자 어머니와 함께 홍콩으로 이주한 신이민자다. 쌈쩩은 한때 반부패 반식민 학생운동을 벌였던 홍콩 토박이로 신이민자를 미워한다. 그는 홍콩의 반부패특수부에 초위아이의 뇌물 수수를 제보한다. 데이비드 윌슨은 빅토리아 클럽 지배인으로 영국인이다. 그는 반부패 수사가 시작되자 초위아이를 배신한다. 윙와이림은 초위와이 사건을 맡은 법관으로 옥스퍼드대학을 졸업해서 영국인 엘리자베스 노블과 결혼했다. 그는 영국 상류층에 편입하기를 열망하는 홍콩인 상류층이다. 소설에서 핵심 갈등은 홍콩인과 영국인이 아니라 홍콩의 신이민자인 초위아이와 홍콩 토박이인 쌈쫴 사이에서 벌어진다.

　문장이 매끄럽고 주인공들의 심리 묘사가 뛰어나며 사건 진행이 빠르다. 재미있는 작품이다. 홍콩인이란 누구일까? 생각이 든다. 홍콩인은 영국에 155년 지배를 받아 절반쯤은 서구화되었으며 서구의 가치가 몸에 배어 있다. 그러나 중국 본토인이 보기에는 홍콩인은 식민국가인 영국에 세뇌되어 배알과 민족의식이 없는 부류다. 홍콩인이 민주주의 가치를 지키겠다고 시진핑 정권에 대항해서 싸우면 본토인은 이렇게 반문할 것이다. 홍콩인이 식민국가인 영국에 대항해서 싸운 적은 얼마나 있는가? 본토인은 홍콩인을 멸시하고 홍콩인은 중국 본토의 공산주의 체제를 싫어한다. 이들의 갈등은 '일국양제'라는 듣기 좋은 말속에 숨어 있지만 언젠가는 폭발하고야 말 모순이다. 결국 중국 본토에서 2021년, 홍콩에 적용되는 보안법을 제정해서 홍콩의 독립을 주장하거나 반중국 투쟁을 하면 처벌하는 지경에 이르러서야 승부가 결정났다.

　시진핑은 2022년 7월에 홍콩을 방문해서 '홍콩의 번영'을 강조하고 '애국자'가 홍콩을 통치해야 된다고 강조했는데 결국 중국 속의 홍콩이 되어야 하며 홍콩은 중국의 번영에 기여해야 한다는 뜻이다. 일국양제라 해도 홍콩의 자주노선이란 애당초 성립될 수 없는 망상이라는 것이다. 언어에서도 홍콩인은 광둥어를 쓰는데 중국 표준어인 푸통화와 발음이 달라 서로 알아듣지도 못했다. 시진핑 정권 아래서 홍콩의 학교도 푸통화 교육이 의무화되었다고 한다.

홍콩인의 속마음과 홍콩을 둘러싼 여러 갈등의 바탕이 어디 있는지 이해하기 좋은 책이다.

[문학일기 48]

여름은 오래 그곳에 남아

마쓰이에 마사시/ 김춘미 옮김/ 비채

건축학과를 막 졸업한 사카니시 도오루가 존경하는 일본 건축가 무라이 슌스케의 설계사무소에 들어간다. 무라이 슌스케의 사무소는 여름이면 화산火山 가루이자와의 여름 별장으로 통째 옮겨간다. 소설은 여름 별장에서 보낸 짧은 몇 달의 시간을 중심으로 구성되어 있다. 특별한 사건이 없는데도 문장이 유려하고 책을 덮으면 진한 감동이 몰려온다. 소설의 시대 배경은 아직 일본의 고도성장이 지속되던 1982년이다. 백년어서원 눌독서회에서 2022년 8월에 읽었다.

무엇보다 저자의 특별히 건축을 취재할 필요는 없었다는 후기에 놀랐다. 저자는 출판사 편집장을 은퇴한 후에 데뷔작으로 이 책을 냈다. 그는 물론 건축 전문가가 아니다. 원고지 2,000매 가까운, 건축 용어와 국립현대도서관 설계 응모와 전문적인 묘사가 가득 찬 소설을 쓰는데 별다른 취재를 하지 않았다고? 저자는 고등학교부터 건축에 관심을 두고 설계도집을 찾아보고 관련 서적도 곧잘 읽었기 때문이라고 말하지만 놀라운 일이다.

눌독서회에서 소감을 나누면서 누가 이 책의 재미난 서평을 소개했다. "10% 분량의 스토리를 위해 90%에 해당하는 작가의 취향과 지식을 읽어야 한다." 말 그대로 작품에는 벽난로, 탐조회, 연필깎이, 활화산, 슈베르트 음악, 커피와 스콘 등 많은 장소와 지식이 나온다. 그 지식들이 따로 겉돌지 않고 작품에 녹아서 은근히 작품의 내부 경관을 만든다.

소설에 나오는 무라이 슈스케는 미국에서 더 주목받은 일본 건축가 요시무라 준조를 모델로 삼은 듯 보인다고 한다. 무라이 선생의 대척점에서 국립현대도서관 설계 응모로 경쟁하는 건축가 후나야마는 국립 요요기 경기장, 후지TV빌딩 등을 설계한 단게 겐조를 연상시킨다고 한다. 작가는 자신의 집을 요시무라 준조의 제자에게 맡겨 짓기도 했다고 한다.

책에는 명문장이라고 할 곳이 많다. 명문장이 작품에서 두드러지면 작품의 통일성을 해치고 균형을 깰 수도 있다. 이 작품에서는 명문장과 철학이 작품에 잘 녹아서 한 편의 아름다운 건축 영화를 본 것 같기도 하고, 명쾌한 건축 강연을 들은 것 같기도 하다.

건축 철학에 관한 곳을 보자. 주인공 사카니시 도오루가 무라이 선생의 건축철학을 승계한 성공한 건축가가 되어 건축 해체에 관해 말하는 장면이다.

"사는 사람이나 주인이 바뀌면 주택에 대한 평가가 변하는 것이 당연하다. 비록 명건축이라고 불리는 것이라도 견해를 바꿔보면 노화된, 효율 나쁜, 평가액 제로의 불편한 덩어리에 지나지 않게 된다."(390쪽)

"잘된 것도, 잘못된 것도 해체하면 똑같이 사라진다. 그러나 그것을 마음속 깊이 아쉽다고 생각한 일은 별로 없다. 해체되는 집에는 그 나름의 이유가, 조금 더 과장해서 말하면 그 나름의 운명이 있다고 생각할 수밖에 없기 때문이다 … 그러한 집의 고객이었던 사람과의 관계를 되돌아보면, 거의 예외 없이 어딘가 어렴풋하거나, 마음이 어긋났던 기억하고 연결되는 것이 이상하기도 하고, 납득되기도 한다. 건물은 사람이 원하고, 사람이 세우고, 사람이 사는 것으로, 사람과 건축가와 관계는 반드시 어떤 형태로든 건물 자체의 완성도에 나타나기 때문이다."(391쪽)

책에는 감각을 자극하는 문장이 많다. 과거를 회상하게 하거나, 이런 곳이면 참 좋겠다 싶은 공감을 일으키는 문장이다.

"도서관 정면에는 큰 오시마 벚나무가 있어서 현관 위쪽까지 잎사귀가 무성하게 퍼져 있었다. 여름에는 넓은 나무 그늘이 생기고 냉방이 없는 초등학교에서는 도서관이 제일 시원했다. 들어가면 공기 냄새가 확실하게 바뀌는 것이 느껴졌다. 아무도 시키지 않았어도 우리가 조용해진 것은 나무와 책 냄새 때문이었다."(179쪽)

"연필이 도면 위를 스치는 소리와 장작이 타고 튀는 소리만이 산장에 울렸다. 졸참나무 장작은 향기로운 냄새가 났고, 가끔 섞인 벚나무 장작에서는 희미하게 달콤한 냄새가 풍겨 팽팽하게 긴장된 신경을 누그러뜨렸다. 산장 북쪽 작은 유리창은 완전히 눈에 덮여 하얀 장막을 친 것 같았다. 산장에 틀어박힌 지 닷새째 되는 날 식량을 구입하고 하루하루 놀랄 만큼 부피가 주는 장작을 조달하기 위해서 마차를 불러 이구치 씨와 젊은 직원이 마을의 상점에 가기로 했다. 말이 토하는 숨은 완전히 새하얬고, 순식간에 서리가 되어 코와 눈 주위에 달라붙는다. 마차 위에서 바라본 마을은 눈이 아플 만큼 하얗게 빛나고 있었다. 축축한 눈 무게를 견디지 못해 가지가 부러진 나무도 있었다."(35쪽)

한 젊은 건축학도의 성장과 사랑 이야기와 대비되는 무라이 선생의 죽음 또는 사고에 대비한 건축 사무소 처리 방향 서류가 인상 깊었다. 무라이 선생이 뇌출혈로 쓰러진 후 한참이 지나 휠체어를 타고 건축 사무소를 방문해서 책상 서랍에서 꺼내 직원에게 건넨 서류다.

"이구치 히로시 님

이 편지는 내가 죽거나 쓰러지거나 했을 경우, 사무소를 어떻게 처리할지에 대해서 내 생각과 바람을 쓴 것입니다."(400쪽)

이렇게 시작하는 서류는 열 장 이상의 긴 편지로 구체적으로 직원들에 대한 감사의 말과 함께 무라이 설계사무소의 처리 방향을 기록하고 있다. 무라이 설계 사무소 땅과 건물을 팔아서 필요한 경비를 충당하라는 말도 들어 있다. 나는 이 편지가 무라이 선생의 설계 건축물 만큼이나 건축 장인의 삶과 철학을 보여준다고 생각했다. 노후해가는 건축물은 보수하거나 때로는 해체해야만 한다. 무라이 선생은 자신의 삶 이후의 사무소 보수와 해체 방향을 담담하게 쓰고 있다. 그는 제행무상의 법리에 정통해 보인다. 삶의 마지막에 매달릴 것도 아쉬워할 것도 없다. 무라이 선생은 최선을 다한 삶을 살았고 제자인 사카니스 도오루도 그런 삶을 이어받았다. 사카니스 도오루가 마리코가 아닌, 신뢰성 높은 유키코와 결혼해서 건축사무소를 동업하는 것도 그렇게 보면 필연적인 것 같다.

[인문 · 사회 · 자연과학]

[독서일기 1]

탄생의 과학

최영은/ 웅진지식하우스

  길거리에서 만난 두 살 아이를 들여다보자. 속눈썹도 있고 귀여운 손가락도 있다. 아이는 엄마에게 찰싹 달라붙어 호기심 많은 눈을 이리저리 돌린다. 눈에 보이지도 않는 정자와 난자가 합해져 3차원 인간을 만들어낸다는 사실이 놀랍지 않은가! 더욱이 아이는 크면서 말을 하고 글을 배워 책을 읽고 축구와 피겨와 같은 고난도 운동도 곧잘 해낸다.

  『탄생의 과학』은 세포가 하나의 개체로 변화하는 과정을 연구하는 발생학에 관한 책이다. 저자는 미국 조지타운 대학교 생물학과 교수로 재직하고 있다. "정자와 난자가 만나면 생기는 건 달랑 세포 하나죠. 그런데 태어나는 아기는 사람 형태를 하고 있잖아요. 그 사이에 엄마 배속에서 일어나는 많은 변화들이 바로 제 수업 내용입니다."(5쪽)

  저자는 정자와 난자가 수정하는 과정에 관한 상식, 즉 돌진하는 정자와 기다리는 난자라는 개념이 틀렸음을 먼저 밝힌다. 첫째 사정된 정자들이 자궁에 도착하면 자궁 근육이 수축운동을 하면서 정자의 이동에 큰 도움을 준다. 둘째 정자가 자궁과 나팔관의 온도와 흐름을 감지해 난자에게 다가오는 사이 난자가 기다리기만 하지는 않는다. 난자는 정자에게 일종의 화학적 신호를 보낸다. 정자는 난자가 보내는 신호를 인지해서 캄캄한 길을 찾아간다.(18~25쪽)

남자가 한 번에 사정하면서 쏟아내는 정자는 약 2억 마리로 치열한 경쟁을 통해 난자에게 접근한다. 그런데 난자도 치열한 경쟁을 한다. 여자는 약 200만 개의 미성숙 난자를 가지고 태어나는데 완전히 성숙한 난자만이 배란되어 정자와 만날 수 있다. 배란 약 10일 전, 12개가 넘는 난자들이 동시에 다음 달 배란 후보로 오르면, 본격적인 경쟁이 시작되어 난포 자극 호르몬 의존도가 낮은 난자 하나만 살아남는다.(28쪽)

인체 발생은 놀라운 과정이 많다. 몇 억년에 걸친 진화를 통해 이렇게 만들어졌다고는 하지만 하나씩 뜯어보면 경이롭기 그지없다. 엄마와 태아는 혈관을 직접 공유하지 않는다. 세숫대야를 닮은 태반 바닥에는 엄마의 혈관이 연결되어 있어 그 공간은 엄마의 혈액으로 채워지고 태아의 혈관이 그 공간에 담기게 된다. 산소와 영양분, 이산화탄소와 노폐물은 혈관 벽을 사이에 두고 교환된다. 그래서 엄마와 태아의 두 혈액이 섞일 염려가 없어 혈액형이 달라도 괜찮다. 그리고 엄마와 태아의 혈관을 직접 연결했다면 태아 혈관이 엄마 혈관의 압력을 버티지 못하고 터져버렸을 것이다.(56쪽)

또 엄마의 면역 시스템은 배아와 태반을 낯선 이물질로 여기거나 공격하지 않는다. 생각해보면 이상한 일이다. 수정란이 가진 유전 물질의 절반은 아빠에게서 온 것이니 엄마 입장에서는 배아든 태반이든 모두 새로운 물질이다. 과학자들이 연구한 결과, 배아가 착상이 되고 태반이 만들어지면 태반과 맞닿은 자궁 세포들이 이물질이 들어왔다고 면역 세포를 호출하는 신호를 아예 꺼버린다고 한다. 119 신고가 들어오지 않

앉는데 소방차가 움직일 이유는 없는 것이다.(59쪽)

황우석 박사 사건으로 한국인이 잘 아는 용어인 줄기세포를 살펴보자. 우리 인간은 200여 종 이상의 세포 수십조 개로 구성되어 있다. 줄기세포는 우리 몸을 구성하는 세포들로 분화하는 능력을 지니고 있다. 근육 세포가 필요하면 근육 세포로, 신경 세포가 필요하면 신경 세포가 된다는 이야기다. 줄기 세포는 발달 잠재력에 따라 세 가지 종류가 있다고 한다.

가장 높은 등급이 전능성 줄기세포다. 정자와 난자가 만나 생긴 수정란이 전능성을 지닌 세포다. 수정란은 태아를 구성하는 모든 세포를 만들어낼 뿐 아니라 태아를 이루지 않는 태반과 양막 등도 만들어낸다. 전능성보다 한 단계 아래 등급이 만능성이다. 만능성을 지닌 세포들은 태아를 구성하는 세포만 만들 수 있고, 태반과 같은 태아 밖의 세포들은 만들 수 없다. 만능성보다 한 단계 아래는 다능성이다. 만능성은 우리 몸을 구성하는 200여 가지 세포를 다 만들 수 있지만 다능성을 가진 세포는 같은 '계열'에 속하는 세포만 만들 수 있다. 예를 들어 신경 줄기세포는 신경 세포, 성상 교세포와 같이 신경계를 이루는 세포들만 될 수 있다. 조혈 모세포는 적혈구와 백혈구 등 다양한 혈액 세포가 될 수 있다.(101쪽)

그럼 근육이나 피부세포로 분화가 끝난 일반 세포가 다시 만능성을 회복할 수 있을까? 그동안 불가능하다고 여겨졌다. 그런데 일본 교토 대학교의 야마나카 신야 박사가 발달 잠재력 0인 일반 세포로 줄기세포를 만들어내는데 성공했다. 그 줄기세포를 '유도 만능 줄기세포'로 부른다. 배아 줄기세포가 자신의 만능성을 유지하기 위해 반복해서 읽어내는 유전자들이 있다. 야마나카 박사는 그 중 4개를 골라 이미 분화가 끝난 일반 세포에 넣었다. 그랬더니 일반 세포는 생김새가 줄기세포와 유사하게 변했을 뿐 아니라 만능성도 새롭게 획득했다. 유전자 몇 개를 잠깐 발현시켜 일반 세포를 줄기세포로 '유도'한 것이다. 이제 환자의 피부 세포로부터 유도 만능 줄기세포를 얻고 우리가 원하는 세포로 분화시킬 수 있게 되었다. 앞으로 유도 만능 줄기세포를 이용해 개인 맞춤 의학, 세포 대체 치료법 등 새로운 의학 미래를 열어갈 수 있게 된 것이다.(114~119쪽) 피부 한 조각을 이용해 이런 일을 할 수 있다니 경이롭다.

놀랍게도 암에도 줄기 세포가 있다고 한다. 암이 재발하는 원인이 암 줄기세포 때문이며 항암 치료를 할 때 암 줄기세포를 확실히 없애야 한다. 지금 의학계에서는 암 줄기세포를 목표로 하는 여러 항암 치료법을 연구하고 있다고 한다.(136쪽)

자리가 사람을 만든다고 하는데, 배아도 마찬가지다. 배아는 2주가 지나면 배엽을 형성한다.

세 겹의 세포층 중 가장 위층을 외배엽이라고 하며 여기 세포들은 피부나 신경 등으로 분화한다. 맨 아래층은 내배엽이라고 하며 앞으로 췌장, 간, 위 같은 내장이 될 예정이다. 가운데 층은 중배엽인데 골격, 근육, 혈관으로 발달한다. 사람이 피부를 맞대고 비비면 정서가 안정되고 친밀감이 생기는데 이는 피부가 신경과 같은 외배엽에서 탄생한 이유 때문이 아닐까?

원래 세포들은 찍찍이 같은 성분이 붙어 있어 움직이는 게 쉽지 않은데 수정 후 약 2주가 지나면 신기하게도 이 찍찍이가 사라진다고 한다. 그래서 세포들이 이동해서 외배엽과 내배엽, 중배엽으로 모일 수 있다.

그런데 이 구조는 암세포에도 적용된다. 장기를 이루고 있는 세포가 암세포로 돌변하면 이 찍찍이들이 사라지게 된다. 그래서 암세포들이 자기가 속해 있는 장기에서 벗어나 온몸으로 이동하게 된다. 즉 암세포가 전이하는 것이다.(157쪽) 발생학이 의학과 밀접한 관련 있음을 보여주는 대목이다.

배아에서 머리가 될 부분과 엉덩이가 될 부분이 정해지면 하나의 염색체에 모여 있는 훅스hox 유전자가 작동해서 머리와 목, 가슴, 꼬리 부분 등 세부 조직과 기관의 위치를 정해준다. 훅스 유전자는 사람이나 강아지, 초파리에 같이 작동한다. 따라서 훅스 유전자에 돌연변이가 생기면 사람도 이상한 몸을 지니게 된다.(161쪽)

갓 태어난 아기를 바라보면 어떻게 눈에 보이지도 않는 정자와 난자가 수정해서 3차원으로 분화하고 장기와 수많은 혈관까지 몸속에 배치해서 완성체로 탄생하는지 신기하기만 하다. 몇 년만 지나면 아기는 놀이터에서 뛰어놀고 유치원에 간다. 사람이, 아니 생명이 하늘 아래 존귀한 까닭이 여기에 있지 않을까? 지구가 수십억 년에 걸쳐 만들어낸 생명의 극치를 우리는 주변 놀이터에서 매일 보는 셈이다.

[독서일기 2]

문학상 수상을 축하합니다

도코 고지 외/ 송태욱 옮김/ 현암사

부제가 '세계 8대 문학상에 대한 지적인 수다'이다. 일본의 작가와 문학평론가 14명이 8대 문학상에 관해 나눈 대담집이다. 먼저 책에서 선정한 세계 8대 문학상을 알아보자. 노벨문학상(1901년 시작), 공쿠르상(1903년), 퓰리처상(1917년), 아쿠타가와상, 나오키상(1935년), 예루살렘상(1963년), 부커상(1968년), 카프카상(2001년)이다. 일본의 아쿠타가와상과 나오키상을 세계 8대 문학상에 넣은 두둑한 배짱이 놀랍지만 일본에서 나온 책이니 그러려니 이해하자.

먼저 노벨문학상이다. 과연 이 상을 받으면 세계 최고의 작가일까? 대담자들은 다른 시각에서 노벨문학상을 분석한다. 먼저 노벨문학상은 선정기준으로 '인류의 이상을 지향하는, 세계에서 걸출한 문학자'를 들고 있다. 최근에는 '인권 옹호'나 '국내에서 박해받는 사람을 그린다'라는 움직임을 높게 평가하고 있다. 수상자 중에 고령자가 많다. 연령이 높을수록 받기 쉽다. 또 노벨상 선정 위원이 유럽의 주요 언어만 읽는 사람이기 때문에 그 언어로 쓰는 사람이 압도적으로 유리하다. 북유럽 출신이면 더 유리하다. 즉 노벨문학상은 세계의 문학상 분위기를 풍기지만 실은 유럽에 상당히 치우친 상이라고 평한다.(20쪽) 더해서 노벨문학상은 올림픽 비슷한 면도 있어 국민문학 작가 같은 사람이 많이 받고 수상 작품이 인텔리 취향이라고 한다.

그래서 '엉뚱한데 웃기다'거나 '엄청 야하다'거나 '너무 전위적이지만 재미있게 볼 수 있는 작품'을 쓰는 작가도 받기 힘들다고 한다.(21쪽) 한마디로 노벨문학상은 문학계의 모범생에게 주는 상이라고 볼 수 있다.

대담자들은 노벨문학상을 받은 국민작가가 아닌, 캐나다의 시골에 살고 있는 아주머니인 앨리스 먼로, 터키의 오르한 파묵, 나이폴같은 작가를 소재로 작품세계를 이야기하는데 상당히 전문적이면서 유쾌하다. 도코 고지를 비롯한 대담자 3명이 거론하는 작품을 읽고 얘기해서 읽고 싶은 책을 고를 수 있는 덤도 있다. 도코 고지는 1969년생으로 번역가이자 와세다대학 문학학술원 교수인데 엄청난 독서광으로 보인다. 도코가 앨리스 먼로와 오르한 파묵의 작품을 자세하고, 풍부하게 묘사하는 실력이 놀랍다.

나는 부커상에 관심이 많다. 무엇보다 부커상 수상작품은 수준이 높다. 문학성과 대중성을 함께 쥔 작품이 많다. 최근에 읽은 『눈 먼 암살자』와 『먼 북으로 가는 좁은 길』 모두 스케일이 크고 재미있으면서 문장이 뛰어났다. 책의 대담자들도 부커상은 그해의 가장 훌륭한 작품을 고른다고 칭송하면서 아마 그런 게 가능한 문학상은 세계에서 유일하지 않을까 말한다. 부커상은 오랫동안 영국이나 영연방, 옛 영국 식민지의 작가에게 주는 상이었는데, 2014년부터 규칙이 바뀌어 영어로 쓰인 작품이면 뭐든 추천할 수 있게 되었다고 한다. 문호를 대폭 개방한 셈인데, 사실은 영어 작품의 세계화가 목적이 아닐까 생각 든다.

책에 소개된 선정 과정이 흥미롭다. "선정 과정은 먼저 책 수가 제한된 가운데 출판사가 추천한 작품이라든가 선정 위원이 추천한 책 등 백 권 이상의 후보작을 선정 위원이 전부 읽습니다. 보통의 문학상은, 선정 위원이 최종 후보작만 읽잖아요. 하지만 부커상 선정 위원은 1년에 100권 이상 읽어야 합니다."

장편으로 1년에 100권을 읽는다면 1년 내내 부커상 후보 작품만 읽어야 된다는 말이다. 그럼 누가 선정 위원이 되는 걸까.

"선정위원은 상당히 다양합니다. 대학교수에서 문예비평가, 작가, 그리고 은퇴한 정치인, 문학을 좋아하는 방송인까지 있습니다. 게다가 매년 선정 위원이 바뀝니다."

이 대목에서 무릎을 쳤다. 한국의 문학상들이 본받아야 할 점이다. 한국은 특정 대학 출신 평론가나 일부 작가들이 심사위원을 도맡고 있다. 또 문학상을 수여하는 출판사나 언론사가 직접 수상작 선정에 관여하기도 한다. 그러니 평론가나 작가를 넘어 문학을 좋아하는 일반인에게까지 심사위원 문을 넓혀야 한다. 그리고 어떠한 장르든 관계없이 뛰어난 작품이면 선정해야 한다. SF 소설이나 판타지 소설, 추리 소설이라도 상관없다. 『까라마조프가의 형제들』은 아버지를 죽인 범인을 찾는 추리소설이며 불멸의 고전인 『서유기』는 판타지 문학이다.

"다른 특징으로는 먼저 1차로 선정된 작품을 '롱리스트long list'로 공개하고, 그 후 최종 선정된 작품을 '쇼트리스트short list'로 발표한다는 점입니다. 이는 아주 좋은 시스템입니다. 수상작이 정해지는 것은 매년 10월이지만 3개월 전부터 롱리스트를 보고 예상도 하고 판매를 촉진하다가, 1개월 전 쇼트리스트가 뜨면 다시 한 번 붐업하는 겁니다. 몇 개월 동안이나 이벤트로 기능하는 셈이지요."

"더군다나 수상작뿐만 아니라 후보가 된 작품도 잘 팔립니다. 순문학 작가에게는 고마운 일이지요. 후보가 되는 것만도 수많은 경쟁을 뚫어야 하지만요."(134~135쪽)

훌륭하지 않은가. 한국 문학상이 배워야 할 점이 많다. 부커 국제상은 2016년부터 매년 영어로 번역된 작품에 준다. 상금이 작가와 번역가에게 분배되는 것도 훌륭하다. 우리나라 작가 한강의 『채식주의자』가 이 상을 받았다. 언젠가 영어번역가가 강연에서 『채식주의자』 영어 번역을 얼마나 잘 했는지, 영어 작품과 한국어 작품을 다 읽어보면 영어로 된 작품을 한국어로 번역한 게 아닐까 하는 생각까지 든다고 한다. 한편 이 상도 영어의 세계화, 영문학의 지도적 위치 확보를 위한 상이 아닐까 의심이 들기도 한다. 문학 독자에게 영어로 번역되지 않으면 세계적 수준의 작품이 될 수 없다는 이미지를 심어주는 게 아닐까 한다.

대담자들은 일본의 아쿠타가와상을 신기한 상으로 소개한다. 신인상인데도 일본에서 권위와 지명도가 제일 높고, 받기만 하면 반드시 잘 팔린다고 한다. 대상이 신인 작가라서, 꼭 그해에 나온 가장 재미있는 소설이 받는 건 아니라고 한다. 글을 쓴 사람은 여러 가지로 주목을 받기도 한다. 역대 선정 위원이 거의 작가라는 점도 특이하다. 수상 대상은 문예지에 실린 순문학 작품으로 단편이나 중편이다.(56쪽)

나오키상은 대상 작품이 아쿠타가와상과 전혀 달라, 대중소설이랄까 엔터테인먼트 소설이 수상하는 상이고, 대상 작가는 중견이나 그 이상이다. 때로는 50대나 60대 작가가 받기도 한다.(88쪽)

일본에서는 아쿠타가와상이나 나오키상을 받으면 일본의 방방곡

곡, 아무리 작은 서점에서도 책을 판다고 한다. 그만큼 잘 팔린다는 말이다.

책을 다 읽으면 한국의 문학상이 다시 생각난다. 문학상 나름이지만 한국에서는 문학상을 받아도 책이 잘 팔리지 않는다. 한국 문학상 제도에 문제가 많은 걸까? 한국 작가가 뛰어난 작품을 쓰지 못하는 걸까? 아니면 한국 독자에게 문제가 있는 걸까? 글쎄다. 어쩌면 셋 다 인지도 모르겠다.

[독서일기 3]

종의 기원 톺아보기

찰스 다윈/ 신현철 역주/ 소명출판

『종의 기원』은 과학계뿐만 아니라 인류 지성사에서 획기적인 책이다. 인간이 동물에서 진화했다는 학설은 만물의 영장으로 자신을 일컫거나, 신의 창조물로 인식한 인간에게 그야말로 날벼락이었다. 세계와 인간을 흔든 책으로 꼽힐만 하다.

다윈이 1859년 출간한 『종의 기원』은 많은 사람들이 읽고자 하는 필수 도서이지만 실제로 읽기는 어렵다. 생물학과 대학원생도 고개를 흔든다. 왜 이렇게 읽기 어려울까? 순천향대학교 교수인 역자는 이렇게 말한다. 다윈은 사상의 혁명가였다. 혁명 전후 상황을 알지 못하면 혁명 자체를 이해할 수가 없다. 또 『종의 기원』에는 엄청나게 많은 생물이 나오는데 현대인은 상당수를 알지 못한다. 우리는 다윈 시대에 사용했던 생물학 관련 용어들이 지닌 의미도 잘 모른다.(5쪽) 1896년 나온 ≪독립신문≫도 지금 한국인이 읽으면 모를 얘기와 단어가 많다. 맞춤법도 달라 원문은 끙끙대며 겨우 읽어내는 형편이다. 그보다 훨씬 전 시대의 영국인이 생물학에 관해 쓴 책이 쉽게 눈에 들어오면 오히려 그게 이상한 일이다.

역자인 신현철 교수는 책에 2,000개가 넘는 주석을 달아 난관을 돌파하고자 했다. 주석을 읽다보면 사전 지식 없이 『종의 기원』을 읽는 게 얼마나 고단할지 이해가 된다. 다윈이 영국의 귀족이라는 배경을 먼저 고려해보자. 1859년 당시 진화론을 공공연히 말하는 행동은 극히 위험했다. 성경의 가르침과 다른, 아니 성경을 모독하는 진화론이나 그 비슷한 주장을 해서 처벌받은 사람도 있었다. 다윈도 자신이 진화론을 주창하면 처벌받고 귀족 특권을 박탈당하지 않을까 우려했다. 조선 후기에 들어온 천주교가 조상 제사를 우상 숭배라고 배척하는 바람에 혹독한 탄압을 받은 사실을 생각해보자. 다윈은 그런 시대 상황 때문에 모호하게, 복잡하게 쓴 부분도 없지 않을 것이다.

『종의 기원』 서론은 다윈이 영국 군함 비글호를 타고 전 세계를 다니면서 얻은 통찰을 먼저 언급하고 있다.

"자연사학자로서 영국 군함 '비글호'를 타고 조사하던 중, 나는 남아메리카 대륙에서 살아가는 정착생물들의 분포와 이 대륙에서 살아가는 정착생물들의 과거와 현재 사이에서 나타나는 지질학적 연관성으로부터 발견한 어떤 사실들로 커다란 충격을 받았다."(11쪽)

초점이 약간 다르지만 다윈이 1835년경에 비글호를 타고 전 세계를 다녔는데 이 시기에 한국과 중국이 뭘 하고 있었는지 생각하면 한심한 생각이 든다.

『종의 기원』 1장의 첫 문장을 보자. 1장은 '생육할 때 나타나는 변이'를 말하고 있다.

"오래전부터 사람들이 길러 온 동물과 식물의 같은 변종 또는 아변종에 속하는 개체들을 관찰해 보면, 제일 먼저 눈에 띄는 논의의 핵심이 있다. 즉, 자연 상태에서 살아가는 같은 종 또는 변종에 속하는 개체들 사이에서 발견되는 차이점과 비교할 때 사람들이 길러 온 개체들 사이에서 나타나는 차이점이 일반적으로 더 크다는 점이다."(19쪽)

그 뒤로 다양한 식물과 동물의 변이에 관한 설명이 이어진다. 30쪽에 이르는 설명을 읽으면 벌써 뭐가 뭔지 잘 이해되지 않는다. 그러다 사육하는 집비둘기에 관한 자세하고 긴 관찰이 이어진다. 다윈은 구매하거나 얻을 수 있는 모든 집비둘기 품종을 보관하고 있었고 세계 곳곳과 인도와 페르시아의 집비둘기 박제도 확보했다. 다윈은 저명한 집비둘기 애호가들과 사귀었고, 런던에 있는 집비둘기 동호회 두 곳으로부터 가입 허락도 받았다. 다윈은 다양한 집비둘기의 콧구멍과 입과 눈꺼풀, 부리와 발, 목, 날개와 꼬리와 깃털을 묘사한다. 이쯤 되면 독자의 인내심이 바닥나기 시작한다. 마르크스를 넘어 전 세계 영향력 1위라는 저서가 집비둘기에 관해 미주알고주알 밝히고 있으니 어찌 답답하지 않으랴. 다윈은 집비둘기 품종들의 날개 대비 꼬리의 상대적 길이와 발가락에 있는 각질인편의 수를 언급한 다음 이런 주장을 내놓는다.

"집비둘기 품종들 사이에 차이가 엄청 큼에도 불구하고, 모든 집비둘기가 바위비둘기로부터 유래했다는 자연사학자들의 일반적인 의견이 옳다고 나는 거의 확신한다. 바위비둘기는 몇 종류의 지리적 재래종 또는 아종으로 이루어져 있는데 이들은 서로서로 매우 사소한 점만 다르다."(39쪽) 다윈은 다시 집비둘기가 바위비둘기에서 유래했다는 점을 논증한다. 집비둘기를 좋아한 고대 로마와 인도와 이란의 군주, 네덜란드 사례를 든다. 인도의 악바르 대제는 집비둘기 품종들을 교배해서 깜짝 놀랄 만큼 개량했다.(46쪽) 이런 논증 끝에 다윈은 다음 결론을 이끌어낸다. "누적하면서 선택을 하는 사람의 힘이 그 핵심이며, 자연은 지속적으로 변이를 만들어 내며, 사람은 이러한 변이를 자신에게 유리하도록 특정한 방향으로 덧붙여 온 것이다. 이런 의미에서 인간은 자신에게 유리한 품종을 만들어 왔다고 말할 수 있을 것이다. 이러한 선택의 원리가 보여 주는 엄청난 힘은 가설이 아니다."(49쪽)

그리고 다윈은 '자연선택'이라는 과정을 통해 두 아품종이 만들어질 수가 있을 것이라고 말한다. 다윈이 집비둘기 사례를 자세하게 든 이유는 영국과 런던의 대중이 가장 쉽게 받아들일 수 있는 품종 개량 사례였기 때문이라고 한다.

다윈은 이런 변이가 일어난 중요한 이유로 3장에서 '생존을 위한 몸부림'을 든다. 한국에서는 보통 이를 '생존 경쟁'으로 번역했다. 신현철 교수는 이를 '생존을 위한 몸부림'으로 번역했는데 3장 11번 주를 달아 그 이유를 아래와 같이 자세하게 설명하고 있다.

다윈은 "생존을 위한 몸부림"이 1)다른 생물과의 관계, 2)개체로서의 일생, 3)자손 낳기 등으로 이루어져 있다고 주장했다. 우리나라에서는 이 용어를 흔히 생존경쟁으로 번역하고 있으나, 경쟁은 생존을 위한 몸부림의 첫 번째, 즉 다른 생물과의 관계 중의 하나일 뿐이다. 물론 개체로서의 일생과 자손 낳기 등도 경쟁의 일부가 될 수 있으나, 다윈은 개체로서의 일생을 설명하면서 사막 가장자리에서 살아가는 식물들이 물을 확보하려는 노력도 '생존을 위한 몸부림'이라고 설명했다. 그리고 'struggle'이라는 단어도 '열심히 노력하다'라는 의미이며, 『종의 기원』에 'competition' 즉 경쟁이라는 용어도 따로 나오므로, 'the struggle for existence'를 생존경쟁이 아닌 생존을 위한 몸부림으로 번역했다.(95쪽)

다윈이 『종의 기원』을 쓸 당시만 해도 유전자와 인체 생리학, 생명 복제 등 많은 사실이 알려지지 않았다. 그런데도 다윈은 엄청난 자료와 관찰을 통해 과감한 가설을 내세우기도 한다. 즉 눈의 진화다.

"극도로 완벽하고 복잡한 기관, 서로 다른 거리의 초점을 맞추고, 서로 다른 양의 빛을 받아들이고, 구면수차와 색 수차를 보정해 주는 모방할 수 없는 장치를 모두 지닌 눈이 자연선택으로 만들어졌다고 가정해보자." "신경이 어떻게 빛에 민감하게 되었는지는 생명이 처음 유래하게 되었는지에 대한 의문보다 우리에게 훨씬 더 간단한 문제로 다가온다."(253쪽)

다윈은 신이 종을 창조했다는 주장을 10장 '생명체의 지질학적 연속성'에서 간접적으로 비판한다. "한 종이 한번 사라지고 나면, 심지어 같은 생물적, 무생물적 살아가는 조건이 다시 나타난다고 해도, 다시는 결코 나타나지 않는 이유를 우리는 명확하게 이해할 수 있다." 신현철 교수는 주석에서 종이 창조되었다면 그리고 자신의 생태적 지위를 가지고 있다면 한번 사라지더라도 다시 나타날 수가 있을 것이지만 그렇지 않다는 지적이라고 말한다.

다윈은 12장에서 갈라파고스 제도를 들어 자연선택 이론의 정당성을 입증한다. 갈라파고스 제도는 대양 화산섬이다. 바다에서 화산이 폭발해 생겨난 섬으로 처음에는 어떤 생명체도 없었다. "대륙에서 1,000킬로 이상 떨어진 태평양에 있는 화산섬의 정착생물들을 조사한 자연사학자들은 자신들이 마치 아메리카 대륙에 서 있는 것과 같은 느낌을 받는다고 한다. 왜 이런 일이 일어났을까? 갈라파고스 제도에서 창조되어 다른 곳에는 없다고 추정되는 종들에게 아메리카에서 창조된 생물들과의 친밀성이라는 직인을 뚜렷하게 찍을 수 있는 이유는 무엇일까? … 갈라파고스 제도의 생물들이 아메리카와 연관되어 있는 것처럼, 카보베르데 제도의 정착생물들은 아프리카와 연관되어 있다. 독립적으로 창조되었다는 일반적인 견해에 따르면, 이런 엄청난 사실에 그 어떤 종류의 설명도 부여할 수 없을 것으로 나는 믿는다."(518쪽)

다윈은 『종의 기원』에서 창조론을 간접적으로 비판한다. 다윈 당시에는 신을 부정하는 일은 종교 재판의 대상이 되었으니 아주 어려운 말로 비판한다. 다윈은 "창조의 계획", "설계의 균일성" 등과 같은 표현으로 우리의 무지를 숨기는 것은 아주 쉽다고 말한다. 다윈은 젊고 떠오르는 자연사학자들에게 기대를 가지고 이들은 문제의 양면성을 공평무사하게 바라볼 것이고, 종이 변할 수 있다고 믿는 사람이면 누구나 자신의 확신을 양심적으로 표현하는 것만으로도 훌륭한 일을 하게 된다고 격려하고 있다.(624쪽)

다윈은 진화학, 진화심리학과 같은 새로운 학문이 다가올 것임을 예견하고 있다. "가까운 미래에 나는 좀 더 중요한 연구를 위한 분야가 열릴 것으로 본다. 심리학은 새로운 토대, 즉 정신적 힘이나 능력이 단계적으로 필연적으로 습득되었다는 토대에 기반을 둘 것이다. 인간의 기원과 역사에 새로운 실마리가 던져질 것이다."(632쪽)

『종의 기원』 마지막 문장은 이렇다. "이 행성이 고정된 중력 법칙에 따라 자신만의 회전을 하고 있는 동안, 너무나 단순한 유형에서 시작한 가장 아름답고도 훌륭한 유형들이 끝도 없이 과거에도 물론이지만 현재에도 진화하고 있다."(634쪽)

현대인은 지금 우리가 아는 과학 지식이 어떻게 얻어졌는지를 쉽게 잊어먹는다. 지금은 상식이 된 과학 지식이 옛날에는 화형을 당하거나 사회에서 매장될 만큼 무시무시한 금기였다는 사실도 곧잘 잊어먹는다. 우리는 과학 공식이 사회 발전에 따라 자연스럽게 습득되었다고 착각하기도 한다. 다윈은 용감하게 종의 창조론을 비판하고 진화론을 내세웠다. 다윈은 많은 개별 사실을 열거한 후에 귀납법을 사용해 이론으로 다가선다. 그가 열거한 수많은 사실을 보면 진리를 탐구하는 과학자의 모범을 느낄 수 있다. 역주를 한 신현철 교수는 본문에서 독자가 참고할 수 있도록 원서의 페이지 수까지 표시해놓았다. 많은 역주를 읽으면서 뛰어난 번역가 덕분에 난해한 『종의 기원』을 완독할 수 있어 기쁘다.

[독서일기 4]

몸은 기억한다

베셀 반 데어 콜크/ 제효영 옮김/ 을유문화사

　부제는 '트라우마가 남긴 흔적들'이고 원제는 'The Body Keeps the Score'이다. 저자 이름이 독특한데(네덜란드 출신이다), 1970년대부터 '외상 후 스트레스 장애'(PTSD)를 연구한 권위자이다.
　의학계가 새로운 병명을 인정하는 건 쉽지 않다. 1차 세계대전과 2차 세계대전을 거치면서 수많은 군인이 정신질환을 앓았지만 '외상 후 스트레스 장애'로 진단받지 못했다. 참전 군인은 사회에 부적응하거나 정신질환을 앓으면 겁쟁이라고 비난받기도 했다. 마거릿 애트우드의 소설 『눈 먼 암살자』에는 1차 세계대전에 참전한 후 부상을 입고 돌아온 아버지 노블 대위를 이렇게 묘사한다. "아버지는 온전한 한쪽 눈과 온전한 한쪽 다리를 가지고 있었다. 얼굴은 수척하고 흉터로 뒤덮여 있고 광기가 서린 것처럼 보였다 … 하지만 아버지는 그만큼 건강하지 못했다. 사실 그는 약해질 대로 약해진 가련한 환자였다. 어둠 속에서 들려오는 비명, 악몽, 갑작스런 분노, 벽이나 마룻바닥에 내던져진 대접이나 유리컵이 증명해 주듯이. 비록 어머니에게 내던진 적은 없었지만 말이다. 그는 깨지고 다쳤으며 치유가 필요했다."

노블 대위는 아무런 치료를 받지 못했다. 그 시대에는 '외상 후 스트레스 장애'라는 병명 자체가 없었다. 반 데어 콜크 박사는 여는 글에서 군인이 되어 전투를 벌여야만 트라우마(정신적 외상)를 경험하는 건 아니라고 말한다. 미국 질병통제 센터의 조사에 따르면 미국인 5명 중 1명은 어린 시절 성추행을 당한 경험이 있고, 4명 중 1명은 부모에게 몸에 자국이 남을 정도로 맞은 적이 있으며, 커플 3쌍 중 1쌍은 상대의 신체 폭력에 시달리는 것으로 나타났다. 미국 전체 인구의 4분의 1은 알코올에 중독된 친인척의 손에서 크고, 8명 중 1명은 엄마가 맞거나 타격받는 모습을 직접 목격한다.(23쪽) 미국 사회가 이렇게 심각하다니 깜짝 놀랐다. 한국도 솔직하게 조사하면 이보다 더 할 것이다. 한국은 폭력과 학대가 잘 은폐되는 나라기 때문이다.

저자는 트라우마에 관해 이렇게 말한다. 인간은 회복 능력이 굉장히 우수한 동물이다. 아득한 옛날부터, 인류는 무자비한 전쟁과 무수한 재앙(자연재해와 인간이 만든 재앙 모두)을 겪고 삶에서 폭력과 배신을 당한 후에도 매번 제자리로 돌아왔다. 그러나 정신적 외상 경험은 흔적을 남긴다. 그 흔적이 아주 방대할 수도 있고(인류 역사와 문화에 영향을 주기도 한다), 가족에게 밀접한 영향을 끼칠 수도 있으며, 어두운 비밀로 존속해 여러 세대를 거쳐 알게 모르게 전해지기도 한다. 그런 경험들은 마음과 감정에도 흔적을 남기고, 즐거움과 친밀감을 느끼는 능력에도 영향을 주며, 심지어 생물학적인 특성과 면역 체계에도 자국을 남긴다.(23쪽)

저자는 1장에서 베트남 참전 군인들이 알게 해 준 교훈을 말한다. 저자는 1978년 7월 보스턴 보훈병원에서 정신과 전문의로 일할 때 만난 베트남 참전군인 톰의 사례를 말한다. 톰은 10년 전 해군에 입대해 베트남에서 소대장으로 복무하고 돌아온 군인이었다. 그는 제대 후 잘나가는 법조인에 흠 잡을 데 없이 완벽한 가족을 가진 사람이 되었지만, 톰은 자신이 정상이 아니란 사실을 잘 알고 있었다. 내면이 죽어 있다고 느낀 것이다. 그는 화가 치밀어 올라 아내와 어린 두 아들 앞에서 괴물처럼 행동한 적이 있고 집 안에서 아이들이 소란을 피우면 마음이 극도로 불안해져, 혹여 자기 손으로 아이를 해칠까 봐 황급히 집 밖으로 나와야 했다. 인사불성이 될 때까지 혼자 술을 마시거나 할리 데이비슨 오토바이를 타고 위험천만한 속도로 내달릴 때만 겨우 마음을 진정시킬 수 있었다. 밤이 되어도 상황은 전혀 나아지지 않았다. 잠이 들더라도 다시 베트남으로 돌아가 벼가 무성한 논에 매복해 있다가 적군의 손에 소대원 전체가 죽거나 다치는 악몽 때문에 잠을 깨기 일쑤였다. 숨을 거둔 베트남 어린이들의 모습도 문득문득 떠올라 그를 질겁하게 만들었다. 그는 동료 군인이 죽은 후에 베트남 농부와 어린이를 죽인 참혹한 경험도 있었다.(32~34쪽)

저자는 이런 증상에 관한 책을 찾아보았으나 거의 없었다. 겨우 하버드 의과대학의 도서관에서 카디너라는 정신과 전문의가 1941년에 발표한 『전쟁 트라우마 신경증』이라는 책을 발견했다. 카디너 박사가 보고한 현상은 저자가 관찰한 결과와 일치했다. '외상 후 스트레스 장애'는 그저 머릿속에서만 일어나는 문제가 아니라 생리학적인 근원이 있다는 것이다. 참전 군인들이 보이는 증상은 그들의 몸 전체가 트라우마에 반응한 결과임을 1941년에 이미 간파한 것이다.

정신적 외상에 시달리는 많은 사람은 마음 속 깊이 어떤 상황에서 자신이 한 일 혹은 하지 않은 일에 대한 수치심에 훨씬 더 강하게 사로잡혀 있었다. 이들은 그 당시 자신이 느낀 두려움과 의존성, 흥분, 격렬한 분노의 감정을 극도로 경멸한다. 저자는 몇 년 후 아동학대 피해자들에게서 비슷한 현상을 발견했다. 대부분의 희생자들은 살아남기 위해 자신이 했던 행동에 극심한 수치심을 느끼며 괴로워하고, 가해자와 연락을 끊지 않고 지낸다.(41쪽)

저자는 뇌 스캔 실험을 통해 말로 전할 수 없는 경험과 이미지가 악몽으로 되살아나 머릿속에서 재현되는 사실을 알게 된다. 뇌의 '브로카' 영역은 활성화되지 않은 반면, '브로드만 영역 19'라는 다른 영역은 활성화된다. '브로드만 영역 19'는 뇌에 이미지가 처음 들어오는 순간 그 이미지를 인지하는 시각 피질 영역이다. 저자는 트라우마를 경험하고 한참 지난 시점에도 이 부위에 활성이 계속 유지되는 것을 보고 깜짝 놀랐다. 실험 참가자들은 자신이 겪은 트라우마 관련 이야기를 들으면 아드레날린이 증가해 심장 박동 수와 혈압이 급격히 증가한다. 정상인은 위협상황에 놓이면 일시적으로 스트레스 호르몬이 증가했다가 다시 정상으로 돌아오지만 정신적 외상을 입은 사람들은 정상으로 돌아오는 시간이 훨씬 더 오랜 시간이 걸리고, 스트레스를 느끼는 사소한 자극에도 단숨에 호르몬이 불균형적인 수준으로 증가한다. 이건 장기적으로 수많은 건강 문제를 일으킨다.(88~91쪽) 학대와 방임을 당한 아동들 역시 동일한 피해를 입는다.

아동이 학대받아 실제 위협이 발생하거나 위협을 상상해 신체가 스트레스 호르몬을 계속 뿜어대는 생물학적 시스템이 구축되면, 수면 방해, 두통, 원인을 알 수 없는 통증, 신체 접촉이나 소리에 대한 과잉 반응 등 신체에 여러 가지 문제가 생긴다. 심하게 불안해하거나 외부 세상에서 자신을 차단해 버리며 무언가에 주의를 기울이고 집중하기 힘들다. 그리고 이 긴장을 해소하기 위해 자위나 몸을 흔드는 행동, 스스로를 해치는 행동(자기 몸을 깨물고 베고 화상을 입히기 등)이 만성적으로 나타난다. 또 가지고 있는 모든 에너지를 통제력을 유지하는 데 쓰다 보니 학교 숙제처럼 집중해야 하지만 생사와 직접적으로 관련 없는 일을 처리하기 힘들어하는 경우가 많고 과도하게 흥분하는 일이 빈번하여 금세 다른 대상으로 주의가 흩어진다.(256쪽) 이건 미국에서만 일어나는 현상이 아니다. 한국에서 급격하게 느는 청소년 ADHD, 청소년 공황장애, 청소년 자해, 청소년 자살과 관련되는 현상이다.

이런 아이들의 심리 상태는 어떨까? 이 아이들은 무시당하고 방치되는 일을 워낙 자주 겪다 보니 다른 사람에게 매달리고 절박하게 도움을 구하려고 한다. 심지어 자신을 학대한 사람들에게조차 그와 같은 행동을 보인다. 오랜 시간 맞고, 성폭행당하고, 그 밖에 다른 여러 가지 방식으로 학대를 받으면서 자신은 결함이 있고 아무 가치 없는 존재라는 생각밖에 할 수 없는 상태가 되어 자신에 대한 혐오감과 불완전성, 무가치함을 쉽게 느낀다.(257쪽) 그렇게 되면 아이의 마음은 깊은 병에 걸린다. 병든 마음은 병든 육체보다 더 본인과 사회에 위험하다.

저자는 다양한 트라우마 사례를 심층적으로 분석한다. 그리고 치료를 말한다. 그는 전쟁이나 학대, 성폭력, 추행, 그 밖에 다른 끔찍한 사건을 '치료'할 수 있는 사람은 아무도 없다고 말한다. 하지만 몸과 마음, 영혼에 남은 트라우마의 흔적들을 해결할 수는 '있다'.(321쪽) 트라우마 반응은 정서적 뇌에 자리한 엔진에서 나온다. 이성적 뇌는 자기를 생각으로 표현하지만, 정서적 뇌는 이와 달리 자기를 신체반응으로 표현한다. 속이 뒤틀리는 느낌, 심장이 쿵쾅대는 반응, 호흡이 빠르고 얕아지는 변화, 비통한 심정, 쓰러지는 반응, 뻣뻣하게 굳어 버리는 반응 등의 특징적인 신체 움직임이 대표적인 반응이다.(323쪽)

저자는 언어 치료와 과거를 떠나보내는 방법의 하나로 안구운동, 요가, 연극과 운동 치료 등 다양한 방법을 소개한다. 특히 신체를 움직이거나 몸으로 뭔가를 표현하는 방법이 좋다고 한다. 전문적인 치료 방법을 읽으면 트라우마 치료는 어렵고 트라우마를 입은 시간과 강도만큼 노력을 들여야 겨우 원상회복에 가까워진다는 생각이 든다.

한국 사회는 트라우마 사회다. 아이들은 어릴 때부터 경쟁과 비교와 성적 향상에 내몰린다. 아이들은 놀 시간도 없다. 한국은 경쟁 사회이면서 승자 독식의 사회이고 치열한 사다리 올라가기 과정에서 낙오한 사람을 돌보지 않는다. 트라우마로 덮인 한국인은 성장하거나 나이가 들수록 불행하다. 한국 사회와 한국인의 가치 기준은 성취다. 그 기준이 행복으로 바뀌어야 하지만 언제 그렇게 될지 요원하다. 그러나 이제는 방향을 바꾸어야 할 때이다. 신천지 교단에 청년 신도가 많아 사람들은 놀란다. 그만큼 청년들이 한국 사회에서 마음 둘 곳이 없다는 반증이다. 정신 건강 분야와 트라우마 회복에 관심 있는 사람들이 꼭 읽어야 할 책이다.

[독서일기 5]

바이러스 폭풍의 시대
네이선 울프/ 강주헌 옮김/ 김영사

'코로나19'가 한국인의 일상생활을 멈춰버렸다. 학교는 쉬고, 거리는 조용하며, 식당은 텅 비었다. 강력한 태풍도 불과 며칠만 생활을 멈춰 세울 수 있으니 눈에 보이지도 않는 바이러스의 힘이 얼마나 센 지 알 수 있다. 엄청난 사망자와 감염자를 낸 이탈리아를 비롯해 유럽은 마비 상태고, 미국도 모든 단체 활동을 금지하고 있다. 바이러스의 파괴력은 정말 대단하다.

『바이러스 폭풍의 시대』을 보니 바이러스에 관해 우리가 모르는 질병이 엄청 많다. 치사율이 70%인 에볼라 바이러스, 돼지가 숙주인 니파 바이러스, 콩고에서 유행한 원숭이두창 바이러스, 이런 병은 사람 신경계를 심각하게 침범한다고 한다. 다행히 이런 질병은 국지적인 선에서 전염이 멈췄다.

저자가 가장 걱정하는 문제는 '교통 혁명'이다. 지구에는 5만 여 곳의 공항, 3,200만 킬로가 넘는 도로, 수십만 척의 선박이 다니고 있다. 바이러스(병원균)의 관점에서는 전에는 분리되어 제자리에만 맴돌던 감염균들이 교통혁명 덕분에 용광로처럼 뒤섞이게 되었고 급속하게 퍼지게 된 것이다. 과학기술의 발전이 역으로 우리를 팬데믹(세계적인 대유행병)의 시대로 몰아가고 있는 것이다. 저자는 스탠퍼드대학교 인간생물학과 초빙교수이다. 저자의 진술을 따라가면 미국이 바이러스 질병을 중대한 국가 안보로 규정하고 있는 사실이 납득되고도 남는다. 강력한 바이러스 질병은 한 국가를 심각한 위기 상황으로 몰고 가거나 망하게 할 수 있다. 치사율이 대략 1% 남짓한 '코로나19'가 이 정도 파괴력을 지녔다면 만약 치사율이 10%에 전염력도 강한 바이러스가 퍼지면 어떤 상황이 벌어질지 끔찍하다.

이 책은 저자가 다음과 같은 핵심적인 의문에 나름대로 대답해보려는 시도다. 1) 팬데믹은 어떻게 시작되는가? 2) 왜 우리는 지금도 이렇게 많은 팬데믹에 시달리는가? 3) 장래에 팬데믹을 예방하기 위해서 우리가 할 수 있는 일은 무엇인가?

바이러스는 네덜란드의 생물학자 베이에링크가 19세기 말에 이름지었다. 담배모자이크병의 원인이 되는 새로운 생명체를 그는 '바이러스'로 명명했다. 라틴어로 독을 뜻하는 단어였다. 베이에링크는 바이러스를 '살아 있는 액성 전염물질'이라 칭하면서 바이러스가 실제로 액성일 거라고 생각해, '액성'을 강조하기 위해 바이러스, 즉 독이란 용어를 사용했다.(33쪽)

바이러스는 두 가지 기본 성분으로 구성되어 있다. 하나는 유전물질인 RNA나 DNA이고, 다른 하나는 유전자를 보호하는 단백질막이다. 바이러스는 스스로 성장하거나 생식할 수 있는 메커니즘이 없기 때문에, 자신들이 감염시킨 세포에 기생한다. 즉 바이러스는 생존을 위해서 세포로 이루어진 생명체를 감염시켜야 한다. 바이러스의 단백질막에는 목표로 삼은 숙주세포의 벽에 있는 '자물쇠(수용체)'에 꼭 맞는 '열쇠'가 있다. 이 열쇠가 자신에게 맞는 세포 자물쇠를 찾아내면 그 세포 조직의 문이 열린다. 그럼 바이러스는 숙주세포에 들어가 세포 조직을 강탈해서 성장하고 번식한다.(35쪽)

바이러스의 세계는 광활하다. 인류는 아직 바이러스 세계 일부만을 알고 있을 뿐이다. 바이러스는 돌연변이율이 높아 어떤 파괴력을 가져올지 우리는 잘 모른다. 예컨대 다른 종류의 두 바이러스가 동일한 숙주에 기생할 경우, 때때로 그들은 동일한 세포를 감염시켜 유전정보를 서로 교환하는 토대를 마련한다. 이런 경우 두 바이러스에서 완전히 다른 유전자를 받아들인 모자이크 딸바이러스가 탄생할 수 있다. 이처럼 유전자가 혼합될 때 바이러스는 신속하게 완전히 새로운 종을 만들어낼 기회를 얻는다. 돌연변이의 경우와 마찬가지로 이 새로운 딸바이러스는 생존력과 확산력을 겸비한 새로운 청사진을 갖는 경우가 적지 않다.(51~52쪽)

과거에는 만나지 못한 바이러스들이 서로 결합해 새로운 병원체를 형성하기도 하고 비행기와 철도, 선박에 실려 예전에는 꿈도 꾸지 못한 방식으로 확산될지도 모른다.

에이즈 바이러스가 기침 등으로 옮는 코로나19의 전파력을 얻는다고 상상해보자. 대혼란이 벌어진다. 인류 문명은 상당 시간 작동을 멈출지도 모른다.

인류의 진화 과정에서 바이러스는 어떤 관계를 맺었을까? 우리 조상은 농업을 시작하기 전에 소규모 집단으로 살았다. 영장류 인간은 진화 초기에 숲 환경에서 사바나 지역으로 이동했고 정착이 아닌 수렵채집

생활을 했다. 바이러스 시각에서 보면 감염이 쉽지 않은 환경이다. 감염시킬 (인간)개체군 크기가 작다면 감염이 확산되기가 어렵다. 현격하게 줄어든 (숙주)개체군 크기를 과학계에서는 전문용어로 '개체군 병목현상population bottleneck'이라 한다.

병원균은 크게 두 부류로 구분된다. 급성 병원균과 만성 병원균이다. 두 부류 모두 숙주 개체군이 소규모이면 충분히 활동하지 못한다. 급성 병원균(홍역, 소아마비 바이러스, 천연두)은 감염된 인간을 죽이거나 병후 면역력을 지니게 한다. 어떤 경우이든 급성 병원균은 소멸된다. 더 이상 감염시킬 사람이 없다면 그런 상황은 병원균에게 마지막이 되는 것이다. 만성 병원균(HIV와 C형간염 바이러스)은 숙주에게 오랫동안 기생하며 때로는 숙주와 평생을 함께 한다. 그러나 개체군 집단이 작을 때는 만성 병원균도 사라질 확률이 높아진다. 거기다 우리 조상들은 불을 사용해서 음식을 조리하는 법을 깨치게 되었다. 불은 병원균을 죽인다.(81~83쪽)

바이러스는 인류가 열대우림 등 자연을 파괴하고 인류 주거지를 늘려가면서 바이러스 균과 접촉을 많이 하게 되면서 번진 점이 있다. 현대에 들어와 더 큰 문제가 들어섰다. 돼지와 소 등 가축은 산업화된 대규모 농장에서 빼곡하게 사육된다. 미국은 네 곳의 대기업이 절반 이상의 소와 돼지와 닭을 생산한다. 그런데 산업화된 농장에서 사육되는 가축들은 완전히 격리된 상태에서 길러지지 않는다. 밀집한 가축들은 피를 빠는 벌레, 설치동물, 조류, 박쥐 등과 접촉함으로써 새로운 병원균들이 침입할 가능성이 높다. 가축 농장이 인간에게 옮겨가는 병원체들의 배양소가 될 수 있는 것이다.(211~212쪽)

저자는 팬데믹 예방이라는 신생 학문에는 세 가지 목표가 있다고 말한다.

1. 유행병을 조기에 탐지해야 한다.
2. 유행병이 팬데믹으로 발전할 가능성을 평가해야 한다.
3. 치명적인 유행병이라면 팬데믹으로 발전하기 전에 차단해야 한다.

이런 목표를 달성할 수 있을까? 아직은 알 수 없다. 미국에서는 "모든 바이러스의 자연진화를 성공적으로 예측"하는 프로그램을 개발 중이라고 한다. 바이러스의 변이를 예측하면 대응도 빨라지고 정확해질 것이다.(264쪽)

바이러스의 세계는 무궁무진하다. 과학자들은 많은 인간질병을 바이러스가 일으킨다는 사실을 최근에야 알아냈다. 자궁경부암은 암이지만 병원균이 일으킨다. 그래서 예전에는 치료하기 어려웠던 자궁경부암 백신이 개발되고 예방까지 가능하게 되었다. 생물학자들은 심장병과 당뇨병, 정신질환에도 바이러스가 관계하고 있다고 의심하면서 연구를 계속하고 있다.

지금껏 인간에게 해악을 끼치는 바이러스만을 늘어놓았다. 인간에게 득이 되는 바이러스가 훨씬 많다. 심지어 종양세포를 공격하는 것으로 보이는 바이러스도 있다. 세네카밸리 바이러스는 자연에 존재하는 바이러스인데 신경계와 내분비계의 경계면에서 살아가는 종양을 공격한다고 한다. 실험 결과 놀랍게도 이 바이러스는 암에 걸린 세포를 선택적으로 찾아내는 능력을 지녔지만, 건강한 세포를 감염시키지는 않는다는 사실이 밝혀졌다.(293쪽) 그렇다면 인류의 난제인 암을 극복하는 바이러스 치료제가 나올 수도 있지 않을까? 말라리아 원충(기생충)을 감염시키는 바이러스를 찾아내면 말라리아를 퇴치할 수도 있다. 암을 죽이는 바이러스와 마찬가지로 말라리아 원충을 감염시키는 바이러스도 얼마든지 효과적이고 안전하게 이용할 수 있다.(295쪽)

저자는 바이러스 전문가로 "집단 발병이 발생할 때, 뉴스 보도를 어떻게 받아들이고 위험 정도를 어떻게 판단해야 하는가?"라는 질문을 자주 받는다고 한다. 유행병의 몇 가지 특성이 중요하다. 병원균이 어떤 식으로 확산되고 있는가? 얼마나 효과적으로 전파되는가? 감염된 사람들의 치사율은 얼마나 되는가? 저자는 치사율이 무척 높더라도 확산되지 않는 것처럼 보이면, 이는 반대로 일반적인 치사율이지만 꽤 빠른 속도로 확산되는 팬데믹보다는 덜 걱정스러운 일이라고 말한다. 에볼라 바이러스처럼 무시무시하게 느껴지는 병원균이라고 항상 전 세계를 위험에 빠뜨리지는 않고 오히려 유순한 바이러스가 전 세계를 공포에 빠뜨릴 수 있다.(306쪽)

저자 말처럼 치사율이 1% 내외로 높지 않은 코로나 19가 전 세계를 혼돈에 빠뜨리고 있다. 이탈리아와 이란은 급격하게 감염자와 사망자가 늘고 있고, 프랑스와 스페인을 비롯한 유럽의 확진자가 는다. 아직 검사 체계가 미흡한 미국과 일본도 늘어나는 감염자에 불안에 떨고 있다.

저자는 우리 모두는 바이러스에 관련해 하나로 이어진 세계에서 살아가고 있다고 말한다. '교통혁명'으로 이어진 현대에서 국경봉쇄로 바이러스 문제가 해결되지는 않는다. 바이러스를 물리치기 위해서는 인류 공동의 노력과 협조가 필요하니 바이러스는 어떻게 생각하면 인류 안전과 평화를 위한 메신저 역할을 할지도 모른다.

[독서일기 6]

우리 안의 악마
쥴루아 쇼/ 김성훈 옮김/ 현암사

    저자는 심리학자이자 과학 저술가이다. 런던의 대학에서 범죄학 및 심리학 교수로 재직한다. 저자는 언론이나 보통 사람과 다르게 '악'을 바라본다. 저자는 먼저 선과 악을 흑백논리로 나누는 근본주의적 개념에 반대한다. 그런 시각에서 저자는 '악' 공감 훈련을 제안한다.

    "당신이 저질렀던 최악의 행동에 대해 생각해 보자. 바람피우기, 도둑질, 거짓말 등 부끄러울 만한 행동, 남들에게 알려지면 평판이 나빠질 법한 행동을 떠올려보자. 그다음에는 세상 모든 사람이 그 사실을 알고 있으며, 그 일로 당신을 재단하고, 당신을 부를 때마다 그 행동을 떠올리는 별명으로 부른다고 상상해보자. 기분이 어떨까?"(9쪽)

    으스스하다. 등에 땀이 흐르고 머리칼이 곤두선다. 우리는 매일 타인 —특히 악인으로 부르는 사람에게 그와 같은 평가를 하고 있다. 그런데 자신이 내린 잘못에 관해서는 그럴 수밖에 없었던 복잡하고 미묘한 상황과 어려움을 잘 알고 있다. 미국의 포르노 사업자 래리 플린트의 말이 생각난다. "살인은 나쁘지만 전쟁에서 사람을 죽이면 영웅이 된다.

섹스는 좋지만 그걸 사진으로 찍어 팔면 나쁜 놈이 된다." 인간은 이런 위선을 저지르고 눈 깜짝하지 않고 합리화하는 동물이다.

저자는 악에 관한 대화로 단골로 등장하는 히틀러를 등장시켜 당신에게 묻는다. "만약 당신이 과거로 돌아가게 된다면 아기 히틀러를 죽이겠는가?" 만약 '그렇다'라고 대답한다면 아마도 당신은 인간이 끔찍한 일을 저지르는 성향을 타고났다고 믿는 사람일 것이다. '아니오'라고 대답한다면 당신은 어떤 어른이 될지는 환경과 교육이 더 결정적인 영향을 미친다고 믿는 사람일 확률이 높다.(21쪽)

한 걸음 더 나아가보자. 심리학자 마틴 레이먼과 필립 짐바도르는 악에서 두 가지 과정이 가장 중요하다고 주장했다. 바로 '몰개성화'와 '비인간화'다. 몰개성화는 자신을 익명의 존재로 인지할 때 일어난다. 텔레그램 n번방의 '박사' 조주빈과 유료회원이 자신의 이름을 내걸었다면 아무도 성착취 영상 사건을 저지를 수 없었을 것이다. 비인간화는 타인을 인간으로 보지 않고 인간보다 못한 존재로 인지할 때 일어난다.

사람들은 자신을 윤리적으로 건강한 결정을 내리는 다양한 인간으로 이루어진 집단인 '좋은 사람들'에 해당한다고 생각한다.(24쪽) 타인은 그렇지 않다고 평가하기 십상이다. 정치적 양극단에 선 집단의 유튜브 방송을 보라. 우리 편은 '좋은 사람들'이고 반대집단은 나쁜 사람들이다. 우리 편은 선이고, 반대 정치세력은 악이다.

이렇게 세상을 좋은 사람들과 나쁜 사람들로 나누는 방식은 히틀러가 좋아한 접근 방식이라고 한다. 더 나아가 표적 집단구성원이 '나쁜 사람'이 아니라 아예 사람도 아니라는 더 문제적인 주장까지 나온다. 나치는 자신들이 표적으로 삼은 다른 집단을 동물, 곤충, 질병으로 비유하기도 했다고 한다. 한국 인터넷에도 반대편 집단에 벌레란 뜻의 접미사를 붙인 '~충'으로 부르는 표현이 넘쳐난다. 그런데 나치 언론도 자기들의 수장이 제거하기 원하는 사람들을 쥐나 바퀴벌레로 묘사했다.(25쪽)

  악 하면 살인을 먼저 떠올리게 된다. 그런데 사람들은 살인을 비난하면서도 사람을 죽이는 공상에 빠진다. 애리조나주립대학교 심리학자가 1993년 실험 참가자들에게 살인 공상을 해본 적이 있는지 묻자 놀랍게도 대다수가 그렇다고 했다. 더 세부적인 연구를 하자 남성 중 79퍼센트, 여성 중 58퍼센트가 살인 공상을 해본 적이 있다고 답했다. 남성은 잘 모르는 사람이나 같이 일하는 사람을 죽이는 상상을 많이 한 반면 여성은 가족을 죽이는 상상을 더 많이 했다. 우리는 모두 우글대는 살인 욕망을 가까스로 참고 사는 지경이다. 다행히도 이건 진화적 전략으로 살인 공상은 추상적 사고와 가상 계획이 가능한 인간의 능력이 만들어낸 부산물이라고 한다. "내가 이것을 하면 어떤 일이 일어날까?" 이 능력 덕분에 우리는 전체적인 시나리오를 머릿속에 그려볼 수 있으며 최악의 시나리오에 대비하게 한다. 보통 사람들은 이런 살인 상황을 머릿속에서 예행연습하다 보면 실제로 누군가를 죽이기를 원치 않으며, 그로 인해 일어날 파괴적인 결과 또한 원하지 않는다는 사실을 신속히 알아차리게 된다.(59~60쪽)

  참고로 살인은 보고되지 않고 지나간 범죄 숫자를 말하는 '암수dark figure'가 상당히 낮다. 강간이나 성적 학대 같은, '암수'가 높은 범죄와 크게 대비된다. 그렇기 때문에 UN 보고서에 따르면 살인은 "측정하기가 가장 쉽고, 정의가 명확하고, 비교하기도 가장 좋은 지표"로 국가의 치안과 폭력 범죄의 수준을 파악하는 합당한 지표이다.(63쪽) 대부분의 살인은 남성이 남성을 상대로 저지르는데 범죄자의 95퍼센트, 피해자의 79퍼센트가 남성이다. 남성이 여성을 죽이는 경우 피해자인 여성은 배우자나 연인, 혹은 가족 구성원일 가능성이 높다. 대략 47퍼센트를 차지한다고 한다.(65쪽)

연구자 앨버트 로버츠가 분류한 살인의 4가지 유형을 보자. 첫 번째 유형은 '언쟁 혹은 말다툼으로 촉발된 살인'이다. 주차나 개를 두고 말다툼을 벌이다가 총으로 쏘는 것과 같은, 터무니없는 이유로 시작되어 악화되는 형태다. 두 번째 유형은 '흉악 범죄 살인'이다. 강도, 도둑, 납치 등에서 자행된다. 이 행위의 궁극적 목표는 사람을 죽이는 것이 아니라 돈이나 다른 이득을 취하는 것이다. 세 번째 유형은 '가정 폭력 혹은 부부나 연인 간의 폭력으로 유발된 살인'이다. 연인이 외도를 했다고 믿거나 자기를 떠난 아내를 총으로 쏘는 것과 같은 종류다. 마지막 유형은 '사고로 인한 살인'이다. 술이나 마약을 한 상태에서 운전을 하다가 사람을 죽인 경우만 해당된다. 문제를 복잡하게 만드는 사실이 있다. 누군가를 살인한 사람은 대부분 두 번 다시는 사람을 죽이지 않는다. 살인을 다시 할 재범률은 1퍼센트에서 3퍼센트 정도에 불과하다. 그렇다면 격하게 말다툼을 하다가 사람을 한 번 죽였다고 해서 그 사람을 평생 살인자로 부를 수 있을까? 저자는 그 범죄를 저지르던 순간에만 살인자였던 게 아닐까 묻는다.(69쪽)

남성성 본질을 묻는 질문을 하나 더 던져보자. 왜 대부분의 살인을 남성이 저지를까?

　진화론 연구자 던클리와 버스는 "여자와 달리 남자는 사람을 죽이도록 설계된 몸과 정신을 더 진화시켰다"고 주장하고, 연구자 존 아처는 남성이 원래 그렇게 태어났기 때문일 수도 있지만 사회적 역할 때문일 수도 있다고 주장한다. 저자는 사회가 남자들이 저지르는 파괴적, 공격적, 폭력적 행동에 관대할 때가 너무 많고 이것은 여성에게 안 좋은 일이지만 남성에게 훨씬 더 안 좋은 일이라고 말한다.(71~73쪽)

　한국처럼 '남성다움', '여성다움'을 강조하는 나라는 세계에서 별로 없을 것 같다. 한국은 여중생도 화장을 하는 나라이고 한국의 뷰티산업은 그런 '여성다움' 바탕 위에서 성장했다. 이 역시 여성에게 좋지 않은 일이고, 남성에게도 안 좋을 일이다.

　저자는 다음으로 기괴한 모습에 관해 논한다. 무엇이 우리를 소름 끼치게 하는가? 소름 끼치는 인물을 판정하기 위한 실험에 참가한 사람들은 대략 다음 특성을 예로 들었다. 1. 너무 가까이 붙어 서 있는 사람, 2. 머리카락에 기름기가 많은 사람, 3. 불쾌한 미소를 짓는 사람, 4. 눈이 툭 튀어나온 사람 … 8. 눈 밑에 다크서클이 있는 사람, 9. 이상하게 차려 입은 사람 … 11. 더러운 옷을 입은 사람, 12. 종잡을 수 없는 때에 웃음을 터뜨리는 사람 … 13. 대화를 끈질기게 한 주제로만 몰고 가는 사람. 그 외 실험 참가자들은 여러 가지 특성을 소름끼침과 연관 지었다. 그럼 실험 참가자들은 소름 끼치는 사람의 본성을 어떻게 느낄까? 세 가지 핵심 요소로 압축된다. 첫째, 그들은 우리를 두렵거나 불안하게 만든다. 둘째, 소름 끼침은 그 개인이 가지고 있는 성격의 일부처럼 보인다. 셋째, 우리는 그들이 우리에게 성적인 관심을 갖고 있을지도 모른다고 생각한다.

여기까지는 그런대로 이해할 만 하다. 그런데 연구자들은 실험 참가자들에게 성인 남성의 얼굴 사진 34장을 평가하게 해보았다. 절반은 노벨상이나 캐나다 훈장을 수상하고, 평화, 사회에 헌신한 신뢰할 만한 사람이고, 절반은 미국의 지명수배자 목록에서 가져온 사진이었다. 노벨상 수상자와 중범죄자와의 차이를 얼굴만 보고 알아 낼 수 있을까? 결과는 동전 던지기보다 낮은 성적이었다.

지명수배자를 신뢰하지 못할 사람이라고 정확하게 알아맞힌 비율은 49퍼센트에 불과했다. 노벨상 수상자에 대해 물어보았을 때는 그보다 약간 높은 비율인 63퍼센트가 신뢰할 만한 사람이라고 알아맞혔다. 연구진은 이렇게 평했다. "외모를 바탕으로 신뢰도를 평가할 때 직감은 작은 이점을 제공하지만 오류가 많다."(98쪽) 우리는 매력적이거나 아름다운 사람을 대할 때는 온갖 형편없는 판단을 내린다. 이는 '후광효과'와 관련이 있다. 더 매력적인 사람이 더 신뢰할 만하고, 야심도 더 크고, 더 건강하다는 가정은 사회적으로 뿌리 깊게 박힌 편견이다.(99쪽) 고급 외제 차를 타고 매력적이며 근사한 옷을 입고 다니는 사기꾼은 한국 사회에 쫙 깔려 있다. 조심해야 한다. 사람의 외모는 단지 정체성의 일부만을 보여줄 뿐이라는 진실을 명심해야 한다. 소설과 영화에 나오는 수많은 미남 미녀들이 일으키는 가정 파탄과 사기와 살인과 폭행을 보면서도 우리는 미남 미녀를 만나면 마술처럼 그런 경고를 잊어 먹고 만다.

사이버 범죄로 넘어가보자. 온라인 상에서는 타인을 비인간화하기가 더 쉽기 때문에 사이버 범죄도 더 쉬워진다. 나치는 유태인과 집시 등을 사회의 해충으로 보는 등, 비인간화시켰다. 그러면 가해자들이 학살하기 훨씬 쉬워진다. 현대 사회에서 사이버 범죄의 심각함은 날로 커진다. 텔레그램에서 벌어진 성착취 사건 'n번방'을 떠올려보자. 26만명이나 되는 유료회원이 그 방에 들어갔다는 사실이 믿어지지 않는다.

"사이버범죄는 사람을 대상으로 저질러지는 그 어떤 범죄보다도 더 많은 심리적 해악과 박탈을 야기할 수 있다." 나이지리아의 왕자에게 돈을 보내게 만드는 이메일 사기부터 개인의 사생활이 담긴 사진을 유포하는 행위, 돈을 지불하지 않으면 훔쳐낸 상대의 성 관련 정보를 세상에 공개하겠다고 협박하는 해커에 이르기까지 사이버범죄가 우리 삶에 끼치는 피해는 엄청나다.(150쪽) 범죄자가 익명이기 때문에 사이버범죄는 쉽게 가해자를 감염시킨다. 그런 측면에서 'n번방'사건 범죄자들의 얼굴과 신상 공개에 찬성한다. 한국은 이상하게도 피해자보다 가해자를 더 보호하는 경향이 있다. 피해자가 숨어 지내고 가해자가 떳떳하게 초범이고 실수였으며 깊이 반성한다고 떠들어대는 현상을 자주 본다.

저자는 이상성욕의 메커니즘인 변태와 소아성애를 다룬다. 일반적인 상식과 거리가 먼 주장이 나온다. 저자는 온갖 변태 행위를 하지만 반드시 상대방의 '동의'를 받아야만 하는 런던의 섹스 클럽을 논하고, 사도마조히즘은 우리에게 의도적으로 규칙을 깨뜨릴 수 있는 환경을 창조한다는 주장과 수용 가능성에 관해 말한다. 소아성애에 관해서는 우선 알아야 할 기본적 내용이 있다. 첫째 성적 선호도와 성범죄를 혼동하지 말아야 한다. 소아성애는 아동에게 성적으로 끌리는 사람에게 내리는 진단이지 실제로 아동과 외설적 접촉을 한 사람에게 내리는 죄명은 아니라는 말이다.(207쪽) 소아성애자를 남성의 1퍼센트 정도로 보는데 대단히 많은 숫자이다. 아동에게 성적으로 끌리는 사람이 그 욕망을 통제하지 못한다는 주장도 사실이 아니라고 한다. 소아청소년 성애 욕망을 갖고 있는 남성 중 3분의 2가 절대로 그 욕망에 따라 행동하지 않는다고 한다.(213쪽) 저자는 소아청소년성애자는 사회가 용납할 수 없는 성적 성향을 안고 태어났으며 그들이 그런 성향을 선택한 것이 아니라고 주장한다. 따라서 이런 논리에 반하는 믿음과 정책, 치료법 들을 멈추어야 한다고 말하는데 논쟁적인 주장이다. 그럼 피해자는 어떻게 보호하고 충격에서 벗어나게 하는가? 피해자의 관점에서 바라볼 필요가 있다.

저자는 자신의 주장으로 독자가 불편, 혼란, 분노를 느꼈을지도 모른다고 말하면서 악에 관해 돌이켜볼 것을 권한다. 악이 그렇게 흔한 일이라는 사실만으로도 악이라는 개념의 완전성이 손상되었다고 주장한다. 저자는 묻는다. 만약 우리 모두가 악하다면, 혹은 모두 악을 저지를 수 있다면 그래도 '악'이라는 단어가 원래 그 단어에 의도된 의미를 여전히 담고 있다고 할 수 있을까? 저자는 당신이 어떤 행동이나 사람을 평가할 때 그냥 악해서 그런 것이라 말하고 외면하지 않았으면 한다. 대신 인간의 잔혹 행위, 그리고 그 일을 저지른 사람을 여러 부분으로 분해해서 이해해보았으면 한다. 동시에 인간이 가져야 할 책임을 강조한다. 항상 조심하고, 부지런하고, 강해지자, 직접적으로든 간접적으로든 당신

이 타인에게 가하는 행동은 당신의 책임이기 때문이다.(312~313쪽)

이상적인 주장이라고 생각한다. 그렇게 되었으면 좋겠다. 그런데 당신의 가족이 살해당하거나 강도상해를 당해 불구자가 되거나, 음주운전 차량에 치여 숨지면, 즉 '악'의 피해자가 되면 이런 이상적인 논리가 작동될 수 없다. 모든 악은 피해자의 관점에서 바라보아야 할 지점이 있다. 예를 들어 많은 사람을 망치 등으로 잔인하게 살해한 범죄자는 사형을 당하지 않고 감옥에서 여생을 누리는데 피해자들의 가족은 상처와 고통 속에서 평생을 지내야 하는 불합리는 어떻게 교정할 수 있을까? '눈에는 눈, 이에는 이', '일벌백계'라는 단순한 응징 원칙이 괜히 나온 게 아니다. 인간은 '악'과 더불어 살아갈 수밖에 없는 운명이지만, 이해와 관용을 넘어 처벌하고 재발을 막는 강력한 조치도 함께 필요하지 않을까?

[독서일기 7]

암 치료제의 혁신, 면역항암제가 온다

찰스 그레이버/ 강병철 옮김/ 김영사

역사 속에서 의사들은 드물지만 암이 저절로 낫는 환자들이 있음을 기록해왔다. 저자가 이 책에서 말하는 문제의식은 여기 있다. 이런 환자들은 어떻게 암에서 낫게 되었는가? 현대 의학이 이런 치료를 해낼 수 있는가?

인간의 몸은 정교한 면역체계를 지니고 있다. 그런데 암이 침입할 때 우리 몸이라는 집에서는 경보조차 울리지 않는다. 면역반응이 일어나거나 면역계가 침입자와 싸울 때 생기는 증상이 나타나지 않는다. 열도 나지 않고, 염증도 없으며, 림프샘이 붓지도 않는다. 그러나 암은 수년간 은밀하게 자라다 갑자기 모습을 드러낸다.(14쪽)

암을 치료하는 방법은 암을 상대로 면역체계가 작동하면 가능하다. 그동안 암은 우리 자신과 가깝기 때문에 '타자'로 인식되지 않는다고 알려졌다. 의학계는 온갖 노력을 기울인 끝에 면역요법으로 암을 치료하는 건 불가능에 가깝다며 낙담했다.

그런데 2010년, '면역관문 억제제' 계열인 최초의 신세대 면역항암제가 FDA의 승인을 받았다. 2015년 12월 두 번째로 개발된 면역관문 억제제가 온몸에 암세포가 퍼진 전직 미국 대통령 지미 카터에게 투여되었다. 지미 카터의 활성화된 면역세포가 간과 뇌에 퍼져 있던 암을 깨끗이 쓸어버렸고 그는 기적적으로 회복되었다.(15쪽)

이 책은 인간 면역계와 암을 치료하는 면역요법을 흥미롭게 펼쳐낸다.

면역요법의 창시자는 누구일까? 저자는 1890년대부터 활동한 뉴욕 병원의 외과의사 윌리엄 콜리를 예로 든다. 그는 31세 된 독일계 이민자 프레드 스타인에게 주목한다. 스타인은 뺨에 난 육종으로 윌리엄 불 의사에게 수술 받았으나 가망 없다는 판정을 받았다. 그런데 수술 상처로 화농성 연쇄상구균이라는 세균이 일으키는 단독丹毒에 걸렸다. 19세기에 단독에 감염되면 빨간 발진과 고열, 오한과 염증에 시달리다 대개 사망했다. 스타인이 반점이 온 몸으로 번지고 열이 걷잡을 수 없이 치솟는 와중에 의사들은 뭔가 이상한 것을 발견했다. 암 덩어리가 줄어드는 것처럼 보였던 것이다. 넉 달 반 후 스타인은 감염과 암이 완전히 사라진 상태로 제 발로 걸어서 퇴원했다. 콜리는 이 사례를 듣고 7년이 지난 후, 뉴욕의 빈민가를 뒤져 스타인을 찾아낸다. 스타인은 살아 있을 뿐 아니라 아주 건강해 보였다. 무엇이 스타인의 육종을 치료했을까? 단독이라는 세균 감염밖에 없었다. 콜리는 이렇게 적었다. "… 만일 단독을 인공적으로 일으킬 수 있다면 비슷한 환자들에게 그와 동일한 치유 작용을 할 수 있다고 가정하는 것이 합리적일 것이다."(70~73쪽)

스타인이 치유된 사실에 감명 받은 콜리는 목에 큰 종양이 생겨난 졸라 라는 환자에게 베를린 코흐 연구소에서 얻은 신선한 단독균을 주사하는 치료법을 실시한다. 졸라의 체온이 즉시 올라가기 시작해서 1시간도 안 되어 섭씨 40. 5도를 넘어섰다. 주사 부위의 피부가 검게 변하고 졸라는 신체적으로 견딜 수 있는 한계에 도달했다. 이틀째까지도 열에 시달리며 땀을 비 오듯 흘리고, 온몸을 부들부들 떨었다. 마침내 종양이 물리적으로 허물어지는 것처럼 보였다. 목에 있던 암 덩어리가 아이스크림처럼 녹아내린 것이다.(80쪽)

콜리는 자신이 얻은 결과에 흥분해서 1895년 치료 경험을 책으로 낸다. 그리고 콜리는 자신이 만든 콜리 독소 15가지를 사용해 암 치료에 나선다. 그 당시 의학계는 면역계나 암의 본질을 이해하지 못했고 항원이나 면역세포에 대해서도 몰랐다. 콜리는 그런 의학사실을 몰랐지만 어쨌든 독소를 이용해 시술한 많은 사람 중 일부는 치료되었다. 그는 면역치료법의 선구자인 셈이었다. 그러나 메모리얼 병원을 비롯한 많은 사람들은 콜리를 돌팔이 의사나 사기꾼으로 받아들였고, 1963년 미국 식품의약국은 더 이상 콜리 독소를 입증된 암 치료제로 인정하지 않는다고 발표했다.

콜리의 딸 노츠는 아버지가 사기꾼으로 취급받은데 분노해서 아버지가 죽은 후에 아버지의 기록과 치료 데이터를 수집해서 학문적인 형태로 정리해낸다. 윌리엄 콜리는 세균 '독소'가 암에 일종의 극약으로 작용한다고 믿었다. 일종의 천연 항암화학요법이었다. 콜리의 생각이 받아들여지기 위해서는 많은 시간이 흘러야 했다.

현대의 암 면역치료법을 이해하기 위해서는 먼저 '면역'이 무엇인지, 암은 어떻게 그 면역체계를 피하는지를 알아야 한다. 저자는 알기 쉽게 면역 과정을 설명한다. 우리가 옛날에 배웠던 생물학 기초로 돌아가 보자. 먼저 5억 년 전에 만들어진 것으로 보는 수지상세포와 대식세포와 같은 '선천성 면역체계'가 있다. 선천성 면역세포들은 거의 항상 마주치는 통상적인 적들을 식별해내는 데 특화되어 있다. 기나긴 역사 속에서 우리와 함께 진화해온 세균, 바이러스, 곰팡이, 기생충 같은 것들이다. 이 녀석들만 방어하면 대개 충분하다.(99쪽)

'후천성' 면역계는 통상적이지 않은, 한 번도 맞닥뜨린 적이 없는 침입자를 인식하고, 살상하고, 기억할 수 있다. 후천성 면역계의 중요한 면역세포는 두 가지, B세포와 T세포가 있다. 이들은 혈액 속을 돌아다니며 독특한 방어 능력을 발휘한다. B세포는 우리 몸에 30억 개가 있다고 한다. 우리 뼛속 골수에 있는 줄기세포가 면역세포를 만들어 일정한 성숙 과정을 거친 후 혈액으로 방출한다. 각각의 B세포 표면은 점착력이 강한 항체들로 뒤덮여 있다. 각각의 항체는 마주칠 가능성이 매우 낮은, 심지어 존재하지 않을지도 모르는 항원(자기가 아닌 세포 표면에 발현된 이질적인 단백질)과 정확히 들어맞도록 되어 있다. B세포는 수명이 짧지만, 수명을 다할 때까지 혈류를 따라 돌아다니며, 자신이 지닌 항체와 딱 들어맞는 항원(즉 우리 몸이 마주친 적 없는 세균, 바이러스, 곰팡이 등)과 마주치는 행운의 순간이 오기를 기다린다. 그러다 정말로 딱 들어맞는 항원을 만나면 B세포는 바로 자신을 복제해서 딸세포를 만들면서 마치 유도 미사일처럼 공격 행동에 돌입한다. 이 딸세포 하나하나가 외부 침입자나 병든 세포와 결합하는 항체를 생산한다.(103쪽)

1970년대에 흉선을 통과하여 순환하는 림프구, 즉 T세포가 면역기능을 한다는 것을 발견했다. 그러고 보니 의학계가 면역에 관해 알게 된 시간이 얼마 되지 않았다. T세포에도 여러 종류가 있지만 '살해자'로 알려진 'CD8'과 조력자라는 이름으로 알려진 'CD4'가 중요하다. T세포의 임무는 이렇다. 예컨대 바이러스가 정상 세포 속으로 들어가면 감염된 세포에 변화가 생긴다. 세포 표면에 이질적인 단백질이 나타나 세포는 본래 모양과 달라진다. 더 이상 내가 아닌 이질적인 존재, 타자가 되는 것이다. 이렇게 자기라는 정체성을 잃고 타자가 된 세포 표면에 새롭게 나타나는 이질적인 항원을 인식하고 그 세포를 죽여 버리는 것이 T세포의 전문 분야다.(108쪽) 내 몸 속에도 이런 대단한 B세포와 T세포가 있다니 내 자신이 자랑스럽다. 길거리에서 자랑하고도 싶다. 학교에서 아이들의 자존감을 키우기 위해 B세포와 T세포 이야기를 꼭 해줬으면 싶다.

그런데 이상하게도 T세포는 돌연변이를 일으킨 암세포를 인식하지 못하는 것 같았다. 암세포도 더 이상 자기로 인식되지 않는 돌연변이를 일으킨 병든 세포인데도 말이다. 면역계는 암을 공격하지 않는다. 암은 아무런 방해도 받지 않고 거침없이 자라 중요한 장기를 가득 채운다. 사람은 그때까지 별다른 이상을 느끼지 못한다. 그래서 의사들은 면역계가 암세포를 인식하고 없애버리도록 만들 수 있다는 생각은 터무니없다고 생각했다.

1968년 스티븐 로젠버그 박사는 메사추세츠주의 병원에서 한국전쟁 참전 용사인 63세 제임스 디안젤로를 진찰했다. 복통에 시달리는 그는 당장 수술을 해야 할 것 같았다. 그런데 수술경력을 보니 디안젤로는 12년 전에 말기 위암으로 입원한 적이 있었다. 온 몸에 암세포가 퍼진 상태로 퇴원했는데 디안젤로의 면역계가 암을 완치한 것이다. 로젠버그는 이렇게 생각했다. 다른 사람의 면역계도 똑같은 일을 할 수 있지 않을까? 면역 기반 암 치료법을 개발할 수 있지 않을까?

그 뭔가를 발견한 사람은 짐 앨리슨이라는 생화학자였다. 이야기가 점점 흥미진진해진다. 원래 뭔가를 발견하거나 발명하는 얘기는 우여곡절과 성공의 스토리다. 앨리슨은 면역학을 공부하고 싶어 박사후 연구원으로 텍사스주 주립공원 한 복판에 있는 MD 앤더슨 암센터의 연구소로 들어간다. MD 앤더슨 암센터는 앨리슨을 비롯한 6명의 연구자를 아예 잊어버려 그들은 마음대로 관심 있는 연구를 할 수 있었다. 앨리슨은 그곳에서 어떻게 T세포가 항원을 인식하는가를 연구했다. 앨리슨은 어느 날 번뜩이는 아이디어를 얻게 된다. B세포와 T세포의 표면 단백질들을 비교해서 겹치는 것을 지워나가는 실험을 설계할 수 있다면 마지막까지 '지워지지 않고 남는 것' 그것이 바로 T세포 수용체였다. 건초 더미에서 바늘을 찾는 일이었는데 앨리슨의 아이디어는 건초 더미를 태워버리고 남은 재를 체로 거르는 것과 같았다. 걸러지지 않고 남는 것, 그것이 바늘이었다.(150쪽)

앨리슨은 이 실험을 통해 T세포 수용체가 알파와 베타의 이중 사슬 구조임을 입증한 후 논문을 썼다. 권위 있는 학술지는 텍사스주 스미스빌에 처박혀 있는 햇병아리 학자의 발견을 실어주지 않으려 해, 《면역학 저널》이라는 신생 학술지에 싣게 되었다. 그런데 한 곳만 빼고는 아무도 관심을 갖지 않았다. 캘리포니아 대학 샌디에이고 캠퍼스의 머랙이 이끄는 연구소였다. 그 후 여러 연구를 거쳐 T세포가 '활성화'되는 메커니즘이 밝혀진다. T세포를 '활성화'시키기 위해서는 수용체 외에도 CD28이라는 가속 페달을 담당하는 분자가 필요했다. 그리고 브레이크 역할을 하는 CTLA-4 분자도 발견했다. 즉 3가지가 함께 작동해야 T세포가 활성화되는 것이었다. 브레이크 역할을 하는 CTLA-4 분자가 작동하면 T세포는 활성화되지 않았다. 이런 가속 페달과 브레이크 역할을 하는 분자는 정교한 안전장치다. 면역계는 면역반응이 지나치게 폭주하여 건강한 세포까지 공격하는 일을 방지하기 위해 보다 큰 차원에서 끊임없이 확인하고 균형을 잡는다. T세포가 살상 무기로 변하기 전에 "정말로 공격해도 좋습니까?"라고 반복해서 묻는 것이다.(159쪽)

많은 사람은 T세포가 아예 종양 항원을 인식하지 못한다고 생각했다. 그렇다면 항암면역요법은 애초에 불가능하다. 그러나 앨리슨의 연구에 따르면 T세포가 암을 찾아 낼 수 있지만, CTLA-4 분자가 브레이크처럼 면역반응을 중단시킨다는 것이다. 그렇다면 항체를 이용해서 면역관문인 CTLA-4 분자 등을 차단하거나 억제하면 암을 치료할 수 있을 터였다.(164쪽)

이 대단한 면역 암치료제를 향한 여정은 어떻게 되었을까? 마법의 약이 나왔으면 좋겠지만 우리는 이웃에서 암으로 죽어가는 사람을 보면서 그렇지 않았음을 안다. 암 치료는 쉽지 않았고 암은 뛰어난 전술가였다.

면역관문에 조치를 취해 T세포가 활성화된 후에도 면역계는 가장 약한 암세포만 제거할 수 있을 뿐이었다. 이질적인 항원을 너무 뻔하게 내보이는 암세포, T세포가 쉽게 인식할 수 있는 암세포만 표적이 된다. 면역계가 허약한 암세포들을 죽이느라 눈코 뜰 새 없이 바쁜 동안, 일부 살아남은 암세포는 유전자를 변화시켜 표면에 T세포의 공격을 중단시키는 물질을 발현한다. 요컨대 암은 스스로 진화하여 살상 기계의 브레이크를 당기는 방법을 배움으로써 살아남는다.(187쪽) 암과 T세포는 대화를 나누고, 반응을 주고받고, 스스로 변해가며 면역이란 정교한 춤을 추는 것이다.(188쪽) 대부분의 암세포는 T세포가 인식하여 공격할 수 있는 항원을 발현하지만, 암은 T세포의 면역관문을 역이용하는 것을 비롯한 몇 가지 전략을 구사하여 면역계를 무력화시키고 살아남는다. 이런 전략이 없다면 암은 존재할 수 없다.(189쪽)

그럼 항암면역요법은 실패한 것일까? 그렇지 않다. 그랬다면 이 책이 나올 수 없었을 테니까. 면역관문이 여러 개 있을 수도 있고, 아직 우리가 면역계와 암의 작동 기전을 완벽하게 해독하지 못하고 있기 때문일 수 있다. 제약회사 BMS는 말기 흑색종 환자(이들은 호스피스에 들어가거나 곧 죽을 운명이었다.)를 상대로 면역항암요법제 이필리무맙(이피)를 투여한다. 여러 환자의 생존이 늘어났다. 일부 환자는 완치하기도 했다. 특이하게 종양 크기는 더 커졌는데도 환자의 기분이 나아진 사례가 많았다. 면역계에서 엄청난 숫자의 면역세포를 만들어 종양과 싸우라고 보내는 바람에 CT상으로는 종양 자체가 훨씬 커진 것처럼 보인 것이다.(203쪽) 약 이피는 말기 환자의 생존율을 20퍼센트로 올렸고 생존율은 계속 상승하고 있다. 병합요법을 사용한 뒤로 생존율은 더욱 향상되었다. 암을 100퍼센트 완치시키지는 못했지만 암 연구에 새로운 빛을 던진 것이다.(203~207쪽)

환자의 몸에서 살아남은 암세포는 계속 돌연변이를 일으킨다. 그러면 새롭게 발현된 암세포 항원을 찾아내야 한다. 매년 새로운 항원을 발현하는 인플루엔자 바이러스를 막기 위해 새로운 독감 백신을 맞는 것처럼 말이다. 그렇게 하려면 강력한 생물정보학 알고리즘을 장착한 컴퓨터가 환자의 체세포와 암세포의 모든 단백질을 비교하여 그의 T세포가 표적으로 삼기에 가장 적절한 암세포의 고유 항원을 찾아내고, 그 과정에서 얻은 모든 데이터를 종합하여 빠른 시일 내에 개인 맞춤형 백신을 생산하는 기술이 있어야 한다. 놀랍게도 현재는 그런 일이 가능하다.(224쪽) 그렇다고 암을 100퍼센트 완치할 수는 없다.

  미국 제약업계는 다양한 항암면역요법에 관여하는 약제를 만들었다. 항CTLA-4 제제와 항PD-1/PD-L1 제제 등 면역관문 억제제를 만들었다. 암호처럼 보이는 숫자들이 각각 복잡한 면역요법을 시행한다. 에이즈 바이러스의 껍데기에 면역억제제를 심어서 환자 몸속에 투여하는 방법도 개발되었다. 에이즈 바이러스야말로 사람 면역체를 찾아가는 정밀유도 폭탄이다.

  면역항암제 분야는 급속히 변하고 있다. 2018년 6월 현재 혁신치료제 지정 및 FDA 승인을 목표로 시험 중인 새로운 면역항암제는 약 940종이라고 한다. 그 외에도 1,064종의 새로운 면역요법제가 수많은 연구실에서 전임상 단계를 거치고 있다.(283쪽)

  인간은 고유한 개성을 지닌 존재다. 말과 행동과 습관과 얼굴이 똑같은 사람은 없다. 그러니 면역 기능도 각각 다를 것이다. 저자는 개인의 고유한 면역 프로파일과 종양의 고유한 유전형에 정확히 어떤 면역요법이 맞는지 알아내어 개인 맞춤형 항암면역요법을 시행하는 것이 항암치료의 미래가 될 것이라고 말한다.

  미국의학계와 제약회사 및 연구소가 항암면역요법을 알아내고 치료제를 만드는 과정은 대단하고 경탄을 금치 못하게 한다. 이 정도 실력이면 미국의학계는 금방 코로나19 치료제와 백신을 만들어낼 것 같다. 그런데 이 글을 쓰는 현재 미국 코로나 19 감염자는 205만 명에 사망자는 11만 4,600명으로 세계 1위를 달린다. 치료제와 백신 소식은 감감하다.

이런 의학적 괴리를 어떻게 설명해야 할까? 항암면역요법의 성공을 기원하면서 미국의 복잡한 의료계 사정과 서민을 못살게 구는 민간의료보험의 속사정도 궁금하다.

[독서일기 8]

인수공통 모든 전염병의 열쇠

데이비드 콰먼/ 강병철 옮김/ 꿈꿀자유

    저자는 동물의 병원체가 인간에게 넘어와 생기는 병인 인수공통감염병의 실태를 취재해서 밝힌다. 이런 병에는 에이즈, 에볼라, 메르스, 사스, 조류독감 등 수많은 종류가 있다. 저자가 바이러스 학자, 수의사, 의사 등 여러 나라의 관련자를 인터뷰해서 무척 생생하다. 저자가 ≪내셔널 지오그래픽≫ 특파원으로 직접 아프리카 오지 등을 다닌 기록도 흥미진진하다.

    저자는 1장에서 지금은 '헨드라'라는 이름으로 알려진 바이러스에서 시작한다. 1994년 오스트레일리아 브리즈번에서 시작했고 말이 숙주다. 희생된 10건은 모두 말이었고 인간은 2건이 감염됐고 1명의 사망자가 발생했다. 발생 사례가 적어 화제가 될 만한 병은 아니다. 그러나 앞으로는 알 수 없다. '헨드라'가 다른 바이러스 질병과 마찬가지로 수많은 변이를 거쳐 인간에게 넘어오고 인간 전염병이 될지 누가 알겠는가? 저자는 탁월한 생태 탐사 저널리스트답게 오스트레일리아 브리즈번을 방문해서 '헨드라'병을 진단한 수의사를 찾아가고, 취재와 인터뷰를 이어간다. 그래서 책은 무척 재미있을 뿐 아니라 저자가 주장하는 바를 정확하게 전달한다.

650쪽 책을 다 읽고 가장 인상 깊었던 부분은 마지막 8장 '모든 것은 우리에게 달려 있다'에 나오는 '대발생'이었다. 저자는 자신이 사는 미국 몬태나 주에서 나뭇잎을 몽땅 먹어치우는 '천막애벌레' 얘기를 한다. 어느 해 갑자기 엄청나게 번성한 천막애벌레는 너무나 많은 숫자로 나무를 공격한다. 생태학자들은 이런 사건을 가리켜 대발생outbreak이라고 부른다. 단일한 동물종의 개체수가 폭발적으로 늘어나는 현상이다. 앨런 베리먼이라는 곤충학자는 이렇게 말한다. "이런 관점에서 지구라는 행성에서 가장 심각한 대발생은 호모 사피엔스라는 동물종의 대발생이다."(619쪽) 그런데 대발생한 '천막애벌레'는 어떻게 되었을까? 나뭇잎에 붙어 있는 핵다각체병 바이러스가 '천막애벌레' 몸에 들어가 창자 속에서 세포를 공격한다. 세포 속에 들어간 바이러스는 핵 속으로 파고들어 활발하게 증식한 후, 새로 생성된 바이러스 입자들이 세포를 깨고 나와 다른 세포를 공격한다. 얼마 지나지 않아 애벌레는 기어 다니는 바이러스 덩어리가 되는데 이때까지도 아픈 것처럼 행동하지는 않는다. 그러나 10일에서 2주, 3주쯤 뒤에는 애벌레는 나뭇잎 위에서 그냥 녹아버리는 형태로 죽고 만다.(625쪽) 그렇게 애벌레는 몰살되고 2년에서 3년이 지나면 나방 군집 전체가 사라진다.

그렇다면 대발생한 인간도 바이러스가 공격하지 않을까? 인간이 생태계를 계속 파괴하면서 난민 신세가 된 다양한 바이러스가 따뜻하고 육즙이 많은 인간의 몸에 들어 올려고 하지 않을까? RNA바이러스는 엄청나게 변이를 잘 할 뿐 아니라 그렇게 변이한 바이러스 중에는 종간 전파를 통해 인간에게 잠입하는 용감하면서도 운이 좋은 녀석이 있게 마련이다.

　우리는 그 예를 에이즈 바이러스(HIV)와 2020년에 전세계를 습격한 코로나19 바이러스에서 본다.

　먼저 바이러스가 뭔지 살펴보자. 바이러스는 살아 있는 세포 속에서만 스스로를 복제할 수 있기 때문에 화학적 영양소가 들어 있는 배양액에서는 자라지 않는다. 전문 용어로는 '절대 세포내 기생체'라고 한다. 바이러스는 크기가 평균적인 세균의 약 1/10 정도로 워낙 작아 게놈도 단순하다. 작은 바이러스는 게놈이 3,000개, 가장 큰 놈이라야 겨우 375,000개의 뉴클레오티드로 구성되어 있다. 비교하자면 생쥐의 게놈은 30억 개 뉴클레오티드로 구성된다. 바이러스가 지닌 게놈으로는 겨우 8~10개의 단백질을 부호화한다. 바이러스 입장에서 채택한 기본적인 과제는 4개다. 1) 어떻게 다른 숙주로 옮겨갈 것인가 2) 어떻게 그 숙주의 몸속에서 세포를 뚫고 들어갈 것인가 3) 어떻게 그 세포의 내부기관과 자원을 징발하여 자신을 대규모로 복제할 것인가 4) 어떻게 그 세포와 숙주를 탈출할 것인가다. 바이러스는 복제와 전파에만 관심이 있다. 바이러스의 구조와 유전학적 능력은 이런 과제를 아주 경제적인 방식으로 달성할 수 있도록 구성되어 있다.(335쪽)

　바이러스에는 DNA바이러스와 RNA바이러스가 있는데 새로 출현하는 병원체는 대부분 RNA바이러스이다. 에이즈, 에볼라, 광견병, 사스, 코로나19, 독감, 뎅기열 모두 RNA바이러스다. RNA바이러스는 우리가 최근 코로나19로 잘 알게 되었듯이 엄청나게 빨리 진화하고 적응이 빠르다. 돌연변이율이 높고 개체수도 어마어마하게 많다. 그래서 대처하기가 쉽지 않다. 세균이 아니기에 항생제가 듣지도 않는다.

DNA바이러스는 돌연변이율이 낮고 집단 크기도 작은 경우가 많다. 이들은 자기영속성을 유지하기 위해 '끈질긴 방식을 택하는 경향'이 있다. 끈질긴 잠복, 그들은 몸을 웅크린 채 기다린다. 면역계를 따돌리려고 하기보다 찾지 못하게 몸을 숨긴다. 활동을 중단하고 특정한 세포 속에 계속 머무르며 때로는 몇 년씩 거의 증식하지도 않는다. 수두 대상포진 바이러스가 대표적인 케이스다. DNA바이러스의 단점은 새로운 동물 종의 몸에 쉽게 적응하지 못한다는 것이다. 너무 융통성이 없고 외골수다. 과거에 통했던 방법만 고집한다.(389쪽) RNA바이러스는 그 반대다. RNA바이러스 전략은 무수한 오류와 단순성, 불안정성을 무릅쓰고 엄청나게 많은 비리온(바이러스 입자)를 만들어 초기에 다른 숙주에게 전파되는 과정을 자주 반복하는 것이다. 전세계를 괴롭히는 코로나19의 전략이 떠오른다. RNA바이러스는 잃어버릴 것도 없지만 장기적인 생존을 보장받기도 어렵다. 그리고 새로운 환경에 적응할 능력은 엄청나게 많다. 당신이라면 어떻게 하겠는가? "이놈들은 종간장벽을 엄청나게 자주 뛰어넘지요."(390쪽)

종간장벽을 뛰어넘은 새로운 바이러스로 1998년 9월, 말레이시아 북부에서 유행하기 시작한 니파 바이러스를 꼽을 수 있겠다. 병에 걸리기 시작한 사람은 발열, 두통, 졸림, 경련이 나타났다. 희생자들은 돼지를 키우는 농부, 또는 양돈업과 관련이 있는 사람이었다. 치사율은 40%에 이르렀다. 방역당국은 처음에는 새로운 병의 정체를 몰랐다. 유행병은 밀려오는 파도처럼 돼지 농장들을 차례로 덮쳐 수많은 돼지를 쓰러뜨렸다. 돼지는 1마일 밖에서도 들릴 기침을 했고 순식간에 농장에서 농장으로 전염됐다. 사람들은 공포에 사로잡힌 채 속수무책으로 보고만 있을 뿐이었다. 농장주와 농장직원은 도망가 버려 우리에서 뛰쳐나온 돼지가 마을을 돌아다녔다. 마침내 돼지가 숙주인 니파 바이러스를 찾아냈다. 그런데 여기서 중요한 질문이 나온다. 니파 바이러스가 인간을 감염시켜 죽음에 이르게 하는 인수공통감염병이 아니었다면 말레이시아 양돈업 전반적으로는 그저 생산성에 미치는 일시적인 문제 정도로 끝났을 터였다. 그렇다면 대량생산에 목을 맨 현대식 공장형 축산을 떠올려 보자. 이런 환경에서는 바이러스가 모습을 드러내지 않는 한 그 많은 돼지, 소, 닭, 오리, 양, 염소들을 선별검사하기란 불가능하다. 니파 바이러스가 갖는 더 큰 의미는 미래에 전 세계적 유행을 일으킬 인수공통감염병은 현재 공장식 축산업계에서 '생산성에 영향을 미치는 일시적인 문제'의 형태로 이미 우리 곁에 와 있을 수 있다는 점이다.(402~403쪽)

니파 바이러스의 보유 숙주는 무엇일까? 연구진들은 날여우박쥐가 니파 바이러스의 보유숙주이며 바이러스가 박쥐에서 돼지로, 다시 사람으로 종간전파를 일으켰다는 사실을 입증했다. 그런데 바이러스는 어떻게 박쥐에서 돼지로 전파되었을까? 필요한 조건은 양돈장 근처에 잘 익은 과일을 잔뜩 매단 망고나무나 물사과나무가 있는 것뿐이었다. 바이러스에 감염된 박쥐가 물사과를 먹다가 씹다 만 조각을 땅에 뱉는다. 박쥐들은 곧잘 이런 행동을 한다고 한다. 바이러스가 우글우글한 과일 조각이 돼지들 사이에 떨어진다. 한 마리가 다가와 맛난 과일을 게걸스럽게 먹을 때 상당한 양의 바이러스가 몸에 들어간다. 바이러스는 돼지의 몸속에서 복제를 일으키고 다른 돼지에게 전파된다. 머지않아 돼지 떼 전체가 감염되고 돌보던 인간이 쓰러진다. 이해하기 어려운 시나리오가 아니다.(406쪽)

그런데 왜 익수류에 속한 박쥐에게서 많은 인수공통감염 바이러스들이 전파되는 것일까? 코로나19도 박쥐와 관련 있다고 알려졌다. 왜 박쥐가 문제지?

저자는 박쥐를 연구한 논문을 인용해 질문에 답한다. 첫 번째로 박쥐는 아주 많은 종류가 있다. 익수목(손이 날개가 된 동물이라는 뜻)에는 1,116종의 동물이 있다. 지금까지 밝혀진 포유동물의 약 25퍼센트가 여기에 속한다. 박쥐가 옮기는 바이러스가 많은 것처럼 보이는 이유는 박쥐 자체의 종류가 놀랄 만큼 많기 때문이다. 또 박쥐는 개체끼리 밀접한 접촉을 하는 경우도 많다. 많은 박쥐들이 엄청나게 큰 집단을 이루고 산다. 그리 넓지 않은 곳에 수백만 마리가 모여 있는 경우도 있다. 또 박쥐는 아주 오랫동안 지구에 존재한 동물로 약 5천만 년 전에 현재의 모습으로 진화했다. 그래서 바이러스와 박쥐가 장구한 세월에 걸쳐 관계를 맺어 왔으며, 이렇게 밀접한 관계를 통해 바이러스 또한 폭넓은 다양성을 갖게 되었다고 생각할 수 있다.(436~437쪽) 그리고 박쥐가 난다는 사실이 중요하다. 과일박쥐 한 마리는 매일 밤 먹이를 찾아 수십 킬로미터를 날아다닌다. 일부 식충박쥐는 여름과 겨울의 서식처가 다른데, 때로 새로운 서식처를 찾아 1300킬로미터를 이동하기도 한다. 박쥐의 행동반경은 2차원이 아니라 3차원이다. 박쥐가 차지하는 넓이와 높이는 실로 엄청나다. 아마도 이런 사실 때문에 박쥐와 박쥐가 실어 나르는 바이러스가 인간과 접촉할 가능성이 더 높을 것이다.(438쪽)

이 책에서 가장 재미있고 유익하며 저자의 노력이 돋보이는 부분은 7장 '침팬지와 강'이다. 아프리카녹색원숭이에 있던 에이즈 바이러스가 처음 인간에게 옮겨가는 종간 전파 과정을 추적한 글이다. 미국에서 에

이즈 바이러스는 1980년 가을 젊은 남성 동성연애자에게서 발견되었다. 이들은 일반인은 걸리지 않는 폐포자충 폐렴, 구강 칸디다증, T세포 고갈 등에 시달리다 죽었다. 에이즈에 걸리면 인간 면역계가 제 기능을 못하게 된다. 이 바이러스는 어디에서 나타난 것일까? 에이즈 바이러스 즉 HIV는 종류도 많다. 에이즈 바이러스는 다양한 형태로 변이를 거듭하면서 아프리카 서부에서 소규모 유행을 일으킨 질병에서 전 세계적인 유행병으로 나아갔다. 저자는 1959년경에 이미 아프리카에서 에이즈가 번진 사실을 말한다. 애리조나 대학의 워로비 교수가 2003년 경 다양한 에이즈 바이러스 검체 분석을 통해 종전에 생각했던 것보다 수십 년이나 더 오래 에이즈 바이러스가 인류 몸속에 존재해왔음을 알아냈다. 구체적으로 1908년경, 킨샤샤에서 원숭이에서 인간으로 종간 전파가 일어났을 가능성이 높았다. 저자는 이 과정을 한 편의 다큐 영화처럼 매혹적으로 보여준다.

단 한 번의 종간 전파로 에이즈가 전세계적인 유행병이 되었다면 치명률이 낮은 코로나19가 그렇게 전염된 것은 전혀 이상하지 않다. 저자는 바이러스 진화에 관한 세계적인 전문가들, 수많은 질병과학자들에게 똑같은 질문을 던진다. 1) 가까운 시일 내에 에이즈나 1918년의 독감처럼 수천만 명의 사망자를 내는 신종 질병이 전 세계적으로 유행할까요? 2) 그렇다면 그 질병은 어떤 형태이며 언제 발생할까요? 첫 번째 질문에 관한 대답은 '그럴 수도 있다', 또는 '그럴 가능성이 높다'가 가장 많았다. 두 번째 질문에 대한 대답은 RNA 바이러스, 특히 영장류를 보유숙주로 하는 바이러스에 집중되었다. 어느 누구도 다음번 대유행이 실제로 찾아온다면, 그 병은 인수공통전염병이라는 대전제에 이의를 제기하지 않

았다.(640쪽)

그러면 어떤 바이러스가 세계적으로 유행할 가능성이 있을까? 판단 기준은 무얼까? 피츠버그 대학 공중보건대학원 학장인 유명한 바이러스 학자 도널드 버크는 1997년에 이렇게 기준을 제시했다. "첫 번째 기준이 가장 명확합니다. 인류 역사상 최근에 전 세계적인 유행을 일으킨 적이 있어야 합니다." 그렇다면 오르토믹소바이러스(독감)와 레트로바이러스(에이즈)가 먼저 물망에 오른다. "두 번째 기준은 인간이 아닌 동물 집단에서 큰 유행을 일으킬 수 있는 능력이 입증되어야 한다는 것입니다." 다시 오르도믹소바이러스와 함께 파라믹소바이러스(헨드라와 니파), 코로나바이러스(사스)가 떠오른다. 세 번째 기준은 "내재적 진화 가능성", 즉 돌연변이와 재조합이 쉽게 일어나 "인간 집단 내에서 신종 질병으로 나타나고, 전 세계적인 유행병을 일으킬 가능성이 있는 바이러스"이다. 그 예로는 다시 레트로바이러스, 오르토믹소바이러스, 코로나바이러스를 들었다. 그리고 특별히 코로나바이러스를 지목하며 "이들 바이러스 중 일부는 인류 보건에 심각한 위협으로 간주해야 합니다. 진화 가능성이 높고 동물 집단에서 유행병을 일으키는 능력이 입증되어 있습니다."(640쪽) 저자는 사스가 유행하기 6년 전에 벌써 그 가능성을 주장했다는 점이 흥미롭다고 말한다. 이 책의 원서가 2013년에 나왔다. 2020년 오늘 전세계를 흔들고 있는 코로나바이러스 즉 코로나19를 세계적인 유행병 후보로 공개적으로 주목하고 있는 것이다.

그러면 인류는 어떻게 대응해야 할까?

"과학적 근거를 강화하여 보다 철저하게 대비하는 것"이다. 어떤 바이러스를 주시해야 하는지 알고, 외딴 곳에서 일어난 종간 전파가 한 지역

전체로 번지기 전에 현장에서 즉시 알아차릴 수 있는 능력을 갖추고, 지역적인 유행이 일어났을 때 전 세계적인 유행병으로 번지지 않도록 조직화된 역량을 키우고, 새로운 바이러스의 특성을 신속히 파악하여 짧은 시간 내에 백신과 치료법을 개발할 수 있는 연구 기술과 도구를 갖추는 것이다.(641쪽)

놀랍지 않은가? 저자는 2013년에 이미 코로나 19가 가져올 세계적인 파장뿐만 아니라 초기에 어떻게 대응해야 하는지를 과학적으로 예견하고 있는 것이다. 저자는 결론에서 고딕체로"모든 것은 우리에게 달려 있다."고 끝맺는다.

코로나 19가 지나가고 다음번 유행병이 닥칠 때에는 각 나라와 국민은 잘 준비가 되어 있을까? 인류가 어떻게 하느냐에 달려 있다. 현실 사회주의를 이기고 성공했다는 현실 자본주의도 바이러스에 무방비로 당했다. 역설적으로 성공한 현실 자본주의 때문에 아프리카와 아마존의 원시림이 파괴되고 바이러스가 더 창궐하게 되었는지도 모른다. 코로나 19 바이러스는 지구가 인류에게 보내는 마지막 경고 또는 마지막에 가까운 경고가 아닐까 한다. 기이하게 '대발생'한 인류는 우리가 지금껏 밀고 온 수레바퀴를 멈추어야 할 때가 온 것이다. 지구 생태계 시각에서 보면 '대발생'해서 75억이 넘는 인류야말로 지구를 괴롭히는 바이러스가 아닐까? 그래서 생태계는 코로나바이러스가 변이를 통해 인류를 공격할 특공대 바이러스를 제조 유통하도록 허용한 것은 아닐까?

[독서일기 9]

콜럼바인-비극에 대한 가장 완벽한 보고서
데이브 컬런/ 장호연 옮김/ 문학동네

1999년 4월 20일, 두 소년이 총과 폭탄을 짊어지고 학교로 향한다. 목표는 간단했다. 세상에 지워지지 않는 흔적을 남기는 것. 겉보기에는 그들도 졸업을 앞둔 평범한 10대였다. 권위에 반항했고, 자신의 능력을 과시하고 싶어했다.

책 뒤표지에 쓰인 그날 사건의 요약이다. 에릭 해리스와 딜런 클레볼드는 학교에서 총을 난사하고 폭탄을 터뜨려 13명을 죽이고 24명이 구급차에 실려 병원으로 가게 되었다. 도대체 그들은 왜 그랬을까? 저널리스트이자 작가인 저자는 사건이 터진 10년 후에 오랜 조사를 거쳐 사건의 전모를 세세하게 밝히는 이 책을 썼다. 책 뒤 부록에는 콜럼바인 고등학교의 약도와 사건 일지, 살인자인 에릭과 딜런이 쓴 글들이 붙어 있다. 저자는 600쪽이 넘는 지면을 들여 그날의 전모를 온전하게 복원시키려 노력한다.

책에서 인상 깊었던 부분은 콜럼바인 학교 사태를 겪었던 학생과 교직원들이 언론에 보이는 증오심이었다. 사건이 벌어지고 4달이 지난 후 학교가 다시 문을 열 채비를 했다. 8월 16일이 개교 예정일이었다. 4달이 지났는데도 지역 언론은 하루에 여러 건씩 콜럼바인 기사를 쏟아냈다. 전국방송들도 돌아왔다. 학생들은 '맘껏 물어뜯어bite me'라고 쓰인 티셔츠를 입기 시작했고 몇몇 교직원들이 여기에 동참했다. 기자들 수만 해도 기록적이었다. 학교가 연 행사의 핵심은 언론을 공개적으로 비난하고 학교를 그들로부터 되찾는 것이었다. 수천 명의 학부모들과 이웃이 합심하여 언론을 배격하는 인간방패를 만들 계획이었다.(453쪽)

언론이 얼마나 콜럼바인 사건을 '소비'했으면 이런 일이 일어났을까. 콜럼바인 사건은 언론이 좋아할 모든 요소를 갖춘 대규모 유혈극이었다. 콜럼바인 사건이 터졌을 때 CNN 등 언론이 보도한 트렌치코트 마피아가 범행을 저질렀다는 보도가 대표적이다. 살인자들이 트렌치코트 마피아 일원이었다는 증거는 없었다. 나는 가끔 '자유언론'이라는 말에 회의한다. 큰 사건이 터지면 언론은 자신들이 주목받고 특종을 따내고 클릭 수를 올리기 위해 온갖 자극적이고 상업주의에 물든 기사를 내보낸다. 언론은 책임 없이 떠들기만 한다. 설령 자신들 보도가 사실과 달라도 작은 정정기사 하나 내면 끝이다. 그런 정정기사로 이미 엄청난 피해를 본 피해자들의 피해가 복구될까? 이런 과정을 되풀이하면서 언론은 공신력과 전문성을 잃게 되고 다시 또 자극적인 기사를 내보내 주목을 받고자 하는 악순환이 되풀이 된다. 그 끝은 신뢰를 잃은 언론의 패망이다.

살인자들인 에릭과 딜런은 왜 이런 범행을 저질렀을까? 에릭이 남긴 일지에 따르면 에릭은 "역겨운 세상이 너무너무 싫다."라고 생각했다. 세상 모두에 대한 증오였다. 에릭은 사이코패스였다. 에릭의 위장술은 뛰어나 절도 혐의로 교화 프로그램을 수행하게 되었을 때 지도 선생도 깜빡 속아 넘어가는 모범생으로 지냈다. 에릭은 속으로는 경멸하면서도 자신에게 좋은 교화 점수를 주도록 선생에게 미소를 지었다. 딜런은 우울증에 따른 자살 충동이 컸다고 보인다. 살인자들은 학교로 대형폭탄을 반입하고 총기와 실탄을 구하고 총격 연습을 하고 절도도 벌인다. 에릭은 사건을 저지르기 6개월 전에 파이프 폭탄 제조를 시작한다. 그는 곧 산탄총 두 자루를 구입하고 TEC-9 총기도 구한다. 경찰은 콜럼바인 사건의 징조를 여러 번 포착했으나 대수롭지 않게 넘어간다. 사건이 터지자 경찰은 사전에 알고 있었던 정보를 은폐하기도 한다.

에릭과 딜런은 성격이 다르고 어울리지 않는 점도 많았지만 2인조 범행을 저질렀다. 두 명이 짝을 이뤄 서로에게 자극을 주는 범죄 유형이다. 이런 경우 파트너 관계는 대개 비대칭적이다. 신경질적이고 변덕스러운 우울증 환자와 가학적인 사이코패스가 만날 때 폭발적인 짝이 된다.(408쪽)

저자는 오랜 시간을 들여 취재한 공력을 유감없이 보여준다. 이 논픽션은 콜럼바인 고등학교를 사랑한 프랭크 교장에서 시작한다. 그리고 사건에 관련된 교사와 코치와 에릭과 딜런, 그 둘의 부모, 언론, 경찰 등 중요 분야의 사람의 행동과 생각을 조감한다. 딜런의 부모는 왜 사랑하는 아이가 이런 일을 저질렀는지 도저히 이해할 수 없었다. 저자는 살인자의 부모가 느낀 당황스러움과 절망을 생생하게 묘사한다.

책에서 가장 영웅적인 인물을 하나 들자면 학생인 패트릭 아일랜드다. 그는 총을 맞고 겨우 숨만 붙어 있는 상태였으나 필사적으로 기어서 범행 현장을 탈출한다. 그리고 수술과 치료, 끈질긴 재활 과정을 거쳐 콜로라도 주립대학에 입학하고 대학에서 만난 케이시와 결혼한다.

프랭크 교장과 패트릭을 치료한 의사도 결혼식에 참석하는데 패트릭이 어떤 장비나 다른 이의 도움 없이 강단에 서 있고 행진하며 춤까지 추자 놀라움을 감추지 못했다.

총격을 받아 사망한 캐시 버넬은 기적의 순교자로 칭송받고 그녀를 기리는 책까지 나와 100만 권 이상이 팔리기도 했다. 노골적으로 그녀의 신화를 우려먹는 웹사이트들이 범람했으며 교회는 캐시의 순교 이야기에 집착했다. 비극은 다양하게 소비된다.

책은 마지막에 이 사건에 관련된 사람들이 어떻게 지내는지 소개하며 끝맺는다. 삶은 계속되는 것이다. 13명의 희생자를 기린 콜럼비아 추모비의 제막식은 2007년 9월의 화창한 오후에 열린다. 부상자를 대표해서 패트릭 아일랜드가 인사말을 했다. "총기사건은 이미 벌어진 일입니다. 하지만 그 사건이 저의 모습을 결정하지는 않았습니다. 총격자들 때문에 남은 제 인생이 정해지지 않았습니다."(597쪽)

미국에서 총기 소유는 시민의 권리로 헌법이 보장한다. 하지만 고등학생이 자동 총기와 폭탄을 모으고 사용할 수 있는 나라가 과연 정상적인 나라일까? 그런 의문이 머리에서 계속 맴돈다.

[독서일기 10]

영원한 권력은 없다

김종인/ 시공사

　김종인은 정당 '비상대책위원회 대표'가 직업이라는 별명이 붙은 사람이다. 그가 쓴 회고록 표지에 '대통령들의 지략가'라는 부제가 붙어 있다. 우리나라 양대 정당인 민주당과 미래통합당의 비상대책위원회 대표를 했거나 하고 있는 중이니 지략가라는 단어가 빈말은 아닐 것이다. 그는 2016년 4월의 20대 국회의원 총선에서 다 쓰러져가는 민주당 비상대책위원회 대표를 맡아 123석을 얻어 제 1당으로 올렸다. 새누리당이 122석, 안철수 대표가 뛰었던 국민의 당은 38석이었다. 놀라운 것은 민주당이 주기반인 호남 의석을 국민의 당에게 거의 다 잃고도 123석을 채운 것이었다.

　그럼 김종인의 '지략' 정체는 무엇일까? 그 '지략'은 성격이 다른 정당에서 각각 비상대책위원회 대표로 영입하는 정당사 초유의 사건과 어떻게 연관되는 것일까?

　김종인은 '실용 민생정당'이 목표가 아닐까? 그는 민주당이 추구하는 '진보 이념'에 관심이 없고, 존중하지 않는다. 미래통합당이 추구하는 '보수 이념'에도 관심이 없고, 존중하지 않는다. 이런 진보니 보수니 하는 이념이 정당이 나아가야 할 길을 쓸데없이 가로막고 유연한 사고를 방해하며 민생을 해결하는데 도움이 되지 않는 걸림돌이라는 게 김종인의 소신으로 보인다.

　정치인이 회고록을 쓰면 자신에게 불리한 일은 쓰지 않거나 축소 또는 해명 위주고, 자신을 미화하는 사건은 크게 싣는 법이다. 김종인이 쓴 이 회고록 역시 예외가 아니다. 김종인은 그 사실을 인정하고 글을 시작한다. 그러나 김종인이 1960년대부터 2020년대까지 한국 정치사의 중요한 장면에 관여했기에 그런 점을 감안하고 읽더라도 재미있고 유익한 점이 적지 않다.

　윤보선이 쓴 각서부터가 인상적이다. 박정희가 정치 활동 금지 해제를 한 1963년 1월 1일 이후 단 사흘이 지난 1963년 1월 4일 야권은 새로운 정당인 민정당 창당을 선언했다. 김종인의 할아버지인 가인 김병로 선생이 야권 창당을 주도했는데, 야권 정치인들이 5.16 쿠데타 당시 대통령이면서 허무하게 박정희에게 권력을 넘겨줬던 윤보선이 들어오면 안 된다고 아우성을 치는 상태였다. 윤보선은 민주당 구파, 장면은 민주당 신파를 대표하는 인물인데 4.19 이후 정권을 잡은 이 둘은 사사건건 싸우고 대립했다. 5.16 쿠데타 직후 장면은 수녀원으로 도망가 54시간 동안 연락이 두절됐다. 윤보선은 군대를 동원해 쿠데타 세력을 응징하자는 주한미군 사령관의 제안에도 꿈쩍하지 않았다.(22쪽) 이러니 야권 인사들이 새 정당 창당 작업을 하면서 윤보선을 비토할 수밖에 없었다. 그러자 윤보선 측에서 김병로에게 각서를 한 장 보내왔다. 김종인도 각서를 직접 봤다고 한다. 이런 내용이었다.

　"나 윤보선은 건전한 야당의 탄생을 위해 물심양면 노력은 하겠지만 대통령 후보자나 당의 요직은 맡지 않겠다."(25쪽) 그런데 윤보선은 1963년 10월에 열린 대통령 선거에 후보자로 나섰다. 박정희와 윤보선의 대결이었고 박정희가 이겼다. 김병로는 김종인에게 이렇게 말했다고 한다. "정치인이 쓰는 각서는 법률적인 효력이 없어. 정치인의 각서라는 것은 순간적으로 상황을 호도하기 위해 사용하는 수단일 뿐이야."(26쪽) 정치인의 각서는 처음부터 진정성 따위는 없는 것이다. 지금까지 이어오는 한국 정치인의 수많은 거짓 약속의 속셈을 보여주는 에피소드다. 김종인은 약속의 이면에는 언제나 야욕이 있다고 말한다.

책에서 가장 재미있었던 부분은 부가가치세 도입 과정이었다. 부가가치세는 1977년 시행되었고 우리나라 세수 중 큰 항목을 차지한다. 부가가치세는 1975년 1월 재무부 장관이 박정희 대통령에게 업무보고를 하면서 기존에 있던 영업세, 물품세, 특별소비세 등을 망라한 간접세로 도입하겠다고 보고하면서 시작된다. 당시 보고에 따르면, 부가가치세를 도입하면 세수를 증대할 수 있고, 투자세액 공제로 투자를 촉진하며, 수출상품에 대해 세액을 환급해서 수출을 촉진하고, 근거과세가 확립되고 세무공무원의 부조리를 척결할 수 있다는 것이 도입 이유였다. 보고만 살펴보면 세상에 이렇게 좋은 세제가 없을 것 같다. 그런데 김종인에 따르면 당시 재무부 세제국 안에 부가가치세가 어떠한 세금인지 실질적으로 알고 있고 부가가치세가 도입된다면 세무 행정은 어떠해야 하는지 제대로 이해하는 사람은 하나도 없었다고 한다. 김종인은 독일에서 유학한 재무전문가로 대학에서 젊은 교수로 일했는데 오죽하면 자신을 찾아와 자문을 구할 정도였다고 한다. 김종인은 당시 부가가치세 도입에 강력하게 반대했다. 참고로 우리나라는 1973년 이전까지

'유솜'으로 부르던 미국 대외원조처에서 지원 규모를 확정하면 그제야 원조자금에서 부족한 부분을 파악해서 예산을 편성할 수 있었던 재정 미자립국가였다. 그러니 재정을 제대로 운용한 경험도 부족했다.

김종인이 당시 한국 실정에서 부가가치세 도입이 어렵다고 본 근거는 이렇다. 부가가치세가 제대로 시행되려면 매출세액과 매입세액을 증명해야 하니, 서로 영수증을 주고받는 문화가 정착되어야 하고, 기업의 회계 관리 방식도 투명해야 한다. 하지만 1970년대만 해도 영세 자영업자들은 말할 것도 없고, 회계장부를 제대로 작성하지 않는 기업이 태반이었고, 영수증 없이 주고받는 이른바 무자료 거래가 횡행했다. 또 상인들은 자신의 소득이 노출될 우려가 있으니 금전출납기 설치를 꺼렸다. 우리나라 부가세 세수가 크게 늘어나게 된 때는 김대중 정부가 들어선 2000년대 이후다. 모든 점포 계산대에 전자식 금전출납기가 보급되고, 신용카드 사용율이 대폭 늘어나면서부터다. 그제야 부가세는 우리나라 국가 재정에서 가장 중요한 세목이 된 것이다.(76~77쪽)

부가가치세 도입에 저항한 민심은 1978년 실시한 10대 국회의원 총선거에서 나타났다. 야당인 신민당이 32.8퍼센트, 공화당이 31.7퍼센트 득표를 기록했다. 비록 1.1퍼센트 차이이긴 하지만 공화당이 2위로 밀려난 것이다. 그해 총선은 투표율도 이전 선거보다 5.7퍼센트가 높았다. 10대 총선에서 야당의 주요 공약 가운데 하나가 '부가가치세 철폐'였다. 민주화를 바라는 국민 열망도 컸지만 경제 문제에 관한 국민의 실망이 컸음을 보여준 선거였다. 선거가 끝나고 책임을 물어 부총리와 대통령 비서실장이 경질됐다.(79쪽)

그 후 야당은 김영삼을 비롯한 강경 소장파들이 주도권을 잡게 되고 상인이 많고 공업이 발달한 부산과 마산 지역에서 박정희 정권에 반대하는 시위가 대대적으로 일어났으며 이는 박정희 정권의 몰락으로 이어졌다는 김종인의 해석이다.(80쪽)

김종인은 박정희 시대에 세 가지 경제정책에 관여했다고 말한다. 하나는 앞에서 말한 부가가치세, 그리고 근로자 재산 형성 저축(재형저축), 마지막은 의료보험이었다. 특이하게 김종인은 정책적인 측면에서 노동관계 법령과 제도를 바로 잡아 사회적 대타협을 이끌어내는 일을 강조한다. 과거로 돌아갈 수 있다면 그 일을 하고 싶다고 말한다. 그는 노동조합은 산업별 노조로 가야만 특정 기업 근로자가 아니라 '전체 근로자'의 이익에 부합한다고 주장한다. 기업노조 체제 하에서는 노총은 분담금을 많이 내는 대기업 노조의 이익을 기본으로 할 수밖에 없고, 비정규직 문제도 해결할 길이 어렵다고 말한다. 1981년 경 노동관계법을 만들 때 산업별 노조에 강력하게 반대한 대기업 총수가 있었다고 한다. 김종인은 그 회사는 그 후 노조 때문에 큰 몸살을 앓았고, 그 회사 노조는 대한민국의 대표적인 귀족 노조로 이래저래 지탄을 받고 있다고 말한다. 이런 점을 보면 아무래도 김종인은 경제 개별 사안마다 실용주의 입장에 섰다고 판단된다.

노태우 대통령 시절 김종인은 청와대 경제수석으로 일했는데 유명한 '재벌 비업무용 토지 처분'을 추진한다. 당시 재벌이 여러 가지 방법과 로비를 통해 집요하게 방해했는데 김종인은 강행한다. 대한항공은 그 당시 4백만 평에 달하는 제주도 땅을 4등분해서 대학과 재단 등에 기부한다고 말하고는 지금까지 그대로 소유하고 있다고 한다. 최근 갑질로 유명했던 그 재벌 총수의 자녀들은 서로 기업을 갖겠다며 볼썽사나운

재산 싸움을 지금도 벌이고 있다.

김종인은 반재벌에 반삼성 주장을 분명하게 내세운다. 여기서 반삼성이란 재벌의 위법과 탐욕을 지적하는 말이다. 그는 책에서 '전자 산업만으로 욕심이 차지 않아 자동차 분야까지 진출하려던 삼성'을 여러 번 비판하고 있다. 그는 박근혜 정부에서 벌어진 최순실 국정농단 사건도 삼성의 국정농단 사건으로 불러야 한다고 말한다. 김종인은 삼성이 대통령에게 로비를 시도했다는 사실이 아니라 '대통령의 최측근 최순실'이라는 여인을 어떻게 찾아냈는가에 놀란다. 삼성은 진정한 비선실세가 누구인지 분명히 알고, '원포인트 뇌물'을 최순실에게 갖다 주었다. 한국은 '삼성공화국'이 맞았다. 다른 어떤 재벌도, 세상 어떤 정보기관과 정치세력도 알지 못하던 비밀을 삼성은 제대로 파악하고 있었다. 그리고 서민정부, 참여정부를 지향했던 노무현 정부도 종국에는 삼성경제연구소에서 생산하는 자료에나 의존하며 정책을 만들었다고 비판한다.(357쪽)

김종인은 의제 설정 능력이 뛰어나다. 박근혜 대선 캠프에서는 '경제민주화'를 내세웠고 20대 국회의원 선거에서는 '포용적 성장'을 내세웠다. 2020년 6월 코로나19가 휩쓸고 있는 현재에는 4차 산업혁명과 관련된 데이터청 등 의제를 제안하고 있다. 그럼 김종인이 추구하는 낡은 '이념'에 휘둘리지 않는 '민생 실용정당'은 성공할까? 미래통합당 비상대책위원회 대표 김종인은 미래통합당을 그렇게 바꿀 수 있을까? 어렵다고 본다. 만약 미래통합당이 그렇게 변신한다면 미래통합당의 앞날은 밝겠지만 TK에 기반을 둔 미래통합당은 그렇게 호락호락하게 변신하지는 못할 것이다.

김종인의 앞날은 어떻게 될까? 민주당과 미래통합당은 진정한 정책 정당으로 탄생할 수 있을까? 귀추를 주목한다.

[독서일기 11]

전체주의의 기원 1, 2

한나 아렌트/ 이진우 박미애 옮김/ 한길사

 전체주의를 폭민과 자본의 동맹, 비밀경찰, 강제수용소, 특히 계속되는 '운동'으로 분석한 점이 눈에 띈다. 기대하며 읽은 아렌트의 책이었지만 무척 실망했다. 한나 아렌트의 공정하지 못하고 균형을 잡지 못한 면을 보게 된 책이었다. 2권에 문제가 많았다.

 1. 1권 앞부분은 유럽의 반유대주의가 일으킨 영향을 논한다. 아렌트는 세계 정치의 관점에서 비교적 하찮은 현상이었던 유대인 문제와 반유대주의가 나치 운동과 3제국의 조직 구조 확립에 촉매제가 된 과정을 밝히려고 노력한다.(1권 42쪽) 아렌트에게도 쉽지 않은 과제이겠지만 한국에 사는 우리는 왜 반유대주의가 유럽에서 중세 이후부터, 그리고 나치 시대에 극심해졌는지 이해하기가 쉽지 않다. 이 책은 전체주의의 기원을 다루고 있으며 그 한도 안에서 반유대주의를 해설하고 있다. 즉 반유대주의나 유대인 역사를 다룬 책은 아니라서 전체를 조망하기 어렵다.

 이 책에 나오는 몇몇 사례를 들어 반유대주의가 대중화된 경위를 찾아본다. 먼저 오스트리아에서 국영 철도의 주요 노선 운영권은 1836년 국가가 허가해서 유대 가문인 로스차일드 가로 넘어갔는데, 1886년 허가 기한이 만료되었다. 쇠너러라는 사람이 면허권의 기한 연장에 반대하는 서명을 받으며 로스차일드 가와 왕정의 이해관계가 밀접하게 연관되어 있다는 여론을 일으킨다. 쇠너러의 문제 제기와 여론 선동이 오스트리아 반유대주의 운동의 실질적인 출발점이다.(144쪽)

프랑스에서는 19세기의 좌파 운동이 유대인에게 공공연히 적의를 보였는데, 이런 정서는 알자스 지방의 유대인이 여전히 농민을 대상으로 고리대금업을 하면서 살고 있다는 사실 때문에 강화되었다.(149쪽) 프랑스의 소상공인들은 유대계 은행가에게서 신용대출을 받았는데 당연히 경제적인 갈등이 일어났다. 즉 악질적인 자본주의를 대표하는 가장 전형적인 인물들이 유대계 자본주의자들인 것이다.(151쪽)

책에는 17세기와 18세기에 유럽을 잇는 커넥션과 범유럽 자금을 마음대로 운용한 궁정 유대인 등 다양한 유대인들이 나온다. 한 마디로 대중은 유대인을 왕정 권력가이거나 악질적인 금융사업가로 낙인찍었고 그런 정서를 토대로 대중은 광범위한 반유대 정서에 잡힌 것 같다. 나치는 이 반유대 정서를 잘 포착했고 자신의 인종이론과 결합시켜 무시무시한 반유대 절멸 정치로 나아간 것이다.

전체주의 특히 나치의 기반은 폭민이다. 폭민은 모든 계급의 폐물로 구성되어 폭민과 그 대표자들인 계급 차이를 폐지한 것처럼 보였고 국민 자체나 나치가 말한 국가 공동체처럼 보였다. 역사적 염세주의자들은 이 새로운 사회 계층의 본질적인 무책임성을 알았고 또 민주주의가 전제정치로, 그 독재자들이 폭민에게서 발생하고 폭민을 지지 기반으로 둘 그런 전제정치로 바뀔 가능성을 정확하게 예측했다.(314쪽) 사회민주주의자나 마르크스주의자는 다가오는 전제정치의 위험성을 과소평가하고 제대로 대응하지 못한 셈이다.

아렌트는 뛰어난 정치 개념과 범주를 만들어내고 분석하는데 제국주의에 관한 생각이 그렇다. 아렌트는 레닌이 말했던 제국주의는 자본주의의 마지막 단계가 아니라 부르주아 계급이 정치 지배를 실현하는 첫 단계로 이해해야 한다고 말한다.(288쪽) 그동안 유산계급은 재산권을 확실하게 보호해줄 것 같은 국가라면 어떤 유형이든 만족해 왔다. 그런데 20세기 초반에 폭민과 자본의 동맹이라는 새로운 유형이 나타났고, 마르크스주의자가 보기에 이는 계급투쟁의 원리와 명백하게 배치되어 마르크스주의자들은 그 동맹이 전체주의로 나아갈 위험성을 간과했다.

2. 2권 12장에서 아렌트는 히틀러와 스탈린의 동일성을 강조하고, 나치 체제와 볼셰비키 체제를 유사한 전체주의 시스템으로 등치시켜 범주 짓는다. 먼저 체제를 지탱한 비밀경찰을 보자. 스탈린에게 경찰 간부 조직의 꾸준한 성장과 발전은 바쿠의 석유, 우크라이나의 곡창보다 훨씬 더 중요한 일이었다. 동일한 정신 태도에서 히틀러는 나치 친위대 간부를 위해 독일 전체를 희생시켰다.(2권 189쪽) 전체국가의 비밀경찰과 전체주의 비밀경찰의 주요 차이점은 '용의자'와 '객관적인 적'의 차이에 있다. 후자는 정부 정책으로 정해지는 것이지 이들이 국가 전복을 원했다고 해서 정해지는 것은 아니다. 그는 "질병의 매개자처럼 어떤 경향의 매개자"이기 때문에 그렇게 되는 것이다.(197쪽)

'객관적인 적' 개념에 따르면 그것은 일반적인 상황과 적의 정체에 따라 수시로 변하기 때문에 한 범주가 청산되자마자 다른 범주와의 전쟁이 선포된다. 다시 말해 그들의 정권은 전통적 의미의 정부가 아니라 운동이며, 운동의 앞길에는 끊임없이 새로운 장애물이 나타나는데 이것은 반드시 제거되어야 한다는 것이다. 아렌트는 전체주의는 계속 움직이고 나아가는 '운동'이란 점을 강조한다. 전체주의 시스템 안에 어떤 법적인 사유가 있다고 말한다면, '객관적인 적'이 그 중심 이념이다.

즉 한나 아렌트는 전체주의 이론을 전개하면서 중요한 이념인 '객관적인 적'과 '비밀경찰' 제도에 있어 히틀러 정권과 스탈린 정권의 유사성에 주목하고 강조한다.

3. 전체주의 제도의 핵심은 '강제수용소'이다. 이는 전체주의 정권이 '총체적 지배'를 하기 위한 핵심 시스템이다. 아렌트는 수용소가 전체주의 권력과 조직의 중심 제도라고 말한다. 수용소는 사람들을 말살하고 인간의 품위를 떨어뜨릴 목적으로만 만들어진 것이 아니다. 그것은 과학적으로 통제된 조건에서 인간 행동의 표현인 자발성 자체를 제거하고 인격을 단순한 사물, 동물조차 아닌 그런 사물로 만드는 무서운 실험실이다.(219쪽) 강제수용소는 "다시 실현된 가장 전체주의적인 사회"(다비드 루세)이다.(219쪽)

강제수용소에서 생존한 사람들의 보고는 무수히 많다. 그런데 진술자가 산 자들의 세상으로 돌아왔다면, 그 스스로 자신의 진실성에 관한 의심, 그가 혹시 악몽을 현실로 착각하는 것이 아닌가 하는 의심에 시달린다.(220쪽) 아렌트는 루세의 책을 들어 각주에서 이렇게 말한다. "그들도 모두 당신과 같아요. 파리, 런던, 뉴욕, 심지어 바로 화장터 밖의 비르케나우(아우슈비츠 2수용소)에 사는 많은 사람들은 … 화장터의 지하실로 내려가기 5분 전까지도 믿지 못합니다."

시체의 대량 생산이라는 문제와 직면할 때, 살인 개념은 어떤 의미를 가지는가? 우리는 강제수용소의 피수용자와 나치 친위대 대원의 행동을 심리학적으로 이해하려 한다. 최종 결과는 생명이 없는 인간이다. 다시 말하면 심리학적으로 이해할 수 없는 인간이다.(223쪽)

아렌트는 강제수용소가 만든 인간 실존과 경험에 관해 특히 뛰어나게 성찰한다.

"강제수용소나 집단 학살 수용소가 정말 무서운 것은 피수용자들이 설령 목숨을 부지한다 해도 죽은 것보다 더 효과적으로 산 자들의 세계와 단절되어 있다는 것이다. 테러는 망각을 강요하기 때문이다. 여기서 살인은 모기 한 마리를 눌러 죽이는 것처럼 비개인적인 일이었다."(226쪽)

"강제수용소의 삶과 비교할 만한 것은 아무것도 없다. 강제수용소가 바로 삶과 죽음의 밖에 있기 때문에 인간의 상상력만으로는 그 참상을 완전히 이해할 수 없다. 이 참상은 또한 완전하게 전달될 수도 없다. 생존자는 산 자들의 세계로 돌아오는데, 이 세계는 그로 하여금 자신의 과거 경험을 믿지 못하게 만들기 때문이다. 그것은 마치 지구가 아닌 딴 혹성 이야기를 하는 것과 같다."(227쪽)

4. 한나 아렌트의 전체주의 시스템 분석은 탁월하다. 전체주의 제도의 핵심을 비밀경찰 제도와 강제수용소로 정의하고 '객관적 적' 개념으로 전체주의 제도가 하나의 '운동'으로 계속 작동하는 메커니즘을 예리

하게 논파하고 있다.

그러면서 아렌트는 전체주의가 추구하는 '총체적 지배'를 향한 중요한 행보는 사람에게서 법적 인격을 죽이는 것으로 밝히고 있다. 이는 보편적인 인권 개념과 연결된다. 법적 인격을 죽이는 일차적인 방법은 일정한 범주의 사람들을 법적으로 보호하지 않고 동시에 국적 박탈이라는 수단을 통해 비전체주의 국가들에게 위법을 인정하도록 강요하는 것이었다. 또 다른 방법은 강제수용소를 정상적인 형벌 체계의 밖에 두고 피수용자를 정상적인 법적 절차, 즉 일정한 범죄에 예측할 수 있는 처벌이 따르는 그런 절차 밖에서 선발하는 것이었다.(233쪽)

전체주의 지배의 이상은 모든 인간을 똑같이 쓸데없는 것으로 만드는 것이다. 전체주의 국가는 꾸준히, 설령 완벽하게 성공한 적은 없지만, 인간이 쓸모없어지는 상황을 만들고자 노력한다.(248쪽) 이런 세상은 무의미가 매일매일 새롭게 생산되는 곳이다.(249쪽)

아렌트는 '극단적 악'(절대악으로 불러도 좋겠다)이 모든 인간이 똑같이 무용지물이 되는 시스템과 관련하여 출현했다고 말한다. 이 시스템을 조작하는 사람들은 다른 모든 사람처럼 자신들 역시 불필요하다는 사실을 믿는다. 그래서 전체주의의 살인자들은, 그들 스스로가 살아 있는지 죽은 것인지 또는 이제까지 살아왔는지, 아니면 태어나지도 않았는지 상관하지 않기 때문에 더욱 위험한 존재들이다.(252쪽) 과잉인구로 시달리는 지구에서 자신들이 별 쓸모 없다는 것을 알게 된 현대 대중의 경험을 반영한다고까지 말한다.(249쪽)

놀랍게도 아렌트는 12장의 끝에서 "나치와 볼셰비키는 과잉 인구 문제, 경제적으로 불필요하고 사회적으로 뿌리를 잃은 대중의 문제를 해결할 수 있는 가장 신속한 처방을 제시한 자신들의 말살 공장이 경고이 기도 하지만 매력적인 유혹도 된다고 확신한다."고 말한다.(253쪽)

이 지점에서 아렌트가 계속 시도한 나치와 볼셰비키의 동일시를 문제 삼지 않을 수 없다. 아렌트가 뛰어나게 분석한 전체주의에 관한 이론이 이런 동일시로 실패하거나 어떤 정치적 목적에 종사하는 하급 이론(아렌트 자신이 의도하지 않았다 하더라도)으로 전락하게 만드는 것은 아닐까?

5. 2권 12장을 읽으면서 수많은 의문이 들었다. 왜 아렌트는 나치와 볼셰비키, 히틀러와 스탈린, 나치 독일과 공산주의 소련을 동일시했을까? 타당한 분석인가? 왜 아렌트는 소련이 나치 독일과 가장 용감히 싸웠고, 가장 큰 물적 인적 피해를 당했으며, 나치 독일을 패망시킨 일등 공신이란 점에 관해서는 언급조차 하지 않는 걸까. 전체주의의 상징인 아우슈비츠 강제수용소는 소련군이 1945년 1월 27일 해방시켰다. 『전체주의의 기원』은 1951년에 나왔다. 그 당시 미국과 소련은 냉전을 치렀고 체제 경쟁에 돌입했다. 아렌트는 미국에 거주한 독일 출신 유대인 학자로, 소련을 나치와 동일시함으로 미국 체제에 힘을 실어주고 미국의 정책에 정당성을 부여한 (사실상의) 친미국 학자는 아니었을까? 그렇게 하기 위해서 죽은 히틀러와 산 스탈린을 동일체로 보는 것보다 더 극적인 효과는 없다.(스탈린은 1953년 사망했다.) 그렇게 함으로써, 즉 『전체주의의 기원』을 출간함으로써 한나 아렌트는 (소련에 대항하는) 미국과 서구를 대표하는 정치사상가로 입지를 다지고 성공한 건 아니었을까?

강제수용소에 관한 아렌트의 주장을 들어보자. "특히 러시아에서 강제 수용소는 대개 강제노동 수용소로 서술되는데 이는 명백하게 강제노동이 가장 중요한 문제가 아니라는 것을 보여준다. 강제노동은 이동의 자유 없이 살면서 어느 때 어느 장소에서든 노동을 위해 자의적으로 차출될 수 있는 모든 소련 노동자의 평균적인 삶의 조건인 것이다."(229쪽)

아렌트는 한 마디로 소련이라는 나라 자체를 강제노동수용소로 묘사한다. 모욕적일 뿐만 아니라 바르지 않은 주장이다.

아렌트는 강제 수용소를 죽음 이후의 삶에 대한 서구의 기본적인 세 개념들, 즉 지하계, 연옥, 지옥과 일치하는 세 유형으로 나눈다. 지하계와 일치하는 것은 비교적 온건한 형태의 수용소로서 한때 비전체주의 국가에서도 피난민, 무국적자, 반사회적 인물과 실업자들을 제거하기 위한 곳으로 유행했고 전후에도 난민 수용소로 존재했다. 연옥은 소련의 노동 수용소를 들고 있다. 문자 그대로의 의미에서 지옥은 나치가 완성한 수용소 유형을 들고 있다.(230쪽) 아렌트 자신도 나치와 소련의 강제수용소가 같지 않다고 보고 있다. 그러면서도 각주에서 러시아 수용소가 값싼 노동력을 공급하기 위한 경제적 수단이라고 주장하는 최근의 이론들을 반박하고 있다.(229쪽)

소련이 1937~38년에 실시한 공포정치로 정확히 얼마가 체포되고 처형되었는지 알 수는 없다. 영국 역사학자 로버트 서비스는 저서 『스탈린』에서 약 150만 명이 소련 내무인민위원회(엔카베데)에 체포되었고 그 가운데 결국 풀려난 사람은 22,000명 정도밖에 안 되었다고 추정한다.(549쪽) 이런 공포정치는 왜 일어난 것일까? 스탈린은 소련 공산주의 체제가 유지될지 두려움을 느꼈다. 스탈린은 소련을 급속하게 산업 군사 강국으로 바꾸고자 시도했다. 세계 최초의 공산주의 국가인 소련의 적은 많았다. 소련은 국경 서쪽에서 유럽과 강력한 파시즘 국가인 독일과 대치했고, 동쪽은 역시 강력한 파시즘 국가이자 만주와 중국을 집어삼키고 있는 일본과 대치했다. 모든 자본주의 국가가 소련을 증오했다. 후진국이며 농업국인 소련이 급속한 공업국가로 탈바꿈하지 않으면 '일국 사회주의' 꿈은 물거품이 될 가능성이 컸다. 더욱이 소련은 얼마 전까지 황제가 다스리는 국가였고 귀족과 러시아 정교회가 지배하는 사회였다. 소련은 1928년 시작한 1차 5개년 경제계획을 통해 모든 역량을 총동원해 공업국가로 변신하고자 한다. 당연히 농민과 노동자를 비롯한 국민 생활은 어려워졌고 많은 내부의 적이 탄생하게 되었다.

소련은 일국 사회주의를 지키기 위해 부농과 러시아 정교회 신자와 반정부세력을 소탕해야겠다는 생각에 사로잡혔다. 나치가 소련을 점령한 기간에 많은 소련 인민이 나치에 협력함으로써 이런 우려가 공상만은 아님을 보여주었다. 스탈린이 저지른 '공포 정치'는 비난받아야 마땅하지만, 나치가 저지른 '인종 말살'과 동일선상에 있다고 보기는 어렵다.

스탈린은 공포 정치로 자신의 독재 권력과 정치 구조를 안정시켰다. 로버트 서비스는 이것이 흔히 말하는 전체주의적 독재 체제는 아니었다고 말한다. 스탈린은 가장 권력이 많았을 때 조차도 원할 때면 언제든지 모든 사람이 복종하도록 만들지는 못했다고 한다.(570쪽)

스탈린의 공포 정치는 프랑스 대혁명 시대의 공포 정치와 유사한 것이 아니었을까? 혁명으로 정치 사회 체제가 급격하게 변하는 시대에 혁명가는 혁명의 성공을 위해 일사불란하게 모두를 조직하고, 반혁명분자와 의심되는 자를 처형하고자 하는, 미친 열망이 불러내는 악령 즉 공포정치의 유혹에 굴복하기 쉽다. 비판을 할 때 균형과 공정은 중요한 기준이다. 자본주의 국가인 미국의 경찰이 파업 노동자를 학살하는 것과 공산주의 국가 소련이 비판자를 강제수용소로 보내는 것 사이에 어떤 질적인 차이가 있는가? 왜 아렌트는 1950년부터 미국을 휩쓴 매카시즘 광풍에는 단 한 마디도 비판하지 않는가? 매카시즘은 개인을 고립시키고 민주주의를 말살한 정치 테러가 아닌가?

한나 아렌트는 자신이 프랑스에서 수용소에 갇혀 생사의 경계를 넘은 적도 있고, 수많은 지인이 나치의 강제수용소에서 죽은 경험이 있으며 전체주의의 강렬한 '운동'에 큰 충격을 받아서인지 베트남 반전운동 같은 진보적인 '운동'이라 하더라도 경계하는 것처럼 보인다. 다시 말하면 자신의 개인적인 '경험'에 지나치게 의존하고 갇힌 것처럼도 판단된다.

한나 아렌트의 『전체주의의 기원』은 정치사상의 개념과 범주를 새롭게 정하고 확장하는 뛰어난 사상서다. 그러나 2권 12장의 내용 중 많은 부분은 동의할 수 없고, 저서의 신뢰성을 떨어뜨리는 비약과 가정과 독단으로 가득 차 있어 유감이다.

[독서일기 12]

타인의 해석

말콤 글래드웰/ 유강은 옮김/ 김영사

다른 사람을 알기란 어렵다. 아내나 남편, 자식의 속마음을 알기도 어려운데 말해 무엇 하랴. 평범한 사람만 그런 게 아니라 세상의 수많은 정치 지도자와 판사들도 그렇다. 말콤은 예전에 낸 저서에서 그랬던 것처럼 세상에서 일어난 많은 사례를 모아 통찰력 가득한 결론을 이끌어낸다. 그 사례들이 온갖 분야에 걸쳐 있어 이 책은 심리학과 역사학, 법학 등 여러 분야를 넘나든다.

저자는 타인을 제대로 해석하기 위한 방법으로 '진실을 의심해야 진실에 다가간다'는 대원칙을 먼저 제시한다. 우리는 무지하고 타인을 알기 위해 잘못된 전략을 사용했다는 말이다. 타인을 파악하기 위해 우리가 취해야 할 자세는 이렇다. 첫째, 우리가 낯선 이에게 말을 거는 방법을 알지 못하고, 대답을 해석하는 것에 지독하게 서툴다는 점을 인정하자. 둘째, 낯선 사람을 보고 곧바로 결론을 내리지 말아야 한다. 그의 말과 행동에만 집중하지 말라는 뜻이다. 그 사람이 어떤 세상에서 살아왔고 어떤 세상으로 가려 하는가도 봐야 한다. 셋째, 낯선 이와의 대화에서는 대화 내용보다 맥락을 고려해야 한다. 자신과 상대방이 그 대화

를 나누기에 적절한 상황에 있었던가를 고려해야 한다.(9쪽~10쪽)

충고는 결혼중개업체에서 데이트에 나서는 고객에게 교부할 매뉴얼처럼도 보인다. 책은 이런 결론만을 무미건조하게 내놓지는 않는다. 그랬다면 흥미진진한 사례들로 책을 가득 채우는 말콤 글래드웰이 아닐 것이다.

책은 첫 사례로 2015년 1월에 미국 텍사스주에서 벌어진 샌드라 블랜드라는 아프리카계 미국인과 백인 경찰관 엔시니아가 교통단속을 둘러싸고 벌어진 설전을 다룬다. 엔시니아는 샌드라가 깜박이를 켜지 않고 지시에 불응했다는 이유로 체포했고 샌드라는 며칠 후 경찰서 유치장에서 자살한다. 차량 깜박이를 켜지 않았다는 사소한, 단속거리도 안 되는 일에서 자살까지 이어진 것이다. 둘 사이에 벌어진 외계인끼리 나누는 대화 같은 설전을 읽으면 도대체 어떻게 해서 이런 오해가 벌어졌나 싶다.(23~25쪽)

저자는 2차대전 이전에 히틀러를 만난 영국의 체임벌린 수상과 외무장관 핼리팩스, 독일 주재 영국대사 네빌 헨더슨이 히틀러가 전쟁을 무척 싫어한다고 평가한 사례를 든다. 이들은 모두 히틀러에게 속아 넘어갔다. 희한하게도 영국 정치가들 중에서 히틀러에 관해 제대로 파악한 사람들은 그를 개인적으로 거의 알지 못하는 이들이었고, 히틀러에 관해 잘못 파악한 사람들은 몇 시간 동안 그와 이야기를 나눈 이들이었다.(60쪽) 어째서 이런 일이 벌어진 걸까?

저자는 이 점과 관련해 하버드의 경제학자와 컴퓨터과학자 등이 수행한 연구를 든다. 그들은 2008년부터 2013년까지 뉴욕에서 심문에 출두한 피의자 55만 4,689명의 기록을 취합했다. 그 가운데 뉴욕의 판사들이 보석으로 석방한 수는 40만 명이 약간 넘었다. 연구자들은 인공지능 시스템을 만들어 검사가 판사에게 제출한 정보를 기초로 석방 대상 40만 명의 명단을 추출하라고 지시했다. 뉴욕 판사와 인공지능이 뽑은 석방자 40만 명 중에서 재판을 기다리는 중에 범죄를 저지를 확률이 누가 더 낮았을까? 인공 지능이 뽑은 명단에 있는 사람들이 뉴욕 판사가 석방한 40만 명보다 범죄확률이 25퍼센트 낮았다. 기계가 인간을 압도했다.(63쪽) 연구자가 만든 컴퓨터 프로그램은 피의자를 볼 수 없었고 법정에서 어떤 말도 듣지 못했다. 컴퓨터가 받은 것이라곤 피의자의 연령과 범죄 사실 혐의 기록뿐이었다. 판사가 활용할 수 있는 정보의 일부분에 불과했는데 보석 결정을 훨씬 훌륭하게 해낸 것이다.(65쪽)

여기서 저자는 두 번째 수수께끼를 낸다. 낯선 이를 직접 만나면 만나지 않는 것보다 그 사람을 파악하는 데 오히려 방해되는 것은 무엇 때문일까?

저자는 팀 러바인의 연구를 인용해서 이렇게 말한다. "우리는 진실을 기본값으로 갖고 있다. 우리의 가정은 우리가 상대하는 사람들이 정직하다는 것이다."(101쪽) 러바인은 진화 과정을 거치면서 인간은 거짓말을 즉석에서 탐지하는 복잡하고 정확한 기술을 발전시키지 못했다고 주장한다. 자기 주변에 있는 사람들의 말과 행동을 꼼꼼히 살펴보느라 시간을 들이는 것은 아무 이점이 없기 때문이다. 이점은 낯선 이가 진실하다고 가정하는 데 있다.(132쪽)

이해된다. 낯선 이가 진실하다고 가정하지 않으면 주식 시장과 보험, 병원 치료, 스포츠 시장 모두가 제대로 돌아가지 않을 것이다. 가끔 사기꾼에게 당해 손해를 보는 일이 생기더라도 인간 사회 전체로 보면 '진실 가정론'이 유익할 것이다.

　인간을 이해하는 기본인 인간 표정을 보자. 우리는 세계 어디에 사는 민족이나 종족들도 분노와 행복, 슬픔, 공포, 혐오에 관한 얼굴 표정이 비슷할 거라고 생각한다. 우리가 이빨을 드러내고 으르렁대는 개가 분노와 공격을 표현한다고 아는 것처럼 말이다. 그런 사실을 확인하기 위해 2013년에 스페인 사회과학자 두 명이 트로브리안드제도로 향했다. 트로브리안드제도는 파푸아뉴기니에서 동쪽으로 약 160킬로미터 떨어진 솔로몬해 한가운데에 있다. 외딴 열대 섬으로 크기가 작고 주민은 4만 명이다. 이들은 스페인 초등학교 학생들이 행복, 슬픔, 분노, 공포, 혐오스럽다고 판정한 웃는 얼굴, 삐쭉거리는 입술, 찌푸린 얼굴, 숨 막힌 얼굴, 찡그린 코 모습 등을 보고 악전고투한다. 예를 들어 매서운 눈초리와 꾹 다문 입으로 스페인 초등학교 학생이나 우리들은 '분노'로 판정한 얼굴 사진을, 트로브리안드제도 주민의 20퍼센트는 행복한 얼굴로, 17퍼센트는 슬픈 얼굴, 30퍼센트는 공포에 사로잡힌 얼굴로 불렀다.(194~198쪽) 그러면 트로브리안드인들은 놀람을 어떻게 표현할까? 헉 하며 놀라는 표정을 짓지 않는다. 혀를 입천장에 대고 쫏, 쫏, 쫏 소리를 낸다.

　앞으로 외계인이 지구를 방문한다면 우리는 언어와 표정 모두에서 소통이 잘 되는 방법을 고민해야 할 것이다. 사실 외계인까지 갈 것도 없다.

　책에서 읽은 가장 흥미로운 사례는 볼리비아 캄바족 사례다.

　1950년대 중반 예일대학 인류학과 대학원생인 드와이트 힉스 부부는 박사 논문용 현지조사를 위해 볼리비아로 간다. 그들은 오지의 메스

티소 부족인 캄바족과 어울렸는데 캄바족은 독특한 의례 형태의 파티를 열었다. 주말마다 토요일 밤부터 월요일 아침까지 빙 둘러앉아서 중앙에 놓인 럼주를 돌아가면서 권하고 마시는 것이다. 그런데 럼주 도수가 90도였다. 과학자들이 세포조직을 보존하는데 사용하는 농도의 실험용 알코올과 같았다. 드와이트 부부도 파티에 참석해서 술을 마시며 토하기도 하고 기절하기도 한다. 그런데 사회병리 현상이 없었다. 말다툼, 싸움, 성폭력, 언어폭력이 없었다. 더 놀랍게도 알코올 중독증도 없었다. 그저 유쾌한 대화 아니면 침묵이었다.(250쪽) 그런데 왜 속칭 문명사회에는 주취로 인한 범죄와 사고가 그렇게 많은 걸까? 저자는 알코올이 탈억제제가 아니라 먼 것을 보기 어렵게 만드는 근시제라고 말한다. 여기서 근시는 알코올의 주요 효과가 우리의 정서적 정신적 시야를 좁힌다는 것이다. 알코올은 전경에 있는 사물을 훨씬 더 두드러지게 하고, 후경에 있는 사물을 한층 더 흐릿하게 한다. 단기적인 고려사항을 더욱 부각하고 장기적인 고려사항은 멀어지게 한다. 그래서 만약 어떤 사람이 근심에 빠져 있다 하더라도 경기장에서 팬들에게 둘러싸여 술을 마실 때와 술집 구석에서 조용히 혼자 술을 홀짝이는 것은 효과가 전혀 다르다. 경기장에서라면 근심은 멀리 날아가지만, 조용한 술집에서는 더 우울해진다.(252쪽)

캄바족은 떠돌이 농장 노동자로 친족의 유대가 허약했다. 그들은 알코올의 변형적 힘을 이용해서 월요일부터 금요일까지 노동을 하면서 부족했던 '공동체적 표현'을 창조해낸 것이다. 그들은 알코올의 근시를 활용해서 일시적으로 그들 자신을 위한 또 다른 세계를 만들어냈다. 그들은 엄격한 규칙을 자신에게 부과했다. 오직 주말에만 모두가 원을 그리고 앉아 한 번에 한 병씩 조직적으로 잇달아 건배하니 절대 혼자가 아니니다. 그들은 오직 일정한 구조 안에서만 술을 마셨다. 볼리비아 내륙 오지에서 빙 둘러앉아 술을 마시는 구조는 부드러운 음악과 조용한 대화의 세계였다. 질서, 우정, 예측 가능성, 의례가 존재하는 세계, 이것은 지상에서 가장 강력한 약물의 도움을 받아 만들어진 캄바족의 새로운 사회였다.

결론은 이렇다. 알코올은 억제된 것을 드러내는 물질이 아니다. 그것은 존재를 변형하는 물질이다.(255쪽)

왜 음주가 문제일까? 술에 취한 타인의 마음을 아는 건 어렵다. 만취자 본인도 자신의 정신 상태를 모르는데 다른 사람이 어떻게 알 수 있을까? 술에 취해 블랙아웃(일시적 기억상실, 필름 끊김 현상)이 되면 어떤 일이 벌어질까? 블랙아웃이 일어나면 어떤 건 기억나고 어떤 일은 기억나지 않는다. 혈중 알코올 농도 0.15가 넘어가면 해마가 완전히 기능을 멈춰 아무 기억도 떠올릴 수 없다. 아래 사례를 보자.

"39세의 외판원이 낯선 호텔 방에서 깨어났다. 약간 숙취가 있었지만 다른 면에서는 여느 때와 다를 바가 없었다. 옷은 옷장에 걸려 있었고, 깨끗하게 면도한 상태였다. 그는 옷을 입고 로비로 내려갔다. 그런데 직원에게서 지금 여기는 라스베이거스이고 자신이 이틀 전에 체크인했다는 이야기를 들었다. 직원은 그가 술을 마신 게 분명했지만 아주 취한 것 같지는 않았다고 말했다. 그날은 14일 토요일이었다. 그가 떠올린 마지막 기억은 9일 월요일에 세인트루이스의 술집에 앉아 있던 때였다. 그는 종일 술을 마셔서 취했지만, 오후 세 시 정도까지는 모든 게 기억났다. 그런데 그 순간 마치 '커튼이 내려진 것처럼' 기억이 끊겨버렸다. 5

일 정도가 완전히 사라져버렸다. 이 경험에 너무 놀란 나머지 그는 2년 동안 술을 끊었다."(263쪽)

블랙아웃 상태에서도 아마존에서 물건을 주문할 수 있고, 표를 사고, 여행을 하고, 온갖 종류의 일을 하지만 다만 기억하지 못한다. 중증 알코올 의존자의 부인들도 배우자가 블랙아웃 상태인지 아닌지를 분간하기가 정말 어렵다고 이야기한다.

만약 한 여자가 파티에서 만난 남자와 술을 마시고 만취해서 다음 날 남자를 강간혐의로 고소했다고 하자. 남자는 여자에게 호텔로 가는 것과 섹스 동의를 받았다고 주장한다. 여자는 술에 취해 전혀 기억을 하지 못한다. 이 사건의 진실은 무엇일까? 미국과 서구에서뿐 아니라 우리나라에서도 자주 있는 일이다. 검사와 판사는 이런 사건을 어떻게 처리해야 할까?

책을 다 읽으면 타인의 마음을 읽기란 정말로 어렵다는 걸 절감하게 된다. 저자는 우리는 타인을 이해하지 못하면 타인을 비난한다고 말한다. 그런데 타인은 원래 이해하기 어렵다. 그러니 비난에 앞서 타인을 이해하기 위해 맥락과 상황과 따뜻한 마음을 먼저 챙겨야 할 것 같다.

[독서일기 13]
아가씨 아카입
김영진 외/ 그책

공을 들이고 들인 책이다. 영화 <아가씨>를 이해하기에 더 없이 좋은 책이자, 책 그 자체로서도 뛰어나다. 책값 43,000원은 전혀 아깝지 않다. 책을 읽으면서 중요한 페이지와 메모를 책 앞쪽 여백에 해놓는데, 이 책은 포스트잇을 붙여서 메모를 했다.

책을 읽고 <아가씨> 영화를 다시 봤다. 장면과 소품과 촬영과 옷과 세트, 포스터 모두가 달라 보인다. 정말 잘 만든 영화다. 그 잘 만드는 과정을 낱낱이 책이라는 물체로 남겨놓은 작업도 무척 의미 있다.

배우 캐스팅은 어떤 과정을 거쳐 했을까? "2014년 11월 중순의 어느 날, 매니지먼트 숲에서 임승용 대표에게 김민희 배우를 추천했다. 2014년 11월 24일 강남의 한 커피숍에서 박찬욱 감독과 김민희 배우가 처음 만났다. 박 감독과 임 대표는 그녀와의 만남에서 '히데코'를 보았다. 히데코가 결정되는 순간이었다. 그녀도, 박찬욱 감독도 서로 원하고 있었다. 박찬욱 감독은 김민희와 미팅을 마친 후 임승용 대표에게 말했다. 딱 히데코지?"(28쪽)

김민희 배우는 뛰어난 배우다. 누구도 아가씨의 히데코를 그녀만큼

해내지 못할 것이다.

　백작 역은 후보 폭이 상당히 넓었다고 한다. 나쁜 놈인데 애정이 가야 하고, 진실돼 보이지만 능구렁이 같은 이런 아이러니함을 표현해야 하는 배우를 찾다보니 하정우 배우가 떠올랐다고 한다. 코우즈키 역을 맡은 조진웅 배우는 소속사를 통해 배역을 맡고 싶다고 연락왔다. 주연배우 4명 중 3개의 퍼즐이 맞춰졌다. 남은 퍼즐은 하나, 중요한 숙희였다. 1,500명에 달하는 오디션 배우 중에도 적격자가 없었다. 채움 엔터테인먼트의 김상희 대표가 추천한 김태리 프로필 사진을 보고 윤석찬 PD가 미팅을 요청했지만, 김태리 배우가 큰 작품이라는 부담감 때문에 거절했다.(28~29쪽)

　이런 천재일우의 기회를 거절하다니, 김태리 배우는 간도 크다. 그도 그럴 것이 김태리 배우의 연기 경력은 대학 연극 동아리 활동, CF 2편, 단편영화 한 편이 전부였기 때문이다. 제작사와 감독도 망설이겠지만 본인이 스스로를 믿기 어려웠을 것이다. 그것도 세계적인 감독 박찬욱의 영화였으니 말이다.

　2004년 12월 1일, 박찬욱 감독과 임승용 대표는 김태리 배우와 처음 만나 오디션을 실시했다. 감독과 제작사 대표 모두 김태리를 숙희로 확신했다. "난 너로 정했다"는 박찬욱 감독의 말은 어려운 작품 앞에서 망설이던 김태리 배우에게 용기가 되었고 마음을 움직였다.(30쪽)

　이제 주연배우 네 명은 정해졌다. 다음은 촬영지다.

　제작진은 촬영지에서 가장 중요한 코우즈키의 집을 정하기 위해 일본을 답사한다. 코우즈키 저택은 가상의 공간인 데다 시대적 배경이 되는 1930년대 건물 자체가 한일 양국에 많이 남아 있지 않아서 어려움이 많았다. 마침내 미에현 육화원으로 정하고 육화원을 기준으로 모든 실내 세트를 설계하기 시작한다.(36~37쪽) 육화원을 방문한 블로그를 읽으면 육화원이 여러 건물이 많은 넓은 장소임을 알 수 있다. 6월 15일이 첫 촬영일이었다. 일본 촬영은 9회로 계획했는데 6월 하순부터 장마가 시작되기 때문에 당겨서 7회로 마무리했다. 강행군을 해서 모든 스태프와 조명팀이 엄청 고생을 했다.(43쪽)

영화 <아가씨>에는 일본어 대사가 많다. 김종대 PD를 비롯한 일본 고증 관련 스태프들이 가장 공을 들인 부분은 일본어였다. 일본어를 '자연스럽게' 표현하는 것이 목표였다. 배우들은 단순히 대본에 있는 대사를 외우는 것이 아니라 일본어 기본 문법을 배우고, 기초 훈련 담당자를 거쳐, 발음에 따라 남자 배우와 여자 배우 따로 배정된 교사에게 반복적으로 교육을 받으며 연습에 매진했다. 대부분의 배우들이 일본어나 중국어 연기를 해야 할 경우, 한글을 발음을 옮겨 적은 후 숙지하여 연기를 하게 되는데, <아가씨>의 일본어 교사는 엄했다. 히라가나와 가타가나를 모두 외우고, 각각의 발음을 숙지한 다음, 대사를 히라가나와 가타가나로 읽는 방식이었으니, 배우들이 엄청난 노력을 쏟았으리라 짐작할 수 있다.(48쪽)

책 앞부분에 평론가가 쓴 네 명의 주인공 평이 실려 있다. 숙희를 연기한 김태리 인터뷰에 재미있는 부분이 있다.

"준비 기간 중 불안이 극에 달한 슬럼프는 없었는지?

내내 패닉이었다. 연극을 하다가 큰 영화는 처음 하는데, 너무 나를 방치하는 거다. 연극은 매일 모두 모여서 5~6시간, 길게는 10시간까지 돌리며 계속 리허설을 하는데 <아가씨>는 6개월 넘는 시간 동안 리딩

몇 번이 고작이니 속으로 너무 불안했다. 뭐지? 내가 뭘 하고 있어야 하지? 마음이 동동거리는데 계속 티를 안 내려고 무던히 애썼다. 하하하."

<아가씨>를 보면 공간과 소품과 디자인이 촬영 목적에 충실하면서도 아름답다. 하나하나 흠 잡을 부분이 없다. 이 공간을 어떻게 만들었을까. 미술감독 류성희는 이렇게 말한다. "<아가씨>는 아름다워야 했다. 기괴함 속에서도 품위가 있어야 했다 … <아가씨>의 시각적 구현에 있어 가장 큰 고민은 애너모픽 렌즈로의 촬영이었다. 다른 렌즈들에 비해 화면의 좌우 공간이 두 배 가까이 더 넓게 잡혔다. 렌즈의 심도 역시 훨씬 깊다. 그만큼 미술 작업이 소화해야 할 공간의 범위가 넓어진다는 의미다. 게다가 <아가씨>는 마스터 숏이 많은 데다 카메라도 크게 크게 움직이는 경우도 많았다. 공간이 좁으면 시원스러운 카메라의 움직임이 불가능해진다. 세트를 크고 넓게 지었고 자연히 공간에 들어가야 할 미술 소품도 많아질 수밖에 없다 … 해결책으로 찾은 게 촬영에 방해가 되지 않는 선에서 히데코의 침실 내부에 기둥이나 문을 세워 공간을 구획하는 방법이었다. 히데코의 방 벽면에 붙박이 장식장을 길게 들여놓은 것도 같은 이유였다. <아가씨> 작업을 하는 내내 카메라 렌즈가 가장 무서운 존재였다."(141쪽)

류성희 미술감독이 코우즈키의 미학과 삶을 대표하는 서재를 만든 방식과 동기를 보면(150쪽) 영화는 종합예술이라는 말이 절로 떠오른다. 영화는 미술감독, 촬영감독, 분장감독, 의상감독 등 총감독과 분야 감독이 만드는 예술이다.

분장감독 송종희가 한 몫을 보자. 송종희는 히데코의 머리를 서양 중세 시대에 유행했던 비대칭의 업스타일로 결정했다. 위압적이면서도 관능적이었다. 히데코의 감정이 절정에 다다랐을 때면 머리를 풀어버렸다. 김태리 배우는 어떻게 했을까? 실제 김태리 피부는 상당히 뽀얗다. 하지만 숙희는 거리에서 거칠게 자라온 소녀가 아닌가. 피부 톤을 좀 더 까무잡잡하게 만들고 얼굴에 주근깨를 그려넣어 피부 톤을 표현했다.(187~193쪽) 백작과 코우즈키의 분장 역시 디테일 하나하나에 공이 들어 있다.

<아가씨>의 의상은 어떨까? 조상경 의상감독의 지론이다.

"서양식 드레스는 1910년대 룩을 기준으로 삼았다. 극 후반에 히데코와 숙희의 바지 정장은 1930년대풍이다. 색감을 살피기 이전에 내가 가장 중요시 여기는 건 패브릭의 질감이다. 옷의 질감으로 인물의 감정을 표현할 수도 있고, 옷의 질감이 카메라 렌즈와 조명을 선택하는 것과 이후 색보정 작업에도 영향을 준다. <아가씨>에서 대표적으로 쓰인 소재는 미끌미끌한 소재인 실크다. 다루기가 상당히 까다로워 다른 작업에서는 선뜻 쓰지 않았던 소재였다. 예민하고 섬세한 소재인 만큼 히데코의 일본식 의상에 적극적으로 활용했다. 나일론 같은 현대 옷감은 시대극에는 쓰지 않는다는 게 내가 고수하는 하나의 원칙이다. 시대극에서는 전부 천연 소재를 쓴다. 이 작은 디테일이 큰 차이를 만든다고 생각한다."(211쪽) 조상경 의상감독은 히데코가 백작과 초야를 치르는 장면에 입은 기모노를 교토에 직접 가서 구한 붉은 문양 원단으로 제작했다. 장갑도 직접 제작했는데 장갑 일부는 부드러운 양가죽으로 만드는 바람에 하도 부드러워서 계속 뜯어져버릴 정도였다.(223쪽) 정신병원을 급습한 보영당 식구들이 입은 소방복은 에도, 메이지, 다이쇼 시대의 일본 소방복을 다 살펴서 메이지 시대 것을 참고했다고 한다.(229쪽) <아가

씨>를 보면 장면 하나 하나가 눈에 착 감기는데 이런 작업이 깔려 있었다.

영화는 과장해서 말하면 절반이 촬영이다. 정정훈 촬영감독은 <아가씨>를 어떻게 찍었을까? "시대극인 만큼 필름으로 찍은 듯한 룩Look을 보여주고 싶었다. 비용 문제도 고려해서 호크 사의 74빈티지 에너모픽 렌즈를 사용했다. 애너모픽 렌즈는 필름 방식이다. 즉 필름면을 압축해 그 안에 영상 정보를 담고 영사할 때 압축을 풀어서 넓게 보여주는 식이다. 압축을 보여주는 과정에서 필름의 왜곡이 생길 수밖에 없다. 이 렌즈가 그 왜곡감을 고스란히 보여주다 보니 고전영화를 보는 듯한 분위기를 낼 수 있다. 나는 그 왜곡감이 굉장히 좋았다."(249쪽)

계속해서 정정훈 촬영감독이 알렉사 XT 카메라를 택한 이유, 렌즈의 광량 확보, 댄스 플로어를 사용한 카메라 무빙 등 전문 분야 이야기가 이어진다.

시각특수효과(VFX)를 담당한 이진형은 어떤 이야기를 들려줄까. 저택 지하실의 문어는 최대한 큰 문어를 구해 수족관에 넣고 움직임을 찍은 후에 CG 작업을 더해 만든 것이다. 숙희와 히데코가 탄 배가 상해로 향할 때의 바다도, 붉은 기운과 분홍빛이 뒤섞인 태양 빛이 바다에 반사되는 몽환적인 장면도 VFX로 만들었다.(268~270쪽)

<아가씨>의 음악은 어떤가? 조영욱 음악감독의 말이다. "영화음악을 작업할 때 시대보다는 공간적 배경을 중요시하는 편이다. <아가씨>의 음악 작업을 할 때 주요무대가 되는 코우즈키의 대저택부터 떠올렸다. 대규모의 오케스트라 연주보다는 실내악이 어울릴 것 같았다. 현악 4중주로 음악의 중심을 잡았다. 2016년 1월 베를린 도이치 오페라

의 악장이 내한했을 때 그를 만나 <아가씨>의 녹음 장소로 좋을 만한 곳을 물어봤다. 베를린의 오래된 저택인 지멘스 빌라의 무도회용 홀을 추천해주더라. 카라얀, 바렌보임 등이 연주했고 영화음악 녹음도 여러 차례 진행했던 곳이다. 스튜디오 녹음이 아니라서 무사히 잘 마칠 수 있을까 걱정도 했지만 기우였다. 그 공간에서 자연스럽게 만들어지는 공명감이 코우즈키의 대저택에서 흘러나올 법했다. 만족스러운 결과였다."(279쪽)

음악을 녹음하기 위해 베를린의 고저택까지 가다니. 그저 놀랄 따름이다. <아가씨>를 구성한 부분 부분이 치밀한 고민을 거쳐 만들어졌고 그 결과물을 고작 만 원 남짓한 돈으로 즐길 수 있었다니 현대를 사는 이의 행복이다.

김석원이 진행한 사운드디자인을 보자. 사운드디자인 페이지의 발문에 "<아가씨>의 온갖 소리들에 집중해 보는 것, <아가씨>에 접근하는 또 하나의 흥미로운 독법이다" 쓰여 있다. 코우즈키 대저택에서 발소리는 어떻게 울렸을까? "일본식 건물에서는 신발을 벗고 양관에서는 신발을 신는다. 각 공간마다 인물의 발소리도 달라진다. 폴리 작업으로 발걸음 소리를 만드는 데 각별히 신경을 썼다. 이를테면 1930년대 게다는 대체로 나무로 만들었다. 그런데 촬영 때는 스폰지나 고무 소재의 현대식 게다를 신었다. 바닥을 닿을 때 나는 소리부터 달라질 수밖에 없다. 촬영된 소스에서 발걸음 소리도 하나하나 다 지우고 다시 작업해 덧입혔다."(287쪽)

영화는 편집의 예술이라고 한다. 많은 테이크 중에서 어디를 어떤 순간에 붙이고 삭제하는가는 중요하다. 김상범 편집감독은 기본 편집

방향을 이렇게 말한다. "마스터 숏과 클로즈업 숏이 많이 쓰였다. 컷의 급격한 사이즈 변화를 주는 방식으로 기존의 익숙한 컷 활용을 지양한다. 박 감독과 내가 즐겨 사용한다. 또 관객들에게 익숙한 편집점, 예컨대 더블 액션으로 연결동작을 맞추는 식은 최대한 배제하려 했다. 관객이 의자에 편히 기대 영화를 보기보다는 화면 쪽으로 조금이라도 몸을 움직이게끔 하고 싶었다. 편집점은 편집자의 감각이라기보다는 이야기의 전달 방식에 대한 고민이라고 말하고 싶다."(295쪽) 편집자가 장면을 고르고 붙이는 감각은 이렇다. "히데코와 숙희가 코우즈키 저택에서 빠져나와 백작이 노 젓는 배를 타고 가는 장면이다. 이때 두 여성은 당당하게 서로의 손을 잡고 서로에게 기댄다. 백작은 그들의 안중에도 없는 사람이다. 그렇게 백작의 얼굴에 굳이 카메라의 초점을 줄 필요가 없겠더라. 촬영 소스는 초점이 맞는 버전과 맞지 않는 버전이 둘 다 있었다. 편집실에서 신 구상을 해보다가 백작 얼굴에 초점이 맞지 않고 흐리멍덩하게 보이는 게 훨씬 더 재밌는 해석이 될 수 있겠다고 판단했다."(301쪽)

책에는 박찬욱 감독의 긴 인터뷰가 실려 있다. 나는 수위 높은 히데코와 숙희의 정사 장면이 궁금했다. 이건 남성의 판타지인가? 그리고 정사 장면은 어떻게 찍는가?

"내 스스로 생각해봤다. 남성 판타지로 비판받을 소지가 있는지, 혹시 내가 남성 이성애자로서 판타지를 투사했는지. 남성 감독만 관능성을 원하고 여성 또는 레즈비언 필름 메이커라고 관능성에 무관심한 건 아니지 않나. 정사 장면을 만드는 방법을 설명하면 이렇다. 우선 각본에 자세히 묘사한다. 각 배우가 읽고 내용에 동의한 후 출연계약을 한다. 두 번째 그 장면들부터 최우선으로 스토리보드로 만든다. 그림도 최대한 정확하게 그린다. 배우들에게 보여주고 의견을 듣는다. 그 토론 결과에 맞춰 스토리보드를 수정한다. 세 번째, 옷 다 입고 리허설을 한다. 이러저러한 동작과 자세를 테스트하는 거다. 어느 쇼트에서 신체 어느 부위까지 화면에 찍힐지, 연결 동작이 힘들지는 않을지 점검한다. 이 단계에서 배우들이 의견을 많이 낸다. 거기 맞춰 스토리보드를 또 고친다. 끝으로, 촬영 때는 남자 스태프들은 다 스튜디오 밖에 나가 축구하고 논다. 여자 스태프 중에서도 반드시 필요한 인원만 남는다. 카메라는 세트 밖에서 모니터를 보며 원격조종한다. 배우 둘만 들어가 쉴 수 있는 공간을 만들어둔다. 향초도 피워놓고 원한다면 와인도 한 잔쯤 할 수 있다. 촬영이 시작되면 최대한 빨리 진행한다. 욕심 부리지 않고 애초 계획한 내용만 건졌다 싶으면 넘어간다. 대개 한두 테이크로 끝난다. (참고로 정사 장면이 아닌 일반 장면들은 평균 일곱 테이크를 찍는 편이다.) 요점은, 미리 계획하고 배우들과 의논하고 동의를 구한다. 그대로 찍는다. 촬영현장에서 즉흥적으로 변경하거나 새로운 것을 요구하지 않는다."(345쪽)

 영화는 기본적으로 감독이 실현하는 예술 작품이다. 동시에 영화는 종합예술이다. 미술, 촬영, 분장, 의상, 편집 등 각 부문을 맡은 감독의 실력이 발휘되어야만 종합한 예술이 될 수 있다. <아가씨>에 들어간 공을 헤아리면 걸작은 결코 그냥 탄생되지 않는다는 것을 다시 절감한다. 라디오스타에 나온 가수 현아가 2020년 지금도 하루 10시간씩 춤 연습을 한다고 말하자 참석자가 놀라며 물었다. 힘들지 않아요? 데뷔했을 때는 하루 16시간씩 연습했어요. 현아의 아름다우면서 힘찬 춤은 그냥 태어난 것이 아니다. 예술의 세계에서 살아남는 1%는 노력과 노력이 쌓여서 형식과 내용을 완벽하게 갖춘다. 영화와 예술에 관심있는 사람에게 꼭 일독을 권한다.

[독서일기 14]

나는 풍요로웠고 지구는 달라졌다

호프 자런/ 김은령 옮김/ 김영사

    호프 자런의 전작 『랩 걸』을 재미있게 읽은 터라 신작도 냉큼 샀다. 영어 원제는 '기후 변화 운운' 인데 번역서 제목을 훨씬 더 잘 뽑은 것 같다. 제목이 책 내용을 거진 다 이야기해준다.

    저자는 기원전 1,800년 경 무렵의 메소포타미아 시절부터 시작해서 지구가 어떻게 달라졌으며 그 변화와 인간의 풍요가 어떻게 연결되는지를 다양하고 입체적인 통계를 들어 말한다.

    예수가 탄생하기 1,800년 전에 메소포타미아의 가장 큰 도시였던 바빌론의 시인들은 "세상은 가득 차고, 사람들은 급속히 늘어나며, 세상은 야생의 들소처럼 포효했다."라는 이야기를 쏟아냈다. 당시 전 세계 인구는 1억 명 정도였다.(25쪽) 기원전 330년 경에 아리스토텔레스는 "지나치게 인구가 많으면" 제대로 된 질서 상태를 유지하기 힘들다고 글로 썼는데 당시 세계 인구는 2억 5천만 명 정도였고 그로부터 1,000년이 지난 후에 전 세계 인구는 다시 두 배가 되었다. 쉬제라는 이름의 중세 수도원장이 중세 전성기의 인구 폭발을 맞아 놀랍게 늘어난 회개자를 수용하기 위해 생드니 성당을 확장하고 싶어했는데 쉬제가 이런 기록을 남긴 것은 전 세계 인구가 5억 정도에 달했던 1,148년이었다. 이 때로부터 500년이 지난 후, 전 세계 인구는 다시 두 배인 10억 정도가 되었다. 이런 방식으로 저자는 맬서스를 거쳐 현대의 70억 명에 이르는 인구 증가를 살펴본다.(26~29쪽)

인구가 이렇게 급증했으니 이들을 먹여살리기 위한 자원 소비도 당연히 많아진다. "오늘날, 매년 전 세계적으로 500만 톤 이상의 살충제가 농경지에 뿌려지고 있다. 이는 지구상 인구 한 사람당 500그램을 조금 상회하는 양으로, 적어도 1969년 살충제 생산 시작 이후 세 배로 늘어난 양이다. 더욱이 각기 다른 농작물을 키우려면 각기 다른 유독 물질을 사용해야 한다."(55쪽) 그 덕분에 밀과 쌀, 옥수수 생산량은 엄청나게 늘어 곡류 생산량은 1900년에서 1990년 사이 세 배 증가했다. 더욱이 GMO(유전자 변형 생물)까지 늘었다.

농약과 GMO 작물 사이에 쫓고 쫓기는 게임이 진행되었는데 복합 글리포세이트라는 농약은 미국에서 1974년 '라운드업'이라는 상표로 처음 판매되어 미국 농가에서 20억 톤에 가까운 양이 사용되었다.

GMO옥수수와 농약 덕분에 미국에서 지난 50년간 옥수수 생산은 세 배 늘어난 150억 부셸이다. 놀랍게도 인간이 소비하는 옥수수의 양은 미국에서 매년 생산되는 옥수수의 10퍼센트에 지나지 않는다. 나머지는 어디로 가는 걸까?(65쪽)

옥수수의 행방을 추적하기 전에 육류 생산을 들여다보자. 2011년 이후 전 세계 육류 생산량은 연간 3억 톤을 넘었다. 이는 1969년 생산량의 세 배에 해당한다. 그중 97퍼센트는 소와 닭, 돼지, 세 종의 가련한 동물이 차지한다. 이들 세 종은 50년 전에도 전체 육류의 거의 90퍼센

트를 차지했다.(71쪽)

인간은 동물을 자신의 욕구에 맞춰 개량했다. 통제된 동물 교배 프로그램에 따라 전 세계에서 도축되는 모든 소와 돼지와 닭은 1969년에 비해 몸집이 20~40퍼센트 커졌다. 1950년대에, 송아지는 생후 3개월이 지나야 45킬로그램을 넘어서는 것이 보통이었지만 오늘날은 태어난 지 50일 만에 90킬로그램을 넘어선다. 오늘날 젖소는 매일 20리터의 우유를 생산하는데 이는 50년 전의 두 배가 되는 양이다. 평범한 로스트치킨에 사용되는 닭은 60년 전과는 근본적으로 다른 생물체인데, 1957년에 0.9킬로그램짜리 닭을 키우는 데 필요했던 사료의 양이 오늘날 4.5킬로그램짜리를 키우는 데 필요한 양과 동일하기 때문이다.(72~73쪽)

인간은 탐욕스럽게 식량과 육식에 빠져들었다. 우리의 위장이 고기로 풍요로워짐에 비례해서 엄청난 자원 투입을 해야 했다. 인간이 지구상에서 사용하는 담수의 30퍼센트가 고기를 얻기 위한 가축의 생산과 사육, 도살에 쓰인다. 감금상태에서 도축을 기다리는 250억 마리의 소와 돼지, 닭에게는 엄청난 양의 약이 주어진다. 1990년대만 해도 미국에서 사용된 항생제의 3분의 2가 고기를 얻기 위해 동물에게 투여했다.(74쪽) 이런 진실은 연어를 비롯한 양식 물고기에도 비슷하게 적용된다. 안타깝게도 지구에는 영양실조에 시달리는 8억 명 이상의 인류가 있다. 만일 미국인들이 붉은색 살코기와 가금류 섭취량을 매주 1,800그램에서 900그램으로 절반 정도 줄인다면 1억 5,000만 톤의 곡류를 절약할 수 있다.(76쪽) 미국인들만이다. 글을 쓰면서도 믿기지 않는다. 저자는 책의 상당 부분을 독자가 알기 쉬운 통계로 채우는데 이어지는 통계를 보면 역시 믿기지 않는다. 만약 OECD국가들이 매주 하루만 '고기

없는 날'을 정해 지킨다면, 올 한 해 배곯는 사람들을 모두 먹일 수 있는 1억 2,000만 톤의 식량용 곡물이 여분으로 생기게 된다.(77쪽) 저자는 식량과 고기에 관한 엄청난 진실을 통계로 알기 쉽게 보여주기로 작심한 것 같다. 왜냐하면 독자를 포함한 지구인들이 얼마나 탐욕에 빠져있는가를 잘 모르기 때문에 진실을 단순한 수치로 바꿔 코 앞에 들이대는 방법을 택한 것이다.

앞에서 본 미국의 옥수수 행방을 더 따라가보자. 오늘날 지구상에서 생산되는 곡류의 20퍼센트가 바이오 연료에 사용된다. 지구상에서 바이오 연료의 상당 부분은 세 곳에서 생산하고 사용한다. 미국에서는 옥수수에 기반한 에탄올을, 브라질에서는 사탕수수에 기반한 에탄올을, 유럽연합은 대두와 카놀라 원료의 바이오디젤이다. 1킬로그램의 바이오 연료를 만들려면 20킬로그램의 사탕수수가 필요한데, 옥수수와 대두 역시 마찬가지 상황이다. 8억 명에 이르는, 온 세상 굶주린 사람들을 고려하면 엄청난 양이다.(152~153쪽)

저자는 지구의 에너지 사용량을 줄이기 위해서, 1인당 에너지 사용량이 가장 많은 미국이 가장 예민해져야 한다고 말한다. 만일 오늘날 사용되는 모든 연료와 전기가 전 세계 모든 인구에게 공평하게 재분배된다면, 전 세계 1인당 에너지 사용량은 1960년대 스위스의 평균 사용량과 비슷해진다. 이런 상상 속 재분배 대신 미국을 비롯한 일본, 오스트레일리아, 뉴질랜드 등이 지금 바로 행동에 나서면 전 세계 에너지 사용량을 20퍼센트 줄일 수 있다. 에너지를 20퍼센트 줄이기 위해서는 미국 전체로는 지금 보유 중인 자동차의 30퍼센트를 줄여야 한다. 미국인 각자가 다섯 번 중 네 번은 항공편 이용을 포기해야 하고, 지금보다 최소

50번은 더 대중교통으로 여행해야 한다. 좋은 소식은 에너지 절약이 우리 삶의 질을 떨어뜨리는 게 아니라는 점이다. 1965년 스위스의 기대 수명은 오늘날 미국의 기대 수명과 거의 비슷했고 전 세계 평균보다도 높았다.(228~229쪽)

저자는 미국인에게 더 많은 소비와 더 많은 부를 추구하는 것을 그만두도록 촉구한다. 저자는 화석연료 사용을 줄이기 위해 지금까지 등장한 모든 기술뿐 아니라 자원 보호를 위한 모든 수단을 강구할 필요가 있으며, 과학자들만이 아니라 모든 사람이 내일에 관해 생각해볼 필요가 있고, 행동해야 한다고 말한다.(231쪽)

나는 저자의 말에 동감하지만 미래에 관해서는 비관적이다. 인간은 소비와 자원 사용에 관해 그렇게 쉽게 습관과 행동을 바꾸지 못할 것이다. 위기가 눈앞에 바짝 다가와야 인간은 새로운 방향으로 눈을 돌릴 것이다. 그것도 마지 못해 조금만. 여태까지 인류의 역사가 그래왔다. 미래는 암울하고 비극은 멀지 않다. 자연은 지구의 주인이 인간이 아니라는 사실을, 그리고 지금의 코로나19 정도는 가벼운 종이접기 놀이에 불과했다는 충격을 인간에게 무심하게 가르쳐 줄 것이다. 자연과 지구는 인간이 멸종하든 말든 아무 관심이 없다. 뉴욕과 서울의 도심에서 풀이 무성히 자라는 시대가 와야 인간은 할 수 없이 대량 소비 시대를 끝낼지도 모른다

[독서일기 15]

해석에 반대한다
수전 손택/ 이민아 옮김/ 이후

저자가 1966년 낸 문학과 영화, 연극 등 비평서다. 60년이 다 돼가는 책이지만 최근의 현대 예술 비평 같다는 점이 이 책의 장점이다. 1장은 지식인과 비평가의 지나친 예술 비평을 비판하는 글이다. 저자는 옛날 옛적에는(고급 예술이 귀했던 시대)예술 작품을 해석하는 것이 분명히 혁명적이고 창조적인 활동이었을 것이지만 오늘날은 그렇지 않다고 역설한다. 우리 문화는 무절제와 과잉 생산에 기초한 문화로 우리는 감각적 경험의 예리함을 서서히 잃어가고 있다. 그래서 저자는 지금 중요한 것은 감성을 회복하는 것이며, 우리는 더 잘 보고, 더 잘 듣고, 더 잘 느끼는 법을 배워야 한다고 주장한다. 비평의 기능은 예술작품이 무엇을 의미하는지 보여주는 것이 아니라, 예술작품이 어떻게 예술작품이 됐는지, 더 나아가서는 예술작품은 예술작품일 뿐이라는 사실을 보여주는 것이라고 단언한다.(34~35쪽) 그러기 위해서 예술의 형식에 더 주의를 기울이고, 해석학 대신 예술의 성애학erotics이 더 필요하다고 말한다.(35쪽) 충분히 동의할 수 있는 주장이다.

2장은 작가 비평이다. 수전 손택이 비평하는 작가를 우리는 대부분

읽지 않았거나 일부만 읽은 형편이다. 그래서 2장 작가 비평은 읽기 어려울 수밖에 없다. 블로거가 인터넷에 올린 맛집 탐방 기사를 보는 느낌과 비슷하다. 블로거는 식당의 실내장식과 창밖 경치, 독특한 소스, 다양하고 아름답게 조리된 재료가 입안에 들어갔을 때의 맛과 냄새를 장황하게 늘어놓는다. 그러나 우리가 블로거의 혀가 아닌 다음에야 우리의 간접체험으로는 결코 맛집의 진미를 느끼지 못한다. 따라서 우리는 작가라는 코끼리의 한쪽 다리만 더듬는 처지이면서 코끼리의 총체적인 모습을 상상해야만 하는데 이는 불가능하다. 어쩔 수 없이 간접체험 그 자체로 만족해야만 한다. 이는 독서에 꼭 나쁜 영향만 끼치는 건 아니다. 우리가 이 책에 나온 작품을 읽을 때 수전 손택의 비평을 기억하면서 작품의 골수를 빼먹을 수도 있을 것이다.

  도서관에서 2장에 언급된 작가들의 책을 빌려서 대충 훑어보니 약간은 손택의 글에 더 다가간 자각이 든다.

  먼저 이탈리아 작가 체자레 파베세를 보자. "파베세의 주인공들이 보여주는 전형적인 태도는 평정심이며, 전형적인 문제는 의사소통의 단절이다. 그의 소설들은 의식의 위기에 관한 것이며, 의식이 붕괴되도록 놔두지 않으려는 노력에 관한 것이다."(72쪽) "파베세의 토리노와 피에몬테는 기념비 하나 찾아볼 수 없고 지방색이나 민족적 매력 따위를 찾아볼 수 없는 곳이다. 공간은 있다. 그러나 가 닿기 어려운, 특징 없는, 인간미 없는 공간이다."(73쪽) 손택은 파베세에 관한 일반적 논평을 한 후에 최근에 영어로 발간된 그의 일기에 집중한다. "우리는 왜 작가의 일기를 읽는가? 그의 작품을 설명해주기 때문에? 아니, 그렇지 않은 경우가 많다. 오히려 일기라는 형식은 날것이기 때문이다. 설사, 장래의 출판을 겨냥하고 쓴 것이라 하더라도 마찬가지다. 여기서 우리는 작가를 일인칭으로 읽는다. 작품 속에서는 가면을 썼던 작가의 숨은 자아를 만나는 것이다."(74쪽)

손택은 시몬느 베이유를 높게 평가하지 않는다. 왜 우리가 시몬느 베이유 같은 작가를 읽고 숭배하는지 그 이유를 알자고 말하면서 수십만의 독자 중 그녀의 사상을 이해한 사람은 극소수에 지나지 않을 것이라고 말한다. 손택은 위선을 부리지 말자고 말한다. 세계의 문화적 영웅들은 반反자유주의적이요, 반反부르주아적이라면서 개인적이고 지적인 과격함을 사용해서라도 사람들에게 인상을 남기려 기를 쓰는 작가들이다고 말하면서(84~86쪽) 시몬느 베이유 작품을 깍아내린다.

손택이 평한 카뮈의 『작가수첩』편을 보자. 손택은 카뮈의 문학적 성취를 높게 평가하지는 않는다. "세 편의 장편소설, 단편소설과 희곡 작품들은 예술적 기준으로 판단할 때 절대적으로 1등급이라고 하기에는 상당히 모자라는 다소 피골이 상접한, 빈약한 면모를 보인다 … 카프카의 소설과 달리, 카뮈의 소설은 지식인적인 우려 속에서 무심코 그 원천을 드러내고 있다."(91쪽) 당연히 『작가수첩』도 손택의 눈에는 별로다. "『작가수첩』에는 온갖 잡다한 것이 들어 있다. 이 책은 문학 연습장이자 글쓰기의 원천이요, 우연히 들은 대화 구절과 토막들, 소설을 위한 발상, 나중에 소설과 산문에 섞어 넣은 단락들을 우선 통째로 기록해둔 것이다" "카프카와 지드의 것처럼 위대한 문학적 일기가 아니다. 거기에는 지드의 『일기』 같은 문화적 교양, 예술가적 근면, 인간적 밀도가 결여되어 있다."(97쪽)

어디까지나 손택의 주관이 강한 평이다. 『작가수첩』을 번역한 불문학자 김화영의 평은 상대적으로 긍정적이다. "문득 솟아오른 그의 생각과 이미지와 인물들은 아직 미완성인 채로 부유한다. 이 불확정적인 세계의 망설임과 유동성, 그것은 아름답고 간지럽고 아쉽고 간절하다. 우리는 청년 카뮈의 마음이 되어 저 원경에 어렴풋이 떠올라 있는 실제 작품, 실제 등장인물을 머나먼 미래로 건너다본다."(『작가수첩』, 김화영 해설, 292쪽, 책세상)

손택은 미셸 래리스의 자전적 기록인 『성년』은 음란하고 역겨울 뿐만 아니라 일말의 자기 존중도 없다고 비난한다. 도서관에서 빌려 일부분을 읽었는데 온갖 섹스 행각이 나오지만 뭐가 그렇게 역겹다는 것인지 잘 이해되지는 않았다. 손택은 「영웅으로서의 인류학자」에서 레비스트로스를 뛰어난 인류학자로 칭송하면서 『슬픈 열대』를 섬세한 원주민에 대한 보고이자 레비스트로스가 풍광에 둘러싸인 자연과 구세계와 현대의 도시, 여행에 대한 생각 등 자신의 체험을 기술하는 방법에서도 뛰어나다고 말한다. 책에 인용된 부분 중에서 레비스트로스가 쓴, 현대라는 역사에 기록된 사회에 사용되는 과학적 사고와 선사 사회의 신화적 사고 사이에는 질적으로 아무 차이가 없다고 본다는 글귀가 인상적이었다.(125쪽)

손택은 게오르그 루카치를 평하면서 그가 심혈을 기울였던 작가는 괴테, 발자크, 스콧, 톨스토이 등 19세기의 리얼리즘 전통에 있는 작가라면서 그가 프루스트, 카프카, 베케트 등 현대문학의 거의 전체를 거부하는 사실을 비판한다. 손택은 이런 방식으로는 섬세하며 진정한 문학적 평가가 가능하지 않다고 말하면서 루카치의 1930년대, 1940년대, 1950년대 저작들의 커다란 흠은 그의 맑스주의가 아니라 그 주장의 조잡함 때문이라고 비판한다.(136~137쪽) 손택은 루카치를 개인적으로나 정치적으로나 대단한 생존 능력을 지닌 인물로, 즉 변신에 능숙한 사람으로 비판한다.(133쪽)

루카치를 모르는 한국인도 그가 쓴 『소설의 이론』 앞에 나오는 저 유명한 문구를 기억할 것이다. "별이 빛나는 창공을 보고, 갈 수가 있고 또 가야만 하는 길의 지도를 읽을 수 있던 시대는 얼마나 행복했던가? 그리고 별빛이 그 길을 훤히 밝혀주던 시대는 얼마나 행복했던가? 이런 시대에 있어서 모든 것은 새로우면서도 친숙하며, 또 모험으로 가득 차 있으면서도 결국은 자신의 소유로 되는 것이다. 그리고 세계는 무한히 광대하지만 마치 자기 집에 있는 것처럼 아늑한데, 왜냐하면 영혼 속에서 타오르는 불꽃은 별들이 발하고 있는 빛과 본질적으로 동일하기 때문이다."

루카치와 같이 방대한 저작을 쓴 이론가를 쉽게 '조잡함' 따위의 말로 평가하기는 곤란하다. 이건 비평가의 오만함이거나 주목받고자 하는 무의식적 욕망에서 나온 과장이기 쉽다. 만약 루카치(1885~1971)와 같이 오스트리아-헝가리제국에서 1차와 2차 세계대전을 거쳐 공산주의 국가까지 변천한 헝가리에서 격동의 세월을 산다면, 즉 한국 연대기식으로 말하면, 조선 말기부터 일제, 해방 후 좌우익 투쟁, 이승만 정부, 박정희 정권까지 산다면, 시대의 폭풍에 휘말려 이론의 일관성을 유지하기가 어려울 뿐만 아니라 때로는 조잡할 수도 있는 것이다. 손택이야 출판과 언론의 자유를 만끽하는 미국에서 자랐고 모든 활동이 허용될 뿐 아니라, 9.11테러를 비롯한 현안에 과격한 말을 던져도 살아남는—심지어 자유로운 개성으로 칭송받는—상황을 가정해서 그리 쉽게 말할 수 있을지도 모르겠다.

　사르트르의『성 주네』비평을 보자. 사르트르는 버려진 아이, 도둑, 동성애자였던 주네의 문학세계를 칭송하며 단행권을 썼다. 손택은『성 주네』는 도덕적 언어와 도덕적 선택에 관한 진실로 가득한 놀라운 책이라고 평한다.(149쪽) 손택은『성 주네』는 자유의 변증법에 관한 책이며, 적어도 형식적으로는 헤겔주의의 틀 속에 자리잡고 있다고 말한다. 주네는 자신을 선택했고, 그 선택은 범죄자에서 심미가로, 거기에서 다시 작가라는 세 차례의 변신을 거친다. 매번 변신할 때마다 자아를 더 멀리 밀고 나아가라는 자유의 요구를 충족시켜야 한다.(148쪽)

　참고로 주네가 쓴『도둑일기』(민음사)의 사르트르 서문을 보자. "주네는 우리와 얽혀서 우글거리는 군중을 보여준다. 주네는 자기가 바라보는 시선에 따라 또 다른 주네로 바뀐다 … 주네는 결코 자기 자신에게서조차 익숙하지 못하다. 물론 그는 모든 것을 말한다. 모든 진실, 오로지 진실만을 말한다. 그러나 그것은 신성한 진실이다."

　「나탈리 샤로트와 소설」편을 보자. 이건 현대 소설론이다. 저자에 따르면 나탈리 사로트는 19세기 리얼리즘의 전통에 따라 이야기를 말하고 성격을 묘사하는 것이 '소설'의 임무라고 생각하지 않으며, '심리'라는 관념을 버리겠노라고 맹세하고 있다.(159쪽) 샤로트는 소설 속의 심리 분석이 진부한 것인 동시에 판단 착오라고 주장하는데 여기서 말하는 심리와 관련된 작가는 버지니아 울프, 조이스, 프루스트다.(163쪽) 그런 논리로 나아가서인지 샤로트의 소설들은 일인칭 시점으로만 서술된다. 이건 내면의 독백에서 '그녀'나 '그'라고 말하는 경우에도 매한가지다.(164쪽) 샤로트가 주장하는 것은 끊임없는 독백으로 이뤄진 소설, 등장인물들 사이에 오가는 대화도 독백의 연장이 되는 소설, 침묵의 연속만이 '진짜' 화법인 소설이다.(165쪽)

그녀 주장에 관해 옳고 그름, 선호도, 소설의 미래를 논하면 엄청난 비평이 쏟아질 것이다.

이런 소설이 재미있을까 싶은데 도서관에서 빌린 그녀의 소설『어린 시절』몇 곳을 보니 무척 재미있다. 이 소설을 83세에 썼다는 사실도 놀랍다.

저자는 현대 문화를 새롭고 예리하게 해석한다. 인문 문화와 과학 문화 사이에 틈이 벌어졌다는, '두 문화 갈등'도 이렇게 판단한다. 우리가 목격하는 것은 문화의 충돌이라기보다는, 새로운 감수성의 탄생이다. 이 새로운 감수성은 인류 역사가 새롭게 겪은 경험 - 극단적인 사회 변동과 물리적 변동, 눈부시게 늘어나는 인구와 상품, 비행기 여행 같은 물리적 속도, 영화 같은 이미지의 속도 같은 새로운 감수성의 출현, 예술작품의 대량생산을 통해 광범위해진 예술에 대한 문화적 관점- 속에 뿌리를 두고 있다는 것이다. 그래서 우리가 얻게 될 것은 예술의 쇠퇴가 아니라 예술의 기능 변화다.(442쪽)

저자는 새로운 감수성을 이렇게도 말한다. 최소한 산업혁명 이래로, 서구인들은 대대적인 감각의 마비를 겪어 왔으며, 현대예술은 이런 상황 속에서 우리의 감각을 놀라게 해 우리의 감각이 눈을 뜰 수 있도록 만들어주려던 일종의 충격 요법이었다고 얘기할 수도 있다. 이 새로운 감수성 때문에 '고급' 문화와 '저급'문화의 구분이 갈수록 무의미해지는 중요한 결과가 이미 발생했다는 것이다.

60년 전에 미국에서 현대 문명 때문에 새로운 감수성이 이미 발생했다면, 한국에서 오늘날 벌어지는 문화 현상도 그렇게 해석할 수 있겠다. BTS와 블랙핑크, 영화 기생충을 비롯한 한류의 유행이 그렇다. 다만 한국은 새로운 감수성만큼이나 새로운 피폐, 새로운 몰락도 득세하고 있다고 보아야 하지 않을까.

[독서일기 16]

한류의 역사

강준만/ 인물과사상사

    강준만 교수가 쓴 '한류'의 역사 겸 '한류론'의 역사다. 강 교수는 수많은 자료를 모아서 구슬로 꿰는 작업에 뛰어나다. 낱낱이 흩어놓으면 뭘, 이런 걸 다, 라고 할 수도 있을 잡다한 기록과 자료가 종과 횡을 맞춰 직조되면 한국 현실을 놀랍게 그리고 새롭게 조명하는 거울이 된다. 나는 이런 작업이 새로운 사회이론 창조와 맞먹는 가치를 지닌다고 평가한다. 세상에는 그렇게 평가하지 않는 사람, 특히 지식인들이 많은 것 같지만 말이다. 그런 분들에게는 이런 자료를 모아서 책을 한번 써 보라고 권하고 싶다. 아마 책 스무 쪽 쓰지 못하고 나가떨어질 공산이 크다고 감히 말해본다. 책으로 들어가보자.

    BTS와 영화 기생충을 비롯한 한류가 세계로 나아가는 '대중문화 공화국'에선 삶의 속도가 빠르다. 대중문화는 유행이기 때문이다. 사람을 지루하거나 싫증나게 만드는 건 죄악이다. 한국이 이런 속도전에서 세계적인 경쟁력을 갖고 있다는 건 이미 입증된 사실이다. 그러나 동시에 그 속도의 폭력에 치이는 분야가 생겨났다. 인문학(사실상 활자문화)도 그런 분야 중 하나다. 인문학자들은 인문학의 위기를 선언하고 나섰지만, 인문학만 위기인 건 아니다. 오락적 가치가 사회의 전 국면을 지배하는 상황에서 오락적 효용이 떨어지는 건 모두 다 위기다.(9쪽)

먼저 한국 대중문화의 모태에서 시작해보자. 저자는 '미8군 쇼'를 모태로 본다. 대중문화계에서는 한류의 출발점을 MBC 주말연속극 <사랑이 뭐길래>가 중국에 수출된 1997년으로 봐왔지만 무엇이 한류를 가능케 했는지 그 이전의 이야기도 해야 한다는 주장이다.

1950년대 후반 미군 클럽은 264곳에 이르렀고, 미8군 무대에 고용된 한국인 악단은 50여개에 달했으며, 이들을 관리하는 스태프와 용역회사의 인원을 더하면 미8군 무대를 통한 연예 활동 인구의 수는 수천 명 가량으로 추정되었다. 미8군 무대에 서는 건 쉽지 않았다. 미국위문협회는 미8군을 대행해 무대에 설 수 있는 자격을 심사하는 오디션을 정기적으로 실시했고, 심사위원은 미 국방성에서 직접 파견한 음악 전문가들로 구성되었다. 연예 용역회사는 이 오디션에 대비해 자체 연습실을 갖추고 교육과 훈련을 실시했는데, 이는 주먹구구식으로 음악을 배우던 그간의 관행에 비추어 진일보한 것이었다. 이 연예 용역회사들이 훗날 세계 무대를 상대로 뛰는 연예기획사의 효시였던 셈이다. 미군 쇼를 통해 한국 연예인들은 연간 120만 달러에 육박하는 수익을 올렸는데, 이는 당시 한국 수출 총액과 맞먹는 액수였다.(24~25쪽)

미8군 쇼에서 단련한 음악인들은 1960년대부터 한국인 대중을 상대로 일반 무대에 진출해 큰 인기를 끌었다. 그들 이름은 쟁쟁하다. 이봉조, 길옥윤, 김대환, 김희갑, 김인배, 신중현, 김홍탁 등의 연주자와 작곡가, 김시스터즈, 박형준, 위키리, 유주용, 이금희, 한명숙, 최희준, 현미, 패티김, 윤복희, 펄시스터즈 등의 가수들이 미8군 무대에서 활약했는데 이들은 모두 당대의 톱클래스 대중예술인이었다. 그 중 김시스터즈는 1959년 아시아 걸그룹으로는 처음으로 미국에 진출해 큰 성공을 거둔 '최초의 한류 아이돌'이었다. 또 작곡가인 김해송이 어린 딸들에게 시킨 '음악 훈련'은 훗날 연예기획사들이 아이돌을 대상으로 한 '스파르타 훈련'의 원조라고 볼 수 있다.(25~26쪽)

1961년 등장한 박정희 정권은 에베레스트보다 높다는 9,000미터 보릿고개를 넘어서겠다는 목표를 세웠다. 1961년 당시 한국의 1인당 국민소득은 78달러로 한국은행이 조사한 40개국 중 뒤에서 다섯 번째였다. 1위는 미국으로 2,250달러, 일본은 25위로 299달러였다. 박정희 정권이 궁극적으로 원한 건 정치는 자신들에게만 맡겨두고 일반 국민은 열심히 생업과 개인적 오락 생활에만 충실해달라는 것이었다. 그들은 '정치'에서 '생활'로 이동을 원했다. 이건 그들만의 일방적인 요구는 아니었다. 세상은 조금씩 그 방향으로 달라져 가고 있었다.(29쪽) 그러고 보니 중국 시진핑 정권도 박정희 정권을 닮았는지 모른다. '중화민족의 위대한 부흥'과 '중국몽'을 성취하기 위해서 중국 국민들이 '언론 자유'니 '정부 비판'과 같은 쓸데없는 '정치'에 신경을 꺼달라는 정책을 공개리에 천명하고 있으니 말이다.

여기서 한류가 세계로 퍼지게 된 중요한 계기를 살펴보면 수출경제에서와 마찬가지로 후발자의 이익이다. 후발자는 무엇보다도 문화 상품의 개발비와 시행착오의 비용을 줄일 수 있다. 이렇듯 한국 대중문화 연구에서 반드시 고려해야 할 필수 사항은 정치경제적 배경, 특히 '수출경제'가 대중문화에 미친 영향이다. 달리 말하자면 '문화적 연구'와 '정치경제적 연구'를 동시에 해야 한다는 뜻이다. 우리는 당연히 양극단에 있는 '문화결정론'과 '경제결정론'을 동시에 거부하는 동시에, 어느 한쪽에 치우치지 않는 균형을 취할 필요가 있다. 드라마 제작 방식이 그렇다. 1980년대에 세계에서 가장 빨랐던 한국의 TV 보급 속도는 당시 전자산업의 주요 수출 품목이 TV 수상기였다는 사실과 깊은 관련이 있다. 드라마 등 제작 능력이 미처 따르지 못했던 상황에서 TV 수상기가 급증한 것이다. 드라마 제작자들은 스스로 '노가다'로 부르면서 피 말리는 군사작전식 제작에 임하지 않을 수 없었다. 일본 프로그램 표절도 많이 저질렀고, 드라마 편집을 방영 직전에야 끝내 헐레벌떡 방송 시간을 맞추는 일도 허다했다. 내용은 저질이고 시청률 경쟁에 매달린다며 '드라마 망국론'도 제기되었다. 그런 식으로 핍박을 받으며 내공을 쌓아온 한국 드라마가 온 아시아 지역을 떠들썩하게 만든 '한류'의 전위대가 될 줄 누가 알았으랴. 전문가들은 '사전 제작제'가 필요하다고 아우성쳤지만, 그때그때 시청자들의 반응에 따라 내용이 달라지는 제작 시스템이야말로 시대를 앞서간 '프로슈머 정신'의 실천이었다는 평가마저 나오게 된다.(81쪽)

한국에서 휴대폰이 폭발적으로 늘어나고, 2000년대 초반부터 초고속 인터넷이 급속하게 보급되면서 '경제'와 '문화'의 동반 성장 역시 일어났다. 이번에는 게임이었다. 여기도 '후발자의 이점'이 작용했다. 한국은 소규모 게임 전용기 시장이 낙후되어 있었기에 한 단계 건너뛰어 곧장 온라인 게임 시장으로 도약했다. 한국의 온라인 게임 산업은 1998년 5억 원대에 불과했지만, 초고속 인터넷의 보급과 더불어 PC방이 가세하면서 2003년 매출액 기준의 시장 규모로 세계 1위를 유지하면서 세계시장을 주도하는 '게임 수출 강국'으로 떠올랐다, 2010년에는 수출액

규모가 16억 달러에 달하게 된다.(242쪽)

저자는 이렇게 말한다. 게임을 어떻게 평가하건, 근본적으론 인터넷과 한국인의 기질 사이에 존재하는 친화성으로 인해 발생하는 '소용돌이'에 한국 사회가 압도당하고 있기에 인터넷의 부작용은 숙명인지도 모를 일이었다. 한국인 특유의 '빨리빨리 문화', 새것이라면 사족을 못 쓰는 '새것 추구 신드롬', 민족 구성의 동질성으로 인한 평등주의와 그에 따른 '쏠림 문화' 등을 감히 누가 막을 수 있었으랴. 그 덕분에 한국은 세계적인 '대중문화 공화국'의 위상을 확실히 해나가게 된다.

여기서 잠깐 한류에 관한 근본적인 질문을 해보자. 영화감독인 인하대학교 교수 육상효의 주장이다. "혹시 일본에서의 한류 열풍이 그들의 무의식 속에 깊이 내재된 식민지에 대한 향수로부터 기인한다면 어쩌겠는가? 그래서 일본 한류 팬의 대부분이 중년 이상의 어른들이고, 한류의 시작이 된 드라마들이 <겨울연가> 같은 노스텔지어를 기본 정서로 하는 드라마들이었던 것은 아닌가?" "아니면 혹시 중국, 베트남 등 아시아 각국의 한류 열풍의 정체가 우리가 재빨리 복사하고 습득한 서구식, 아니 더 정확히는 미국식 생활방식과 문화의 대리 전달이라면 어쩌겠는가? 그래서 그들의 한류는 한국의 아이돌 가수들이나 도시적 감수성이 과도하게 치장된 드라마들에 대한 열광인 것은 아닌가? 한류가 아시아를 넘어서 미국이나 서구로 진출하지 못하는 것도 그쪽 나라들에서는 자신들의 복제품을 굳이 다시 볼 이유가 없어서인 것은 아닌가?"(348쪽)

이런 질문은 싸이와 BTS의 성공에 비추어봐서 사라지는가? 그렇지는 않다. 그건 한국 경제가 삼성전자의 뛰어난 반도체 제작 기술은 갖고 있지만 원천 기술과 제조 장비는 쥐고 있지 못한 것과 같지 않을까?

한류 아이돌 노래 가사의 절반 이상이 영어로 채워지고 있는 건 어떻게 평가해야 할까?

그런데 한류 역사에 있어 또 하나의 반전 계기가 만들어진다. 트위터, 페이스북, 유튜브를 비롯한 SNS다.

2010년 8월 25일 도쿄 하네다 공항. 일본 첫 '쇼 케이스(홍보 공연)'를 위해 이곳을 찾은 걸그룹 '소녀시대' 멤버들의 입이 딱 벌어졌다. 일본 열성 팬 800여 명이 공항 로비를 점거하다시피 한 것이다. 쇼 케이스 현장인 도쿄의 아리아케 콜로세움 공연장 모습은 더 놀라웠다. 2만 2,000여 명의 일본 팬이 전국에서 구름처럼 몰려들었다. 그룹 멤버 윤아는 "일본 땅을 밟은 게 처음이고, 데뷔도 안 했는데 2만 2,000여 명이 운집해 어안이 벙벙했다."고 말했다. 일본 팬들은 현지에서 음반 한 장 낸 적 없는 이들의 노래를 어떻게 척척 따라 부르고, 춤 의상까지 흉내낼 수 있었을까? 한국 TV를 많이 봐서일까? 답은 SNS였다. 또 하나 놀라운 건 쇼 케이스 관객 중 80퍼센트가 10~30대 여성들이었다는 점이다. 이날 일본 NHK는 9시 뉴스 톱기사로 5분간 한국 걸그룹을 보도했다.(360쪽 ~361쪽)

이제 SNS라는 도구를 통해 K팝은 자연스럽게 뻗어나가게 되었다. 그럼 이런 현상을 이끄는 데 일조한 SM엔터테인먼트 대표 프로듀서 이수만은 한류에 관해 어떻게 생각하고 있을까? 그는 2011년 한 인터뷰에서 SM이 관계를 맺고 있는 각국 작곡가가 300여 명쯤 되며, SM은 10여 년 전부터 국내에 안주할 생각을 버렸다고 말했다. 이수만은 "외국 작곡가가 만드는 음악을 한국 음악이라 할 수 있나"는 질문에 대해 다음과 같이 답했다.

"한국만의 음악을 고집하는 게 어떤 의미가 있을까. 지금은 퓨전의 시대다. 우리 음식이 외국에 진출하는 경우를 보라. 항상 현지인의 입맛에 맞게 그들의 음식과 뒤섞이는 과정이 있지 않은가. 음악도 세계시장의 인정을 받으려면 퓨전에 초점을 맞춰야 한다. 해외 작곡가들은 한국인이 만든 음악을 각자의 나라에 걸맞은 방식으로 조금씩 수정한다. 고집을 버려야 살아남을 수 있다." 이수만은 1년 중 대부분을 로스앤젤레스에서 머무는 이유에 대해 "지금 세계음악의 본산은 미국이다. 그리고 할리우드가 있는 LA에는 거물 작곡가, 프로듀서, 사업가들이 밀집해 있다. 내가 할 일은 이곳에서 그들과 네트워크를 만드는 것이다."고 했다. 그는 "미국시장에서 인정받는 건 더 큰 그림의 중간 단계일 뿐이다며 이렇게 말했다. 나는 중국에서 최고가 되어야 한다고 믿는 사람이다. 곧 중국에 할리우드를 능가하는 엄청난 엔터테인먼트 시장이 형성될 것이다. 우리는 일본 시장에서 성공했고 미국과 유럽을 공략하고 있지만 최종 목표는 중국의 할리우드를 우리 것으로 만드는 것이다. 단언컨대 앞으로 5년내에 아시아 1등이 세계 1등이 될 날이 온다."(400쪽)

그러나 한국 박근혜 정부가 미국과 합의해서 2017년 사드 배치를 하자 중국은 경제보복으로 2017년 3월부터 한국 단체여행 관광을 금지한다. 그보다 더 뼈아픈 것은 중국이 한류도 금지한 것이다. 이 글을 쓰는 오늘까지도 흔히 한한령으로 불리는 한류 금지는 계속되고 있다. 한국 가수와 배우는 중국에서 활동하지 못한다. 이수만이 꿈꿨던 중국 거대 한류 시장은 사라지고 말았다. 이 사건이 주는 교훈은 한국은 미국과 중국 사이의 전략적 균형을 잘 유지해야 한다는 것이다.

이수만은 '문화기술Culture Technology'(약칭 CT)를 강조했다. 그는

IT보다 CT가 더 정교한 기술이며 CT의 3단계는 현지화에서 얻어지는 부가가치를 함께 나누는 것이며 이것이 한류의 궁극적 목표라고 말했다. 이어 그는 중국에서의 3단계 한류를 준비 중이라고 했다.(401쪽) 그것 역시 사드 배치로 물거품이 되고 말았다. 중국의 문화 통제 상황에 비추어 볼 때 이런 의문은 든다. 사드가 아니었더라도 중국 당국은 한류가 중국에서 퍼져나가는 것을 수수방관만 했을까. 가정이라서 답하기 어렵지만 산업, 우주, 군사, IT 모든 분야에서 '굴기'를 외치는 중국이 문화에서도 그냥 있으란 법은 없다. 한류가 '문화 굴기'를 위협하거나 도움이 되지 않는다고 판단하면 강하게 규제했을지도 모른다.

　저자는 한류의 부정적인 면도 밝힌다. 대중문화 분야의 경쟁은 치열하다 못해 살인적이다. 2012년 한 해에 데뷔한 아이돌 가수만 최소 30여 팀이어서 시장은 '아이돌 포화상태'였다. 미국의 오디션 프로그램인 <아메리칸 아이돌>의 참가자는 8만 명 내외인데 한국의 <슈퍼스타 K 시즌 4>는 208만 명이 참가했다. 인구 대비로 따지면 한국의 경쟁률이 미국의 150배가 넘었다. 2010년대 중반에 이르면 아이돌이 되기 위해 연습생 생활을 하는 청소년들 수가 많이 늘었다. 한류는 대중문화 종사자들의 그런 살인적인 경쟁과 그로 인한 스트레스 축적에서 탄생한 것임을 부인하기 어렵다.(443쪽)

　한국 아이돌은 마돈나, 레이디 가가에서 보이는 정치적 불온성이 없다. K팝은 체제 순응적이다. "한국에는 불량 악동 모델이 없으며, 전부 다 착한 아이"들이다. 김수정과 김수아는 「'집단적 도덕주의' 에토스 ; 혼종적 케이팝의 한국적 문화 정체성」이라는 논문에서 K팝의 문화적 정체성을 '집단적 도덕주의' 에토스라는 답을 제시했다. 집단적 도덕주의는 첫째 생산 조직 차원에선 연예기획사의 '인-하우스in-house 시스템'이 인성 교육을 필수적인 존립 기반으로 삼고 있고 기획사와 연습생, 소속 연예인의 관계는 가부장제적 가족 공동체 성격을 지니고 있다. 둘째 텍스트 차원에서는 K팝 음악의 주요 주제가 성애性愛가 제거된 순수한 사랑으로 한정되고, 팬에 대한 아이돌 스타의 겸손과 헌신이 스타의 퍼포먼스를 구성하는 원리가 되고 있다. 셋째 소비 차원에선 한국 대중이 K팝 아이돌들에게 높은 규범성을 요구하고 그들의 행동을 관리하고 있다.(456~457쪽) 2002년부터 지금까지 18년간 군입대 문제로 입국금지를 당하고 있는 유승준을 보라. 대법원에서 입국금지가 위법하다는 판결을 내려도 외교부는 꿈쩍도 하지 않는다. 초법적 과잉조치이지만 국민의 부정적 정서가 뒷받침되어 가능한 일이다.

한국을 대표하는 아이돌이 된 BTS는 한국 사회의 독특한 시스템에서 벗어나 있을까? 그렇지 않다.

모든 사물이 그렇듯 K팝이 세계로 통하는 데 신세를 많이 진 SNS 역시 어두운 면이 많다. '차세대 미디어 권력'으로 급부상하는 뉴미디어 기업이 '세금 한 푼 내지 않는' 미국의 유튜브, 넷플릭스 등이어야 하는가에 대해서는 심각한 우려가 있다. 미디어는 산업이기 이전에 문화다. 혹자는 미디어 제국주의 시대가 도래했다고까지 말한다. 우리 문화를 미국 미디어 기업에게 맡길 수는 없는 일이다.(575쪽) 원론적 주장이지만 숙고해봐야 할 것 같다.

장대한 한류 역사를 살펴본 후에 저자는 맺는말에서 한류를 만든 10가지 요인을 제시한다. 10가지 요인과 그를 받치는 근거는 무척 흥미롭다. 강 교수는 자신의 저서에서 머리말과 맺는말에서 방대한 자료를 요약 분석해서 핵심 논설을 제시하는데 능하다. 10가지 요인을 따라가보자. 첫째, 뛰어난 혼종화·융합 역량과 체질이다. 한류는 온전히 한국적인 콘텐츠로만 채워진 것은 아니며, 지역과 수용자의 취향에 맞게 글로벌하고 동시에 지역적인, 즉 글로컬한 요소를 배합하고 뒤섞은 이종교배, 음식으로 비유하자면 짬뽕 혹은 가든 샐러드적인 요소를 가지고 있기에 가능한 것이었다.(624쪽) 둘째, 근대화 중간 단계의 이점과 '후발자의 이익'이다. 서구가 우리 몸속을 통과해서 형성된 최첨단 대중문화가 한류로 부상하게 된 것이다.(625쪽) 그러나 이는 한국과 같은 후발자 위치에 처한 나라라고 아무나 할 수 있는 건 아니다. 셋째, '한'과 '흥'의 문화적 역량이다. 넷째, '감정 발산 기질'과 '소용돌이 문화'다. 한중일은 비슷한 문화를 갖고 있는 것 같지만, 감정 발산에선 크게 다르다. 장례식장에서 대성통곡하는 문화는 한국이 유일하다. 놀기를 즐기는 것으로만 친다면야, 남미나 남부 유럽 등 우리보다 몇 배 선수인 나라들도 많지만, 자신의 감정을 그대로 발산하는 한국인 특유의 기질은 독보적이다.(630쪽) 다섯째, 내부 시장의 한계로 인한 해외 진출 욕구와 '위험을 무릅쓰는 문화'다. 여섯째, 'IT강국'의 시너지 효과다. 공공 와이파이 다운로드 속도만 보더라도 2018년 말 기준 한국은 영국 런던의 7배, 미국 뉴욕의 11배, 샌프란시스코의 13배나 빠른 수준일 정도로 독보적이다.(634쪽) 일곱째, 한국인의 강한 성취 욕구다. 김현미는 한류를 급격한 산업자본주의적 발전을 겪은 아시아 사회 내부의 다양한 갈등들을 가장 세속적인 자본주의적 물적 욕망으로 포장해내는 한국 대중문화의 '능력' 덕분에 생긴 것이라고 해석한다. 한류의 가장 어두운 면도 여기에 있는 것으로 보인다. 대중문화계에서 '착취'에 가까울 정도로 약자에 대한 부당한 갑질이 자행되어도, 이게 '사건 뉴스'로만 소비되고 이렇다 할 변화 없이 넘어가는 것은 '한류의 영광'이라는 빛에 압도당하기 때문일 것이다.(638쪽) 여덟째, 강한 성취 욕구로 인한 치열한 경쟁과 이를 가능케 하는 '코리안 드림'이다. 아홉째, 대중문화 인력의 우수성이다. 이는 대중문화 영역이 산업적으로 그 규모가 커지고 연예인은 물론 연예기획과 경영 분야에 고급 인력이 대거 진출하면서 가능해진 것이다.(642쪽) 열째, 군사주의적 스파르타 훈련이다. 나는 특히 이 부분 분석이 흥미있었다. 아이돌의 칼군무와 한 치의 오차도 없는 무대공연은 그야말로 무시무시한 훈련을 통해서 단련된 것이기 때문이다. 유럽에서는 한국 아이돌이 악기를 제대로 연주하지 못하고, 음악을 즐기면서 크는 것이 아니라 공장식 시스템에서 아이돌이 자란다고 비판하곤 한다. 그건 음악의 비디오화 시대에 뭘 모르는 말이다. 저자는 이렇게 말한다. 스파르타 훈련은 다른 나라들은 넘보기 어려운 한국만의 독보적인 경쟁력이다. 그런 과정이 너무 힘들고 불쾌하기 때문에 그걸 감내하려는 나라가 많지 않으며, 그걸 감내할 수 있는 나라들은 스타들을 키워낼 경제적 자원과 조직적 역량이 부족하기 때문이다. 언제까지 이런 '태릉선수촌 모델'을 계속해나갈 것인가? 국내에도 이 모델에 대해 비판적인 사람이 많지만, 저자는 이건 시간이 해결해줄 거라고 생각한다. 무엇보다도 한국인 다수가 국제적 인정 투쟁에서 '헝그리 정신'을 발휘하지 않아도 될 때가 되었다고 생각하면 저절로 달라질 것이다. 이미 스포츠 분야에서 권투가 바로 그런 이유로 급격한 하강세를 보인 게 말해주듯이 말이다.(645쪽)

강 교수의 10가지 분석에 감탄한다. 강 교수는 맺는말의 제목을 '연꽃은 수렁에서 핀다'로 잡았는데, 한류는 우리가 자랑스럽게 생각해도 좋은 그런 요소들의 총합으로 이루어진 게 아니라, 오히려 정반대에 가깝다는 주장이다.(649쪽)

한국 대중문화계와 한국 사회에 많은 문제가 있는데 그 점이 오히려 한류로 승화하는 역설을 어떻게 생각해야 할까. 이는 한국 경제와 한국 정치에도 마찬가지로 적용되는 역설일 것이다. 이런 역설은 불가피하게 '을'의 희생과 고통을 가져올 수밖에 없다. 또 이런 역설이 오래 유지되는 것도 불가능할 것이다. TV에는 지치지도 않고 새로운 아이돌 그룹이 나온다. 그들의 노래와 춤도 비슷비슷한 것 같다. 그러나 그들은 몇 년간의 고된 연습생 생활을 거치고 어렵게 무대에 오른 것이다. 그들 중 대부분은 얼마 버티지 못하고 사라지고 소수만 정상의 자리에 오를 것이다. 우리는 살아남은 소수를 칭송하고 한류 주인공으로 띄우지만 그들은 95%에 이르는 희생자들의 무덤 위에 선 자들이다. 예술계가 1%만 살아남는 세상이며, 그들은 자신들의 노력에 합당한 '용'의 영예를 얻은 것이라고 말하면 그뿐일까. 치열한 경쟁에서 탈락한 미꾸라지들은 어디로 가는 것일까? 탈락한 자들의 삶은 그들이 선택한 것이니 어쩔 수 없다고 말하면 그뿐일까. 선택과 탈락의 과정은 과연 공정한 것일까. 한국 사회의 행복도가 세계 최하위권인 이유는 여기에 있다. 세계 최고 수준을 자랑하는 청소년들의 자살비율도 여기에 있다. 한류 현상을 조망하는 책을 읽고 나니 뿌듯함보다 씁쓸함이 더 느껴진다. 이 또한 동전의 양면처럼 붙어 있는 한국인 모습 중 하나일 것이다.

[독서일기 17]

제국대학의 조센징

정종현/ 휴머니스트

한국사회의 주류는 어떻게 형성되었을까? 한국사회를 이끄는 학계, 재계, 언론계, 문화계, 정치계, 법조계 인물의 시초는 어떻게 형성되었을까? 그들이 지닌 이데올로기와 물질적 기반은 어떻게 형성되었을까? 질문의 답을 찾기 위해서는 구한말부터 현재까지 한국사회 엘리트 층을 다각도로 조사해봐야 하겠지만 방대할 뿐 아니라 그렇게 해서 답을 쉽게 내기도 어려울 것이다. 중심 뼈대를 찾아야 할 것 같다. 한국사회에 큰 영향을 미친 미국 유학파도 연구해 봐야 할 것이다.

우선 일제 강점기 시대 일본 본토의 일곱 개 제국대학에서 유학한 식민지 조선의 유학생들이 걸어간 길을 밝히면 적어도 단서를 찾을 수 있지 않을까? 일본 제국대학 조선인 유학생은 1,000명이 훌쩍 넘는다. 이 방면의 연구가 지금까지 제대로 되지 않았다는 점만 보더라도 한국 역사학계가 얼마나 게을렀는지 알 수 있다. 저자는 일본 교토에서 일곱 개 제국대학의 유학생 연구를 시작했지만 한국에 돌아와서 한국의 '지식시장'의 속도에 맞추어 살다 보니 연구를 완성하기 어려운 지경에 이르렀다. 그래서 우선 도쿄와 교토 두 제국대학의 조선인 유학생들의 출신 계급과 졸업 후의 진로, 식민지와 해방 이후 한국 사회에 끼친 영향 등을 중심으로 책의 체계를 잡았다고 한다. 인물로 본 한국 근대사인 셈이다.

인물 중 하나로 김연수를 보자. 김연수는 1911년 1월 5일, 열다섯 살의 나이로 부산에서 관부연락선에 올라탔다. 김연수는 도쿄의 아자부 중학교와 교토의 제3고등학교를 거쳐 1921년 조선인 최초로 교토제국대학 경제학부를 졸업한다. 일본 유학 11년 만에 조선으로 돌아온 그는 형이 주도해서 만든 경성방직 3대 사장이 되어 영등포 일대는 물론이고 국경 너머 만주에서도 방직공장을 늘려나갔다.(41쪽) 경성방직은 서구의 방직업을 일찌감치 따라잡은 일본의 질 좋은 옷감과 경쟁하기 어려웠다. 이때 경성방직을 도운 것이 "내 살림은 내 것으로"라는 표어를 내건 물산장려운동이었다. 품질이 조금 떨어지더라도 조선 기업이 생산한 토산품을 쓰자는 민족주의적 호소에 힘입어 경성방직은 일본 자본으로 설립된 조선방직과의 경쟁을 견뎌낼 수 있었다.(44쪽) 김연수는 민족기업가이면서 동시에 일본제국에 부역하기도 한다. 일제강점기에 큰 기업을 운영하면서 일본과 완전히 척을 진다는 것은 불가능했을 것이다. 문제는 일본에 협력한 질과 양이 어떤가 하는 점일 것이다. 어쨌든 교토제국대학 경제학부에서의 학업은 김연수에게 근대 경제에 대한 이해와 근대화의 이념을 제공했다. 더욱이 김연수는 제국 일본의 지배자들과 동문 관계라는 사회 자본을 손에 넣게 된 것이다. 일본의 제국대학 출신자들은 강한 유대감을 지니고 있었다. 사업 인허가권을 쥐고 있는 총독부의 고위 사무관료들은 대부분 제국대학 출신이었다. 김연수의 사업에서 '제국대학 네트워크'와 동문 의식은 큰 자산으로 작용했다.(49쪽)

일본 제국이 망하고 한국이 독립한 후에도 김연수와 형 김성수 가문의 자산은 줄지 않았다. 조선 왕조로부터 현재까지 이들 가문은 통치 권력과 화목한 관계를 유지하고 있다. 민족 기업, 민족 언론, 민족 교육을 표방한 가문의 사업은 번창했고, 후손들은 여전히 번성하고 있다. 저자는 김씨 가문의 성공한 후손 중 김상협을 특별히 언급하고 있다. 야마구치 고등학교를 거쳐 1942년 도쿄제국대학 법학부 정치학과를 졸업한 김상협은 해방 이후 가업 중 하나인 고려대 총장과 문교부 장관을 거쳐 전두환 군사정권에서 국무총리를 역임했다. 구한말의 지주는 식민지 산업자본가를 낳았고, 그 산업자본가는 군사정권의 국무총리를 낳았다. 김연수-김상협 부자에게서 확인할 수 있듯이 제국대학은 한국 사회의 지배 엘리트를 재생산하는 제도로도 기능했던 것이다.(54쪽)

제국대학 출신 중 많은 사람이 고등문관시험에 합격해서 총독부 관료나 만주국의 고등 관료로 활동했다. 제국대학 출신의 고등 관료가 독립운동에 투신한 사례는 찾기 어렵다. 행정 관료 말고 사법 관료는 어떨까? 민족문제연구소가 『친일인명사전』을 간행할 때, 선별 기준의 임의성과 친일과 저항의 이분법적 구분 등에 관해 여러 비판이 있었다. 하지만 판검사 이력을 지닌 사람을 친일파로 선별하는 것은 별다른 이견이 없었다고 한다. 총독부 관료 중에서도 사법 관료, 판사와 검사는 더욱 특별한 존재였다고 한다. 성적이 아무리 좋아도 사상 경향이 나쁘면 임용되지 않았다. 그들은 고등문관시험 사법과에 합격한 후에 다시 철저한 총독부의 신원 조회를 통과하고, '사법관시보'라는 견습 과정을 거쳐서 임용되었다. 임용 면접관들은 공공연하게 "천황에 대한 충성심만 바로 박혀 있으면 되는 것이지 법률을 알고 모르고는 문제가 아니"라고 이야기할 정도였다. 조선인은 조선총독부 당국자에게 '사상운동' 혹은 항일 민족운동과 어떠한 관련도 없다는 사실을 인정받지 않고서는 사법관으로 임용될 수 없었다. 총독부 판검사 경력이란 총독부가 보증한 친일파의 증명서였다.(146~147쪽)

이들이 한국 법조계의 뿌리라는 사실이 서글프다. 한 번 만들어진 시스템과 인맥은 바꾸기 어렵다. '경로의존'의 법칙이 작용하기 때문이다. 경부고속도로가 만들어지면 물류가 편리한 경부고속도로를 따라 공단이 들어서게 된다. 하나의 경로가 정해지면 그 경로를 따라 파급효과가 일어나고 시간이 갈수록 굳어진 경로를 바꾸기 어려워지는 사회 현상이 나타난다. 신생 독립국에 거의 도움이 되지 않는 세력들로 판사, 검사, 변호사 등 법률가의 신성동맹이 만들어진 셈이고 기득권 법률가동맹은 현재까지 이어지고 있는 셈이다.

책에서 전 대통령 후보 이회창의 집안이 대단하다는 사실을 발견했다. 놀라울 정도였다. 저자는 제국대학과 식민지 관료라는 사회자본이 해방 이후 한국 사회에서 어떤 역할을 했는지 보여주는 사례라고 말한다.

"이회창의 할아버지는 충청남도 예산의 지주다. 이회창의 백부는 교토제국대학 교수(교육 관료) 이태규이며, 아버지는 경성법학전문학교 출신으로 총독부 검사서기를 거쳐 해방이후 검사를 역임한 이홍규다. 이회창의 외가는 담양의 만석꾼 지주 집안이다. 외삼촌인 김성용은 도쿄제국대학 법학부를 졸업하고 고등문관시험 행정과에 합격한 후 일본 군수성 관료를 역임했다. 김성용 등 이회창의 외삼촌 3형제는 모두 국회의원을 지냈다. 이모인 김삼순은 홋카이도제국대학 식물학과 출신의 농학박사다. 이회창의 장인은 1942년 고등문관시험 사법과에 합격하고 해방 이후 대법원장 직무대행 및 대법관을 지낸 한성수다. 한성수의 장남인 한대현도 헌법재판관을 지냈다. 알다시피 이회창도 대법관을 역임했다. 이처럼 이회창의 본가·외가·처가는 구한말 이래 지주 집안이면서 제국대학과 고등문관시험, 관료라는 제국의 사회적 신분 상승의 주요 장치를 공유하고 있다."(152쪽)

이런 사회자본을 지닌 이회창이 대선에서 목포상고와 부산상고 졸업자인 김대중과 노무현에게 졌다는 게 믿어지지 않을 정도다. 단순히 이회창의 두 아들이 군에 가지 않은 탓이라기보다 그 당시 한국사회가 큰 변곡점에 다다랐기 때문이 아닌가 싶다.

저자는 제국대학 한국인 졸업생들이 총독부 행정-사법 및 식산은행과 관립학교 등 식민지 국가 기구의 각 영역에서 제국 시스템을 작동시키는 유용한 부품으로 작동했다고 말하면서도 제국대학이라는 지식 제도와 관련한 근대 한국의 경험을 '악'이라고 규정하고 그것을 '적출'하면 문제가 해결될 것처럼 생각하는 것은 환상이라고 말한다. 자크 데리다는 "모든 근대 문화는 식민지 문화"라고 말했다. 제국대학이 근대 한국 사회에 끼친 영향은 적지 않아서 그것을 삭제하는 것은 근대의 형성에 작동한 가장 중요한 퍼즐을 없는 것처럼 취급하는 것이다. 저자는 제국대학이 한국 사회에 끼친 영향의 실상을 '역사화'하는 작업이 필요하다고 말한다.(296~297쪽)

'역사화'라니, 어려운 말이다. 아마 객관적으로 공과와 영향을 냉정하게 따져보자는 말일 것이다. 우리 헌법 1조인 "대한민국은 민주공화국이다."에서 '민주'와 '공화'는 모두 일본인이 근대에 번역한 말이다. '사회'나 '권리', '개인'이란 말도 마찬가지로 일본인이 고심 끝에 번역해서 쓴 말이다. 우리가 쓰는 인문사회과학과 자연과학 용어 대부분이 일본인이 근대에 번역한 단어다. 만약 누군가가 이런 용어가 일본인이 번역해서 한국에 들어온 단어니 모두 없애고 새로 만들어 쓰자고 하면 가능할까? 가능 여부에 앞서 온당한 일일까?

이 책을 비롯해서 수많은 연구와 조사가 '객관적' 시각에서 많이 나왔으면 좋겠다.

[독서일기 18]

조 바이든, 지켜야 할 약속

조 바이든/ 양진성 외 옮김/ 김영사

    조 바이든이 쓴 자서전을 번역한 책이다. 미국에서 2007년에 나온 책인데 한국에서는 2020년 10월 19일에 나왔다. 미국 대선이 조 바이든과 트럼프의 대결로 결정되자 급히 번역서를 낸 듯하다.

    나는 정치인이 낸 자서전, 회고록 등 저서를 그다지 신뢰하지 않는다. 대체로 이런 책은 선거 직전에 나오거나 퇴임 후에 자신의 업적을 자화자찬하는 내용이 대부분이다. 자신의 잘못을 지적하는 경우에도 잘못을 인정해서 자신의 통이 큰 스타일을 부각하고자 하거나, 진솔한 마음을 강조하기 위한 경우가 많다. 그럼에도 정치인의 자서전을 읽는 장점도 적지 않다. 가장 큰 것은 한 정치인이 정치권에서 어떻게 성장했는지 과정을 알 수 있는 점이다. 또 하나는 정치판이 어떻게 굴러가는지 —내밀한 사연은 물론 감추겠지만— 알 수 있는 점이다. 그런 점에서 조 바이든의 책은 무척 흥미로웠다. 다음 장면이 어떻게 진행될까 궁금해서 다른 책을 미뤄두고 읽기도 했으니까. 그만큼 그의 인생은 파란만장했다.

    첫째 그는 가족 결속력이 강하기로 유명한 아일랜드에서 온 이민자

가문 출신으로 중산층 집안에서 자랐다. 그리고 미국에서는 비주류에 속한 가톨릭 신자이다. 바이든의 부모 이야기가 많이 나오는데 서민적이면서도 도전적인 집안 가풍이 어떤지 잘 알 수 있었다.

둘째 그는 대학생 시절부터 직업 정치인을 꿈꿨고 실천에 옮겼다. 그래서 민주당 정치활동을 일찍 시작했고 29살에 델라웨어주 상원의원에 출마해서 당선됐다. 당시 델라웨어주의 보그스 공화당 상원의원은 26년 동안 선거에 진 적이 없는 막강한 상대였다. 민주당 지도부는 질 게 뻔한 선거라서 '젊은 피' 운운하며 버리는 셈 치고 초짜 청년 정치인을 공천한 것이다. 그런데 바이든의 여동생 발은 천재적인 선거 캠페인 전문가였다. 바이든과 발은 집에서 여는 티 파티로 주민을 조직하는 새로운 선거운동을 선보인다. 선거운동 2개월 차에 진행한 여론 조사 결과, 바이든은 보그스 상원의원에게 47 대 19로 뒤졌는데 이 선거를 뒤집었으니 말이다.

셋째 그는 상원의원 당선 한 달 후에 아내와 딸을 교통사고로 잃었다. 아들 두 명도 중상을 입어 병원에 입원했다. 그는 상원의원을 사퇴할까도 생각했고 자살까지도 고민했다. 바이든은 다시 일어났다. 그는 프롤로그에서 말한다. "일어나라! 쓰러진 뒤에는 그저 일어나는 것이 최선의 처세술이다." 바이든의 아버지는 어떤 사람이 몇 번 쓰러졌는지가 아니라 얼마나 빨리 일어났는가로 판단했다고 한다. 바이든은 어릴 때 말더듬이로 아이들에게 놀림을 많이 받았다고 한다. 그리고 상원의원 시절 뇌동맥류 수술로 언어능력을 잃어버릴 뻔한 적도 있었다. 수술 경과가 어떻게 될 것 같냐고 바이든이 묻자 의사는 죽을 수도 있고 말을 못하게 될 수도 있지만 확실한 건 시간이 지나야만 알 수 있다고 대답했다. 그렇다. 세상의 많은 일이란 "시간이 지나야만" 알 수 있는 법이다. 대통령 선거에 나섰다가 연설문 표절 시비에 휘말려 중도 사퇴한 적도 있었다. 그럴 때마다 그는 일어나!를 외치며 앞으로 나갔다고 한다. 이처럼 바이든은 불굴의 정신으로 끈질기고 일관성있게 정치권에서 버틴 덕분에 미국 대통령에까지 오른 게 아닌가 싶다. 트럼프가 아니었다면 어쩌면 바이든은 미국 민주당 후보로 지명되지 않았을 수도 있었다. 트럼프 시대가 백인에다 서민 친화적이며 큰 약점이 없고 중도적인 그를 대통령 자리에 올려놓은 것이다. 그 배경에는 많은 어려움을 극복해 온 그의 자질이 깔려 있는 것이다.

 책을 읽으면 미국 상원이 어떤 일을 하는지 알 수 있다. 바이든은 상원 외교위원회에서 1990년대 초반, 유고슬라비아가 해체되면서 세르비아가 사라예보 등에서 이슬람 신자를 학살할 때 미군과 나토가 세르비아 공습을 해야 한다고 주장했다. 바이든은 미국이 국제 사회에서 인권과 질서를 위해 마땅히 해야 할 일을 해야 한다고 믿는 국제주의자였다. 트럼프는 그런 일에는 손을 떼고 미국이란 나라의 이익에 집중하자는 신고립주의자인 셈이다. 미국 외교는 지도자와 국내 여론에 따라 국제주의와 고립주의 양자 사이를 왔다갔다했다. 바이든은 상원 외교위원장으로 일하면서 당시 대통령인 클린턴과 나토를 압박해 세르비아 폭격을 성사시킨다. 그러면서 구 유고슬라비아는 여러 나라로 독립하면서 전쟁이 끝나게 된다. 미국 상원은 청문회와 입법, 예산 심의 등으로 대통령과 행정부, 여론에 큰 영향을 미친다.

 바이든이 세르비아군을 폭격해야 한다고 강력히 주장하자, 동료 의원이 단도직입적으로 묻는다. "조, 미국인이 죽지 않을 거라 보장할 수 있어요?"(444쪽) 그 순간 바이든은 1935년부터 히틀러가 군비를 확대하는데도 미국이 행동하지 않고 그냥 앉아 있었던 이유를 깨달았다. 바이든은 이렇게 국제주의 외교의 딜레마를 말한다. 미국이 1935년에 나치 독일을 상대로 행동했더라면, 아마도 1,000명의 미국인을 희생시켰을 것이고, 1937년에는 5,000명을 희생시켰을 것이다. 그러나 미국 상원의원들이 600만 명의 유대인과 집시, 정치적 불순분자를 나치의 죽음의 수용소에서 구했다고 주장할 수 있었을까? 어떻게 그것을 증명할 수 있다는 말인가?(445쪽)

  책에는 미국에서 정치인을 어떻게 키우는지도 알 수 있는 사례도 많다. 예를 들어 에버렐 해리먼은 국제주의자로 마셜 플랜의 입안자이고 루스벨트 대통령 시절 소련 주재 대사로 걸어 다니는 역사책이라 할 만한 사람이다. 해리먼은 유고슬라비아가 해체되기 직전, 티토가 아직 살아 있을 때 바이든과 같이 티토를 만나러 간다. 해리먼은 그 여행에서 자신이 하는 외교와 국제관계 지식을 바이든에게 전수한다. 해리먼은 바이든이 상원의원이 된 첫 임기 내내 바이든을 저녁 파티에 초대해 말 그대로 가르쳤다. 해리먼의 파티 손님은 외교정책 초보자에게는 벅찬 인물이었다. 헨리 키신저, 테드 케네디, 군비 통제에 관한 최고 이론가 폴 완크 등이었다. 상원의원이 되면 이런 식사 자리에서 외교를 실전용으로 배우니 감탄할 만하다.

  책 끝에 김준형 국립외교원장이 쓴 해제가 붙어 있다. 흥미로운 주장이 있어 소개한다.

  김준형 원장은 한 언론을 인용하면서 이렇게 말한다. 바이든은 강한 카리스마가 있거나, 또는 열정적인 지지자가 없는 것이 약점으로 지적

받지만, 그것이 오히려 바이든 리더십의 소중한 특징이라는 것이다. 미국은 최근 열정적인 추종세력을 지닌 두 명의 대통령(오바마와 트럼프)이 연속적으로 집권하면서 지난 12년 동안 국민분열이 극도로 악화됐다. 바이든이 당선될 경우(실제로 당선됐다.) 아버지 부시 이후 처음으로 대다수 미국 국민이 큰 충격 없이 살아갈 수 있는 지도자를 가질 수 있다. 바이든이 사람들의 열정에 불을 지피지 못한다고 비판하는 것은 부당하다. 왜냐하면, 그런 지도자를 갈구하는 심리상태가 오히려 문제이기 때문이다. 정치의 역할이 상충하는 주장을 조정하는 메커니즘이라면 바로 바이든이 적격이다. 지난 12년간 열정이라는 이름으로 평온한 미국이 없었음을 돌이켜 봤을 때 바이든에 대한 지지자들의 미지근한 감정은 국가 지도자로서 칭찬받을 자질이라 할 수 있다.(583쪽)

하루도 조용한 날 없는 한국 정치가 배워야 할 자질이다.

[독서일기 19]

RAIN_비

신시아 바넷/ 오수원 옮김/ 21세기북스

비의 탄생부터 하늘에서 개구리가 섞여 쏟아지는 비에 이르기까지 비에 관한 거의 모든 것을 담았다. 재미있으면서 유익하다. 우리에게 비는 익숙하다. 그러나 몇 달만 비가 오지 않으면 우리 삶은 위기에 처한다. 우리의 생존에 비가 소중한 존재이기도 하지만 비가 지구 대기에서 쏟아지는 현상은 암흑의 우주에서 지구가 푸른색으로 떠 있는 만큼이나 기적으로 불러도 좋을 모습이다. 어릴 적 처마 끝에서 마당으로 똑똑 떨어지는 빗방울을 지켜보았다. 동그랗게 만들어진 구멍에 떨어지는 빗방울은 정다웠다. 마당에는 작은 구멍이 파이고 바람이 불면 비는 성긴 직물 모양으로 무리 지어 내리곤 했다. 그렇게 내리는 봄비는 얼마나 마음을 따뜻하게 적셔주었는지, 생각만 해도 즐겁다. 폭우가 오는 날에는 우리의 먼 조상들도 그랬겠지만 방에서 뒹굴며 고즈넉하고 다소 우울한 기분에 잠겼다. 혹시 그런 우울함은 우리의 먼 수렵 채집 조상들이 비 오는 날에는 음식을 쉽게 구하지 못해 걱정하던 마음을 물려받은 게 아닐까 하는 생각도 했다.

저자는 책 처음을 지구에서 최초로 내린 비에서 시작한다. "최초의 비에 대한 최상의 단서들은 오스트레일리아 서부의 잭 힐스 지역에 있다. 이곳의 험준한 오렌지색 사암지대 깊은 곳에서 지질학자들은 지르콘zircon이라는 미세한 광물 알갱이들을 발굴해냈다. 지르콘은 현재까지 지구상에서 발견된 가장 오래된 지구물질이다. 대자연의 가장 신뢰할 만한 시계인 방사성 원소 우라늄은 이 작은 지르콘이 42억 년 전의 광물이라는 사실을 알려준다. 지르콘의 화학적 성질이 암시하는 바에 따르면, 약 42억 년 원시 비가 지각에 내려 웅덩이를 이루기 시작했다. 이 최초의 습지들은 필시 후기운석대충돌기라 불리는 태고대의 최후 시기에 끓어오르다 증발하기를 되풀이했을 것이다. 이 마지막 충돌로 달에 분화구가 생기기도 했다. 운석 폭풍이 잦아들었을 때 비로소 큰비가 내리기 시작했다.

과학자들의 추정에 의하면 이 무렵 갓난아기에 불과했던 지구는 증기구름으로 둘러싸여 있었다. 엄청난 양의 휘발성 물질이 대기 중에 형성되어 있었기 때문에 이 구름은 뉴펀들랜드 지방의 바다 안개보다 두텁고 대평원의 토네이도 기둥보다 시커먼 모습으로 힘겹게 하늘을 떠다니고 있었다. 구름이 많았다 해도 새까맣게 탄 지구의 표면은 여전히 고온 상태였으므로 땅으로 내려오던 비는 중간에서 증발을 반복했을 것이다. 결국 저승을 연상시키는 검은 구름은 터무니없이 무거워졌다. 대기 중의 물 입자와 간간이 반응하던 전기 입자인 번개만이 이 고독한 풍광을 밝혀주었으리라. 수증기는 그야말로 긴 시간 동안 대기 위층에 쌓여 있다가, 마침내 비가 땅까지 내려올 수 있을 만큼 표면이 식자 드디어 재난 수준의 폭우로 수천여 년동안 쏟아져 내렸다.(20~21쪽)

수천 년 동안 내린다는 폭우가 상상력을 어둡게 자극한다. 지구에는 어떤 생명도 없었으므로 이 광경을 지켜볼 생명체는 없었다. 수천 년의 폭우가 검은 바다를 만들었으리라. 바다도 물로만 차 있을 뿐 아무런 생명이 없었다. 그야말로 창조와 원시 그 자체의 바다였을 것이다.

물속에 오래 있다 나오면 누구나 손가락과 발가락이 외계인의 피부처럼 쪼글쪼글해지는 것을 볼 수 있다. 사람들은 물에 불어버린 손가락과 발가락이 말린 대추처럼 쭈그러지는 것이 삼투 현상, 즉 피부가 물을 흡수하여 부풀어 올라 작은 주름이 번지는 현상 때문이라는 믿음을 오래도록 견지해왔다. 그러나 신경생물학자 마크 챈기지의 생각은 달랐다.

2008년 인간의 손 형태를 연구하던 챈기지는 1930년대에 발표된 외과 논문 한 편을 우연히 보게 된다. 이 논문에 따르면 팔 신경이 손상된 환자들은 손가락이 물에 불어도 주름이 생기지 않는다. 신경이 손상된 환자를 치료하는 의사들은 손가락에 주름이 지는 현상이 물에 젖어 생기는 우연한 부작용이 아니라 자율신경계의 작용임을 이미 알고 있었던 것이다.

이러한 주름은 손과 발 이외의 다른 신체 부위에서는 나타나지 않는다. 주름은 비가 많이 오는 조건에 대비할 만큼은 신속히 생기지만 과일을 먹는 따위의 가벼운 물기 접촉으로 생길 만큼 민첩하지는 않다. 챈기지의 추론으로 종합해볼 때 이 주름은 1,000만 년 전 열대우림에 살던 인류의 조상이 빗속에서 뭔가를 붙잡기 위해 적응했다는 것을 보여주는 단서다.(57쪽) 침팬지와 같은 영장류도 이런 손 주름이 생긴다고 한다. 인간의 몸은 오랜 세월 비와 교감해왔던 것이다.

비는 종교와 깊은 연관이 있다. 오랜 가뭄은 인간에게 삶과 죽음을 가르는 대재앙이었다. 구약성서의 신은 비를 내릴 뿐 아니라 적시에 내리겠다고 약속한다. 신명기 11장 13절을 보자. "내가 오늘 너희에게 명하는 내 명령을 너희가 만일 청종하고 너희의 하나님 여호와를 사랑하여 마음을 다하고 뜻을 다하여 섬기면 여호와께서 너희의 땅에 이른 비, 늦은 비를 적당한 때에 내리시리니…." 유대교 전승에 의하면 비는 인간의 정직함을 보장받으려는 신의 술책이다. 신은 비를 내려주겠다고 약속한 직후 너희는 다른 신들을 섬기지 않도록 스스로 삼가라는 경고를 내린다.(102쪽) 종교는 사람들과 이들이 사는 복잡한 세계의 역사를 반영한다. 여기에는 기후에 대한 이들의 믿음과 인식이 포함된다. 기독교와 이슬람교, 유대교의 일신교는 모두 중동의 건조한 모래에서 생겨났다. 일부 역사가들은 이 건조한 땅에서 하늘을 쳐다보며 생명을 주는 비를 바라는 농민에게서 일신교의 뿌리를 찾는다. 반면 다신교는 대부분 비가 흠뻑 내리는 몬순 지대에서 탄생했다.(103쪽) 힌두교의 시바, 크리슈나를 비롯한 수많은 신들이 많은 강수량과 관계있다니 그럴듯한 이론이지만 믿어야 할지는 모르겠다.

  비에 관한 흥미로운 이야기를 모은 책답게 비를 제조하거나 부른다는 레인메이커와 하늘에서 개구리와 물고기가 떨어지는 현상이 왜 일어나는지를 밝힌 다음 노란 비가 내리는 이유도 말한다. 꿀벌의 대규모 '배변 비행'으로 벌의 배설물과 꽃가루가 노란 비처럼 내린다는 것이다.

  이 모든 얘기들의 핵심을 뽑으면 이렇지 않을까. "과학이나 종교나 예술 등 어떤 관점에서 보건 대체적으로 비는 지구의 축복이었고 여전히 그러하다. 비는 지구의 혼돈 가득한 대기의 일부일 뿐 아니라 인류의 혼돈 가득한 자아의 일부이기도 하다."(444쪽)

그림과 영화와 소설과 시와 연극에서 보슬비와 안개비, 장대비와 폭풍우는 비의 형태에 따라 주인공의 마음과 행동에 관계한다. 폭풍우 속을 미쳐서 달리는 리어왕, 비를 맞으며 노래를 부르는 영화 주인공. 모두 잊을 수 없는 장면이다. 비는 인간과 함께 하는 영원한 동반자이다.

[독서일기 20]

읽는 직업

이은혜/ 마음산책

책을 내보면 편집자라는 직업인과 관계를 맺게 된다. 한 권의 책이 형태를 갖춰 독자의 손에 들어오기까지 복잡한 절차를 거치지만 그 단계 중에서 편집자를 빼놓을 수 없다. 편집자는 저자만큼 발간할 책을 잘 알아야 하는 묘한 직업이다.

글항아리 출판사의 편집자인 이은혜는 자신의 직업 생활을 이렇게 평한다.

"편집자는 전문적인 학술 세계에 속해 있지 않으면서도 그들이 축적한 연구를 흡수하려고 끊임없이 기웃거리는 존재다. 글을 읽고, 그에 관해 저자와 대화할 수 있다는 것은 새로운 세계를 구축하고 자기 발전을 이루는 가장 빠르고 핵심적인 방법이다. 또 편집자는 메인 스트림으로 직진해서 어떤 주제를 섭렵하기 좋은 직업이다."(36쪽)

이 직업을 잘 유지하기 위해 이은혜가 저자를 만나는 방식이 나로선 놀라웠다.

"30대 때는 체력과 정신력이 왕성해져 수많은 저자와의 관계를 그물망처럼 엮어나갈 수 있었다. 나는 사적인 관계들보다 저자들과의 관계를 촘촘히 짜나가는 데 시간과 노력을 집중했다. 같이 지방 답사를 갔고, 저자의 학술 모임이나 세미나에 참여했으며, 가끔 연극이나 무용 공연도 함께 봤다. 좋은 식당을 발견하면 저자를 가장 먼저 떠올렸고, 토요일 아무도 없는 사무실에서 교정을 보는데 저자가 찾아오면 그게 참 좋았다."(36쪽)

이렇게까지나 저자와 관계를 맺는다고? 그렇지만 그렇게 관계 맺은 저자와 인연이 영원하지는 않다. 사회적 흐름과 편집자의 개인 관심사와 맞물려 새로운 저자들을 만나게 된다. 글항아리에서 다년간 몰두했던 주제는 '불평등'이었는데 베스트셀러 『21세기 자본』을 낸 후에 이은혜는 불평등한 현실에 놓인 에세이 작가들에게로 눈길이 넘어갔다. 그래서 김미희 작가의 『문 뒤에서 울고 있는 나에게』를 편집하게 되고, 얼마 뒤에는 가난한 이들 중에서도 더 약자인 어린아이나 여성에게로 옮겨가게 된다.(37쪽)

편집자인 이은혜의 관심이 곧 글항아리 출판 목록을 살찌우고, 책을 내면서 다시 이은혜의 시야가 넓어지는 선순환이 일어난 셈이다.

책에는 편집자가 저자와 부딪치는 흥미로운 지점이 여럿 나온다. 각주도 그런 지점의 하나다. 각주는 원래 글쓴이의 실력을 검증하는 세밀한 장치였다. 그러나 후대로 올수록 각주는 출처만 밝히는 무미건조한 공문서처럼 바뀌고 점점 길어져서 본문을 몽땅하게 만드는 현상까지 나타났다. 그리하여 현대에는 한쪽에서 학자들이 각주를 위한 공간을 요구하는 한편, 다른 한쪽에서는 '각주 없는 원고를 써달라'는 출판인들의 요구가 상충하기 시작한다.(46~47쪽)

카프카가 쓴 편지를 읽으면서 나는 각주에 시달린 적이 있다. 편지를 실은 두툼한 책에는 엄청난 각주가 붙어 있는데 각주를 읽지 않으면 내용을 잘 알 수 없고, 각주를 매번 챙겨가며 읽자니 도대체 독서가 제대로 되지 않는 딜레마에 빠졌다.

각주 문제도 이은혜가 책 앞에 쓴 "저자와 역자는 우선 편집자를 설득하려 하고, 편집자는 독자를 상상하며 그들의 욕구를 측정하려 한다."의 '독자 욕구'와 관련될 것이다. 독자는 때로는 까다로우면서 때로는 대범하다. 어떨 때는 각주가 책의 삼분의 일을 차지해도 흔쾌히 받아들이지만, 때로는 각주가 몇 장만 되어도 짜증을 낸다. 그건 성격 다른 연인들의 밀고 당기는 애정과 비슷하고, 책 내용과 시대 흐름과 상응하기도 한다.

이은혜가 검토한 투고 원고 내용은 '왜 글을 쓰는가'라는 질문의 대답이기도 하다. 이은혜가 메일의 원고 투고함을 열면 조건 만남을 해온 여자가 쓴 원고, 조울증을 앓으며 자살을 고심한 의사의 얘기, 우울증에 걸린 딸의 어머니 사연, 층간 소음 피해자 등 다양한 투고 글이 들어있다. 때로는 정신병원에 입원한 환자가 자신의 수용 경험을 보내기도 한다. "수많은 사람이 오늘도 출판사로 원고를 보내온다. 그것들은 자신의 의도와 상관없이 아카이브로 축적되어 거대한 강물을 이룬다. 강물은 때로는 핏빛이다. 하지만 다른 물줄기와 섞이고 모여들면서 하나의 역사를 기록한다. 책으로 출판되기도 하고, 혹은 출판되지 못한 채 출판사 메일에만 흔적을 남긴다. 제 운명을 어느 이름 모를 편집자의 손에 내맡긴 채."(68쪽)

이은혜는 책의 꼴을 잘 잡기 위해 최선을 다한다. 스스로 융통성 없는 성격이라고도 말한다. 2009년에 1권을 낸 뒤 2019년 14권까지 출간한 규장각 교양총서에 자신의 모든 편집 공력을 쏟아부었다. 이은혜는 책에 나오는 유물을 직접 관람하거나 유물이 실린 도록을 사서 모은다. 편집을 잘하기 위해서다. 이은혜는 가는 박물관마다 도록을 구입했고, 절판된 도록은 인터넷 중고 서점과 헌책방을 뒤져 차곡차곡 쌓아갔다. 이은혜는 이 모든 시간과 자원이 책에 고스란히 반영될 리는 없고, 독자가 알아주지도 않으며 수정과 재수정, 배치와 재배치를 거듭하는 편집을 거치고 나면 얼마 만큼 책에 반영될지 모르지만 편집자는 보이지 않는 수백 수천의 시간에 공을 들여야 한다고 말한다.

  책을 내기 전, 마지막 교정 과정에서 역사적 사실과 인명, 지명, 숫자 등을 재검토하는 사람이 있다는 사실을 이 책에서 알았다. 컴퓨터 프로그래머 경력에 수준급의 영어와 중국어 실력을 갖춘 사람이 글항아리 출판사의 팩트체커다. 조선왕조실록에 많은 오기와 오류가 있다고 한다. 책에는 조선왕조실록에 잘못 기재된 사람 이름과 단어가 쭉 나오는데 이런 오류가 있었구나 싶다. 중국의 연호와 지명, 행정구역 용어도 복잡하다. 팩트체커는 이런 사례를 자기 노트에 따로 정리해 표로 만들어두거나 추적에 추적을 거듭해 선대의 잘못을 답습하지 않도록 주의를 기울인다.(97~98쪽)

  외서 기획자도 눈길을 끌었다. 글항아리의 외서 기획자 N은 지적 호기심이 넘쳐나는데, 아마존닷컴, 아마존재팬, 당당닷컴(중국), 보커라이(타이완) 등 해외 서점과 ≪뉴욕타임즈≫, ≪파이낸셜타임스≫를 구독하며 해외 언론 서평란에서 한시도 눈을 떼지 않는다. 영어, 중국어, 일본어에 능통해 에이전시로부터 수많은 원서를 받아 상당 분량을 읽어본 뒤 A4 8장짜리 기획서를 작성한다.(132쪽) N이 글항아리에서 기획한 책을 살피니 내가 읽은 책도 여러 권이다. 최근에도 나는 N이 기획하고 글항아리에서 출간한 『중일전쟁』을 샀다.

중앙지와 지방지를 비교해서 읽으면 지방지의 칼럼이나 기획이 중앙지에 못 미친다는 생각을 자주 한다. 지방에서 먼저 치고 나가는 기획을 얼마든지 할 수 있는데 말이다. 왜 그럴까? 이런 주제는 당연히 취재를 해야 하는데 왜 하지 않을까? 생각하곤 했다. 지방의 출판사도 서울의 출판사에 비해 기획 능력이 떨어진다는 생각을 가끔 한다. 정치와 경제, 문화 모든 영역이 서울에 집중된 서울공화국에서 지방 출판사의 자본력과 기획력이 서울 출판사에 비해 떨어지는 것은 어쩔 수 없지만 충분히 그 격차를 줄일 방도가 있을 것도 같다.

책을 좋아하는 사람으로서 편집자의 이력을 다룬 흥미있는 책이었다. 한 권이 나오기까지 많은 공이 들어가는 책이 한국 사회에서 더 대접을 잘 받았으면 하는 마음이다.

[독서일기 21]

감염도시

스티븐 존슨/ 김명남 옮김/ 김영사

    1854년 여름에 런던 소호지역에서 퍼진 콜레라를 추적한 책이다. 인류의 의학 지식이 얼마나 힘겹게 한층 한층 쌓여 올려졌는지를 보여주는 자료이기도 하다.
    런던의 의사 존 스노는 콜레라 발생을 추적해서 브로드 가의 펌프 물을 유력한 원인으로 지목한다. 존 스노가 콜레라 발생 상황을 조사하면서 1854년 가을에 만든 것이 유명한 감염 지도다. 사망 사례 하나하나를 두꺼운 검은 막대기로 표현해서 사망자 수가 많은 건물은 훨씬 두드러지게 보이게 했다. 그리고 지도에서 기본적 거리 배치, 소호 일대에 있는 공공 급수 펌프 13개의 위치를 제외하고 나머지는 다 없앴다. 브로드 가 펌프 주변에는 사망자가 너무 많아서 거리를 둘러싼 검은 막대기들이 엄숙한 고층건물처럼 보였다.(227쪽)
    콜레라는 존 스노가 예측했듯이 수인성 전염병이다. 당시 콜레라 원인은 감염설과 독기설로 나뉬는데 감염설은 콜레라가 사람에서 사람으로 옮겨지는 모종의 '매개체'를 통해 마치 감기처럼 전달된다고 믿었고, 독기설은 비위생적인 공간에 있는 '독기'때문이라고 믿었다. 그 시대에는 콜레라의 발생 원인으로 독기를 지목한 독기 이론이 대세였다. 독기 이론은 그리스 시대부터 병의 원인으로 인정된 전통 있는 이론이었고, 도시의 악취는 주민 누구나에게 혐오 대상이었다. 사람의 뇌는 어떤 종류의 심한 냄새를 맡을 경우, 무의식적 혐오 반응을 일으키게 하는 효율적 경고 체계를 진화시켰다.(158~160쪽)

1854년 당시 런던은 인구 240만 명으로 지구상 가장 큰 도시였다. 19세기 초엽에는 100만 명에 불과했는데 급속하게 는 것이다. 현대적 쓰레기 관리 체계가 없는 상태에 많은 인구가 몰려 살았으니 심하게 역한 냄새들이 퍼졌다. 또 인간의 지각 체계상 미세한 것을 인지하는 데 코는 눈보다 민첩하다. 콜레라가 수인성이라고 주장하려면 연구자는 한없이 작은 것, 즉 눈에 보이지 않는 미생물의 세상은 물론이고, 소화기관과 우물물을 마시거나 상수회사에 요금을 지불하는 사람들의 일상적 습관까지 파악해야 했다. 독기 이론은 복잡할 것이 별로 없었다. 그저 공기를 가리키며 이렇게 말하면 되었다. "이 냄새, 나지요?"(163쪽)

1831년 전까지, 영국 땅에는 콜레라 발병 사례가 없었다. 콜레라 자체는 기원전부터 세계 곳곳에 퍼진 오래된 질병이었다. 그러다 1831년에 영국 땅에서 콜레라는 맹렬하게 번져 2만 명이 넘는 사람이 죽었다. 첫 발발 이후로 콜레라는 영국에서 몇 년마다 한 번씩 기세를 올려 수백 명의 아까운 목숨을 앗아가거나 대유행을 일으켰고 다시 잠복하곤 했다.(49~50쪽)

존 스노는 마취제인 클로로포름을 연구해서 실전에 적용한 연구 덕분에 미천한 출신의 외과의사에서 빅토리아 시대 런던 최고의 명의로 신분상승을 한 의사였다. 스노는 콜레라가 발생한 집들과 주변 집들의 환자 상황을 조사하고 발병 패턴, 위생 습관, 건축 등 세심한 점까지 살폈다. 그는 콜레라 사망 통계도 살펴 마당 단위로 보든, 도시 전체 단위로 보든 식수원을 중심으로 콜레라가 활동하는 것을 파악했다. 독기론이 옳다면 어째서 이처럼 제멋대로인 발병 구획이 그려질까? 어째서 콜레라는 한 건물을 초토화시키면서 옆집은 가만히 두는가? 어째서 한 빈민촌이 위생 상태가 더 나쁜 다른 빈민촌보다 두 배나 높은 사망률을 기록하는가?(96쪽)

1854년 9월 7일 목요일, 세인트제임스 교구 이사회가 질병과 지역 반응을 논하기 위해 긴급 모임을 소집했다. 존 스노는 모임에 참석해서 자신이 조사한, 브로드 가 우물과 콜레라가 연결된다는 주장을 펼쳤다. 이사회 위원들은 스노의 주장에 회의적이었지만 다른 선택의 여지가 없었고 만약 스노의 주장이 옳다면 수많은 목숨을 구할지도 모른다고 판단해 브로드 가 우물을 폐쇄하기로 의견을 모았다.(192쪽) 다음 날인 9월 8일 금요일 아침, 브르드 가의 펌프 손잡이가 제거되었다. 후에 최종 집계를 했을 때 브로드 가 펌프로부터 229미터 반경 내에서 2주도 안 되는 기간에 거의 900명이 죽었다. 브로드 가 인구는 말 그대로 격감했다.

저자는 브로드 가 펌프 손잡이 제거는 역사적 반환점에 해당하는 일이라고 평가한다. 마지막 희생자가 사망하고 운 좋은 몇몇이 회복한 이후 며칠을 끝으로 브로드 가의 콜레라는 사라졌다. 펌프 손잡이 제거는 지역의 회생 이상을 의미한다. 그것은 인간 때 콜레라균의 싸움에서 하나의 반환점이었다. 공공 기관이 과학적으로 옳은 질병 이론에 입각하여 콜레라에 대해 정당한 조치를 취한 최초의 사례인 것이다. 펌프 손잡이 제거 결정은 전염병의 사회적 패턴을 체계적으로 조사하여 질병이 인체에 미치는 영향에 대한 특정 가설의 예측들을 확인한 결과를 바탕으로 했다. 그리고 도시라는 조직 덕분에 가시화된 정보를 활용했다. 사람들은 처음으로 미신이 아니라 이성을 무기로 도시를 장악한 콜레라균에 맞섰던 것이다.(195쪽)

런던의 관료들도 그 후 템스강에 투하하는 하수로 인한 수질 오염 문제를 해결하기 위해 방대한 하수망을 놓기로 했다. 바잘젯의 하수망은 에펠탑 건설만큼 역사적이면서도 고된 작업이었지만 눈에 안 띄는 땅 밑에 자리하다 보니 보다 더 상징적인 다른 시대 업적들처럼 자주 이야기되지는 않는다.(243쪽)

현대인들도 서울의 1,000만 인구가 쓰는 하수가 어떤 처리를 거쳐 어떻게 방류되는지 잘 모른다. 현대의 정교한 기술과 행정 체계를 믿고 있을 뿐이다. 현대 대도시의 지상뿐 아니라 지하를 유지하는 기술자들과 공학자들은 더 대접받아 마땅하다. 언론은 늘 정치인 시장에 주목하지만 그 뼈대는 묵묵히 일하는 사람들이다.

책은 해피 엔딩으로 마무리된다. 19세기 마지막 몇 십년 간, 질병 세균설이 곳곳에서 지지를 얻고, 눈에 보이지 않는 박테리아와 바이러스의 세계를 탐사하는 미생물 추적자들이 새 세대를 이루며 독기론자들을 대체했다. 독일 과학자 로베르트 코흐는 결핵균을 발견한 지 얼마 지나지 않아 콜레라균도 확인했다. 1883년에 이집트에서 일하던 중이었다. 코흐는 30년 전에 파치니가 발견한 것을 재발견했을 뿐이지만 파치니는 오래전에 잊힌 인물이었다.

안타깝게도 콜레라는 사라지지 않았다. 1990년대 초 남아메리카 대륙에 터진 콜레라는 100만 명 이상을 감염시켰고, 그중 최소 1만 명을 죽였다. 2003년 여름에 이라크 전쟁으로 상수 체계가 망가진 바스라에서도 콜레라가 터졌다. 발전도상국 도시들이 씨름하는 문제는 1854년의 런던이 당면했던 문제를 고스란히 비추고 있다.(252쪽)

존 스노는 1858년 6월, 45세의 나이에 뇌졸중으로 죽었다. 친구들은 스노가 자신의 몸을 대상으로 무수히 행했던 마취제 흡입 실험이 때이른 죽음의 이유라고 생각했다.(242쪽)

박경리의 소설 『토지』에서 콜레라가 번져 윤씨 부인 등이 죽는다. 조준구는 일본에서 얻어들은, 물을 끓여 먹으면 괜찮다는 지식으로 살아남아 최 참판댁 재산을 탈취하는 데 성공한다. 콜레라는 머나먼 조선까지 영향을 미친 전염병이었다.

콜레라 퇴치는 존 스노와 같은 위대한 의사 덕분에 가능했다. 코로나 바이러스 역시 지금 이 순간에도 실험실과 현장에서 싸우는 과학자와 의료진 덕분에 극복될 것이다.

[독서일기 22]

트랜스퍼시픽 실험

매트 시한/ 박영준 옮김/ 소소의책

부제가 '중국과 미국은 어떻게 협력하고 경쟁하는가'이다. 나는 미국과 중국이 정말 격렬하게 싸우는지 의심스럽다. 언론에 매일 나오는 미중 갈등은 한 면만 보는 것이 아닐까. 그건 시장을 과점하고 있는 A 정유사와 B 정유사가 서로를 맹렬하게 비난하지만 실제로는 시장을 독과점하고 있는 그들의 지위에 영향을 주지 못하는 것과 비슷하다. 소비자들은 A 정유사와 B 정유사가 너무 치열하게 싸우는 바람에 둘 중 하나가 곧 거꾸러질 것이라고 생각하지만 두 회사의 이익이나 시장 점유율은 굳건하다. 두 회사는 그렇게 치열하게 싸우는 모습을 세상에 보여줌으로써 치열한 경쟁이 존재한다는 환각을 불러일으키며 제3자가 석유 시장에 진입하는 것을 막는 것이 목적일지도 모른다. 겉으로 보이는 것과 달리 두 회사는 독과점의 이익을 계속 향유하고 있기 때문이다.

무엇보다 미소의 경쟁과는 달리 미중 경쟁은 자본주의 체제 내에서의 경쟁이라는 점이 다르다. 미중은 '협력과 경쟁'이라는 부제처럼 적어도 경제에서는 서로 얽히고 얽혀 어디가 머리이고 어디가 꼬리인지 모르는 뱀을 닮았다. 몇 년 전에 미국 서부를 여행 다닌 적이 있다. 라스

베이거스에서 가는 호텔마다 로비에 성대하게 중국 춘절을 축하하는 장식을 내걸었다. 쏟아져 들어오는 중국 관광객들이 라스베이거스 호텔과 카지노를 얼마나 살찌우는지 두말할 필요 없는 상징이었다. 이런 노다지를 미국 관광업계가 그냥 놓칠 수 있을까?

언론인이자 중국 분석 전문가인 매트 시한은 미국과 중국 사이에서 일어나는 긴밀하고도 다면적인 교류를 캘리포니아에서 찾는다. 여기서 중국인 투자자, 유학생, 관광객, 최신 기술 전문가, 영화제작자, 주택구매자들의 파노라마가 펼쳐진다.

미국은 자타가 공인하는 강대국이다. 중국은 부상하는 신흥 강대국이다. 두 나라 사이가 평안할 리는 없다. 문제가 더 복잡해진 이유는 서유럽 학자들의 이론과 달리 중국이 자유시장, 자유언론, 민주정치 같은 과정을 거치지 않고 현재 위치에 도달했기 때문이다. 대신 중국은 레닌주의 정치체제와 국가 주도의 경제개발, 그리고 언론과 문화 통제가 배합된 시스템에 의존한다.(21쪽)

먼저 미국에서 급증하는 중국 유학생을 보자. 샌디에이고 카운티에 있는 지역 전문대학 사우스웨스턴 칼리지 학생신문은 「UCSD가 우리의 자리를 부자들에게 내주고 있다」라는 기사를 실었다. 캘리포니아 대학교 샌디에이고 캠퍼스UCSD에 외국 학생이 급증한 현상을 꼬집은 기사였다. 2007년부터 2013년까지 UCSD에 신입생으로 들어온 중국 학생은 258명에서 2,099명으로 여덟 배가 늘어났다. 기자는 'UCSD는 사우스웨스턴 칼리지의 학생들을 원하지 않는다. 우리가 외국 학생들만큼 돈을 가져다주지 않기 때문이다. 물론 틀린 말은 아니다.'라고 기사를 썼다.(49쪽) 문제는 캘리포니아 대학이 저소득층 학생을 많이 받으면서 재정 압박을 받고 있고, 중국 학생들의 수업료에서 그 차액을 메꿀 수밖에 없는 상황인 것이다. 부유한 중국 학생들은 예산 감축으로 어려움에 빠진 미국의 대학에 경제적으로 큰 도움을 주었다. 하지만 미국의 학생들과 교수들은 대학 입학허가서가 상품처럼 돈으로 사고 팔리는 상황에 지속적으로 반발했다. 2018년 UC는 마침내 캘리포니아 비거주자의 등록 비율을 전체 학생의 18퍼센트로 제한하는 정책을 발표했다. 2017~2018학년도에 이미 이 비율을 넘긴 학교는 그 수준에서 현상 유지가 가능했다. 따라서 앞으로 다른 조치가 취해지지 않는다면, 캘리포니아에서 공부하는 중국 학생의 수는 오늘 현재가 최대인 셈이다.(79쪽) 트럼프 정부는 2018년 봄에 중국 학생들의 미국 비자를 전면적으로 금지할 정책을 검토하기도 했다. 그런 정책은 현실적으로 실행되기 어렵다. 라스베이거스 호텔처럼 미국과 중국은 서로 얽혀 있기 때문이다.

구글을 비롯한 미국의 기술기업은 중국 시장에 진입하면서 기업윤리와 경제적 이익 사이의 딜레마에 부딪혔다. 중국은 '만리방화벽'이라는 인터넷 검열 시스템을 두고 있고, 외국 기술기업을 중국공산당의 통제 아래 두려고 했다. 미국의 기업만 이런 딜레마에 빠진 것이 아니었다. 중국에 분교를 열고자 하는 미국의 대학, 중국에 영화를 수출하는 헐리우드의 영화 제작자, 중국 공산당과 충돌하면 외교 차질이 생길까 우려하는 각국 정부도 적당한 참여와 도덕적 원칙 고수라는 두 갈래 길 앞에서 고민했다.(93쪽)

구글은 중국 정부의 방침에 맞춰 방화벽이 차단한 사이트 하나하나를 찾아내서 검색 결과에서 삭제해야 할 사이트 목록에 포함시키는 고단한 작업을 했다. 구글의 중국 사업부 직원들은 종종 자신들이 한쪽 손이 묶인 채 싸우는 것과 비슷한 느낌을 받았다. 구글 차이나에서 제공하는 제품을 수정하려면 매번 실리콘밸리의 경영진에 승인을 받는 절차가 필요했다. 이 과정에는 때로 몇 주 또는 몇 개월이 소요되었다. 이는 현지화 전략과 정반대되는 길이었다.(109쪽) 하루하루가 급한 인터넷 검색 시장에서 몇 주, 몇 달이란 시간을 낭비하면 경쟁이 될까? 구글은 결국 2010년 방화벽 프로그램으로 정보를 통제하겠다는 중국에서 철수했다. 그런데 중국 정부의 외부 정보 통제라는 정책이 예상외의 소득을 가져왔다. 중국 정부가 세계적인 기술 대기업의 국내 진출을 막은 덕분에 중국 내에서 탄생한 기술 브랜드가 성장할 수 있는 여건이 조성되었다. 중국의 검색 시장은 바이두가 차지하고, 웨이보가 트위터의 경쟁자로 떠올랐으며, 위챗이 가장 대중적인 소셜 미디어 공간으로 등장했다.

중국의 인터넷은 도입된 지 20년이 지나도록 주류 사회의 언저리에 머물러 있었다. 그런데 2014년이 되면서 중국의 인터넷 서비스가 캄브리아기 대폭발 같은 엄청난 변혁을 맞았다. 채팅 앱처럼 보이는 위챗이 그 선두에 섰다. 초기의 위챗 앱은 사용자가 문자메시지를 보내고, 사진이나 동영상을 교환하고, 음성메시지를 주고받는 용도로 쓰였다. 그러던 2014년, 춘절이 돌아오자 텐센트는 사용자들이 위챗에서 디지털 홍바오(일종의 세뱃돈)를 주고받을 수 있도록 만들었다. 이 재미있는 기능을 사용해보려는 수천만 명의 사용자가 너도나도 자신의 계정에 은행 계좌 정보를 등록했다. 엄청난 수의 사용자가 앱을 통해 금전 거래를 할 수 있도록 만든 위챗은 그때부터 하루가 멀다 하고 새로운 기능을 내놓았다. 사용자들은 앱으로 택시를 부르고, 공과금을 납부하고, 호텔을 예약하고, 자선단체에 기부하고, 비행기표를 구매하고, 심지어 금융상품에 투자를 했다. 위챗은 중국식 관료주의적 서비스의 불편함을 해소해준 것이다. 위챗은 오프라인 세계로 본격 진입하면서 사용자들이 어떤 형태의 물리적 상거래에서도 앱을 열고 코드를 스캔하면 간단히 돈을 지불할 수 있게 만들었다. 중국의 상거래에서는 그동안 신용카드가 거의 사용되지 않고 현금 거래를 바탕으로 움직였다. 그런데 2015년이 지나자 위챗의 디지털 결제 기능으로 세상이 하루아침에 바뀌었다. 알리바바도 자사의 알리페이 앱에 코드를 스캔해 돈을 지불하는 기능을 추가했다. 무 현금거래라는 새로운 경향은 모든 사회계층으로 번져나갔다. 이 현상은 사회적, 직업적, 관료적, 상업적 영역을 망라해 중국인들 삶의 모든 측면을 장악했다. 그리고 앱으로 음식 배달부터 온갖 서비스를 주문하게 되었다.(142쪽)

이런 중국의 스타트업 열기는 2014년에 알리바바가 미국 IPO역사상 최대 규모로 뉴욕 증시에 상장하고, 중국의 리커창 총리가 '대중창업 만중창신大衆創業 萬衆創新'을 주창하면서 절정에 이르렀다.

하지만 중국의 기술기업을 둘러싸고 현재는 찬 바람이 세차게 불고 있다. 지난 10년 동안 중국 정부는 기술 분야에서 세 가지의 주요 성과를 거두었다. 그들은 국내 인터넷에서 정치적 논의를 봉쇄했고, 실리콘밸리의 거물들을 굴복시켰으며, 중국을 세계적인 기술 초강대국으로 만들었다. 워싱턴 DC의 정치가들은 중국이 위험한 경쟁자로 변하는 모습을 목격하고, 전투 태세에 돌입했다. 바야흐로 '국제적 기술 냉전'이 시작된 것이다. 그동안 양국이 수립했던 중국인들의 실리콘밸리 투자, 국경을 초월한 연구 네트워크, 기술 인재의 교류와 같은 유대 관계는 사라지고 있다. 그리고 미중의 기술전쟁이 미국과 중국을 떠나 베트남, 브라질, 인도, 멕시코 같은 새로운 시장으로 옮겨가고 있다. 또한 두 나라는 최첨단기술의 선점에 자국의 미래가 달려 있다는 사실을 인식하였으며 중국은 사상 처음으로 이 경주에 본격적으로 뛰어들었다. 인공지능과 같은 기술과 기술기업에 관해서는 미중 사이에 치열한 경쟁이 남은 셈이다.(171~172쪽)

책에서 가장 흥미로운 사례가 캘리포니아 랭커스터 도시의 시장인 렉스 패리스였다. 그는 중국이 자신의 도시에 투자하기를 원했다. 그는 중국이 강대국인 점도 인정했으며 미국이 세계를 지배하는 시절은 이미 지나갔다고 말한다. 랭커스터는 항공우주산업 도시였는데 냉전이 끝나자 실업률이 10퍼센트로 두 배 이상 늘어나고 마약과 폭력 범죄가 늘어났다. 렉스 패리스시장은 중국의 전기자동차 회사인 BYD를 랭커스터에 유치했다. 그는 중국과 미국이 서로 윈-윈 하기를 바랐는데 중국이 주장하는 신형대국관계에서 얻는 이점과 비슷했다. BYD는 2013년 5월 자사의 첫 번째 해외 공장을 캘리포니아의 작은 도시 랭커스터에 설립한다고 발표했다.

BYD는 캘리포니아 주지사와 시장이 자신을 두 팔 벌려 환영하자 모든 준비가 끝났다고 판단했다. 하지만 BYD는 미국의 자유언론이나 시민단체는 철저히 무시했는데 중국에서는 그런 부류의 사람들을 본 적이 없었기 때문이다. BYD는 곧 언론과 운동가로부터 융단폭격을 당하게 된다.(288쪽)

뜨거운 맛을 본 다음에야 BYD는 이들과 관계를 개선하려는 '현지화' 작업을 하게 된다. 이 사건은 미국과 중국의 기업문화와 사회시스템이 얼마나 다른지를 여실히 보여준 사례였다. 중국은 미국인에게 일자리

등 상당한 이익을 안겨주면 만사가 술술 풀려나갈 줄 생각했지만 현실은 그렇게 낙관적으로 흘러가지 않았다. 저자는 중국을 세계적 강대국으로서는 이제 청소년기에 접어든 국가로 비유한다. 세계무대로 발을 내딛는 중국 기업은 자신감에 넘치지만 경험은 부족하다.(289쪽) 이건 미국이나 일본 기업이 세계로 진출해서 현지화를 할 때도 마찬가지로 일어난 일이라고 볼 수 있다.

중국은 2010년대 초반에 미국 캘리포니아에 엄청난 부동산 건설 및 투자를 했다. 2011~2015년에 중국인이 미국 부동산을 구매한 금액은 286억 달러로 네 배가 넘게 급증했고 미국 주택 구입자로는 압도적으로 1위였다. 2011년 중국인은 주택 한 채를 구입하는 데 평균 37만 902달러를 지불했지만, 2016년에는 거의 100만 달러를 썼다. 그리고 그 금액 중 3분의 2를 현금으로 지급했다. 중국인들은 캘리포니아 교외 지역의 고급 주택도 많이 사들였는데, 이민자를 포용하는 자부심이 강한 주민들은 중국인에게 불만이 폭발했다. 저자는 이를 의미심장하게 표현하고 있는데 백인 주민들이 그동안 마음속에 간직하고 있던 이민자에 대한 서사가 역전되었기 때문이다. 전통적으로 미국인은 '지치고, 가난하고, 불쌍하고, 겁에 질린' 이민자에게 문을 활짝 열어주었다. 그런데 이주해 온 사람이 자신보다 훨씬 부자라면 어떻게 해야 할 것인가?(296,303쪽) 그가 중국에서 쌓아올린 성공적인 경력의 대가로 미국 집을 샀다면 어떻게 되는 것일까? 언론인 프랭크 숑은 이렇게 말한다. "최근 미국에 몰려든 중국인 이민자의 사고방식은 과거와 확연히 다릅니다. 그들은 미국인의 성공 스토리에 열광하고 아메리칸드림을 추구하기 위해 이 나라에 온 것이 아닙니다. 그보다는 세계 각국을 자유롭게 드나들 수 있

는 미국의 여권이나 교육의 우수성이 더욱 매력적인 요소로 작용했기 때문입니다."(322쪽)

상하이 출신 카렌은 두 아이를 데리고 캘리포니아 팔로알토 지역 집을 400만 달러에 구입했다. 아이들은 지역의 중학교와 고등학교에 다니면서 빠르게 적응했다. 그런데 트럼프 행정부가 들어서고 정치적 기류가 급격히 변하면서 미국에 대한 카렌의 환상은 적지 않게 훼손되었다. "처음에는 미국이 매우 관대하고 포용적인 나라라고 생각했지만, 이제는 그렇지 않다는 걸 알게 됐어요. 안전 문제도 큰 골칫거리예요. 뉴스에서는 매일 총기 범죄 이야기가 나오죠. 밤에는 감히 집을 나설 엄두도 내지 못해요."(325쪽)

책에는 미국과 중국의 경제와 민간 교류에 관한 흥미로운 이야기가 많다. 태평양을 건넌 이들 두 나라의 미래 관계는 어떻게 될까? 저자는 맺는 말에서 '이제 시작일 뿐이다'라고 말한다. '새옹지마'의 고사를 인용하면서 두 나라의 관계가 어떻게 될지는 알 수 없다고 말한다. 좋은 일이 나쁜 결과를 가져오고, 나쁜 일이 좋은 결과를 가져올 수도 있다. 워싱턴 정가의 중국을 향한 태도는 과거 어느 때보다도 강경해졌다. 트럼프 정부에 이어 바이든 정부도 마찬가지다. 지난 수십 년간 신흥국가 중국과 긍정적 관계를 수립하는 전략을 지향했던 정책입안자나 기업의 리더는 이제 완전히 궤도를 수정했다.(381쪽)

나는 미국과 중국의 관계 변화는 중국의 급속한 성장 때문이라고 생각한다. 중국이 계속해서 이쑤시개나 장난감을 싸게 만드는 수준이었다면 미국은 큰형님으로 행복하게 중국을 낮춰보았을 것이다. 그러나 중국은 5G 기술에서 미국을 앞서 나가는가 하면(화웨이), 달 뒷면에 착륙선을 보내기도 하고, 일대일로를 통해 새로운 세계전략을 짜고, 우주에 수십개의 위성을 쏘아올려 미국GPS와 유사한 베이더우 시스템을 완성하기도 했다. 중국이 미국에 고급기술 등에서 밀리는 건 사실이지만 미국과의 격차를 빠르게 좁히고 있다. 중국은 한때 공개적으로 경제력에서 2035년에 미국을 넘어선다고 천명하기도 했다. 2035년이라면 불과 14년 후다. 두 거인의 '경쟁과 협력'이 어떤 방향으로 나가서 어떤 결과를 가져올지 그야말로 '새옹지마'인 셈이다. 중국은 미국과 유럽이 천명하는 인권외교도 위선이며, 속마음은 중국을 비롯한 나라들을 억압하기 위한 도구라고 본다. 미국과 유럽은 제국주의를 통해 수많은 인권유린을 저질러놓고 이제와서 세계 인권을 말하다니 철면피하며 다른 흑심이 있다고 보는 것이다.

　미국과 중국은 국가형태, 국민성, 역사, 문화 모든 면에서 다르다. 중국인은 백 년이 지나도 미국인으로 변모하지 않을 것이며 미국인 역시 마찬가지다. 어느 나라 체제가 더 우월한지 따지기도 어렵다. 두 나라 모두 역사의 징검다리를 차곡차곡 밟아서 오늘에 이르렀기 때문이다. 미국과 중국 사이의 '경쟁과 협력'은 초기 단계이다. 두 국가가 앞으로 어떻게 변화될지, 두 국가 사이의 관계는 어떻게 될지, 세계사의 중대한 변곡점을 관심 깊게 지켜보려고 한다.

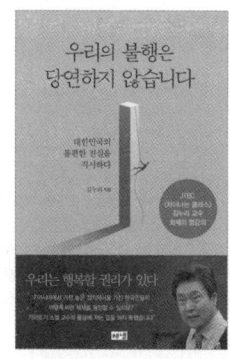

[독서일기 23]

우리의 불행은 당연하지 않습니다

김누리/ 해냄

　김누리 교수가 JTBC <차이나는 클라스>에서 강연한 내용을 정리 보완해서 낸 책이다.

　책에서 가장 흥미로웠던 것이 한국 정치는 '보수'와 '진보'가 경쟁을 한 것이 아니라, 수구와 보수가 권력을 분점해왔다는 주장이었다. 저자는 이를 '수구-보수 과두지배'로 부른다.

　저자는 말하기를 우리나라는 300명 가량의 국회의원 중에서 290명 정도는 '자유시장경제'를 지지하는 자들로, 현재 국회를 구성하고 있는 정당들 중 자유시장경제를 반대하는 정당은 정의당 정도라는 것이다. 세계 어느 나라에서도 이런 극단적인 의회 구성은 찾아볼 수 없다고 한다. 독일 연방의회는 631명의 의원이 있는데 '자유시장경제'를 대하는 정책에 따라 정당이 나뉜다. 참고로 독일은 정당 지지율이 5%를 넘어야 의회에 진출할 수 있다.

　먼저 기독교 민주당을 보자. 독일 총리인 앙겔라 메르켈이 소속된 정당이다. 기민당이 내세우는 기본적인 정책 기조는 '사회적 시장경제'이다. 사회적 시장경제란 시장경제의 활력과 효율성은 활용하되, 시장경제가 몰고 오는 핵심적인 문제, 즉 실업과 불평등은 '사회적'으로 해결해야 한다는 입장이다. 즉 야수적인 자본주의에 시장을 그대로 맡겨서는 안된다는 것이다. 기민당은 조세제도를 통해 시장경제의 야수성을 통제하고자 한다.(165~167쪽)

기독교민주당보다 왼쪽에 있는 사회민주당은 말하자면 '사회(민주)주의적 시장경제'를 주장한다. 시장경제의 효율성은 인정하지만, 인간이 존엄한 존재로 살아가는데 필요한 최소한의 조건이 되는 영역, 즉 교육, 의료, 주거 영역은 기본적으로 시장에 넘겨서는 안 된다는 입장이다. 이런 영역에서는 국가가 공적, 사회적 책임 의식을 가지고 더욱 적극적인 정책을 펼쳐야 한다는 것이다. 독일이 오늘날 모범적인 복지국가가 된 것은 사민당의 이런 정책 덕분이라고 저자는 말한다.(169쪽)

세 번째 정당은 녹색당이다. 녹색당은 시장경제는 용인하지만 그것이 자연을 파괴하는 것은 절대 용납할 수 없다는 강경한 입장이다. 녹색당은 독일 의회에서 10퍼센트 가까이 의원들을 보유하고 있다.

마지막으로 '좌파당'이 있다. 말 그대로 내놓고 좌파 정책을 천명하는 정당으로 이들은 시장경제에 대한 사회주의적 대안을 모색한다는 입장이다.(170쪽) 즉 지난 회기 독일 의회에서는 네 개의 정당, 즉 기민당, 사민당, 녹색당, 좌파당이 있고 이들 정당 소속 631명 의원이 의회에 모여 법안을 만들었으니 자유시장주의자로 가득 찬 한국 여의도에서 만든 법과 얼마나 다르겠냐는 것이 저자의 주장이다.(171쪽) 저자는 독일에서 가장 보수적인 정당인 기민당의 메르켈 총리가 기민당의 정강 정책을 들고 한국 선거에 나온다면 '빨갱이' 혹은 '공산주의자'라고 공격당하리라고 말한다. 저자 주장이 수긍은 간다. 하지만 한국과 같이 남북

분단이 되고, 한국전쟁이라는 엄청난 동족상잔의 전쟁을 겪고, 북한과 휴전선을 맞대고 대치하는 상황이라면 간단하게 한국 정당을 '수구-보수'로 몰기는 곤란하지 않을까. 한국의 두 주요 정당은 보수정당인 건 맞지만 두 정당 사이의 차이가 적지 않다. 한국적 특수성을 충분히 반영해야 할 것이다.

또 저자는 한국인들이 흔히 알고 있는, 서독이 동독을 흡수통일했다는 사실 인식은 잘못되었다고 말한다. 베를린 장벽이 무너진 다음 해 3월에 동독 역사상 처음으로 민주적인 선거가 치러진다. 당시 독일의 집권당이었던 기독교민주당은 빠른 통일을 주장했고, 사회민주당은 점진적인 통일을 약속했다. 동독 주민들은 빠른 통일을 주장한 기독교민주당을 압도적으로 지지했다. 즉 빠른 통일을 선택한 것은 동독 주민들이었다. 이 과정에서 '흡수'라는 말이 들어갈 과정은 없었다.(213~214쪽) 그런데 기독교민주당은 빠른 통일을 하기 위해서 편법을 쓰게 된다. 즉 서독과 동독이 협의하여 새로운 헌법을 만드는 방식이 아니라 동독의 5개 주가 독일 연방에 '가입'하는 방식으로 통일하게 된 것이다. 저자는 동독인들은 자신들이 선택한 빠른 통일의 방법이 자신들을 통일의 패자로 만들었음을 나중에서야 깨달았다고 말한다.

저자는 한국과 독일을 비교하면서 한국을 '병들고 이상한 사회'로 규정하고 있다. 한국은 고등학교부터 시작하는 치열한 입시경쟁이 많은 폐해를 부르고 있다. 독일은 '아비투어'라고 하는 고등학교 졸업 시험에 합격한 학생은 누구든 원하는 대학, 원하는 학과를, 원하는 때에 갈 수 있는 권리를 갖는다고 한다. 아비투어도 그다지 어렵지 않아 대학에 가겠다는 의지만 있으면 거의 대부분 합격한다. 대학생에게는 생활비도 지원한다. 독일 만하임응용대학의 빈프리트 베버 교수는 한국 교육을 살펴보고 나서 "독일은 텐샷 사회인데 반해, 한국은 원샷 사회이다"라고 말했다고 한다. 독일인에게는 열 번의 기회가 주어지는데, 한국인에게는 한 번의 기회밖에 주어지지 않는다는 것이다.(125쪽) 그리고 한 번의 기회는 고등학교 3학년에 치르는 대학입학시험과 연관되어 있다.

저자 말대로 한국 교육과 입시 제도는 심각한 문제를 안고 있다. 그건 한국인 누구라도 동의할 것이다. 그렇다고 독일의 제도는 '선'이고, 한국의 교육제도는 '악'이라고 단정지울 수 있을까? 멀리는 과거 제도와도 연결되고 가까이는 압축성장을 통한 한국 자본주의의 특성이 된 '승자독식' 패러다임은 워낙 굳건해 한국인은 그 폐해를 알면서도 벗어나지 못하고 있다. 대학입시 제도를 급격하게 바꾼다고 이 문제는 해결될 것 같지 않다. 시간을 들이더라도 차분하게 하나씩 작은 고리부터 풀어야 얽히고 얽힌 큰 매듭도 풀릴 것이다.

저자는 독일이 미국 모델에 대한 '대안 모델'이라는 점을 강조한다. '미국보다 더 미국적인 나라' 대한민국을 개혁하려면 미국에 대한 '안티테제'로 평가받는 독일로부터 영감을 얻을 필요가 있다는 저자 주장에 동의한다. 신채호가 조선에 유교가 들어오면 '조선의 유교'가 되는 것이 아니라 '유교의 조선'이 된다고 평했는데, 한국도 '미국의 한국'이 되면서, 특히 미국의 좋은 면보다 나쁜 면을 더 많이 배우는 것 같다. 한국의 극단적인 정치 대립도 미국의 양극화된 정치 그대로이다. 한국은 세계 최고의 청소년 및 노인 자살률로 악명 높다. 세계 최저의 출산률도 걱정거리다. 나라가 가고자 하는 방향타를 시급히 돌려야 할 때다.

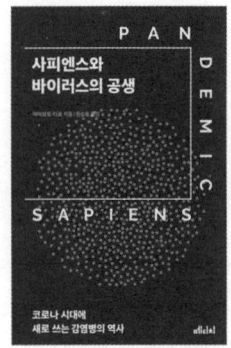

[독서일기 24]

사피엔스와 바이러스의 공생

야마모토 타로/ 한승동 옮김/ 메디치

저자는 감염병 전문가로 2007년부터 나가사키대학 열대의학연구소 교수로 재직하고 있으며 아프리카, 아이티, 아메리카에 장기간 부임하며 감염증 예방과 대응 정책을 세우는 데 공헌했다.

저자는 2020년 8월, 코로나 19가 세계를 괴롭히고 있을 때 쓴 한국어판 서문에서 책을 쓴 문제의식을 이렇게 말한다. "인류는 과학의 눈부신 발전에 힘입어 백신과 치료제를 만들고 지구의 환경을 지배하는 종이 되었습니다. 하지만 동시에 예상치 못했던 곳에서, 생물에게, 처음 보는 바이러스를 옮겨와서 전 세계적인 혼란을 겪고 있습니다. 애당초 감염병이라는 것을 근절할 수 있기는 한 것인지, 그리고 근절해야만 하는 것인지 근원적인 의문마저 생깁니다."(7쪽) "인간이 자연의 일부인 이상, 감염병은 사라지지 않을 것입니다. 감염병과 어떻게 공생하고 어떻게 잘 어울리며 살아갈 것인가 … 그것을 다시 한번 고민할 필요가 있지 않을까요."

어울릴 게 따로 있지, 감염병과 어떻게 공생하고 잘 어울린다는 말일까?

맺음말을 먼저 보자.

"감염병을 근절하면 감염병 저항력을 만들었던 유전자도 함께 도태된다. 대참사를 되풀이하지 않으려면 '공생'적 사고가 필요하다. 나는 의사로서 병원체 때문에 죽어가는 생명을 못 본 체 할 수는 없다. 제방을 만들어 연례 홍수를 막는 것처럼, 부분적으로나마 손에 넣은 의학, 의료기술로 감염병을 퇴치하려 한다. 하지만 감염병 근절이 미래에 종의 위기로 이어질지도 모른다는 사실 역시 우리는 알고 있다."

즉 감염병을 근절하면 우리는 스페인 군인이 쳐들어오기 전의 남미와 같은 상황이 되는 것이다. 소수의 스페인 군인이 가져온 천연두로 남미 잉카 문명은 몰살되다시피 했다. 현대 문명도 그와 비슷한 딜레마에 처하게 되는 것이다.

집에 류왕식 교수가 쓴 『바이러스학』 대학 교재가 있다. 제13장 '양성가닥 RNA 바이러스' 중 하나로 코로나 바이러스가 나온다. "코로나바이러스는 1960년대, 호흡기 감염 바이러스를 찾던 중 발견된 바이러스이다. 감기 등 비교적 증상이 약한 호흡기 질환을 유발한다. 매우 드물게 심한 호흡기 질환과 장염과 뇌염을 유발하기도 한다."라고 기재되어 있다. 2019년 9월 『바이러스학』 4판이 나올 때만 해도 코로나바이러스는 심각하지 않은 바이러스였다. 그 코로나바이러스가 변이에 변이를 거듭해 '코로나 19'로 재탄생한 후, 인류 문명을 위협하고 있다. 누가 그런 변이를 예측했을까? 『바이러스학』 교재에는 무수한 바이러스가 나온다. 모두 잠재적인 변이 후보자다. 특히 대규모 공장식 방법으로 가축을 사육하는 현대에서 가축을 통해 바이러스는 언제든지 급격한 변이를 일으킬 수 있다. 이 모든 바이러스를 통제하고 백신을 만들고 근절하는 게 가능할까?

저자는 서문에서 노르웨이와 아이슬란드 사이에 있는 페로 제도에서 1846년 홍역이 퍼진 사례를 말한다. 페로 제도에서는 65년 전인 1781년에 홍역이 유행해서 많은 사망자를 냈다. 1846년의 홍역 유행에서는 7,800명의 주민 중 6,100명이 감염됐으나 사망자는 많지 않았다.(15쪽) 그에 반해 1875년 남태평양 피지 제도에서 홍역이 유행했을 때는 3개월간 전인구 15만 명 중 4만 명이 사망했다. 사망률이 25퍼센트가 넘었다.(19쪽) 홍역은 '처녀지'등 고립된 집단에서 돌발적으로 유행할 때 큰 피해를 안기는 병이었다. 구미에서는 20세기 초부터 홍역으로 인한 사망률이 크게 내려갔다. 홍역은 치사율이 높은 질병에서 온건한 소아기 질병으로 변모했다. 예방접종이 도입되기 십여 년 전인 1940년대에도, 구미 지역 국가에서의 홍역 사망률은 100년 전의 10퍼센트 수준이었다. 그런데도 개발도상국에서는 지금도 홍역으로 인한 사망률이 5~10퍼센트로 높다.(30쪽) 저자는 이 현상을 이렇게 해석한다. 급성 감염병이 아직 '소아 질병'으로 바뀌지 않은 사회에서는, 몇 십 년의 간격을 두고 돌발적으로 유행한 급성 감염병이 소아뿐 아니라 성인을 포함한 사회 전체에 파괴적인 영향을 끼치곤 했다. 그 큰 비극에 종지부를 찍은 것이 급성 감염병의 '소아 질병화'였다. 그것은 동시에 매년 '작은 비극'을 만들어냈다. 저자는 병원체를 근절하는 것으로는 병 유행을 막지 못한다고 주장한다. 병원체의 근절은 마그마를 응축한 지각이 다음에 일어날 폭발의 순간을 기다리는 것에 지나지 않는다. 근절은 근본적인 해결책이 될 수 없다. 병원체와의 공생이 필요하다는 말이다.(32~33쪽)

저자는 인류 문명이 감염병의 '요람'이라고 말한다. 저자는 문명이 발생하기 이전의 인류에게 감염병은 어떤 존재였을까? 물으면서, 감염병은 작은 집단에서는 살아남을 수 없다고 밝힌다. 수렵 채집 사회는 규모가 작을 뿐만 아니라 '이동'을 했다. 짐승을 사냥하고 식물을 채집하는 등 자연 자원에 의존하는 생활은 한 장소에 정주하기가 어렵다. 정주는 주변의 자연 자원을 고갈시키면서 집단을 파멸로 몰아가기 때문이다.(44쪽)

인류와 감염병의 관계에서 전환점이 된 사건은 농경의 개시, 정주, 야생동물의 가축화였다. 농경의 발명으로 급속하게 인구가 증가했고 정주와 야생동물의 가축화도 일어났다. 약 5만년 ~7만년 전에 호모 사피엔스 인구는 수십만에서 100만 명 정도였다. 농경이 시작된 1만 1,000년 전 무렵에는 인구가 500만 명으로 늘었고, 기원전 500년 무렵에는 1억 명을 돌파했으며, 기원 전후에 약 3억 명이 됐다.(53쪽) 그리고 이런 문명의 대가로 감염병이 찾아온 것이다. 농경으로 발생된 잉여 음식물은 쥐와 같은 작은 동물의 좋은 먹이가 됐는데, 쥐는 벼룩이나 진드기를 통해 페스트 등의 감염병을 인간 사회로 옮겼다. 가축화는 동물에 기원을 둔 바이러스 감염병을 인간 사회로 들여왔다. 천연두는 소, 홍역은 개, 인플루엔자는 물새, 백일해는 돼지 또는 개에 기원을 두고 있다. 이렇게 병원체는 새로운 '생태적 지위'를 획득한 것이다.(59~60쪽)

책에서 갑자기 모습을 감춘 바이러스들이 흥미로웠다. 15세기 후반부터 16세기 중반에 걸쳐 유럽 전역에서 유행한 좁쌀열, 1940년대의 신생아 치사성 폐렴, 1950년대 동아시아 나라들에서 유행한 오니옹니옹열 등이다. 이들은 대체 어디로 사라진 것일까? 이들은 영원히 사라진 것일까? 아니면 자연계의 어딘가에서 변이를 계속하며 잠에 빠져 있는 것일까? 그에 반해 새롭게 출현한 감염병도 있다. 1976년에 수단과 자이르에서 발병한 에볼라, 1980년대의 에이즈, 2003년 유행한 사스, 그 밖에도 마르부르크열, 라싸열, 라임병, 재향군인병 등이 있다. 인간이 바이러스에 적응하는 것처럼, 바이러스도 인간에게 적응한다. 지배적인 바이러스가 인간에게서 사라지면 새로운 바이러스가 그 생태적 지위를 꿰차고 들어온다. 새로운 바이러스가 어떤 변이를 거쳐 얼마나 센 파괴력을 가질지, 우리는 모른다. 코로나 19도 그런 바이러스의 하나가 아닐까? 그래서 저자는 감염병이 없는 사회를 만들려는 노력은 파멸적인 비극의 막을 열기 위한 준비 작업이 될지 모른다고 말한다. 대참사를 되풀이하지 않으려면 '공생'적 사고가 필요하다는 것이다.(265쪽) 그건 결국 인류가 대자연의 생태계를 침해하지 않고 보전하는 방식과 관련될 것이다. 그리고 '공생'에는 미시시피 강의 제방 건설 이전에 매년 일어났던 홍수처럼 '공생 코스트'가 필요하다는 게 저자의 핵심 주장이다.

 미래는 어떻게 진행될까? 바이러스와 공생을 하기 위해서는 결국 자연과 공생해야만 한다. 인류의 상품 생산과 유통, 소비 방식을 크게 바꿔야만 한다. 가능할까? 우리의 현대 문명은, 우리의 자본주의적 문명은 이런 '공생'을 지향하기에는 너무 멀리 길을 나왔는지도 모른다.

[독서일기 25]

우연의 질병, 필연의 죽음

미야노 마키코, 이소노 마호/ 김영현 옮김/ 다다서재

    부제가 '죽음을 앞둔 철학자가 의료인류학자와 나눈 말들'이다. 미야노 마키코는 42세 된 철학자였다. 오랫동안 앓았던 유방암이 다발성 전이가 되어 언제 죽을지 모르는 상황에서 2019년 4월부터 이소노 마호와 편지를 주고 받기 시작했다. 둘 다 여자다.

    책을 읽으면서 의연하고 의연한 미야노 마키코에게 놀랐다. 죽음을 몇 달 앞둔 철학자가 자신의 병과 신체를 놓고 이렇게 깊은 사유를 하다니. 철학자의 '철학'이 무엇인지 보여주는 삶의 자세였다. 암에 걸렸을 때 미야노 마키코의 자세를 들어보자. 이소노 마호에게 보낸 여덟 번째 편지다.

    "8년 전, 병에 걸렸을 때 나는 무슨 생각을 했나? 이소노 씨의 여덟 번째 편지를 읽자마자 그렇게 자문해보았습니다. 유방암 때문에 오른쪽 유방을 전부 절제해야 한다고 들었을 때, 저는 '끝까지 지켜봐주겠어.'라고 속으로 중얼거렸습니다. 내가 겪는 일을 전부 철학의 계기로 삼겠어. 내 연구 주제인 '우연'을 '사랑의 마주침' 같은 미적지근한 말로 논하는 데 그치는 게 아니라, 드디어 '재앙'에 대해서까지 다룰 수 있는

자리에 서게 된 거잖아. 내 몸으로 직접."(196쪽)

미야노 마키코는 일본의 철학자 구키 슈조가 제기했던 '우연성'을 연구하고 있었다. 마키코는 유방암에 걸릴 수도, 걸리지 않을 수도 있었다. 그러면 유방암에 걸린 '우연'을 어떻게 봐야 할 것인가? 이런 '우연'은 우리가 일상에서 늘 마주치고 있다. 그때 다른 학교로 갔더라면? 그때 1초만 일찍 움직였다면 사고를 피할 수 있었을 텐데. 그때 왜 이 사람하고 결혼했을까? 다른 사람도 선택할 수 있었을 텐데. 이렇게 우리 일생은 수많은 우연으로 점철되어 있다. 이건 필연적으로 그렇게 될 수밖에 없는 운명과는 다르다. 도대체 이 우연을 어떻게 해석해야 할까.

마키코는 네 번째 편지에서 이렇게 말한다. "이 세상 만물의 근본에는 최종적으로 왜 지금처럼 되었는지 설명할 수 없다는 수수께끼가 남습니다. 자기 자신의 존재도 마찬가지입니다. 부모님의 만남, 임신 중 어머니의 건강 상태, 생후의 영양 관리 등 수많은 원인을 꼽을 수는 있습니다. 그렇지만 왜 내가 지금 이 모습이 되도록 그 원인들이 조합되었는지는 알 수 없습니다 … 매 순간 갖가지 원인이 우연히 겹쳐서 '지금'이 태어나고 예상하지 못했던 새로운 미래가 펼쳐지는 식으로 우리가 살아가는 현실이 성립되는 것 아닐까요. 구키 슈조는 이렇게 말했습니다. 알 수 없는 미래를 향해 '지금'을 만들어내는 것이 바로 우연이다. 우연은 '현실의 생산점'이다."(103쪽)

마키코는 이소노 마호와 편지를 교환한 지 3달 후에 병세가 급격히 악화됐다.

용감한, 죽기 직전까지 '우연의 철학'과 마주한 마키코가 마지막으로 보낸 편지에서 '우연'을 어떻게 긍정의 에너지로 삼는지 보자. 마키코는 시시각각 악화하는 병 앞에 서서, 죽음과 이소노 마호와의 편지 교환을 심사숙고한다. 그리고 우연에 관한, 영혼을 쏟아부은 진술을 내놓는다.

"이제야 구키 슈조가 『우연성의 문제』의 결론에 적은 수수께끼 같은 말의 의미를 알 것 같습니다. 구키는 이렇게 적었습니다. '나 자신의 깊은 곳으로 빠져 들도록 우연이 때맞춰 해후하게 해야만 한다.' 우연은 알아서 자연스레 생겨나는 것이 아닙니다. 자연 발생만으로는 우연이 일어날 수 없으며, 우리가 그곳에 있기에 우연이 일어날 수 있습니다. 각자 끌어낼 용기를 품고, 우연을 필연으로서 받아들일 각오를 지닌 채 만났기 때문입니다. 그 덕에 불가능했을지 모르는 우연이 일어났습니다. 우연과 '해후하게 한 것/마주치게 한 것'입니다. 우리 각자의 용기와 각오가. 우연이 일어나는 상황은 우리 중 누군가만을 위한 것이 아닙니다. 그 상황에서 우리는 새로운 '나'를 발견합니다."(264쪽)

마키코는 우리가 살아가는 세계에는 이와 같은 '근원적 만남'이 가득하다고 말한다. 그녀는 마지막 편지를 쓰고 이 서한집의 교정을 보면서 죽음을 맞이했다. 마키코는 이 책의 「들어가며」를 2019년 7월 6일 썼고 이튿날 긴급 입원을 했다. 그리고 7월 22일 눈을 감았다.

마키코는 「들어가며」에서 이소노 마호와의 만남과 이별에 관해 이렇게 말한다. 다시 말하지만 이 글은 죽기 불과 보름 전에 쓴 것이다. "늘 불확실한 시간이 흐르는 가운데 누군가와 만나는 것의 의미와 그 만남이 선사하는 놀라움, 당연히 그 만남에서 도망칠 수 있는데 왜 그러지 않았을까, 만남을 통해 과연 무엇을 얻었을까, 하는 의문. 저와 이소노 씨는 이리저리 엉킨 가느다란 실을 더듬어 풀 듯이 뜻밖의 만남이 선사한 인연 속으로 천천히(때로는 서둘러서) 나아가며 고심했습니다."(10쪽)

갑자기 병세가 악화하고, 죽음이 급격하게 다가오는 순간에도 철학자의 사유는 끊어지지 않는다. 그녀는 사람과 사람 사이의 만남과 회피와 이별을 고찰한다. 그리고 독자에게 자신의 죽음과 이 책의 발간에 관해 이렇게 인사를 띄운다.

"마지막으로 여러분이 보게 될 풍경이 그 인연 너머에 있는 '시작'으로 가득한 세계로 이어지길 기도합니다."

우리는 각자의 삶에서 '우연'으로 일어나는 '시작'을 어떻게 바라봐야 할까. 살아서 오늘날에도 역사하는 하나님의 뜻으로 봐야 할까. 어떤 '시작'이 일어나든 구애받지 않고 행복하게 사는 결과에 치중해야 할까. 마키코처럼 그 '시작'이 끌어내는 새로운 '나'에 주목해야 할까.

일본의 철학책이나 인문사회과학 저서의 깊이에 놀랄 때가 많다. 일본의 학문 수준은 높다. 그들은 진지하고 열성을 다해 파고 든다. 그런 수준 높은 학문을 만드는 데 일조한, 미야노 마키코와 같은 철저한 철학자의 삶과 죽음을 대하는 자세에 경의를 보낸다.

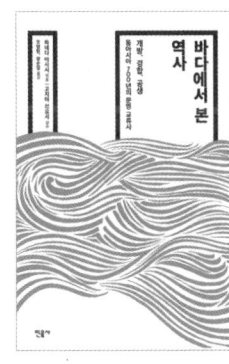

[독서일기 26]

바다에서 본 역사

하네다 마사시 엮음/ 조영헌 외 옮김/ 민음사

　1,000년에 걸친 동아시아 교류 역사를 논한 일본인 연구자의 저서다. 바다에서 바라본 동아시아 역사다. 많은 일본인 연구자가 참여한 공동 연구 성과를 하네다 마사시가 엮었다. 책은 고추와 고구마를 일본, 한국, 중국 등이 부르는 이름을 말하면서 시작한다. 고추와 고구마의 유래를 각 나라마다 다르게 말하는데, '육지'를 기준으로 해서는 모순점을 설명하기 어렵고 '바다'를 기준으로 전파지를 따져보면 쉽게 풀린다는 것이다.

　고구마와 고추가 전파되었던 시대로 돌아가 보면 17세기 초기에 동남아시아 각지에 도항했던 주인선朱印船으로 불린 배가 있다. 도쿠가와 정권으로부터 주인장朱印狀이라는 해외 도항 허가서를 교부 받은 무역선으로, 통상적으로는 '일본선'으로 부른다. 주인장을 교부받은 사람의 30퍼센트는 화인이나 서양인 등 '외국인'이었다. 반대로 중국인이나 서양인이 파견한 배의 선장이 일본인인 경우도 있었다. 1626년의 스미노쿠라부네角倉船을 보면 선장은 일본인이지만, 항해사나 조타수 등은 '남만과 네덜란드 등의 해상 안내 전문가'를 나가사키에서 고용했다. 간부

선원까지 보면 승무원의 혼성률은 더욱 올라간다. 물건을 실은 하주나 자금 투자자도 마찬가지였다. 영국 상관이 파견한 주인선 선체는 중국식 정크선이었으며, 1630년에 네덜란드 상관선이 나가사키에서 목격한 두 척의 서양식 갤리언선 중 한 척은 중국 상인의 소유였고 다른 한 척은 일본인의 소유였다. 후자의 배는 중국 상인이 빌려서 항해를 시작하려던 참이었는데, 그 배의 항해사는 태평양 항로의 에스파냐선을 오랫동안 타고 나가사키를 왕래하며 일본인 여성과 결혼해 무역업에 종사했던 네덜란드인이었다. 이처럼 전근대 바다 세계의 현상은 사람과 배에는 국적이 있다는 관점으로 보려고 하면 지리멸렬해지는 경우가 많다.(23~24쪽) 즉 지은이는 사람과 물품이 이동하고 교류하는 장으로서의 바다인 '해역'을 중심으로 동아시아사를 보려는 것이다. 그것이 이 책의 부제인 '개방, 경합, 공생 동아시아 700년의 문명 교류사'인 것이다.

이런 문명 교류사가 늘 개방으로 이어진 것은 아니다. 13세기와 14세기의 '열려 있는 바다' 시대에는 무슬림 해상과 화인 해상 등의 교역 네트워크가 해역 아시아의 전역으로 확대되었다. 14세기 말에는 명의 조공·해금 체제 하에서 동아시아 해역의 교역은 국가 무역으로 일원화되었다. 명의 조공 무역권은 15세기 초 정화의 원정으로 동중국해와 남중국해에서 인도양까지 확대되었다. 하지만 조공 무역 체제는 15세기 중기부터 장기적으로 침체하는 경향을 보였고, 16세기에 들어서자 해체되기에 이르렀다. 그러자 다시 해상들이 해상무역의 주역으로 떠올랐다. 13세기에서 16세기에 걸쳐 동아시아 해역의 해상무역은 개방에서 통제로, 다시 통제에서 개방으로 순환하는 것과 같은 큰 주기를 보였던 것이다.(162쪽)

책에서 대왜구 시대로 명명한 16세기의 왜구는 논지가 잘 납득되지 않는다. "16세기의 왜구란 1500년대 이후 강남 삼각주에서 광동에 걸쳐 보고된 '왜적'의 소요를 가리키는데, 많은 중국 사료를 통해 이 '왜적'은 절강과 복건, 광동 등 중국 연해 지방 출신자가 대다수를 차지했고, 오히려 일본 출신자는 소수였음을 알 수 있다."(167쪽) 한편 책은 "중국에서도 규슈 지방의 대부분과 세토 내해 연안의 지방들을 '왜구'의 출신지로 간주했다."고도 서술하는데 앞의 주장과 맞지 않다. 책은 16세기 조선에 나타난 왜구를 말하면서 전복 채취를 생업으로 한 포작인이 조선에서 왜구 활동의 선도자나 길잡이로 활동한 사례를 말하고 있다. 왜구의 안내역을 한 진도 출신 사화동이 "일본 고토는 정말 살기 좋다. 조선은 세금이 무겁고 잡은 전복을 전부 가져가 버린다."고 기록한 사료를 인용하고 있다.(174쪽) 우리가 중국과 일본, 조선의 왜구 관련 사료를 직접 보지 않아 단정짓기는 어렵지만, 설령 중국과 한국의 바다 해적들이 일부 '왜구'에 가담했다고 하더라도, 왜구는 일본 해적이 주축이 아니었을까?

16세기에 이미 오늘날의 세계화 시대 무역과 유사한 교환이 일어난 점이 흥미롭다. 1591년 4월에 에스파냐령 필리핀 총독 페레스 다스마리나스는 선주민이 중국제 의복을 착용하는 것을 금하는 정령을 발포했다. 금령이 내려졌는데도 필리핀에서 중국으로 대량의 은이 계속 유출되었다. 16세기가 되자 비단, 도자기 등의 고가의 상품 만이 아니라 중국 농민이 생산한 싼값의 면포가 일용품으로 필리핀으로 수출된 것이다. 13~14세기의 '열려 있는 바다' 시대에는 배의 바닥짐(밸러스트)로 싼값에 부피가 큰 상품도 운반되었지만, 무역상품의 주역은 어디까지나 고가의 사치품이었다. 그러나 16세기가 되자 면포와 식량 등 좀 더 일용적인 대량 소비 물자가 무역품 중에서 중요성을 더해 갔던 것이다.(196쪽)

바다를 통해 철포와 무기도 퍼졌다. 16세기 전반에 포르투갈 세력이 동방으로 진출함에 따라 그들이 들여온 유럽식 화기가 동아시아 여러 지역에 유입되었다. 그 대표가 블랑기포와 철포(화승총)이다. 명은 블랑기포를 개량해 크고 작은 다양한 블랑기포를 양산했다. 1543년에는 포르투갈인이 철포를 다네가시마에 전했다. 철포 제조 기술은 전국시대의 일본열도로 급속하게 보급되었고, 통일 정권이 수립되는 원동력이 되기도 했다. 16세기 말에 도요토미 정권이 조선을 침략했을 때에는 일본의 철포와 명의 화포가 정면으로 부딪치게 되었다. 명군의 대형 화포는 특히 공성전에서 위력을 발휘했다. 이 때문에 도쿠가와 이에야스는 사카이 등에서 대포를 주조하는 동시에 네덜란드 상관에서도 대포를 수입했고, 1614년에서 1615년의 오사카 성 포위전에서는 100문 이상의 대포로 격렬한 포격을 하기에 이르렀다. 명에서도 일본식 철포를 비롯한 화기 기술에 관한 관심이 급속하게 고조되어, 오스만 제국 등에서 다양한 화기를 소개받았고, 활이 주요 병기였던 조선에도 최첨단 화기 기술이 이전되고 생산되었다.(240쪽)

18세기가 되자 중국 인구가 폭발했다. 한반도와 일본 열도의 경우 17세기에 인구가 증가하는 시대였지만, 18세기 중엽에는 보합세에 들어갔다. 그에 비해 중국에서는 17세기 말부터 인구 폭발이 시작되어, 그 무렵 약 1억 5,000만 명으로 추계되었던 인구가 100년 후인 18세기 말에는 3억 명을 돌파하기에 이르렀다. 1750년 무렵의 추계 인구는 일본이 약 3,000만 명, 조선이 약 700만 명이었던 데에 비해, 청은 1억 9,000만 명에서 2억 2,000만 명에 이르렀고 대부분이 한인이었다. 증가한 중국 인구는 청 초의 전란에서 황폐해진 지역이나 개발되지 않았던 산간 지역으로 향했다. 그리고 광동과 복건에서 아주 많은 사람이 베트남의 메콩 삼각주와 보르네오섬 등 남중국해 방면 각지의 미개척지로 이주해 갔다. 남중국해에서 이 시기에 각지에서 화인 사회가 무더기로 생겨나 근현대의 화교로 이어지게 되었다.(351쪽)

18세기에는 바다를 '경계'로 보는 인식이 만들어지고, 동시에 '외국' 의식이 형성되어갔다. 조선에서는 18세기가 되자 종래의 공도 정책에서 진鎭을 설치하는 정책으로 방향을 전환했다. 그 배경 가운데 하나는 청의 해금 해제로 말미암아 황해에 중국에서 온 어선과 해적선이 나타났다는 점이고, 또 하나는 평화 시대에 인구가 증가하고 상업이 활성화됨에 따라 도서부로 이주와 개발이 진행되었다는 점이다. 저자들은 그런 흐름 속에서 동해에서 독도와 울릉도 문제가 나타났다고 말한다. 북방의 오호츠크해 방면에서는 러시아와 일본이 북방 탐사에 나서게 된다. 각 나라의 탐사대가 내놓은 결과에 따라 지도에는 자타의 영역을 보여 주는 분계선과 지명이 기입되고, 바다와 섬들은 누군가에게 귀속하는 것이 되어 갔다. 이제 시대는 암흑의 '공생'인 근세에서 명확한 선이 그어지고 각국이 분쟁하는 '구분되는 바다'의 근대로 이행해 가는 것이다.(367쪽)

학자들의 연구를 엮고 해설한 책이라서 전문적인 내용이 많지만, 근대 이전의 동아시아를 '열린 바다' 중심으로 바라보는 시각이 참신하다. 근대 이전 동아시아 바다는 장벽이 아니라, 사람과 문물이 오고가는 만

남의 장인 것이다. 그렇지만 근세 이전의 조선은 바다란 '만남의 장'을 제대로 활용하지 못한 것 같다. 그나마 개명했다는 정조 임금조차 청나라의 앞선 문물을 배우자는 북학파 주장을 거부했다. 육지라는 '만남의 장'을 활용하지 못한 조선이 바다를 어떻게 활용할 수 있었을까? 조선 몰락은 정해진 코스였다. 그저 안타까울 뿐이다.

[독서일기 27]

행운에 속지 마라

나심 니콜라스 탈렙/ 이건 옮김/ 중앙북스

    이언투자자문의 박성진 대표가 유튜브 대담에서 추천한 책이다. 박성진 대표는 주식투자 방법론으로 가치투자를 주장하고 실천하는 분으로 알고 있다. 주식투자 방법론이기도 하지만 경제와 역사를 보는 철학도 담고 있는 책이다. 계량 트레이더인 저자가 쓴 『블랙스완』을 예전에 읽었다. 그 책과 이 책의 논지는 비슷하다. 『블랙스완』은 2007년에 미국에서 출간되었고 2008년의 미국 금융위기를 예언했다고 많이 알려졌다. 『블랙스완』 주장은 이 세상은 '평범의 왕국'과 '극단의 왕국'으로 구성되어 있는데 대부분의 사람들은 '극단의 왕국'이 존재함에도 그 실체를 보지 못한다고 했다. 극단의 왕국이란 이렇다. 사람이 칠면조에게 매일 매일 먹이를 준다. 칠면조는 하루 이틀, 한 달 두 달, 먹이를 얻어 먹으면서 사람을 좋은 친구로 생각하게 된다. 그렇게 행복한 1,000일이 지난 1,001일째의 추수감사절 날 칠면조는 식탁에 오르게 된다. 평범에서 극단으로 급속 이동을 하게 되는 것이다.

    『행운에 속지 마라』에서도 저자는 인간은 천성적으로 속기 쉬운 존재라는 주장을 펼치고 있다. 또 사람들은 과거에 일어난 사건들은 항상 필연으로 보는 후견지명 편향, 또는 사후확신 편향에 빠져 있다고 말한다. 그리고 상당수의 부와 성공은 운이 좋았던 덕분이라고 주장한다.

저자는 확률적 사고의 핵심으로 과거가 달리 진행되었다면, 세상이 달라졌을 수도 있다는 점을 내세운다. 그는 러시아 룰렛의 예로 들어 확률과 대체역사를 설명한다. 한 괴짜 재벌이 러시안룰렛을 해서 살아남으면 1,000만 달러를 준다고 가정하자. 러시안룰렛은 6연발 권총에 총알을 한 발만 넣어 머리에 대고 방아쇠를 당기는 게임이다. 방아쇠를 당길 때마다 역사 하나가 실현되며, 여섯 개의 역사 모두 발생할 확률이 같다. 여섯 개 가운데 다섯 개는 돈을 버는 역사이고, 하나는 난감한 부고 기사를 신문에 올리는 역사다. 이때 확인할 수 있는 역사는 단 하나뿐이라는 것이 문제다. 나머지 대체역사 다섯 개를 확인할 수는 없지만 지혜로운 사람은 그 속성을 쉽게 짐작할 수 있다. 러시안룰렛을 하려면 어느 정도 생각과 용기가 필요하다. 그러나 이 게임을 계속한다면 결국 불행한 역사를 만나게 될 것이다. 만일 25세 청년이 1년에 한 번씩 러시안룰렛을 한다면, 그가 50회 생일을 맞이할 가능성은 지극히 희박하다. 하지만 이 게임에 참여하는 사람이 많아서 예컨대 25세 청년이 수천 명이나 된다면, 우리는 몇몇 생존자를 보게 될 것이다. 저자는 러시안룰렛으로 번, 즉 행운으로 얻은 1,000만 달러와 치과를 열심히 운영해서 번 1,000만 달러는 질적으로 가치가 다르다고 말한다.

현실은 러시안룰렛 확장판이지만 다른 점도 있다. 첫째 현실에서는 총알이 발사되는 경우가 더 드물다. 6연발이 아니라 수백 수천의 연발 권총에 총알 한 발이 들어 있는 것과 같다. 방아쇠를 수십 번 당겨도 아무 일이 없으므로, 사람들은 안전하다는 착각에 빠져 총알의 존재를 망각한다. 이것이 블랙스완 문제이다. 둘째 러시안룰렛은 정확한 확률 게임이라서 6을 곱하고 나눌 줄만 알면 누구나 쉽게 위험을 계산할 수 있지만, 현실 세계에서는 총구가 보이지 않는다. 맨눈으로 잠재된 위험을 볼 수 있는 사람은 거의 없다. 그래서 사람들은 러시안 룰렛을 하면서도 그 게임이 '저 위험low risk'이라고 생각한다. 우리는 부가 생성되는 모습에만 집중하느라 그 과정을 보지 않기 때문에 위험을 간과하게 되고, 실패에 대해서 전혀 생각하지 않게 된다.(63~66쪽)

최근 30년 동안만 보더라도 블랙스완과 같은 사건은 자주 일어났다. 닷컴버블, 9.11사건, 2008년 미국 서브프라임 금융위기, 코로나 팬데믹. 많은 은행과 투자회사, 개인이 이 과정에서 망해나갔다. 지나가고 보면 이런 역사는 철도 레일처럼 눈에 잘 보이지만, 그 과정 앞에 있거나 지나고 있을 때면 그 의미를 깨닫기 어렵다. 2020년 1월에 코로나19가 중국 우한에서 처음 터졌을 때만 해도 전 세계를 마비시키는 팬데믹이 될 줄은 몰랐다. 불과 1년 몇 개월 전 일도 이런 형편이다.

즉 인간은 천성적으로 역사로부터 제대로 배우지 못한다. 여기서 역사란 일화逸話들이다. 이는 현대의 증권시장에서 똑같은 거품과 붕괴가 끝없이 반복되는 사실에서도 드러난다. 사람들이 사건 이후에 얻은 정보 때문에 사건 당시 자신의 지식을 과대평가하는 현상을 심리학자들은 '후견지명 편향', 즉 "나는 처음부터 그럴 줄 알았어."효과라고 부른다. 이런 후견지명의 심각한 악영향은 과거 예측에 능숙한 사람들은 자신을 미래 예측에도 능숙한 사람으로 착각한다는 점이다.(98쪽)

저자는 정제된 생각을 선호한다. 정제된 생각이란 의미 없는 소음은 제거하고 제대로 된 정보를 바탕으로 하는 생각을 말한다. 소음과 정보를 구분하자면, 소음은 언론에 비유할 수 있고, 정보는 역사에 비유할 수 있다. 어떤 아이디어가 수많은 순환기를 거쳐 오래 생존했다면, 이는 상대적으로 잘 적응했음을 말해준다. 적어도 일부 소음은 걸러진 것이다. 수학적으로 보면, 진보란 새로운 정보의 일부가 과거의 정보보다 낫다는 뜻이지, 새로운 정보가 전반적으로 과거의 정보를 대신한다는 뜻이 아니다. 따라서 의심스러울 때는 새로운 아이디어, 정보, 기법을 체계적으로 거부하는 것이 최선이다. 이런 주장에 반대해서 '새로운 것'과 '더욱 새로운 것'을 옹호하는 주장이 있다. 그들은 자동차, 비행기, 전화, 개인용 컴퓨터 등 신기술이 가져온 극적인 변화를 보라고 말한다. 확률적 사고를 하지 않는 평범한 사람들은 모든 신기술과 발명들이 우리 생활을 혁명적으로 바꿀 것으로 생각한다. 답은 그렇게 명확하지 않다. 지금 우리는 실패한 신기술을 제외하고 성공한 신기술만을 보고 계산하기 때문이다.

    정보에 대해서도 똑같은 주장을 할 수 있다. 귓전을 때리는 '긴급' 뉴스에서 소음 이상의 가치를 찾기 어렵다. 사람들은 대중매체가 그들의 관심을 끌어 돈을 번다는 사실을 깨닫지 못한다. 언론인에게는 입 다물고 있느니 말 한마디라도 하는 편이 낫다.(101~102쪽) 한 치과의사가 진료실에 트레이딩 룸을 만들어 매분 실적을 확인한다고 가정해보자.(저자는 치과의사가 미국 단기 국채보다 연 15% 높은 수익을 얻고 오차율, 즉 변동성은 연 10%로 가정한다.) 그는 심리적으로 탈진 상태가 된다. 저자는 주식 시세를 볼 때 시간 단위가 짧으면 실적이 아니라 변동성, 즉 편차만 볼 뿐이라고 말한다. 우리 심리는 이런 사실을 이해할 수 있도록 설계되어 있지 않다. 어쨌든 치과의사는 빈번하게 실적을 확인하는 것보다 매월 또는 매년 확인하는 것이 훨씬 낫다. 휴대전화나 태블릿 PC로 실시간 주가를 확인하는 투자자는 어리석다. 같은 방법으로 뉴스에는 왜 소음이 가득하고 역사에는(해석 문제는 많지만) 왜 소음이 없는지 설명할 수 있다.(109~110쪽)

저자는 우리 이웃에 사는 '백만장자'를 분석할 때도 이들이 오로지 승자들로 구성됐다는 통계적 오류에 주목하라고 말한다. 투자에 운이 좋았던 일부가 부자가 된 것이다. 예컨대 2000년대 세계 경제는 사상 최대의 강세장이 이어지고 있으며 20년 동안 자산 가격이 천문학적으로 상승했다. 주가지수도 1982년 이후 거의 20배로 상승했다. 이런 경우 베스트셀러 『이웃집 백만장자』에 나오는 사람들은 상당수 자산 가격 상승으로 부자가 되었다는 뜻이다. 이런 강세장을 벗어나서 주가가 계속 하락했던 1982년이나 1935년에 투자했다고 가정하면 결론은 달라진다. 우리는 수많은 대체역사 가운데 실현된 사건 하나를 보고 이를 가장 대표적인 사건으로 착각하는 경향이 있다. '생존편향'은 실적이 가장 좋은 사건이 가장 눈에 잘 띈다는 뜻이다. 왜 그럴까? 패배자는 모습을 감추기 때문이다.(194쪽)

저자는 인간이 재산의 기준을 재설정하는 '기준점 효과'와 대충 추정하는 '어림법'에 잡혀 있다고 말한다. 그래서 행복에서 멀어지고 객관적인 사태 파악에 실패한다. 한 마디로 모든 심리학과 역사를 종합해보면 인간은 자신이 무지하다는 걸 인정하기 무척 싫어하는 사람이다. 전문가들일수록 더 그렇다. 저자는 아침 회의 때마다 우리가 아무것도 모르며 실수하기 쉬운 멍청이들이지만, 천만다행으로 이 사실을 알고 있다고 일깨워준다고 한다.

저자는 머리에 떠오르는 아이디어 중심으로 비체계적으로 책을 쓴 것 같다. 편집자가 고생을 많이 했을 책 같다. 일목요연하게 주장을 펼치는 것은 아니지만 핵심 요지는 충분히 전달된다.

영화 <빅 쇼트>를 보면 서브프라임 모기지로 금융권이 망하고 미국국민이 엄청난 피해를 입는 사건이 어떻게 장기간 진행될 수 있는지 의아할 정도다. 이는 금융권과 우리가 무지해서이기도 하지만, 그 무지는 '탐욕'에서 시작된 것이다. 탐욕이 무지를 가리는 것이다. 큰 이익을 바라면 마음이 어리석어진다는 보왕삼매론의 충고가 딱 들어맞는다. 저자는 투자세계에서(아니 인류사 전체에서) 러시안룰렛의 총구가 항상 우리 머리를 향하고 있다는 강렬한 경고를 보내고 있다. 명심해야 할 교훈이다.

[독서일기 28]

적을 삐라로 묻어라

이임하/ 철수와영희

하늘에서 삐라가 펄펄 내려오는 장면을 보았다. 어린 시절 들판에서였다. 1960년대 후반쯤이었을 것이다. 삐라를 주우려 뛰어갔지만 내용은 하나도 기억나지 않는다. 비행기에서 반짝반짝 빛을 내며 떨어지는 몽환적인 장면만 기억에 남아 있다. 『적을 삐라로 묻어라』는 한국 전쟁기 미국의 심리전을 다룬 책이다. 무엇보다 한국전쟁기에 살포된 삐라 원본과 분석을 싣고 있어 역사 자료로서 가치가 높다. 저자가 미국국립기록관리청에서 구한 수많은 삐라 내용을 보면, 저자가 말한 대로 삐라가 한국인의 냉전 이데올로기를 형성했다는 주장이 맞는 것 같다.

미 극동사령부는 한국전쟁에 참가하면서부터 휴전될 때까지 전선과 후방에 무려 40억 장의 전술 및 전략 삐라를 뿌렸다. 적게 잡은 사료에 따라도 25억 장이다. 삐라 25억 장은 펼치면 한반도를 스무 번 뒤덮고, 지구를 열 바퀴 돌고도 남는 양이었다.(11쪽) 어떨 때는 인민군과 중공군의 무릎까지 덮을 정도로 대량으로 뿌렸고 제작 경비도 엄청났다.

적을 부르는 이름과 이미지 만들기는 전쟁 심리전에서 중요한 작업이다. "한국전쟁 때 삐라의 삽화, 문구, 기호, 이미지는 모두 미국 국무부의 지침을 바탕으로 한 극동사령부 심리전부의 조사와 토론의 결과였다. 따라서 삐라 속 텍스트나 상징, 이미지는 한국전쟁을 다시 읽는 중요한 매개이다. 나아가 삐라 속 텍스트와 상징, 이미지는 전쟁 뒤에도 끊임없이 재생산됐고 한국 사회에 자리 잡았다. 곧 삐라는 '현대 한국인의 신념' 체계가 어떻게 형성됐는가?라는 질문에 답을 찾을 수 있는 좋은 자료 가운데 하나이다."(133쪽)

그 삐라에서 김일성은 가짜고 소련의 꼭두각시이며, 중국은 오랑캐에 러시아의 주구였고, 스탈린은 죽음의 사자였다. 김일성은 한국전쟁을 일으켜 이 강산을 해골로 뒤덮었고, 민족을 파멸에 빠뜨렸으며 각 가정에서 아들딸을 끌어내었다. 1970년대까지 전국 곳곳의 반공 집회에서 참석자들이 외쳤던 '만고역적 김일성'의 원형 이미지인 셈이다.

제2차 대전 때 태평양의 미군 총사령부는 삐라를 뿌려 일본군과 일본인의 투항을 이끌었다. 이를 위한 가장 적절한 방법은 장교와 사병들 사이에 분열을 일으키는 것이었다. 미군이 선전한 '갱스터 군국주의자'와 '평화주의자 천황'이라는 대립 구도는 매우 효과적이었다. 이는 미국 태평양 방면 육군 총사령부 심리전과에서 나온 정책으로 전쟁의 모든 책임과 원인을 군국주의자에게 묻고, 사병들의 정신적 지주인 천황에 대한 직접적인 공격은 하지 않았다. 심리전과는 이러한 정책을 실시한 까닭을 이렇게 말한다. "천황을 반대하는 일본인은 없다. 일본인의 입장에서 천황은 잘못했지만 그 잘못을 따지는 행위는 가톨릭에서 신성모독과 같다. 군국주의자들은 하늘의 아들인 천황을 파괴의 길로 이끌었다. 천황을 속인 그들은 일본에서 존재할 수 없다."(136쪽)

이런 선전 목적은 분명했다. 일본군과 싸우는 미군이 천황을 전쟁범죄자로 몰 경우 일본인들은 개미처럼 죽음을 각오하고 싸울 것이기 때문이다. 그래서 히로히토 천황은 어전회의를 통해 태평양전쟁을 일으킨 전쟁범죄자이면서도 전후에 평화주의자 이미지로 남게 된 것이 아닐까.

한국전쟁 종전기에 비송환 포로를 대상으로 한 삐라에는 '자유'라는 말이 넘쳐났다. 대부분의 삐라는 자신들을 미국이나 영국 같은 특정한 국가나 '자본주의 사회'로 말하지 않고 유엔 또는 자유세계로 표기했다. 그렇다면 자본주의 또는 미국이라 말하지 않고 자유세계 또는 유엔으로 말한 까닭은 무엇일까? 삐라들은 경제체제나 정치체제의 분명한 의미를 담고 있는 용어 대신 모호하고 애매한 용어를 사용했다.(422쪽) 미군 당국은 삐라에서 공산주의의 반대말로 자본주의가 아닌 민주주의란 용어를 사용했다. 또 삐라에서 한반도에서의 싸움은 남한과 북한이 아닌 세계적 싸움이며, 선과 악, 어둠과 밝음, 자유와 구속이라는 대립으로 표현되었다. 이런 이미지는 냉전논리의 핵심으로 굳어졌고, 한국전쟁 동안 냉전논리는 확실하게 한국에 안착되었다.(426쪽)

냉전은 사회주의와 자본주의, 미국식 자본주의가 아닌 다종다양한 사상과 경향들을 친구와 적으로 정리했다. 한국전쟁을 앞뒤로 미국은 유럽에서 전파된 불안한 사상과 정치 성향을 말끔하게 정리해나갔다. 그리고 삐라가 내포한 냉전논리는 한국의 교과서로, 언론으로 퍼져나갔다. 한국이 베트남전쟁에 미국의 보조 부대로 지상군을 파견한 거의 유일한 나라였고, 이데올로기적으로 미국의 가장 강력한 동맹이 된 뿌리는 여기에 있지 않을까? 한국 전쟁 심리전에 관한 깊은 통찰을 보여주는 책이다.

[독서일기 29]

강방천의 관점

강방천/ 한국경제신문

저자가 만든 에셋플러스의 '리치투게더펀드'를 소액 갖고 있다. 10년도 넘게 보유하고 있으니 저자가 이 책에서 주장하는 '좋은 펀드'를 골라 '오래 보유'하라는 투자 철학에 잘 따른 셈이다. 덕분에 나도 애플과 구글(알파벳), 테슬라, 에어버스의 소액 주주이다. 이 책에 저자가 시장이 좋지 않아 투자자들이 펀드 환매를 많이 할 때 투자자들에게 보낸 편지가 실려 있다. 나도 그런 편지를 받아보았다. 편지는 지금의 폭락 상황, 펀드 철학, 보유한 종목 해설, 장기 투자의 이익 등을 강조한 내용이었다. 그런 편지와 분기별로 오는 보고서도 받아봐서 나름 강방천 회장이 이끄는 에셋플러스 펀드의 투자철학을 안다고 생각했는데 이 책을 읽으니 깊이 있게 알지는 못했다는 생각이 든다.

무엇보다 저자가 기업과 사람들의 생활 양식을 바라보는 '상상력'이 인상적이었다. 저자는 책에서 위대한 동업자 세 기업을 말하는데 첫 번째가 1989년 11월에 상장한 한국이동통신(SK텔레콤의 전신)이었다. 그 당시 한국이동통신이 만든 카폰은 벽돌만한 크기에 400만 원이 넘는 고가였다. 초창기에는 가입자도 수천 명에 불과했고 매출액도 적어

PER가 80~90에 달했다. 이동통신 산업은 계속 존재할 수 있을까? 저자는 이 질문을 했을 때 지금은 이동전화를 차 안에서만 쓰지만 앞으로는 걸어 다니면서도 통화를 할 수 있을지 모르며 사람들이 서비스를 계속 원할 거라고 생각했다. 그리고 앞으로 카폰 가격이 떨어지면 수요가 생길 것이고, 기술이 발달하면 가격은 떨어진다고 판단했다. 인프라와 경쟁구도를 살펴보니 한국이동통신은 주파수를 독점해서 받았다. 그럼 한국이동통신 주식을 매수하면 언제 팔면 좋을까? 저자는 거의 모든 사람이 휴대전화를 쓸 때, 즉 저자가 휴대전화를 살 때로 매도 시점을 정했다. 저자는 펀드매니저로 증권회사 자금을 운용했는데 1989년 말, 2만 1,000원에 6만 주를 매수해서 1995년, 76만원에 팔았다.(50~52쪽) 강방천의 '관점'이 성공한 것이다. 저자가 꼽은 두 번째 위대한 동업자 기업 주식은 '삼성전자 우선주'이고 세 번째는 '카카오'였다. 두 주식 모두 선택한 '가치'와 '상상력'이 돋보였다.

저자는 미래를 읽는 힘의 중요한 기초값인 '모바일 디지털 네트워크(MDN)'를 강조한다. 소유보다는 활용, 고정성보다는 이동성, 한계생산성 체감이 아닌 한계생산성 체증 그리고 비용에 매몰되는 승자의 저주가 아니라 비용 증가가 없는 승자 독식이다.(334쪽) 예를 들어 삼성전자의 영업이익은 대단하지만 그 이익 중 70%는 재투자해야 경쟁력을 계속 유지할 수 있다고 한다. 기존의 대형마트 방식으로 운영했던 이마트는 요지에 매장을 늘려야 이익이 늘어날 수 있다. 그런데 '모바일 디지털 네트워크'는 기존 기업의 운영 형태와 달라 MDN을 염두에 두고 미래의 실태와 기업을 생각하는 것이 중요하다고 강조한다.

저자가 미래 산업 중에서 특히 주목하는 자동차 산업을 보자. 저자는 미래 자동차 산업은 전혀 다른 산업으로 재정의해야 하며, 스마트 모빌리티smart mobility로 지칭해야 한다고 말한다.(347쪽) 당연히 하드웨어에서 엔진과 많은 부속이 사라질 것이다. 스마트 모빌리티는 인터넷으로 연결된 대상들, 즉 사물 인터넷의 무한 확장이다. 지금까지는 스마트폰이 사물인터넷 플랫폼 역할을 해왔다. 그 뒤를 이을 플랫폼이 스마트 모빌리티인 것이다. 이동수단이 경험과 체험 그리고 독립된 공간에서 외부와 연결되는 공간으로 바뀌는 것이다. 자율주행이 성사되면 운전대를 놓은 손과 눈은 무엇을 볼까? 온갖 디스플레이와 도구가 아닐까? 저자는 그런 점에서 자동차 산업은 제조업에서 서비스업으로 재정의해야 한다고 주장한다.(348~349쪽)

저자는 에너지 변화를 주목하고 있다. 여전히 전기에너지를 만드는 원천은 석탄이나 석유, LNG이며, 140년 전 만들어진 뉴욕 상업발전소와 별 차이가 없다. 지구환경은 이들 발전소가 내뿜는 이산화탄소 때문에 위기에 빠지고 있다. 저자는 최적의 대안으로 수소에너지를 주목한다. 수소는 우주 질량의 75%를 차지하는 풍부한 에너지원 중 하나고, 탄소를 함유하지 않은 친환경적인 자원이다. 수소의 획득비용이 비싸고 충전 인프라를 깔기가 어려웠는데, 풍력, 태양광 등 재생에너지가 깔리면서 이런 고민들을 해결될 실마리가 생겼다. 재생에너지는 두 가지 특징을 갖고 있다. 첫째 한 번 발전소를 설치하면 가동하지 않을 이유가 없다. 초기 고정비가 크지만 원료비 없이 적은 관리비용만 부담하면 된다. 둘째 완전가동이기 때문에 햇빛과 바람의 양에 따라 잉여전력이 생길 수도 있는데 이 잉여전력으로 물을 분해해서 수소를 획득하는 방식이 효과적인 방안으로 부각될 수 있다. 이런 시각으로 투자할 기업을 고를 수 있다.

　책에는 한국 자본시장의 중요한 전환점과 펀드 회사에 관한 뛰어난 관점이 실려 있다. 중국인과 중국 기업에 관한 '관점'도 생각해 볼 만하다. 저자는 중국 사람들은 겉의 말과 '속의 생각이 같다고 말한다. 온통 돈 생각뿐이다. 중국인은 제를 올릴 때도 지전을 태운다. 우리나라 사람들은 속으로는 돈 생각을 하더라도 겉으로 표현을 잘 하지 않는다고 한다. 즉 중국이 위선적이지 않다는 말이다. 저자가 경험한 중국의 큰 기업은 한국보다 월등히 투명하고, 소액주주들의 의견을 일일이 들을 정도로 합리적이다. 중국은 현재 한국보다 많은 부분에서 자본주의적 요소가 더 잘 작동되고 있다고 평한다.(78~79쪽)

　저자는 1960년생으로 전남 신안군의 섬, 암태도에서 자랐는데 초등학교 시절 약방 앞에서 라디오 뉴스를 들으면서 상상력을 키웠다고 한다. 아마 1968년 경 쯤일 것인데 서울역에 명절 인파가 몰려 사람이 깔려 죽었다고 하면 서울역은 어떻게 생겼으며 왜 그런 사고가 났을까를 상상하는 것이다. 경부고속도로가 개통되었다는 뉴스가 나올 때, '고속도로는 어떻게 생겼을까? 고속버스는 얼마나 빨리 달릴까? 어떤 차가 달리고 그 차에 어떤 사람들이 탈까? 경부고속도로 옆에는 어떤 동네들이 있을까?' 꼬리에 꼬리를 물고 다양한 생각을 했다. 아직 섬에 텔레비전이 들어오지 않았을 때다. 뉴스를 들으며 상황과 이유를 상상하는 경험을 몇 년 하다 보니 성인이 되었을 때도 그렇게 분석하는 습관이 들었다는 것이다.(23~24쪽) 그러니 한국이동통신과 삼성전자 우선주, 카카오에 투자하는 상상력 뿌리는 깊은 셈이다. 주식과 펀드에 투자하는 분들에게 일독을 권한다.

[독서일기 30]
격탕 30년
우샤오보어/ 박찬철 외 옮김/ 새물결

　1978년부터 2008년까지 30년 동안, 중국 경제의 변화와 중국 기업가의 활약을 다룬 책이다. 부제는 '현대 중국의 탄생 드라마와 역사 미래'이다. 2021년 오늘에 1978년의 중국을 돌아보면 상전벽해가 따로 없다. 오늘의 중국은 세계 강대국으로 미국과 맞서는 G2 국가이다. 미국은 화웨이와 중국 반도체 굴기를 두려워한다. 누군가가 시時와 세勢가 중국 편이다라고 말했다고 한다. 중국은 무림의 고수인 공산당을 중심으로 차근차근 세계 강대국으로 올라서는 길을 밟고 있다. 중국의 부상은 특별한 사건이 아니라 세계에서 중국이 차지하고 있던 원래의 자리로 돌아가는 것일 뿐이다. 중국은 18세기 이전까지 세계 강대국이었으며 세계 GDP의 1/3을 차지하고 있었다고 한다. 화약과 종이, 나침반, 인쇄술을 비롯한 많은 발명의 진원지이기도 했다. 영국과 싸운 아편전쟁 이후로 몰락을 거듭하던 중국은 1978년 덩샤오핑이 개혁 개방정책을 펼치면서 새로운 길을 나서게 된다.
　연도별로 장을 나눈 책은 1978년에서 시작한다. 첫 에피소드는 이렇다. 1978년 11월 27일 중국과학원 컴퓨터기술연구소에 근무하던 34세의 엔지니어 류촨즈는 인민일보에서 '어떻게 소를 키울 것인가'라는 글을 보게 된다. 문화대혁명 이래 신문에 게재되는 것은 전부 '혁명'이나 '투쟁' 혹은 그와 관련된 논설뿐이었다. 당시 닭을 키우고 채소를 심는 내용은 모두 자본주의를 추종하는 것으로 간주되었고, 제거해야 할 대상이었다. 류촨즈는 훗날 렌샹 그룹을 설립해 대단한 명성을 얻는다.(21쪽)

2008년까지 30년간 중국 시장에는 국영기업, 민영기업, 외자기업이라는 세 종류의 세력이 존재했다. 민영기업의 활약은 가장 놀라운 사건이었다. 민영 기업은 체제 밖에서 강대해졌고, 자원, 시장, 인재, 정책, 자본 심지어 지리적 위치까지 모두 우세할 것 하나 없는 조건 속에서 고속성장을 실현했다.(15쪽)

공산주의 국가였던 중국이 '시장 경제'로 들어서는 길은 멀고도 험했다. 일단 이런 경제 발전 선례가 없었다. 원자재 공급, 노동 관리, 임금제도, 가격 책정, 국유기업의 권한 및 이윤 양도 개선 등 무엇 하나 쉬운 개혁이 없었다. 거기다 도로와 철도, 항만, 공단 조성 등 국가가 재정을 투자할 인프라는 끝도 없이 널렸다. 국영기업과 민영기업의 갈등도 적지 않고 사상 투쟁도 만만찮았다. 공산당 내 좌파 세력은 혹시 개혁개방이 자본주의로 돌아가는 것 아닌가 하는 우려 목소리를 높였다. 덩샤오핑의 '흑묘백묘'이론이 신의 한수였다. 덩샤오핑은 우리가 가는 길이 자본주의인지 사회주의인지는 나중에 따지고, 먼저 '부자가 되라'는 선부론을 제창했다. 중국이 개혁 개방을 하면서 수많은 고비를 넘는 과정이 책 곳곳에 깔렸다. 다행히 중국은 '사회주의 시장 경제'에 성공했으니 망정이지, 그렇지 않았으면 '저성장과 외채 급증'과 같은 남미식 경제 파탄에 이를 수도 있었다.

1990년에 미국에서 팀 버너스리가 월드와이드웹을 만들어 인터넷이 시작되었다. 저자는 이를 중국으로서는 행운이라고 말한다. 저자는 만약 중국의 경제 개혁이 10년 늦었거나 혹은 인터넷의 파도가 10년 앞섰다면 중국의 오늘과 미래가 어떤 형태를 띠었을 것인지를 상상하기 어렵다고까지 말한다.

미국에서 월드와이드웹을 발명한 1990년대 초반 중국의 인터넷 영웅들은 각자의 운명의 길 위에서 분주히 뛰어다니고 있었다. 3년 후 중국 제일의 인터넷 회사가 되는 잉하이웨이의 쟝수신은 중관촌에서 신혼인 남편과 부지런히 호출기 만드는 일을 하고 있었다. 똑같이 중관촌에서 간신히 생계를 유지하고 있던 소프트웨어 개발자 왕지둥은 신텐디 IT연구소를 설립하고, 집에서 '중문지성'이라는 중국어 소프트웨어 플랫폼을 개발하고, 훗날 유명한 인터넷 포털 사이트 신랑을 창업했다. 세계 최대의 B2B 전자상거래업체인 알리바바의 창업자 마윈은 당시 28세의 영어교사로 항저우에서 조그만 번역 회사를 운영하고 있었다. 중국어 검색 엔진 바이두를 창업한 리앤홍은 당시 24세로 미국의 뉴욕주립대학에서 컴퓨터공학 석사 과정에서 공부하고 있었다.(439쪽) 1992년은 수많은 무림 고수가 중원에서 기지개를 켠 시기였다. 비슷한 시기인 1991년부터 주룽지가 경제부총리를 맡아 10년 동안 중국의 재정과 기업 채무 정리, 국영기업 운영 등 경제 개혁에 앞장섰다. 특히 중앙과 지방의 재정 수입 비율을 고쳐 위기에 빠진 중앙의 재정을 구한 분세제는 중요한 개혁이었다. 주룽지는 덩샤오핑을 계승해 이후 중국 경제개혁에 가장 큰 영향력을 끼친 정치가 중의 하나가 되었다.

중국 경제 개혁에서 가장 골치 아픈 문제가 국유기업 처리 문제였다.

국유기업을 물러나게 하고 민간기업을 나아가게 한다는 '국퇴민진國退民進'을 하려고 해도 사회주의 국가의 유물인 국유기업의 비중과 덩치가 워낙 크다 보니 쉽게 방향 전환이 되지 않았다. 1995년 9월 인민일보는 국유기업이 직면한 3대 곤경을 논했다. 첫째 국유기업의 고공행진하는 손실이었다. 손실은 매년 14.2%씩 증가했다. 둘째 기업 자금의 사용 효율이 떨어졌다. 재고는 매년 30% 속도로 증가했다. 셋째 국유공업의 종합적인 경제효율지수가 5.4% 떨어졌다. 세금과 원가 대비 이윤 비율 모두 비국유 기업에 비해 현저히 떨어졌다.(559쪽) 국유기업을 개혁하면서 실업율이 느는 등 고통은 컸지만 개혁 성과는 쉽사리 나오지 않았다. 중국 시장 경제 개혁의 핵심은 에너지 등 중요 기간산업을 차지하는 국유기업 개혁이었고, 시진핑 시대에 이르러서야 개혁 방향이 제대로 잡혔다는 말이 나올 정도였다.

1998년 3월 주룽지는 베이징 전국인민대표대회에서 다음과 같이 말한다. "저는 전면이 지뢰밭이든 아니면 만장의 심연이든 용감하게 전진할 것이고, 조금도 주저하지 않고 나아갈 것이며, 죽을 때까지 온 힘을 다할 것이고, 죽을 때까지 그만두지 않을 것입니다." 동시에 주룽지는 5년 내 세 가지 일을 마무리할 것이라고 선언했다. 첫째 인민폐의 가치가 하락하지 않도록 보호하고, 둘째 경제를 활성화시키며, 셋째 3년 내 국유기업을 곤경에서 벗어나게 한다는 것이었다.(618쪽) 개혁개방을 시작한 후 20년이 지난 시점에서도 국유기업 개혁과 시장 안착은 그만큼 어려운 일이었다.

1999년, 마윈이 고향 항저우에서 18명의 직원으로 알리바바를 창업했다. 그는 세계에서 규모가 가장 큰 전자상거래 업체로 성장해 글로벌 사이트 서열 10위권에 진입할 것이라고 선언했다. 마화텅은 통신 도구인 QQ를 개발했고 리궈칭은 온라인 도서 판매회사인 당당왕을 창업했다. 천톈챠오는 국영 대기업에서 사직했고 온라인게임회사를 차렸다.(667~669쪽) 오늘날 중국을 휘어잡고 있는 인터넷 업체들이 1999년을 전후로 태동한 것이다. 인터넷 회사는 개발도상국인 중국의 경제 체질도 급속하게 바꿨다. 그와 동시에 국영기업의 체질 개혁도 급속하게 진행됐다. 인터넷 거품이 붕괴한 2,000년에 차이나텔레콤, 차이나유니콤, 중국석유 등 보수적이던 국유기업이 뉴욕과 홍콩에서 상장에 성공했다. 이는 단순한 자금 조달을 위해서만이 아니라 독점 타파와 경쟁 강화에 기인한 대폭적인 구조조정을 포함한 조치였다. 차이나텔레콤은 5개 회사로 분리되었고, 중국석유화학은 2개 회사로, 중국유색금속그룹은 현장별로 해산되었으며, 중국 5대 군수그룹은 5개에서 10개로 분리되었고 이들 회사 모두 뼈를 깎는 구조조정 과정을 거쳤다. 동시에 국유기업에서 새로운 기업가군이 떠올라 기업 성장을 위한 엄청난 추진력을 발휘하기 시작했다.(684쪽)

2001년 12월 중국은 세계무역기구(WTO)에 가입했다. 미국 클린턴 행정부가 적극 밀어준 덕분이다. 그런데 절대 다수의 중국인에게 WTO는 무지개 같았지만, 대부분의 중국인들은 WTO가 무엇인지 확실하게 아는 건 아니었다. 가장 우수한 기업가라 하더라도 당시 벌어지고 있던 치열한 변화를 명확하게 보지는 못했다.(732쪽)

책에서 가장 인상적인 장면은 지리자동차를 창업한 리수푸의 말이었다. 중국에서 자동차산업은 정부 허가산업이었는데 2001년 당시 이미 국유기업 자동차 회사들이 넘쳐나고 있었다. 그 때문에 리수푸는 자동차 생산 허가를 받지 못했다. 리수푸는 국무원 부총리가 타이저우를 시찰하자 이렇게 호소했다.

"민영기업에게도 과감하게 기회를 주십시오. 민영기업가에게도 차를 만들 수 있는 꿈을 실현할 수 있도록 허락해 주십시오." 목소리가 격앙되면서 리수푸는 다시 "만약 실패하더라도 저에게 실패할 기회를 허락해 주십시오."라고 말했다. 저자는 리수푸의 목소리는 듣는 사람마다 가슴을 뭉클하게 만들었다고 쓰고 있다.(731쪽)

2003년 중국의 국내총생산은 11조 위안이었고 1인당 국민소득은 1,000달러를 돌파했다. 1인당 국민소득 1,000달러 시대가 불과 18년 전이라니 놀랍기만 하다. 영국의 경제평론가 마틴 울프는 2003년『파이낸셜타임스』의 연말특집에서 나폴레옹의 말을 인용하면서 이렇게 말했다.

"중국은 깊이 잠들어 있는 사자로, 일단 깨어나기만 하면 전 세계는 그로 인해 벌벌 떨게 될 것이다. 얼마 전까지만 해도 세계는 여전히 나폴레옹의 말에 개의치 않았다. 하지만 지금 중국은 세계를 뒤흔들고 있다."(778쪽)

그러나 중국 기업의 성장에는 치명적인 약점이 있었다. 예컨대 중국의 모든 가전업체는 핵심 기술을 도외시했다. 규모와 원가 우위에 기대어 가격전쟁만 진행했다. 평판 TV의 평판은 원가의 60~70%를 차지하고 기계 내부의 부품은 원가의 10%를 차지하는데 이런 부품은 모두 일본, 한국 및 타이완에서 수입하는 실정이었다. 중국의 평판 TV업체가 돈을 벌지 못하는 근본적인 원인이었다.(852쪽)

중국은 이런 전통 제조업에서 핵심 기술을 익혀야 하는 과제에 직면했다. 중국은 차근차근 하나씩 과제를 해결해 나간다. 동시에 인터넷이라는 새로운 경제에도 적응하고 있었다. 2005년, 리옌훙이 창업한 중국 검색 엔진 바이두가 나스닥에 상장한 첫날, 주가가 대폭 상승한 120달러에 달했다. 그리고 2008년 미국은 금융 위기에 빠진다. 세계적인 금융 위기 속에서도 중국 경제는 견조한 성장을 지속했다. 1978년 개혁개방을 시작한 후 불과 30년 만인 2008년 중국 경제는 환골탈태한 모습을 보였다. 그리고 2021년 현재 중국은 화성에 착륙선을 보내 화성탐사를 하고 있으며 우주로 수십개의 인공위성을 쏘아서 미국의 GPS와 유사한 독자적인 위성항법체계를 운용하고 있다. 빈부격차, 환경파괴와 대기오염을 비롯한 수많은 부작용도 없지 않았으나 정말 놀랄 일이 아닐 수 없다.

저자는 이데올로기의 속박에서 벗어나 개혁개방의 위대한 실험을 한 중국의 경제 발전을 이렇게 정리하고 있다.

"지도자부터 필부백성까지 허약하기만 했던 국가, 시작 당시 외부 원조는 바랄 수도 없었고, 내부 자본은 궁핍했으며, 경직된 체제는 모든 사람의 손발을 묶고 있었다. 훗날 시대와 자기 운명을 변혁시킨 사람들도 비천하기 그지없었고 비즈니스 교육이라고는 받아본 적이 없는 사람들이었다. 성화는 산간벽촌에서 불붙기 시작해 동남 연안 지역까지 일어나기 시작했고, 비틀비틀하면서 사라졌다 나타났으며, 고집스럽게 전진해 마침내 온 들판을 태우게 되었다. 30년 후 그들은 지속적으로 성장하는 경제 대국을 건설했고, 전 세계를 놀라게 하는 비즈니스맨으로 성장했다."(935쪽)

책에는 수많은 기업가들이 나온다. 사마천이 쓴 『사기 열전』에는 뛰어난 부자와 상인의 열전이 나온다. 중국은 이천 몇 백년 전부터 기업가 정신이 풍부했던 나라였다. 중국 기업의 앞날은 앞으로 어떻게 변할 것인가? 중국 바로 옆에 자리한 우리의 관심사가 아닐 수 없다.

[독서일기 31]

태양계가 200쪽의 책이라면
김향배/ 세로

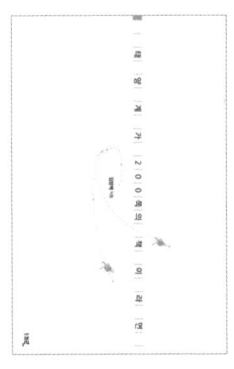

독특한 책이다. 책을 펼치면 가까이서 찍은, 붉게 타는 태양이 6쪽 연달아 나온다. 3쪽을 더 넘어가면 수성 표시가 찍혀 있다. 책 페이지 위쪽에는 태양으로부터 거리를 잰 km 표시가 있다. 3쪽을 더 넘기면 지구가 나온다. 태양과 지구와 거리는 약 1억 5,000만 킬로로 1AU로 불린다.

제목 그대로 '태양계가 200쪽의 책이라면' 행성은 태양에서 얼마나 떨어져 있고, 태양계 전체가 얼마나 큰지를 눈으로 보고, 손으로 만질 수 있도록 제작한 책이다. 행성과 위성들, 태양계 탈출 속도 등 적절한 내용이 곳곳에 붙어 있어 태양계 알기용 맞춤 책이다.

물리학 교수인 저자가 이런 특별한 방식으로 책을 만든 이유는 태양계 모형이 태양계의 실체를 제대로 반영하지 못하기 때문이다. 한 마디로 태양계는 엄청 큰데, 우리의 태양계 모형은 제작의 편의상 줄여서 표시하므로 결과적으로 태양계에 관한 우리 지식을 왜곡하게 된다. 크기와 거리 모두 실제 비율에 맞는 태양계 축소 모형을 만들려면 최소한 큰 공원이 필요하다고 한다. 저자 말을 들어보자.

"사람에 비해서 태양계는 어마어마하게 큽니다. 태양과 행성들의 크기와 거리가 적힌 숫자를 아무리 들여다봐도 느낌이 오지 않습니다. 머릿속에 그려볼 수 있는 크기로 축소해 보면 느낌이 좀 올까요? 태양계를 100억 분의 1로 축소하면 우리가 상상하기에 적당한 크기로 됩니다. 이때 태양의 지름은 약 14cm로 큰 자몽 정도입니다. 지구는 1.3mm의 좁쌀 크기이고 태양으로부터 15m 떨어져 있습니다. 달은 0.35mm의 먼지 알갱이로 지구로부터 3.8cm 떨어져 있습니다. 가장 큰 행성인 목성은 지름 1.4cm로 콩 크기이고 태양으로부터 78m 거리에 있습니다. 가장 먼 행성인 해왕성은 지름 4.8mm로 쌀알 크기이고 태양으로부터 450m 떨어져 있습니다."(5쪽)

실제로 이와 비슷한 규모로 태양계 축소 모형을 만들어 놓은 공원이 전 세계에 여러 곳 있다고 한다. 그중 스웨덴의 태양계 축소 모형이 가장 크다. 스웨덴 모형은 축소 비율이 2,000만 분의 1로 태양은 스톡홀름시에 위치한 지름 110m의 돔형 체육관이다. 행성들은 크기 비율에 맞춰 제작한 조형물로 거리 비율에 맞게 스웨덴 각지에 흩어져 있다.(8쪽) 그런데 스웨덴에 가서 이런 모형을 보더라도 한눈에 들어오지도 않고 모형이라는 사실을 알기도 어렵다. 그래서 저자가 '태양계를 느끼게 하기 위해' 이 책을 만든 것이다. 책을 펼쳤을 때 왼쪽 끝에서 오른쪽 끝까지의 책 한 장은 실제 태양계에서 거리 5,000만km에 해당한다. 책장 한 장은 시속 300km로 달리는 KTX열차라면 19년 걸린다. 저자의 말대로 천천히 책장을 넘겨도 빛보다 빠르게 태양계 마을을 여행할 수 있는 셈이다.

책은 태양계를 느끼는 것과 동시에 태양계의 행성과 위성 특성을 밝히고 있다. 달은 지구의 크기에 비해 엄청나게 큰 위성이다. 지구에게 달은 우연히 생긴 동반자일지 모르지만, 지구에서 사는 생명체들에게 달은 지구의 환경을 안정되게 유지해 주는 소중한 존재다. 만약 달이 없거나 지금보다 훨씬 작았다면 지구자전축의 기울기가 주기적으로 크게 변할 수 있고, 가혹한 기후변화가 자주 일어나서 생명체들이 진화하는 데 어려움이 많았을 것이다.(29쪽)

미국과 중국이 탐사선을 착륙시킨 화성은 자전축의 기울기와 자전주기 또한 놀랍게도 지구와 비슷해서 지구처럼 밤낮이 생기고 계절 변화가 일어난다. 하지만 화성은 대기압이 지구의 100분의 1도 안 되는 옅은 대기만 있는데다 그마저 이산화탄소가 주성분이고, 기압이 너무 낮아 표면에서는 물이 고체 상태로만 존재한다. 화성은 붉은 행성인데 표면의 산화철(녹)이 내는 색이다.(32쪽)

화성과 목성 사이의, 태양에서 약 2.2~ 3.3AU 떨어진 곳에는 소행성대가 있다. 소행성대에는 지름 100㎞가 넘는 소행성이 최소 200여 개, 1㎞ 넘는 것은 110만~190만 개 존재한다고 알려져 있다. 숫자는 많지만 소행성대의 바위들을 다 합쳐도 달 질량의 25분의 1밖에 안 된다. 그나마 전체 질량의 절반은 가장 큰 네 개의 물체인 세레스, 베스타, 팔라스, 히기에이아가 차지한다.(42쪽) 책에는 약 8쪽에 걸쳐서 까만 점들과 세레스 등의 소행성이 찍혀 있다.

다음에 나오는 목성은 질량의 대부분을 금속성 수소와 헬륨이 차지하는 거대 기체 행성이다. 목성 같은 거대 기체 행성에는 딱딱한 표면이 존재하지 않아 우주선이 착륙할 수 없다. 만약 착륙을 시도하면 수만 킬로미터 아래까지 물에 빠진 돌처럼 계속 가라앉고 언젠가는 중심부 딱딱한 물체에 닿겠지만 그 전에 온도와 압력이 높아져 살아남을 수 없다.(56쪽) 목성은 흰색과 갈색의 줄무늬가 아름답고 지구보다 큰 태풍이 불고 있다. 목성은 지구보다 14배가 강한 자기장을 지니고 있어 지구의 오로라와는 비교도 안 되게 거대한 오로라가 보인다고 한다.

지금까지 인간이 만든 물체 중 가장 멀리까지 간 것은 보이저호이다. 목성, 토성, 천황성, 해왕성 등 네 개의 외행성을 탐사하려면 로켓의 추진력만으로는 어려운데 네 개의 외행성이 특별한 형태로 정렬했을 때를 이용하면 목성과 토성으로부터 중력도움을 받아 우주선의 속력을 높여 10년 내외의 짧은 시간 안에 네 개의 행성을 모두 탐사할 수 있다. 그 특별한 정렬은 175년에 한 번씩 일어난다. 1970년대 말에 있을 정렬을 이용하자는 제안이 호응을 받아 발사된 우주선이 보이저 1호와 2호다.(106쪽)

태양계에 지구와 같은 암석으로 된 행성과 목성과 같은 기체로 된 행성이 나뉘게 된 기준은 동결선이다. 동결선은 온도가 충분히 낮아져서 물이 얼음으로 존재하기 시작하는 지점을 나타내는 가상의 선이다. 현재의 동결선은 태양에서 5AU 거리에 있다. 동결선 안쪽의 수성, 금성, 지구, 화성은 크기가 작은 암석 행성이고, 동결선 바깥쪽 네 개는 목성, 토성, 천왕성, 해왕성으로 주로 기체와 얼음으로 된 거대 행성이다.(146~148쪽)

지구와 같은 행성은 철과 규소 등이 많이 존재한다. 우주의 대부분은 수소와 헬륨으로 구성되어 있다. 지구에 철과 같은 무거운 원소들이 제법 있다는 것은 태양이 태초의 별이 아니라는 증거이다. 태양보다 앞선 별이 무거운 원소들을 만들다 죽음을 맞이하면서 폭발하고, 그 원소들이 사방으로 흩어진 뒤에 그 근처에서 태어난 후손 별이 태양인 것이다. 그러니 무거운 원소들로 만들어진 지구의 생명체는 모두 별의 후손인 셈이다.(174쪽)

태양계의 밀도는 얼마나 될까? 태양권계면을 기준으로 태양계의 평균 밀도를 구해보면 $1.4 \times 10^{-13} g/cm^3$로 인체 밀도의 10조 분의 1에 불과하다. 이는 실험실에서 만들 수 있는 초고진공에 근접하는 수준이다. 태양계는 거대한 공간이지만 그중에 아주 작은 일부 특정 장소들에만 물질이 밀집해있고 나머지 공간은 거의 비어 있는 것이다. 이렇게 텅 빈 태양계도 우주 전체를 놓고 보면 매우 조밀한 곳이다.(196쪽) 우주는 $1m^3$당 수소 원자 6개가 있는 정도이다. 저자는 묻는다. 태양계는 공허한 곳일까요. 조밀한 곳일까요?

우리가 사는 지구와 태양계를 이해하기에 좋은 책이다. 우리가 지구에 갇힌 존재이면서 동시에 먼 우주와 연결된 존재임을 깨닫게 한다.

[독서일기 32]

외계어 없이 이해하는 암호화폐

송범근/ 책비

한국 암호화폐 거래소의 거래금액이 증권거래소 거래금액을 넘었다는 보도를 본 적이 있다. 아니, 그게 말이 돼! 주식은 생산과 서비스업을 하는 주식회사의 소유권을 표시하는 증권인데 암호화폐는 도대체 어디에 쓰인다는 거야! 그런데 내가 암호화폐에 관한 책을 한 권도 읽지 않았다는 점이 마음에 걸렸다. 암호화폐란 정말 뭐지? 라는 생각에 이 책을 골랐다.

저자는 먼저 바닷속에 가라앉은 돌덩이도 재산이 될 수 있다고 말한다. 사람들이 믿어주기만 하면 된다. 돌덩이도 화폐가 될 수 있지만 운송과 보관, 분할이 매우 불편하다. 그래서 금속 화폐와 지폐가 등장한다. 그런데 현재 가장 많이 쓰이는 화폐는 '전자화폐'다. 사용하는 지폐 등의 화폐는 13%에 지나지 않고 87%는 은행 통장의 잔고와 같이 컴퓨터에 기록된 숫자에 지나지 않는다. 그런데 전자화폐는 누군가가 믿을 만한 사람이 중개를 해야 한다. 오늘날 이 중개자는 은행이다.

"제3자가 개인 간의 거래를 기록 및 검증해주고, 개인들이 이 제3자를 신뢰하기 때문에 우리는 중복 지불 없이 편리하게 전자화폐를 쓸 수

있게 되었다."(27쪽)

그럼 정부나 은행이 통제하지 않는, 제3자의 개입 없는 화폐 시스템도 가능하지 않을까? 비트코인을 만든 사토시란 사람의 아이디어는 '블록체인'이라는 디지털 장부를 만들어서 은행의 기능을 대체한다는 것이었다.

이 장부는 다음과 같은 특징을 지닌다.

"장부에 한 번 쓰인 내용은 수정되거나 지워지지 않고, 영구적으로 저장된다. 모든 사람은 이 장부의 사본을 가지고 있으며 언제든지 꺼내 볼 수 있다. 모든 사람은 여기에 기록된 내용을 신뢰한다."(34쪽)

즉 은행이 보증하는 신뢰를 블록체인이 보증하는 신뢰로 대체하는 것이다. 이것이 비트코인, 나아가 암호화폐의 핵심이다.(35쪽) 블록체인의 뜻은 이렇다. 모든 사람이 데이터 수정이 불가능한, 같은 장부를 나누어 가지는데, 이 장부가 자동으로 업데이트되는 묶음인 '블록Block'이 '연결Chain'되어 있다는 의미에서 '블록체인Blockchain'이라고 부르는 것이다.(39쪽)

비트코인은 장점이 많다. 정부가 내 돈을 건드릴 수 없으며, 인터넷만 있으면 언제, 어디서나 쓸 수 있고, 수수료도 낮다. 탈 중앙화 화폐이기도 하다. 그런데 단점도 많다.

비트코인은 가격 변동성이 심하고, 사용할 때 '속도'가 느리고 '시간당 처리량'도 적으며, 잘못 사용한 비트코인이라도 돌려받을 수 없고, 비트코인은 해킹할 수 없어도 암호화폐 거래소는 해킹할 수 있다. 그 외에도 비트코인을 채굴하는 데는 전기 에너지가 너무 많이 들며, 소수의 채굴자들에게 비트코인 내부의 권력이 집중되어 있는 점도 문제다.

개발자 비탈릭 부테린은 비트코인 블록체인의 한계를 깨닫고 새로운 블록체인을 만들고자 했다. 기존 비트코인 블록체인은 오직 돈 거래만 기록할 수 있도록 양식을 갖춘 금전출납부처럼 디자인되어 있었는데, 비탈릭이 원한 것은 사용하는 사람에 따라 일기도 되고, 그림책도 되고 필기용이 될 수도 있는 노트였다. 그렇게 개발한 것이 이더리움이었고 한 마디로 '프로그래밍할 수 있는 블록체인'이었다. 이더리움 블록체인은 돈 거래도 기록할 수 있지만, 그것을 넘어서 '코드'를 기록하고, 그것을 실행할 수 있는 '컴퓨터'와 같은 역할을 한다. 이더리움에서 블록체인에 기록된 코드를 '스마트 컨트랙트Smart Contract'라고 하는데 이것 때문에 블록체인의 가능성은 '화폐 시스템을 위한 네트워크'를 벗어나 '어느 분야에든 적용할 수 있는 네트워크'로 확장된다.(122쪽) '스마트 컨트랙트Smart Contract'를 쓰면 계약 조건을 거는 거래를 할 수 있는데, 예컨대 커피 한 잔을 내가 배달받으면 돈(이더)가 지급되는 형태로 하는 계약을 말한다.

스마트 컨트랙트를 웹페이지나 모바일 앱과 연결한 것이 바로 탈중앙화 어플리케이션인 디앱이다. 그런데 이더리움 역시 속도와 시간당 처리량이 낮고 불완전한 코드로 인한 보안 문제, 불완전한 계약 문제, 프라이버시 침해 등의 문제가 있다.

이더리움의 문제를 해결하기 위해 네오(Neo), 퀀텀, 이오스, ADA(에이다), 리플과 같은 다양한 암호화폐가 만들어졌다.

기업들이 쓸 수 있는 프라이빗 블록체인도 만들어졌다. 리플은 비트코인, 이더리움 다음으로 시가 총액이 높은 블록체인이라고 한다. 리플은 비트코인이나 이더리움과는 매우 다른 기술로, 기본적으로 해외 송금 업무가 필요한 금융기관(대부분은 은행이다)이 편리하게 해외 송금을 할 수 있게 해주는 블록체인이다. 리플에는 채굴자도 없고, 새로운 화폐 발행도 없으며, 심지어 '블록'도 없다. 리플은 프라이빗 블록체인이기 때문이다.(217쪽)

은행들은 은행 사이에 결제를 하기 위해 여러 문제를 겪는다. 서로 다른 은행 간 거래는 하루에도 수만, 수십만 번 일어나기 때문에 매번 정산하려면 너무 복잡해서 서로 얼마를 주고 받아야 하는지 정보만 기록해놓았다가 일정 기간이 지나면 지급-청산-결제 단계를 거친다. 해외 은행과 거래할 때는 더 큰 문제다. 이 경우 보통은 '중개 은행'을 통해 거래한다. 일반적으로 '국내 은행-국내 중개 은행-외국 중개 은행-외국 은행'의 경로를 거친다. 시간이 오래 걸리고 수수료도 많이 든다.(216~219쪽)

리플에는 '게이트웨이'라는 내부 거래소가 있다. 게이트웨이는 실제 원화나 달러 등을 받고 디지털 수표를 발행해준다. 진짜 돈은 아니지만 돈처럼 사용될 수 있고, 리플 네트워크에서 주고받을 수 있다. 이런 방식으로 리플 내에서는 원화, 달러, BTC 등 다양한 종류의 화폐를 모두 수표로 바꿔서 거래할 수 있다.(224쪽)

저자는 블록체인을 인터넷과 유사하다고 설명한다. 인터넷도 초기에는 아무도 관심이 없다가, 어느 순간 대중의 기대가 현재 기술의 능력치를 훅 뛰어넘어 버렸다. 지금은 인터넷이 전자상거래와 소셜 네트워크, 검색엔진 등의 기반이다. 블록체인도 인터넷처럼 기존 개념과 전혀 다른 새로운 기술이기 때문에 사회적 변화를 만들어내고 세상에서 쓰이는 데에는 상당한 시간이 걸린다. 그래서 저자는 블록체인은 이제 막

걸음마를 뗐을 뿐이다 라고 말한다.(246쪽)

성균관대학교 중국대학원 교수로 일하는 안유화는 앞으로 암호화폐는 한두 개를 빼고는 모두 없어지겠지만 결코 없어지지도 않을 것이라고 예언한다. 예컨대 중국과 미국 정부가 디지털 화폐를 만들면 개인이 쓰는 돈 흐름을 정부가 모두 포착할 수 있는데 그런 위험에서 벗어나기 위해서도 암호화폐가 필요하다는 말이다.

암호화폐 거래소인 업비트에 들어가서 비트코인과 이더리움의 가격 추이를 보니 어지럽다. 책에 나오는 리플도 1년 사이에 가격이 많이 올랐다. 우리가 암호화폐를 투자나 투기 대상으로 처음 접했다는 것이 아쉽다. 암호화폐를 쉽게 이해하기에 적당한 책이다.

[독서일기 33]

THE 인물과사상 01

강준만/ 인물과사상사

월간 ≪인물과사상≫을 창간호부터 구독했다. 매달 잡지를 읽는 재미가 좋았는데 출판 사정이 악화되어 종간되고 말았다. 저자는 예전에 무크지 형식의 ≪인물과사상≫ 시리즈도 출간했는데 '인물' 과 '사상'이란 단어가 공통으로 들어간다. 이번에 새롭게 내는 『THE 인물과사상』시리즈도 전작들과 문제의식이 비슷하다. 저자는 머리말에서 그 문제의식을 이렇게 정리하고 있다.

"한국 사회는 특유의 연고주의와 정실주의 문화로 인해 '사람 탓'을 해야 할 일마저 '구조 탓'으로 돌리는 몹쓸 병에 걸려 있는 건 아닐까? … 한국은 전형적인 '보은 사회'다. 보은이라는 인간적 도리는 공사 구분 의식을 죽여버린다. 이런 풍토는 실명 비판에 기반한 책임 추궁을 매우 어렵게 만든다."(9쪽)

저자는 한국인에게 뿌리 깊게 박힌 의식과 관습에 밝다. 한국에는 이상한 일이 많이 벌어지는데 '책임 윤리' 부재도 그중 하나다.

"한국은 입신양명이 책임 윤리를 압도하는 나라다. 자신과 가문의 영광을 위해 고위 공직을 탐하면서도 자신이 한 일에 대해 책임을 지지 않고, 국민도 그런 책임을 잘 묻지 않는다. 그저 한자리 했다는 것만 높이 평가한다. 참 희한한 일이 아닐 수 없다."(10쪽)

저자는 그런 잘못된 풍토를 넘어서 자신의 책임과 이름을 소중히 여기는 문화나 풍토를 정착시키고자 노력한다고 말한다. 특히 소통, 화이부동, 화합, 선의의 경쟁 등과 같은 개념들을 중요시하겠다고 말한다. 나라를 망가뜨리는 '증오와 혐오의 정치'를 반드시 넘어서야 한다고 보기 때문이다. 쉽지 않은 일이다. 진영의 어느 한쪽에 서면 명망과 상업적 이익을 함께 누릴 수 있지만 공정과 객관의 잣대를 들고 진영 정치와 사회 전반을 살피면 열혈 지지자는 적어지고 비난하는 사람은 많아지기 마련이다.

저자는 머리말에서 문재인 정권이 우리 사회의 '소통 불능' 상태에 가장 큰 책임이 있다고 말한다. 본문의 '문재인' 편에서 저자는 문재인을 향해 '고집'을 '소신'으로 착각하는 비극에 빠져 있다고 말한다. 착한 소녀가 나쁠 때는 정말 못 말린다는 제목도 들어 있다. 나는 생각이 좀 다르다. 한국 사회에서 누가 대통령을 하더라도 현재의 정치 시스템으로는 '성공한 대통령', '소통하는 대통령'이 되기 어렵다고 생각한다. 누가 대통령이 되든 정치에서 절반의 지분을 차지하는 제1야당이 시시콜콜한 일부터 큰 정책까지 사사건건 반대만 하는데 견뎌낼 사람이 누가 있을까? 이런 극단적인 반대에도 대통령이 '소통'을 잘 하면 참으로 좋겠지만 그건 불가능에 가까운 일이 아닐까. 대통령이 '소통'을 엄청 잘 할 것처럼 미리 홍보한 점도 문제이긴 하다. 잘 되지 않을 일을 자신 있다고 미리 자랑한 꼴이다. 권력은 자신을 인정해주고 아첨하는 사람을 향해 기울어지게 마련이다. 유교는 이런 권력의 속성을 간파하고 '군자'가

황제와 권력자가 되는 시스템을 만들려고 노력했지만 그건 실패할 수밖에 없는 프로젝트였다. 문재인 정부의 가장 큰 문제는 '부동산 문제'를 제대로 해결하지 못한 것이다. 한국 민생의 상당 부분이 부동산 문제이니 민생 문제에 무능하다는 비판을 들어도 할 수 없다. 특히 부동산(특히 아파트) 임대사업자에게 많은 세제 혜택을 준 것은 아무리 생각해도 이해가 되지 않는 큰 잘못이었다. 그래도 전체적으로 따지면 문재인 정권은 그런 대로 '기본'은 했다고 평하고 싶다. 한국의 정권이 기본만 해도 나는 잘한 편이라고 생각한다. 구청장이 누가 되든 살고 있는 시민에게 큰 영향이 없듯이 정부가 '기본'만 하면 괜찮은 편이라고 생각한다.

저자는 김종인의 단독자 기질을 긍정적으로 평가한다. 그는 정파성과 진영 논리에서 자유로운 단독자이다.

"김종인은 아버지의 후광에 의존하는 박근혜에겐 콘텐츠를, 리더십 자질과 능력이 모자란 문재인에겐 국민 눈높이에 맞는 당의 이미지 쇄신을, 구심점도 없는데다 민심이 무엇인지도 잘 모르는 국민의힘엔 상식의 회복을 가져다주었다. 그러나 여야를 막론하고 정당이 낙후된 현실에서 그의 존재는 그 자체로 역설이었다. 문제 해결 과정에선 그의 소신과 뚝심이 빛나지만, 해결이 끝나면 고집과 독선이 두드러질 수밖에 없는 숙명이 처음부터 내장되어 있었다는 이야기다."(42쪽)

김종인은 여의도의 고액 단타 정치과외 전문가라는 말을 듣는다. 저자는 김종인은 한국 정치의 후진성이 불러들인 현상이라고 말하는데 문제는 그 후진성이 쉽게 고쳐질 수 없으며 지난한 수선 과정을 거쳐야만 한다는 사실이다. 그럼에도 김종인의 역할도 이제 거의 끝나간다는 느낌을 지울 수 없다.

저자는 윤석열을 다룬 글에서 윤석열을 키운 이해찬을 비롯한 문 정권 사람들의 '자멸'을 비판하고 있다. 문 정권 책임 8할에 윤석열 책임 2할이라는 것이다. "윤석열에게 대통령 자격이 있다고 말하려는 게 아니다. 진보 언론은 '윤석열 때리기'보다는 문 정권이 스스로 문제를 교정해 나가게끔 하는 역할에 충실하는 게 윤석열을 주저앉히는 가장 좋은 방법이 아니겠느냐는 말을 하려는 것이다." "다시 '발광체-반사체' 이야기로 돌아가자면, 문 정권은 최소한의 반사체 역할도 하지 않으면서 국민과는 유리된 채로 스스로 발광체라고 뻐기는 독선과 오만을 저질러왔다고 보는 게 더 가슴에 와 닿는 진단일 게다."(79쪽)

윤석열 건에 관해서는 먼저 문 정부의 사람 고르는 눈이 낮다는 점을 지적하지 않을 수 없다. 과연 윤석열이 그런 사람인 줄을 몰랐던 것일까? 상대편을 철저히 죽이기 위해 칼잡이 윤석열을 이용하려고 한 잘못이 없었던 것일까? 이 책은 2021년 6월에 나왔는데 그 후에 윤석열은 대통령 선거 출마 선언을 했다. 내가 보기에 윤석열은 욕심이 지나치다. 욕심은 만병의 근원이다. 대통령이 그렇게 쉽게 얻어질 자리가 아니다. 지지도가 높다고 지지도에 덜렁 올라타서 한 자리 하겠다는 자세는 곤란하다. 무엇보다 대통령이 되어 뭘 하겠다는 것인지, 그리고 공직자의 자세는 어떠해야 하는지에 대한 비전이 없다. 대통령 선거에 출마한 최재형 전 감사원장도 욕심이 지나치다. 이런 현상은 국민의힘 정당에 유력한 대권주자가 없기 때문에 빚어진 현상일 수도 있다. 만약 국민의힘에 지지도가 30%가 넘는 유력후보가 있었다면 과연 윤석열과 최재형이 출마선언을 했을까? 의심스럽다.

김종인을 비롯한 10명의 인물 분석은 대단히 흥미롭다. 그리고 신문이나 방송 등에서 보는 단편적인 기사보다 훨씬 복합적이고 입체적으로 분석하고 있으며 시각도 독창적이다. 예를 들면 박원순의 성추행 사건을 '의전'의 문제로 바라보고 김어준의 TBS 방송 '뉴스공장'을 공영방송과 진영방송이라는 시각에서 분석하는 방법이 그렇다. 『THE 인물과사상』 2권을 기다려본다. 정치 쪽에 편중하지 말고 다양한 분야의 사람을 분석하면 더할 나위 없겠다.

[독서일기 34]

기억 전쟁

임지현/ 휴머니스트

기억에는 회색지대가 있다. 가족과 옛일을 이야기하면서 상대방이 전혀 다르게 기억하고 있어 곤혹스러울 때가 있다. 내가 옛일의 진실을 알고 있는 건가? 아니면 상대방이 맞는 건가? 그것도 아니면 제3의 진실이 있는 것일까. 개인도 그렇지만 민족과 국가의 역사 기억 문제는 더하다. 침략과 전쟁과 희생을 둘러싼 집단의 기억은 회색지대를 넘어 복잡한 기억전쟁의 모습을 띠기도 한다.

반야민 빌코미르스키는 『편린들 : 전시의 어린 시절에 대한 기억, 1939~1948』이란 책을 1995년 유대 출판사에서 냈다. 책은 홀로코스트 생존 수기로 나치의 강제수용소 두 곳을 전전하며 살아남은 1939년생 유대인 소년이 기억을 더듬어 쓴 자전적 이야기다. 이 책은 나오자 평단과 독서시장의 주목을 받으며 많은 문학상을 받았다. 그런데 책이 출간된 지 3년째 되던 해인 1998년 책 내용이 가짜임이 밝혀진다. 지은이는 책 내용과 달리 스위스의 비엘에서 사생아로 태어나 어린 시절 부모에게 버림받은 뒤 고아원에서 자란 기독교도였다. 따라서 그가 묘사한 아우슈비츠는 관광객이 알고 있는 아우슈비츠일 뿐이었다.(22쪽) 가짜임이

밝혀지기 전까지 진짜 생존자들이 빌코미르스키에게 보낸 감사 편지들은 당혹스럽기 짝이 없다.(23쪽)

저자는 묻는다. 이렇게 날조된 수기가 지닌 호소력은 어디에 있던 것일까. 진짜와 가짜의 경계는 이렇듯 아찔할 정도로 흐릿하다. 진짜보다 더 진짜 같은 가짜 수기와 가짜 같은 진짜 수기 가운데 어느 쪽이 더 과거를 잘 재현하고 있을까? 빌코르미스키의 가짜 수기가 진짜 생존자들이 감사 편지를 보낼 정도로 수용소 어린이들의 삶을 생생하게 묘사하고 있다면, 진짜와 가짜를 구분한다는 게 어떤 의미가 있을까?(24쪽) 만약 빌코르미스키가 처음부터 자신의 책을 문학 작품으로 선언했다면 어떻게 되었을까?

진짜와 가짜 사이의 회색지대는 생각보다 넓다. 그렇다면 얼마나 넓을까. 혹시 진짜나 가짜 자체의 경계를 넘어설 만큼 넓은 것은 아닐까. 인간은 고의로 또는 무의식적으로 그 경계를 넓히는 것은 아닐까. 예를 들어 2차대전에서 폴란드인은 용감하게 나치 독일과 싸웠다. 동시에 많은 폴란드인들이 유태인 학살에 협조했다. 그러나 전쟁후에 폴란드 사회와 국가는 오로지 나치독일의 희생자이면서 나치독일과 싸운 영웅으로서의 기억만 살리고 유태인 학살 협조 기억은 지워버렸다. 그러니 진짜 기억의 진실성을 어떻게 찾을 수 있을까.

2014년 10월 24일 오스트리아의 수도 빈에서 탈영병 기념비 제막식이 열렸다. 나치의 군사재판에 희생된 오스트리아인 탈영병을 위한 기념비였다. 제2차 세계대전 당시 히틀러의 군대에서 탈영한 오스트리아 병사는 2만 명 정도로 추산된다. 그 가운데 1,500명 가량이 나치의 군사법정에 회부되어 약식 재판을 받고 처형되었다. 전후 오랫동안 오스트리아인들은 자신들을 '히틀러의 첫 번째 희생자'로 기억해왔다. 그러나 오스트리아인들은 독일인들보다도 더 적극적인 히틀러 협력자였다. 당시 오스트리아 인구는 제3제국 전체 인구의 8퍼센트에 불과했지만, 나치 친위대(SS)에서 오스트리아인이 차지하는 비율은 14퍼센트에 달했다. 그 가운데 40퍼센트가 홀로코스트에 가담했다. 영화 <사운드 오브 뮤직>이 보여주는 제3제국 깃발을 찢는 용감한 오스트리아인은 사실상 소수였다. 그런데 오스트리아인들은 자신들을 히틀러의 희생자로 기억하면서도 히틀러 군대를 배신하고 탈영한 병사들은 '전우를 버린 배반자'로 인식해왔다.(69~71쪽)

어떤 형태로든 제국주의 전쟁에 복무하기를 부정한 탈영병을 독일 나치와 일본 제국주의자들은 혹독하게 대우했다. 대부분의 나라는 전사자를 숭배하는 문화를 갖고 있다. 그리고 탈영병을 극도로 혐오했다. 나치 독일은 탈영병들을 붙잡아 원대에 복귀시키거나 처형하는 '야전헌병대'로 불리는 특수부대를 운영했다. 그렇게 처형된 독일군 탈영병들의 수가 동부전선과 서부전선을 합쳐 거의 2만 2,000명에 달한다. 2차 대전 중의 소련군에서 전쟁 중에 탈영이나 반역, 비겁함 등을 이유로 군사법정에서 사형을 선고 받은 소련군 병사의 수는 무려 15만 8,000명에 달한다. 소련은 이들 탈영병들을 민간인 중범죄자들과 묶어 형벌부대를 창설해서 공격할 때는 맨 앞에서, 후퇴할 때는 가장 뒤쪽에서 후퇴하도록 방패막이로 사용해 소모했다.(74~75쪽)

동아시아에서 탈영병 기념비는 상상할 수도 없다. 동아시아 기억문화는 국가가 전사자를 호국영령으로 제사함으로써 전사자 추모를 호국영령 숭배라는 정치종교의 차원으로 승화시킨다. 일본의 야스쿠니 신사가 대표적이다. 그런데 우리나라 현충원에도 '정국靖國교'라는 이름의 다리가 세워져 있다. '정국'은 일본식으로 읽으면 '야스쿠니'다. 전사자 숭배가 제국과 식민지, 독재와 민주주의, 사회주의와 자본주의를 막론하고 모든 국민국가에서 당연한 듯 자리 잡은 것도 민족이 지닌 제사공동체적 성격 때문이다.(79쪽) 하지만 평화를 위해 또는 전쟁에 반대해서 입영 거부를 하거나 탈영을 하는 흐름도 인정되어야 하지 않을까? 베트남전에 반대해서 입영을 거부한 미국인들은 훌륭한 평화 지향 가치를 지녔다. 하지만 국가와 사회는 이런 가치를 인정하는 데에 인색하다. 한국에서도 '양심적 병역거부자'가 인정받기 위해서 오랜 시간이 걸렸고, 지금도 그 범위를 극히 좁게 해석하고 있다. 지자는 동아시아에서 탈영병 기념비를 찾아볼 수 없는 이유를 주술화를 통해 권력을 정당화하는 민족주의적, 국가적 제의에 탈영병은 찬물을 끼얹는 거북한 코드이기 때문이라고 말한다. 전사자를 기억하는 문화는 국가 권력의 은밀한 메커니즘이 작동해서 시민의 의식에 강렬하게 입혀진다. 따라서 야스쿠니 신사 문제는 일본의 고유한 문제가 아니라 동아시아 공통의 문제이자 근대 국민국가의 문제로 사유해야 되는 것이다.(81쪽)

전쟁에서 학살은 극단주의 인간이나 전쟁광만이 저지르는 것일까? 1942년 7월 나치 치안경찰 소속 '101 예비경찰대대'는 폴란드 바르샤바 남동쪽 유제푸프 마을 유대인 1,500명을 학살했다. '101 예비경찰대대'는 대부분이 함부르크에서 온 중년 가장들로 전투에는 적합하지 않은 연령대였다. 평균 연령 39세의 이들은 대부분 반나치 성향이 강한 함부르크 출신이었고, 63퍼센트가 부두 노동자와 트럭 운전기사 등 노동자였다. 대대장 크라프 소령은 유대인을 학살하기 전에 이 임무를 수행하기 어렵다고 느끼는 사람은 임무에서 제외해주겠다고 말했다. 10여명이 앞으로 나섰다. 그리고 학살 과정에서 일부가 임무를 회피했지만 대원의 80퍼센트가 유대인 1,500명이 모두 쓰러질 때까지 총을 쏘았다. 이들은 얼마든지 학살 임무에서 빠질 수 있었지만 왜 참여했을까? '또래 혹은 집단의 동료들에게서 받는 무언의 압력'이 이들의 행위를 결정하는 데 중요한 역할을 했다고 한다. 결국 이들은 '무감각하게' '수동적으로' '아무 동정심 없이' 유대인을 죽음으로 내몰았다.(146~150쪽) 그렇다면 히틀러와 나치 수뇌부들에게만 홀로코스트의 책임을 묻는 것은 곤란하지 않을까. 평범한 인간이라도 적절한 집단에서 적절한 훈련을 받고 적절한 장소에서 임무를 받으면 학살 기계로 얼마든지 돌변할 수 있다. 지그문트 바우만이 지적했듯이 "홀로코스트는 독일의 과거사가 아니라 현대 문명에 잠재된 위험"인 것이다.(152쪽)

미국은 캘리포니아 북서부에서만 무려 7번의 인디언 부족 제노사이드를 저질렀다고 한다. 군대가 주역일 때도 있고 백인 이주민들이 결성한 자경대가 주인공일 때도 많았다. 이주민 공동체 내부의 의사 결정 구조가 민주적일수록 학살의 강도도 세졌다는 조사 결과도 있다. 그래서 미국의 민주주의는 홀로코스트의 대척점에 있는 것이 아니라 홀로코스트의 가능성을 내장한 체제라는 결론이 나온다.(206쪽) 그렇게 본다면 미국이 참전한 한국전쟁과 베트남 전쟁, 아프가니스탄 전쟁이 결코 우연이나 테러 집단 공격 같은 안보 논리로만 해석될 수도 없다.

2차 대전에서 일본군이 '타이-미얀마 철도 부설사업'에 연합군 포로들을 강제 동원하면서 이들 포로 중 4명에 1명 꼴로 사망했다. 연합군 포로를 감시 관리하는 군무원에는 조선인들도 많았는데 종전 후에 전범 재판에서 35명의 조선인 군무원이 기소되고 그중 13명이 사형 판결을 받았다. 철도 강제 노역과 관련해 전범으로 처리된 식민지 조선인은 세 명 가운데 한 명 꼴이었고, 이는 일본인 다음으로 높은 비율이었다. 저자는 말한다. 조선인 군무원이든 지원병이든 개개인의 가학행위를 따지지 않고 어쨌든 식민지 조선인이므로 그들도 모두 피해자였다는 주장은 문제라는 것이다. 그들을 모두 친일행위자로 몰거나 반대로 피해자로 뭉뚱그리는 양극단은 모두 풀뿌리 기억에 대한 공식적 기억의 폭력이다. 민족, 계급, 인종, 젠더, 세대 등 무엇에 기초했든 특정한 이념을 지향하는 공적 기억은 풀뿌리 기억을 향해 기억의 폭력을 행사하기 쉽다.(239쪽)

개인과 인간 집단 모두 자신이 전쟁에서 저지른 학살과 살인을 양심에 따라 뉘우치고 죄책감을 배우기란 쉽지 않다. 이건 구석기 시대부터 한 부족이 생존하기 위해서 다른 부족을 공격한 인습에서 배운 뿌리박힌 의식일까? 어쨌든 일본만 보더라도 2차 세계 대전을 일으킨 책임을 진정으로 진다고는 보이지 않는다. 저자는 일본의 반전 평화 운동은 일본이야말로 서양 제국주의의 희생자였다는 인식 위에 서 있었다고 말한다. 전쟁 상황에서는 적도 아군도, 승자도 패자도 모두 희생자라는, 그러므로 누구에게도 죄를 물을 수 없다는 이 논리 앞에서 과거에 대한 성찰적 기억은 사라지고 만 것이다.(269쪽)

일본제국주의에 협조한 미쓰비시나 나치독일에 협조한 BMW와 같은 재벌 기업만 과거의 범죄와 연루된 것이 아니다. 저자는 평범한 우리네 삶도 과거와 연루되었다고 할 때 그 과거와 '연루된 주체'의 관계는 어떻게 설정하는 것이 옳은지 막막하다고 말한다. 이건 지나친 '과거

결벽증'인 것 같다. 평범한 개인이 생계를 유지하면서 관계한 일과 헌병대나 군인 또는 특무경찰로서 저지른 일을 어떻게 동일선상에 놓을 수 있겠는가.

 단지 '과거의 잘못'을 사회와 국가, 개인이 인정하고 반성한다는 것은 쉽지 않다는 점을 확실히 하면 좋겠다. 역설적으로 그것은 인간과 사회와 국가를 성찰하는 첫 발자국일 것이다.

[독서일기 35]

기꺼이 길을 잃어라

로버트 커슨/ 김희진 옮김/ 열음사

　어렸을 때 시각 장애인이 된 마이크 메이가 40대 중반이 넘어서 눈을 뜨게 된 생애사를 저널리스트인 저자가 기록한 책이다. 마이크 메이는 세 살에 집 차고에서 폭발 사고를 당해 실명했다. 마이크의 어머니인 오리 진은 마이크를 장애인 학교가 아닌 일반 학교에 보냈다. 마이크도 유치원 시절부터 일반인 학교에 다녔다. 시각 장애인이 다닐 수 있는 초등학교가 없자, 오리 진은 마이크를 1,600킬로 떨어진 부에나 비스타 초등학교에 입학시키고 그 옆으로 이사했다.

　마이크는 도전 의식이 충만한 아이였다. 그는 자전거 타기에 도전하고 야구 경기를 직접 뛰었으며 집에서 청소기를 돌렸다. 마이크는 실명이라는 장애에 결코 굴복하지 않았다. 초등학교 4학년에는 다른 아이들처럼 안전지도요원에 자원했다. 교장은 마이크에게 앞을 못 보지 않느냐, 차가 어디 있는지 볼 수 있느냐고 지적했지만 마이크는 할 수 있다고 답했다. 마이크의 생은 이런 도전의 연속이었다.

　이 책의 제목인 '기꺼이 길을 잃어라'는 마이크와 그의 어머니의 태도를 말한다. 마이크는 기꺼이 넘어지고 길을 잃었다. 그러면 언젠가 길은 나온다는 신념을 버리지 않았다. 그렇게 노력하면서 마이크는 자전거를 타고, 말을 탈 줄 알 게 되었으면 전자공학과 국제학을 공부해서 CIA 직원과 은행원에 종사했고 발명가에다가 활강 스키 세계기록 보유자가 되기도 했다. 결혼을 했고 아이들도 얻었다. 이 책이 그렇게 끝났다면 어느 시각장애인의 인간 승리 기록이 되었을 것이다.

마이크 메이는 46세가 되던 1999년 2월 샌프란시스코에 있는 호텔 연회장에서 시각장애인들을 위해 헌신한 공로를 인정받아 케이 갤러허 상을 수상했다. 그 날 우연히 아내 제니퍼와 같이 안과에 들르게 된 마이크는 안과의사인 댄 굿맨 박사를 소개받는다. 댄 굿맨 의사는 마이크에게 각막 손상을 치료하는 새로운 줄기세포 이식 방법이 있으며 눈을 보게 될 수도 있다고 말한다.

자. 이제 스토리가 어디로 갈지 길이 정해졌다. 우여곡절 끝에 마이크는 줄기세포 이식 수술을 받게 되고, 마침내 눈을 뜨게 된다. 시력을 찾은 것이다. 마이크는 어떻게 됐을까? 여기서부터 이 책의 진가가 나타난다.

인간은 눈으로 즉 망막과 홍채와 시신경으로 사물을 보는 것이 아니다. 인간은 뇌로 본다. 그런데 오랫동안 시각 장애인으로 살게 되면 뇌의 시각 부분이 다른 용도로 전환된다. 그런데 갑자기 시신경을 통해서 감각이 입력되면 어떻게 해석할지 몰라 우왕좌왕하게 된다. 눈이 보이는 보통의 일반인은 아기 때부터 시작해서 오랜 시간 많은 경험과 학습을 통해 사물과 세계가 어떻게 보이는지 '해석'하는 훈련을 한 것이다.

처음 눈을 뜨자 마이크는 아내의 미소를 본다. "메이는 아내의 미소를 좀 더 볼 필요가 있었다. 하지만 본능적으로 보는 것만큼 만지고 싶었다. 손을 들어 얼굴에 가져갔다. 그를 위해 아내는 가만히 있었다. 손가락으로 아내의 활짝 웃는 얼굴을 쓰다듬었다. 마치 그의 머릿속에 있는 두 개의 전선으로 동시에 건드리기라도 한 듯 눈으로 보기만 했던 몇 분 전과 다르게 제니퍼의 미소를 느낄 수 있었다. 손을 치우고 다시 보기만 했다. 이제는 알겠다. 저게 미소구나. 미소."(171쪽)

마이크는 눈이 보이자 오히려 실명일 때 잘 걸어다녔던 길을 더 걷기가 힘들어졌다.

"(마이크가) 걷기 시작하고 얼마 되지 않아 조시(맹도견)는 잠시 멈추며 발을 들어올려야 한다고 알려줬다. 하지만 메이는 계단도 도로와 인도 사이 연석도 보이지 않고 그저 평평하게만 보였기 때문에 조시의 신호를 무시하고 계속 걸었다. 결국 그는 연석에 발을 부딪치며 나자빠질 뻔했다. 아래를 내려다봤다. 그의 눈엔 연석은 없고 다른 길과 다름없이 그저 평평하게만 보였다."(221쪽)

마이크가 가게에 가자 그는 진열된 상자가 어디에서 시작해서 어디에서 끝나는지 알 수 없었다. 물건의 경계가 없어 모든 병과 상자가 엉켜서 콜라주 작품처럼 보였다. 이런 현상은 마이크가 친근한 커피숍과 같은 몇 곳에서는 나타나지 않았다. 마이크는 진열대에서 만져보고, 전시품의 색깔을 보고(빨간색과 하얀색이 둘둘 감겨져 있으면 코카콜라다.) 앞뒤 상황에 비추어 예측하고, 물건의 냄새를 맡거나 흔들어봐서 소리를 듣는 방법 등을 써야 했다. 그런데 모든 사물에 대해 이런 방법을 적용할 수는 없는 법이었다.

샌디에이고 대학에서 시각 연구원으로 근무하던 아이오니 파인 박사가 마이크의 문제가 어디 있는지 검사를 해보겠다고 나섰다. 검사 결과

세밀한 부분을 구별해내는 마이크의 능력은 형편없었다. 사물의 테두리를 뚜렷이 볼 수 없는 것이다. 눈이 아니라 마이크의 뇌가 그런 상태로 해석하는 것이었다. 세상과 사물에 대한 지식이 전혀 없는 신생아에게 우주는 온갖 색깔로 장식된 의미 없는 형체들의 거대한 집합에 불과할 게 틀림없다. 어린아이는 사물들과 상호작용하면서 이 난관을 헤쳐나간다. 물잔을 만지고 톡톡 쳐보고, 한 방울 떨어뜨려보고, 깨뜨려보고, 쏟아보기도 하고, 흔들면서 소리를 들어보기도 하고, 잔을 천천히 집어 들면서 빛과 그림자의 변화를 지켜보는 모든 과정을 거치면서 아이는 물잔을 제대로 이해하게 된다.(307쪽) 이렇게 어린아이는 물잔을 3차원 물건으로 인식하게 되는 것이다.

마이크는 이런 과정이 없이 눈이 멀었다가 46세가 되어 시력을 찾게 된 희귀한 연구 케이스였다. 아이오니 파인은 마이크를 연구하면서 아는 것과 보는 것은 아주 밀접하게 연관돼 있다는 사실, 마이크가 얼굴 모습과 공간적 거리감, 사물 인지 능력을 결여한 이유는 그렇게 하는 방법과 지식을 잊고 있거나 아예 잃어버렸기 때문이라는 사실, 인간 뇌의 시각 분야 뉴런들의 연결 구조 등에 관한 검증을 계속한다. 파인 박사는 마이크에 관한 논문을 쓰고 그 논문 덕으로 남가주 대학 안과학과 교수에 선임될 수 있었다.

책은 두 가지 분야에서 모두 흥미 있다. 마이크가 맹인으로 살면서 도전한 불굴의 정신과 시각을 찾으면서 겪은 온갖 경험과 '본다는 것'의 신경과학적 의의 두 가지 말이다. 다행히 마이크의 삶은 해피 엔딩으로 끝난다. 모든 시각 장애인이 이런 행운을 누리면 좋겠지만, 그렇지 않아도 우리 사회는 보지 못하는 사람의 도전과 삶을 위해 격려를 보내고 수많은 편의를 제공해주어야 할 것이다. 인간 그 자체의 존엄 때문이기도 하고 우리는 나이가 들면서 모두 장애인이 되기 때문이기도 하다.

[독서일기 36]

민간중국

조문영 외 12명 지음/ 책과함께

    현대 중국은 알기 어렵다. 대한민국의 28배 인구에 99배의 국토를 지닌 나라다. 중국 행정구역은 22개 성과 4개 직할시, 5개 자치구, 2개의 특별자치구인데 한 성이 웬만한 국가와 맞먹는다. 56개 소수민족이 총 1억명이 넘는데 그래도 소수민족이다. 그러니 이런 중국을 한 마디로 어떻다고 말하기는 쉽지 않다. 그 점에서 나는 중국을 보도하는 한국 언론에 불만이 많다. 중국을 너무 쉽게 한 마디로 재단하는 보도가 많다. 한국 언론은 국제 문제 전문성도 많이 떨어진다. 또 한 사안을 다양한 시각에서 비춰주는 보도도 드물다.

    2021년 10월 초에 중국에서 전력난이 심각해 공장이 멈춰선 일들이 일어났다. 언론은 대체로 사건 발생 원인이 중국과 갈등 관계에 있는 호주 석탄을 수입 금지한 데 있다고 보도한다. 그런데 성균관대 중국연구소 안유화 교수의 인터뷰에 따르면, 최근 중국 수출 물량이 30% 정도 늘어나 모든 공장이 풀가동한 점, 중국 정부가 탄소 중립을 위해 몇 년 전부터 계속 석탄 발전량을 줄여온 점, 팬데믹 상황에서 최근 심해진 인플레로 수입 석탄가는 오르고, 중국 전기요금은 고정되어 발전소의 수지가 맞지 않는 점 등이 복합적인 원인으로 작용했다고 한다. 현지 사정을 잘 아는 전문가의 심층 보도가 필요한 이유다.

이 책은 인류학과 등을 다니는 저자들이 지난 20년 사이 중국에서 현지조사나 장기 교류를 통해 만나온 다양한 개인, 가족, 지역 주민에 관해 쓴 글이다. 4부로 나눠진 책은 1부 소수민족, 2부 개혁개방과 주민, 3부 남방도시 선전의 역동과 곤경, 4부 중국과 대만, 한국을 가로지르는 민간인의 순서다. 등장하는 인물의 나이, 성별, 계층, 출신지와 거주지도 천차만별이다. 중국에서 작품을 팔 수 없는 회족 예술가, 주먹 출신의 성공한 조선족 기업인, 관광지 개발에 따른 마을 이전에 반대하는 다이족 노인, 국영기업에서 일자리를 잃은 도시 노동자 가족, 한국 유학을 다녀온 중산층 연구원, 대안학교 학부모, 대만에 거주하는 상하이 출신 대륙배우자를 '민간'이란 우산 아래 집결시켰다.(12쪽)

첫 번째 탐방은 중국 윈난성과 라오스 사이의 국경지대에 있는 다이족 마을이다. 2016년 경 지방 정부는 110가구가 사는 이 마을 주민을 인근 마을로 이사시키고 관광지로 개발하려고 추진 중이었다. 이 개발 계획에 젊은이들은 대체로 찬성이었고 마을 노인들은 강하게 반대했다. 수백 년동안 조상 대대로 살아온 마을이 관광을 위해 갑자기 개발되는데 정작 마을의 주인인 주민들은 개발에 참여는커녕 집을 옮겨가야 한다는 것이다.

노인들은 다이족 특유의 토지 신앙이 강하다.

"집을 옮기는데 사람은 떠나고 집은 안 헐면 주인에게도 안 좋고 집터에도 안 좋아. 수호신이 아직 집 안에 있거든. 여기 산 지 수백 년 되었는데 이사 가면 수호신이 더이상 사람을 안 보살펴주잖아. 그러면 이

낡은 집에서 수호신도 사람처럼 반란을 일으켜. 사람들에게 피해를 입혀."(40쪽)

다이족 노인들은 개발 이익을 챙기려는 마을 간부는 불신하지만 공산당과 국가는 믿는다. 노인들은 이렇게 부당한 이주 결정을 국가가 내렸을 리 없다고 반복해서 대담자에게 이야기했다. 다이족 노인들은 국가는 믿지만 마을 간부는 믿을 수 없으니, 누가 민족의 전통을 무시하는 이런 결정을 내렸는지 확인하기 위해 상급 단위의 지방 정부를 찾아간다.(27쪽) 중국에서 민원을 제기하는 주요 방식 중 하나가 이렇게 상급 정부를 찾아가서 호소하는 상방 방식이다. 그리고 개발 계획을 추진한 지방 간부가 부패 혐의로 낙마하면서 마을 이주 계획은 취소된다.

길림성 용정에서 태어난 조선족 김형은 격변의 중국사를 살았다. 1978년생인 김형은 초등학교 5학년 시절부터 동네 형들과 어울려 다니면서 그들 나름의 '정의'에 불타 강호의 질서를 구축하고자 했다. 김형 같은 청소년은 불량이고 일진이었다. 그들은 오락실, 당구장 등을 돌아다니면서 동년배의 돈을 빼앗았다. 그들 무리의 두목은 1950년대 생으로 문화대혁명 시기에 길거리를 다니다 집이 부자거나 돈 좀 있는 사람들에게 돈을 뜯어 부하들에게 나누어주었다. 두목 등 무리는 문화대혁명 시대의 행동대장으로 혁명적 프롤레타리아였던 셈이다. 김형은 일종의 폭력 조직에 몸을 담으면서 열다섯 되던 1992년부터 일수가방을 겨드랑이에 끼고 상인들에게 '보호비'를 징수하는 일을 했다.

개혁개방이 진행되면서 급격하게 경제성장을 하던 1999년 경 김형은 마음을 고쳐 먹고 일본 유학을 떠난다. 식당 설거지를 비롯한 온갖 아르바이트를 하면서 도쿄의 한 사립대를 졸업한 김형은 2005년경 도쿄의 무역회사에 취직한다. 무역회사가 중국 관련 파트에 사람을 충원하면서 운 좋게 기회를 잡은 것이다. 행운이 잇따라 김형이 다니는 일본 무역회사가 상하이에 법인을 설립하는 바람에 김형은 상하이 법인으로 옮겼다. 때 마침 상하이시 정부가 외자 유치와 더불어 전문직 인재 호구 기준을 완화해 김형은 구하기 어려운 상하이 신분증을 발급받았다. 연변 사람 김형은 일본에서 모아둔 돈으로 상하이 신축 아파트를 샀다. 아파트는 최근 몇 년 사이에 몇 배나 값이 뛰었다.(59쪽)

  김형은 상하이에서 결혼해 딸도 두었다. 상하이에 15억짜리 아파트를 보유한 일본계 회사 부대표인 김형은 최소 상하이의 중산층이다. 김형은 청춘 시절에 주먹으로 기존의 질서를 엎으려 한 협객이었지만 그때는 그때고 지금은 지금이며 김형이 누리는 삶은 분투와 정당한 노력의 결과라고 생각하는 중산층으로 살고 있다. 현재 그는 자신이 이루어낸 것을 혹시 모를 또 다른 '주먹'들로부터 지켜야 한다. 김형에게 가까운 그때는 틀리고 미래를 향한 지금은 맞다.(65쪽)

  선전의 뤄팡촌은 중국 개혁개방의 성과를 보여주는 곳이다. 뤄팡촌은 선전강을 경계로 선전과 홍콩에 각각 자리 잡은 두 개의 마을이지만 사실 뤄팡촌은 500여 년 이상 지속되어온 하나의 마을이었다. 오래전 중원에서 이주해온 객가인들이 정착한 마을로 대부분의 주민이 뤄씨와 팡씨 성이었고 언젠가부터 뤄팡촌이라 불리기 시작했다. 1949년 중화인민공화국이 수립된 이후로도 선전과 홍콩의 두 마을 사이 연결은 끊어지지 않았다. 1969년 양안 간 분리를 명확히 하는 철조망이 둘러쳐지기 전까지, 선전 뤄팡촌의 촌민들은 늘 하던 대로 강을 넘나들며 홍콩 신계 지역의 농지를 경작했다. 철조망이 쳐진 후에도 국경을 넘나드는 작은 문과 작은 다리가 두 마을을 연결했다. 1960년대 홍콩이 급격하게 경제성장을 하자, 홍콩 뤄팡촌 소득이 선전 뤄팡촌 소득의 100배를 넘기도 했다. 그러자 선전 뤄팡촌 주민이 홍콩 뤄팡촌으로 대탈주를 했다. 중국 정부는 대탈주를 감행하는 인민들을 막을 방법이 없었다.

1978년 개혁개방이 단행되자 선전은 최초이자 최대의 경제특구로 커다란 실험의 길목에 들어섰다. 선전 뤄팡촌은 1980년 최초의 변경 소액무역 시험구로 지정된 이후, 집중적으로 채소를 재배해서 수확물을 홍콩 시장에 내다 팔면서 빠르게 부를 축적했다. 아침에 신선한 채소를 홍콩 시장에 보내면 한 번에 1천~3천 홍콩달러를 벌어들일 수 있었다. 뤄팡촌의 간부 천티엔러가 주요한 역할을 했다. 뤄팡촌의 촌서기였던 천티엔러는 부자가 되도록 격려하는 선전시 정부 방침을 따라 '부자마을' 건설에 온 힘을 쏟았다. 사회주의식 생산대를 해체하고, 인구수에 따라 경작지를 분배하는 실험을 빠르게 진행했고 홍콩으로 도망갔던 사람들이 홍콩 상인이 되어 선전을 방문하면서 교역은 더욱 활발해졌다. 선전 뤄팡촌에도 홍콩으로 도망간 사람들이 돌아오기 시작했고 홍콩 뤄팡촌 촌민들이 선전에 상주하기 시작했다.

이들 뤄팡촌 촌민들이 홍콩에서 벌어들인 소득 외에도 홍콩에서 터득한 시장 경험과 안목이 경제 활동에 큰 도움이 되었다. 그리고 뤄팡촌은 1984년 새로운 경제 실험을 도입해 채소 농사에서 과거 촌민 집체 단위에 기반한 주식회사의 주주가 되었고, 2017년 이후에는 그간의 발전으로 빌딩으로 찼던 마을을 개조해서 주거 및 상업 기능이 강화된 도시 재생을 추진하고 있다.(244~252쪽)

책은 중국의 명암과 다종다양한 측면을 살았던 주민을 함께 보여주고 있다. 뤄팡촌의 대성공도 있지만 재개발의 폭력에 시달리는 선전 성중촌의 세입자들 목소리도 들려준다. 상하이에서 태어나고 자랐지만 대만인과 결혼한 상하이 자매의 실상과 사드 사태가 보여준 중국 내 한국 장사의 고난과 미래 기대도 보여준다. 허베이성 농촌 여성 사업가의 삶과 함께 새로운 대안 교육 학교에 자녀를 보내는 광저우 중산층도 나온다. 그림으로 중국 정부에 항의하는 어느 회족 예술가의 인생 역정과 베이징에 입성한 동북의 노동자 집안 삶도 색다르다.

저자를 대표한 조문영은 중국 규모의 방대함과 인구의 다양성을 고려했을 때 '민간중국'을 들여다보는 것은 결국 조각보를 깁는 작업일 수밖에 없다고 진단한다.(9쪽) 이렇게 다양하고 때로 갈등하는 사람들을 '중국인'으로 묶어내면서 '하나의 중국'을 신화화, 현실화해냈다는 점에서 중국 국가의 힘을 과소평가할 수 없다는 것이다. 청말부터 현재까지 한족을 넘어 소수민족을 포함한 전체 국민을 '중화민족'의 외연으로 확장하는 과정은 쉽지 않은 일이었다. 그 과정에서 국가는 강력한 헤게모니와 함께 물리적 폭력을 행사하기도 했다.(10쪽)

책은 통일된 시각으로 간명하게 중국과 중국인을 규정하지 않는다. 느긋하게 중국에서 살아가는 사람들의 생각, 감정, 행동을 되짚어 질문거리와 생각거리를 던진다. 현대 중국인의 일부만을 뽑은 조각보이지만 현대 중국을 이해하기에 무척 좋은 '인간 중심' 탐구다.

[독서일기 37]

경계 너머의 삶

베네딕트 앤더슨/ 손영미 옮김/ 연암서가

　민족주의를 비교해서 공부하기 위해 베네딕트 앤더슨이 쓴 『상상된 공동체』와 아자 가트가 쓴 『민족』을 사놓고 아직 읽지 못하고 있다. 그러다 베네딕트 앤더슨이 쓴 자서전인 『경계 너머의 삶』을 먼저 읽게 되었다.

　앤더슨은 중국 쿤밍에서 아일랜드계 아버지와 영국인 어머니 사이에서 태어났다. 베트남인 보모의 손에 자랐으며 캘리포니아, 아일랜드, 영국에서 학교를 다닌 후 케임브리지대학교에서 고전학으로 학사학위를 받았다. 미국 코넬대학교에서 일본 점령기와 그 직후의 인도네시아에 관한 연구로 박사학위를 받고 1967년부터 2002년까지 코넬대학교에서 교수로 정치학과 동남아시아학을 가르쳤다.

　책을 읽으면 연구자로서 앤더슨이 보여주는 엄청난 혼종성과 연대에 놀라지 않을 수 없다. 그는 인도네시아어를 잘 했고 수많은 인도네시아 친구를 뒀다. 그가 코넬대학교에서 박사 논문을 쓰고 있을 때 베트남전쟁이 격화됐고 정계와 대학에서 동남아시아에 대한 관심이 엄청나게 커졌다. 전국의 주요 대학에서 동남아시아 관련 강좌 수요가 늘어나고 정부가 코넬의 동남아시아 프로그램 같은 지역 연구에 많은 돈을 지원하기 시작했다. 코넬의 동남아시아 프로그램은 명망이 높아서 1950년대 후반 버마, 필리핀, 베트남, 인도네시아에서 온 학생들이 공부하고 있었다. 저자는 이런 학생들을 통해 관심 있는 나라를 배웠고, 코넬 학생들 상당수가 동남아 학생들과 같은 집에 살거나 요리를 배우기도 했다.(80쪽)

이런 점을 보면 전문학과의 흥망성쇠도 시대의 흐름과 유행을 탄다는 것을 알 수 있다. 1975~6년에 미국이 베트남전쟁에서 패하자 미국인들은 전쟁에 다들 질린 나머지 동남아에 대해서는 생각하기조차 싫어했고 정부와 기업에서 주는 돈도 줄어들었다. 1970년대 말에서 1980년대 초에 동남아 지역 연구로 박사학위를 받은 우수한 학생들은 안타깝게도 미국 대학에 취직하기가 정말 어려웠다. 그래서 상당수가 호주, 영국, 뉴질랜드, 캐나다에 자리를 잡았고, 일부 학생들은 정부나 외교부, 유엔 산하 기구, 대기업, 심지어 CIA에 들어가기도 했다. 게다가 베트남, 라오스, 캄보디아는 물론 버마까지도 미국 연구자들의 입국을 막았다. 그러다 1980년대 말, 동남아시아의 일부 나라가 신흥강대국으로 부상하자 동남아시아 프로그램이 이전의 위상을 되찾기 시작했다.(92쪽)

저자는 2차 세계대전 당시 인도네시아 해방 관련 연구를 하면서 전직 일본군이었던 마에다 소장을 만나게 되는데, 마에다는 솔직하게 일본의 대동아전쟁은 정말 어리석은 재앙이었으며 일본군이 점령했던 인도네시아의 독립을 돕는 것이 자신이 해야 할 역할이라고 얘기했다. 마에다를 비롯한 일본군 고위 장교들은 인도네시아 혁명군 측에 72,000문의 소형포와 100만 발 이상의 탄약, 박격포, 야포를 비밀리에 넘겨주었다. 나중에 저자가 1945년 8월 17일 독립에 관여했던 인도네시아 인을 만나니 일본 점령 정권은 증오했지만 마에다에게는 깊은 존경심을 갖고 있었다. 저자는 마에다와의 만남은 세 가지 이유로 중요했다고 말한다.

첫째 일본을 전보다 더 복합적으로 생각하게 되었다.

둘째 마에다는 저자로 하여금 난생 처음으로 개인들의 역할에 대해 생각하게 해주었다.

세 번째는 그와 얘기한 다음 저자의 논문 주제가 점차 바뀌었다는 사실이다.(120~125쪽)

저자는 1965년에 수하르토 장군이 군부를 장악한 후에 100만 명의 좌익을 학살하고 많은 사람을 고문하고 전국에 깔린 수하르토의 수용소로 보낸 사건에 항의하면서 인도네시아 입국이 금지되었다. 그러자 저자는 태국과 필리핀 등으로 연구 주제를 넓혀 간다. 저자는 현장 연구를 좋아했는데, 1987년 경 50대가 되어 타갈로그어를 배우고 필리핀 루손의 역사적 유적지를 비롯해 필리핀의 건축, 회화, 시, 민속 문화, 음식, 전통 관습, 종교, 살인 등 온갖 분야를 배웠으며 필리핀 전역을 돌아다녔다.

저자는 50대가 되어 현장 연구의 근본적인 특징을 깨달았는데, 그것은 바로 '연구 주제'에만 매달리는 건 무익하다는 사실이었다. 연구자는 모든 것에 관심을 갖고, 눈과 귀를 단련하고, 모든 것을 기록해야 한다. 이것이 바로 현장 연구의 장점이다. 낯선 곳에 있으면 모든 감각이 평상시보다 훨씬 더 예민해지고, 비교에 대한 욕심도 커진다. 현장 연구가 귀국한 후에도 그처럼 유용한 것은 바로 이 때문이다. 그런 경험을 하고 나면 관찰력과 비교 능력이 향상되기 때문에, 유심히 보고, 늘 비교하고, 인류학자로서의 거리를 유지한다면 우리 자신의 문화 역시 다른 나라 못지않게 아주 특이하다는 사실을 깨닫게 될 것이다. 저자는 생전 처음으로 미국이라는 나라, 현실적인 미국에 대해 흥미를 느끼기 시작했다.(144쪽)

저자는 1983년에 비교 민족주의 저서인 『상상의 공동체』를 런던에서 출간한다. 처음에는 영국에서만 호평이 나왔다. 그런데 1980년대 말 냉전이 끝나고 소련이 무너지자 미국은 '위험한 민족주의'라는 새로운 적을 붙잡았다. 소련 연구 센터 중 하나였던 케넌연구소의 높은 분이 저자에게 전화를 걸어 강연을 급히 요청했다. 그 분의 말은 이랬다. "소련 연구는 끝났네. 그래서 연구비도 안 들어오고 학생들도 취업을 못하고 있지. 구소련은 온통 민족주의자들로 넘쳐나는데 우리 연구소에는 민족주의를 연구한 사람이 없거든. 지금 미국에서 우리를 도와 연구소를 살릴 수 있는 사람은 몇 명 안 되는데, 자네가 그 중 한 사람이거든."(201쪽)

이 책은 저자의 흥미로운 체험이 넘쳐나서 매우 재미있다. 저자는 인도네시아에서 1947년 출간된 걸작이자 희귀본인 『화염과 불씨에 휩싸인 인도네시아』를 네덜란드인이 헐값에 팔고간 장서에서 발견했는데 저자인 꾸위를 추적하고 그의 삶을 조사한 내용은 스릴러 영화같다.

저자는 책에서 학자와 지식인으로 살아온 지난 세월을 기술하면서 태어난 시기와 장소, 부모님과 선대 어른들, 모국어, 교육, 미국으로의 이주와 동남아에서의 경험 등 여러 면에서 운이 참 좋았다고 얘기한다. 그러면서 학자에게 운은 흔히 예기치 못한 기회의 모습을 하고 찾아오기 때문에, 그런 때는 용감하게든 무모하게든 운이 달아나기 전에 얼른

붙잡아야 한다고 충고한다. 학자가 정말 생산적인 삶을 살려면 반드시 이런 모험심이 있어야 한다.(241쪽)

저자는 현재의 대학이 지향하고 대학교수가 가는 방향인 '전문화'에 관해서 비판적이다. 특히 전문화는 학부 과정에도 영향을 줘서 대학이 18~21세 사이의 젊은이들에게 폭넓고 일반적인 교양을 심어 준다는 관점은 약해지고, 4년간의 대학 생활이 주로 노동 시장에 들어가기 위한 준비 과정이 되는 사실을 안타깝게 여기고 있다.(243쪽)

저자는 옛 시절에 대학을 다녀서 그 시대의 도서관을 신성한 장소로 기억하고 있다. 그저 호기심에서 서가에 있는 다른 책들을 이것저것 빼 보다가 생각지도 못한 내용을 발견하는 경험을 들려준다. 저자는 은연중에 자료의 출처에 대해 생각하고, 그 가치를 평가하고, 다른 자료와 비교하고, 폐기하고, 즐기는 법을 배웠다. 그런데 요즘의 도서관들은 모든 것을 전산화하는 데 매진하고 있다. 구글에서 책을 검색하는 학생은 19세기 후반의 책과 20세기 책의 물성이 다르다는 사실을 알지 못한다. 일본 책과 버마 책은 제본이 다르다. 온라인상에서는 모든 것이 민주적으로 평등하게 하나의 '항목'이 되기 때문에, 놀라움도, 애정도, 의심도 없다. 학생들은 구글을 거의 신처럼 신뢰하는데, 사람들은 아직 구글을 제대로 평가하는 법을 모르며, 학생들은 구글이 모두 일정한 프로그램에 따라 작동한다는 사실을 모르고 있다고 비판한다.(254~255쪽) 어쩌면 이런 비판은 책과 신문을 비롯한 종이 시대를 산 사람의 넋두리일 수도 있겠지만 나 역시 비슷한 경험을 했기에 저자의 말에 공감한다.

저자는 후기에서 오늘날의 민족주의가 다른 나라들과의 연대에는 관심이 없는 억압적이고 보수적인 세력의 도구로 전락하는 경우가 많다고 비판하고, 우리와 다른 언어를 쓰는 이들의 사고방식과 감정, 역사와 문화를 배우는 길로서의 외국어 학습 중요성을 말한다.

    책을 덮으며 동남아시아에 관한 저자의 포용과 공감, 연대의 정신에 감동받는다. 또 민족주의와 세계화 모두 우리의 시야를 좁게 만들고 문제를 단순화할 수 있다는 충고 역시 도움된다. 1936년에 태어난 저자는 2015년에 세상을 떴다. 저자의 삶에 존경을 보낸다.

[독서일기 38]

일본의 굴레

R.테가트 머피/ 윤영수외 옮김/ 글항아리

　어떤 나라를 잘 이해하려면 외국인의 시각으로 바라보는 것이 좋다. 특히 그 외국인이 어떤 나라에서 오래 살았다면 금상첨화다. 저자인 머피 교수는 미국인이지만 지난 40년간 일본에서 살았고, 투자은행가로, 쓰쿠바대학 교수로 살면서 일본 사회가 내부적으로 어떻게 돌아가는지를 몸소 체험한 사람이다.

　먼저 일본의 이상한 정치체제에 관한 저자의 의견을 들어보자. 일본은 사실상 자민당 정권이 60년 이상 장기집권하고 있는 나라다. 선거라는 형식은 있지만 자민당 정권은 계속 집권한다. 이 이상한 정치체제는 어떻게 만들어진 것일까?

　전후 일본은 한국전쟁을 통해 부흥한다. 1950년 한국전쟁이 발발하자 미국은 군대에 보급하기 위해 무기를 제외한 모든 물자를 끝도 없이 일본에 발주하고 달러로 대금을 지급했다. 일본인들은 이 전쟁 특수를 '하늘의 도우심'이라고 불렀다. 일본은 한국전쟁 중인 1951년 9월 미국 등과 샌프란시스코 평화 조약을 맺어 법적인 독립을 얻었다. 이 조약에는 명시되지 않은 두 가지 조건이 있었으니, 하나는 일본이 미국의 정책에 따라 중화인민공화국과 어떠한 관계도 맺지 않을 것, 또 하나는 일본에서 좌익이 권력에 다가서지 못하도록 확실히 보장할 것이었다.(196~197쪽) 자민당이 1955년 각 세력을 규합해 창당하면서 '1955년 체제'라는 전후의 정치 구도가 형성되었는데 이 체제는 좌파가 선거를 통해 정권을 잡을 수 있는 길을 실질적으로 원천봉쇄했다.(205쪽)

더 과거로 가보자. 오늘 일본 정치의 뼈대는 메이지 유신에서 비롯되었다. 1868년 정권을 장악한 세력은 막부를 전복시키는 과정에서 일본의 여러 핵심적인 통치 제도를 없애버렸다. 이들은 번 제도를 폐지했고, 번 사이의 경계선을 폐지하고 새로운 경계선을 지정했으며, 번의 수도들이 지역에서 끼치던 막대한 영향력을 박탈하고 중앙집권화를 추진했다. 다이묘의 재산을 몰수하고, 신분 구분을 폐지했으며, 사무라이들의 연봉을 일시불로 정산함으로써 사무라이의 국가에 대한 청구권을 없애버렸다. 이들은 또 서양의 제도들을 현기증이 날 만큼 빠른 속도로 들여왔다. 의무교육, 징병제, 주식회사, 유한책임 은행, 의회, 법원, 귀금속 담보 통화, 최신 과학기술에다 심지어는 서양식 옷과 사교댄스까지 모든 분야에서 서양 문물을 받아들였다. 혁명처럼 보이는 이 조치들은 아쉽게도 불완전한 혁명 또는 개혁이었다. 메이지 유신은 사실상 반혁명에 가깝다. 그것은 지배 계층 내부에서 벌어진, 나라의 운명을 건 절박한 권력 투쟁 정도라고 이해하는 것이 가장 적당할지도 모른다. 이러한 권력투쟁은 향후 한 세기 반에 걸쳐 몇 차례 더 등장하는데, 그때마다 지배층 내부의 한 세력이 다른 세력으로부터 권력을 탈취했다. 즉 지배층이 국가 운영 능력 자체를 상실하는 상황을 미연에 방지하고자 했기 때문이다.(116쪽) 그래서 지금도 자민당 총리가 정치 스캔들에 휩싸이거나 지지도가 폭락하면 의회를 해산하고 선거를 통해 새로운 자민당 총리로 교체한다. 총리는 바뀌나 자민당 집권은 계속 이어진다.

메이지 유신을 통한 새 집권 세력은 한 세대 만에 일본을 서구의 제국주의에 대항해서 이기기까지 하는 강대국으로 탈바꿈시켰다. 동시에 천황이 직접 통치한다는 환상을 이용해 스스로의 목적을 달성하는 과두 집권층이 통치하는 정부라는 현실 사이의 간극은 반세기 후 일본 역사상 최악의 재난을 불러오게 된다.(124쪽) 지금도 일본의 정치는 옛 비극의 연장선을 부드럽고 약하게 정련해서 운용하고 있는 셈이다. 그래서 일본의 정치는 일본을 안정시키는 역할과 동시에 일본의 발목을 꽉 붙잡는 족쇄가 되는 셈이다.

저자는 일본 산업의 특징 중 하나로 산업협회를 들고 있다. 일본에서 기업 간의 모든 경쟁은 통제되었다. 일본 기업은 체면과 고용 안정성에 집착했고 그래서 경쟁에서 지더라도 철수는 물론이고 시장 점유율의 감소도 받아들일 수 없었다. 이럴 때 산업협회가 나서서 경쟁에서 낙오한 회사들도 고용안정과 시장 점유율을 유지할 수 있도록 암묵적인 규칙을 만들었다. 산업협회는 가격과 공급망에 관한 비공식적인 합의를 조율하고 감시하는 데 있어 특히 중요한 역할을 했다. 장기적으로 보면 일본이 이렇게 자본주의 시장경제의 필수 요소인 '창조적 파괴'의 가능성을 억제했기 때문에 소비자 가전제품 등에서 1990년 이후 애플이나 삼성과 같은 해외의 발 빠른 경쟁자들의 도전에 직면하게 된 것이다.(220쪽)

전후 일본 경제의 도약에서 관료제도도 무척 중요하다. 일본 경제 부처들은 주요 기업들은 물론이고 정부 조직 바깥에 있는 경단련이나 경제 동우회와 같은 단체들과의 협력을 통해 일을 한다. 일본의 관료 엘리트 집단은 집단지성의 힘을 발휘해 특정 산업을 목표로 삼은 뒤 거기서 가장 뛰어난 기업을 골라내 해외 시장을 공략할 수 있도록 자원을 몰아주었다. 그런 산업은 일본이 반드시 갖춰야 할 전방산업인 철강이나 기계 공구 산업, 초기 설비 투자가 많이 들어 진입 장벽이 높은 토목용 장비, 복합 소비자 가전이거나 두 조건을 모두 갖춘 반도체와 같은 산업이었다. 섬유, 조선, 철강, 라디오, 컬러 TV, 토목 장비, 영화, 기계 공구, 카메라, 시계, 팩스 기계, 프린터, 복사기 등에서 결과는 대성공이었고 일본은 1968년 경 세계 2위의 경제대국이 되었다. 문제는 일본이 다른 선진국들과 동등한 위치에 오른 뒤 이 시스템이 삐걱거리기 시작한 것이다. 어떤 산업에 진출해야 할지가 더 이상 명확하게 보이지 않았다. 그리고 다른 나라들이 일본식 모델을 따라하게 된다. 일본의 경제 성장 방식을 가장 비슷하게 따라한 나라는 아마도 한국일 것이다.(232~235쪽)

저자는 일본을 이해할 때 '현실의 관리'라는 개념을 이해해야 한다고 말한다. '현실의 관리'란 여러 제도와 관행이 합쳐져 사회 구성원들이 모두 예측 가능한 범위 안에서 행동하도록 하는 것을 말한다. 예를 들어 일본의 고도성장기에는 회사 직원은 근태 보고 서류에는 8시간으로 처리하지만 하루 근무 시간이 12시간쯤 되는 것을 '알고' 있었다. 일본의 통상 교섭 담당자들은 줄곧 일본의 낮은 관세율을 가리키며 일본 시장이 활짝 열려 있음을 강조하지만, 회사들은 수입을 하면 안 된다는 것을 '안다'. 그리고 만약 그 사실을 '잊어버렸으면' 관련 산업의 협회들이 상기시켜주곤 한다. 얼핏 보면 일본의 의회에서는 입법 토론을 거쳐 공적인 정책이 나오는 것처럼 보인다. 하지만 토론에서 한쪽의 정치인이

하는 질문도, 다른 한쪽이 읽는 대답도 모두 관료들이 미리 작성한 것이다. 그렇다고 해서 장관이 의회의 심의회에 빠져도 된다는 뜻은 아니다. 소니와 교세라 같은 이단아들의 사례는 이들 규칙에서 벗어나는 예외일 뿐이었다. 이들은 해외 시장에서 스스로의 가치를 증명하고서야 일본의 경제 기득권에 받아들여졌다. 그리고 세월이 지날수록 이러한 예외의 숫자는 현저히 줄어들어갔다. 애플, 시스코, 마이크로소프트, 인텔, 구글, 페이스북처럼 IT혁명의 조류를 타고 세계적으로 성장하는 일본 기업은 나오지 않을 것이었다.(236~239쪽)

그렇지만 일본의 소재 부품 기업들의 경쟁력은 죽지 않았다. 예컨대 전자제품에 들어가는 정밀화학 분야에서 일본 기업들의 전 세계 점유율을 합하면 70퍼센트가 넘고 탄소섬유는 65퍼센트가 넘는다. 애플의 아이폰을 뜯어보면 일본 기업의 이름이 들어간 부품은 많지 않다. 아이폰은 미국에서 설계하고 디자인해서 중국에서 생산되고 한국과 대만의 부품으로 채워진다. 하지만 이 중의 30퍼센트가 넘는 부가가치는 일본 기업이 창출한다. 어떻게 가능할까? 이런 부품들을 만드는 핵심 소재를 일본 기업이 만들고, 이런 부품들을 생산하는 공장의 설비를 일본 기업이 공급하기 때문이다.(328~330쪽) 미국이 우주로 발사하는 로켓과 보잉사의 비행기도 비슷한 사정이다. 일본 기업이 없다면 로켓과 보잉 비행기는 만들어지지 못한다고 말들 한다.

그렇지만 일본 비즈니스 세계의 근본적인 개혁이 필요한 것도 사실이다. 일본의 경영자들은 세계화의 어려움, 실패(매몰 비용을 포기하는 것)에 대처하는 적절한 경제적 정치적 메커니즘의 부재가 일본의 비즈니스와 경제에 미치고 있는 영향에 대해 아마 누구보다 더 잘 알고 있다. 이들은 지금 해외에서 수많은 유명 일본 기업이 시장지배력과 명성을 잃어가고 있음을 잘 알고 있다. 일본은 꽉 막힌 관료주의와 기업 내의 허례의식으로 인해 의사결정 속도가 여전히 거북이처럼 느리다. 이대로 가다가는 더 이상 안 된다는 것을 일본의 경영자들은 알고 있다. 그러나 이들은 무엇을 해야 하는지는 모른다. 이론적으로는 네마와시(가령 회의 준비를 위한 회의를 하기 위한 회의)나 품의(10명 혹은 그 이상의 사람에게 결재를 받아 기록을 남기는 것)절차를 대폭 간소화해야 한다는 것에 동의할지 모르지만 실제로 뭔가 행동을 취해야 할 때에는 그들 자신이 자라온 그 시스템 안에 갇히고 만다.(358쪽)

그리고 그런 과정을 통해 일본은 그들이 가난한 친척처럼 멸시하던 한국에게 뒤지기 시작했다. 저자는 한국의 기업들이 일본의 비즈니스를 크게 위협하는 세력으로 떠오른 이유로 크게 세 가지를 들고 있다. 첫째 한국에는 국제화된 엘리트가 더 많다. 해외에서의 거주 경험과 영어 구사 능력은 한국의 엘리트 계급에 들어가기 위한 필수 조건에 가깝다. 둘째 한국의 경제 정치 기관들은 훨씬 더 명확한 권력 구조와 뚜렷한 책임 소재를 갖고 있어서 빠르고 과감한 의사결정을 내릴 수 있다. 셋째 한국은 북한의 위협 등으로 실수가 허용되지 않는 위기 상황에 놓여 있는 나라라는 점이다. 한국은 시간을 낭비하거나 추상적인 고민을 하거나 우유부단할 여유가 없었던 것이다.(360~361쪽)

다시 한번 일본 체제의 문제로 돌아가 보자. 일본에서 정치권력은 누구에게 있는 것일까? 누가 대개혁을 추진해나가야 하는 것일까?

일본에서 정치권력의 실질적인 원천이 무엇인지 모호하다고 저자는 말한다. 이 사실 때문에 오늘날까지도 일본에서 진정한 의미의 혁명은 원천적으로 차단되고 있고 일본의 근본적인 제도 개혁은 가로막히고 있다. 집권 계층이 누구인지 알 수 없는데 어떻게 그들을 전복시킬 수 있겠는가. 메이지 유신을 일으킨 사쓰마-조슈 동맹은 진정한 권력을 행사했다. 하지만 이들 세력은 죽으면서 권력의 커다란 공백을 남겼고, 사실상 자신들이 이룬 모든 것이 파괴되도록 스스로 허용한 셈이 되었다. 일본이 전혀 승산 없는 전쟁을 일으켰던 것 또한 공개적인 정치 절차가 없었던 데 그 직접적인 원인이 있다.

일본에서 만들어지는 정책의 대부분은 그 입안의 구심점이 누구인지 알 수 없다. 설사 정책을 끌고 가는 일관된 동력이 있다고 해도 이는 정부의 공식 기관이 주도해가는 것이 아니다. 해외로부터의 압력과 무시할 수 없는 규모로 성장한 국내 각종 이익집단의 요구에 좌우된다. 일본이 필요로 했던 정치 시스템은 권력에 도전하는 잠재 세력들을 필요에 따라 흡수하거나 무력화할 수 있는 정치였다. 막강한 정부 부처들 사이에서 또는 그 부처들과 다른 세력들 사이에서 중재 역할을 해야 하는 정치였다. 그리고 해외 국가들에게, 일본이 그들에게 친숙한 정당과 선거와 총리와 법원과 같은 제도를 통해 운영되는 나라라고 안심시켜줄 수 있는 정치였다. 이런 정치 시스템이 지금껏 유지되는 '1955년 체제'인 것이다.(423~425쪽)

책에 다나카 수상이 1960년대 말 일본의 무역 흑자를 관리하는 방식이 나온다. 다나카는 뛰어난 정치력과 협상력을 지녔다. 다나카가 통상산업성 장관일 때 일본은 대미 수출이 너무 늘어나지 않도록 '자발적으로' 규제를 하고, 그 대신 미국은 관세를 내려주는 식으로 서로 체면을 세워주며 한 발씩 양보했다. 그리고 엔화의 가치가 급격히 오르는 것을

막기 위해 쓸데없는 공공사업에 의도적으로 돈을 낭비했다고 한다.(442~443쪽)

저자는 일본의 '관료'를 비판한다. 이건 일본뿐만 아니라 미국이나 한국도 비슷한 사정이다. 일본의 정치권은 스스로를 정치 '위에 군림한다'고 믿는 관료들을 정치의 힘으로 통제할 수 없다. 고도로 복잡한 현대 사회에서는 전문적이고 풍부한 지식을 갖춘 관료들 없이 나라를 다스리기란 불가능하다. 그래서 관료들이 점점 오만해지고 자신들이 하는 일에 '간섭하는' 모든 유의 시도를 경멸하게 되면서 결국 사회 전체의 발목을 잡는다.(527쪽)

저자는 중일전쟁과 대동아전쟁을 살피면서 일본은 중국에서 통일된 독립국가가 출현하는 것을 방지하기 위해 한 번은 이쪽 군벌, 또 한 번은 저쪽 군벌을 지원하는 식의 전략을 폈으나 결국은 국민당 군과의 처절한 장기 전쟁으로 빠져들어 갔다고 지적한다. 1944년 일본이 벌였던 이치고 작전으로 국민당 군은 패배하고, 통일 중국의 지도자가 되겠다는 장제스의 희망은 사라지게 되었다. 그런데 그로 인한 권력의 빈 자리를 차지한 것은 일본이 아니라 마오쩌둥의 공산당으로, 일본의 무분별함이 그들이 가장 두려워하던 통일된 레닌주의 강대국의 등장으로 귀결된 것이다.

그리고 일본은 현대에 들어와서 중국과 힘의 균형을 맞추기 위해 자발적으로 미국의 말에 따르는 형태로 천천히 바뀌어왔다. 일본은 중국과 관계를 어떻게 풀어야 할까? 저자는 두 가지 길을 제시한다. 하나는 중국과 어떤 식으로든 합의를 이루어 공존의 미래를 만드는 것이다. 다른 하나는 미국의 품 안으로 더욱 파고드는 것이다. 저자는 길게 내다

보면 이것이 더 위험한 선택일 수도 있다고 말한다. 왜냐? 저자는 미국은 근본적으로 일본에 관심이 없기 때문이다고 주장한다. 미국의 엘리트 지도층은 일본을 미국의 군사적 자산, 미국의 꿈을 이루기 위한 도구 정도로밖에 여기지 않는다. 미국의 꿈이란 무엇인가? 미국이 역사적으로 북미 대륙에서 아무런 잠재적 위협도 없고 아무런 잠재적 도전도 받지 않던 상황을 어떻게든 전 세계로 확대하고 싶은 것이다. 망상에 빠진 미국의 군사 전략가들은 이런 상태를 '전방위 지배'라고 부른다.(578~579쪽)

미국은 어쩌다 이런 망상에 빠지게 되었을까? 아프가니스탄에서 20년 전쟁을 벌이고 중국을 포위한다는 무모한 발상도 이런 망상에서 출발한 것이다. 이 점에서 외국에서 미국 군사력을 철수한다는 트럼프의 구상은 일면 옳기도 하다. 트럼프는 외국에서 미국 군사력을 유지하는 돈으로 미국의 중하층을 비롯한 국민에게 투자하자는 주장인 것이다. 그래서 미국의 중하층이 트럼프를 강력하게 지지하는 동력이 생긴 것이다.

저자 역시 미국의 군산복합체를 유지하는 데 드는 진짜 비용은 미국의 노동자 계층과 중산층이 과도하게 치러야 하는 희생에 있다고 말한다.(582쪽) 달러 중심의 세계 통화질서와 미 제국의 자금 조달이라는 메커니즘은 달러 가치에 장기적인 상승 압력을 가하게 되고, 미국 내의 제조 시설과 서비스 업종을 아시아의 파트너 국가로 꾸준히 이전시키는 결과를 낳는다. 현재 미국의 월가와 실리콘 밸리가 빅테크 기업의 설계와 개발을 결정하지만 그 제품을 실제로 생산하고 조립하는 작업은 대부분 해외에서 하고 있다. 그 결과 나타나는 불평등이 정치적 갈등과 계급적 갈등의 직접적 원인이고, 그것이 미 제국 시스템의 원활한 운영을 위협한다. 미국 국민은 미 제국주의 엘리트층이 주장하는 전쟁들-시리아, 이라크, 이란, 아프가니스탄, 동중국해 어디건 상관없다-에 점점 더 회의적이 되어간다. 중국은 이런 점을 잘 알고 있다. 저자는 어느 날 미일동맹은 무너지고 일본은 외롭게 홀로 남겨질 것이라고 예언하고 있다.(583쪽)

저자는 긴 논의를 마치고 일본을 위한 충고를 한다. 역사의 추가 다시 동아시아로 기울고 있으며 일본이 중심적 역할을 해야 할 수도 있는데 걸림돌이 있다. 바로 일본의 과거사 문제다. 일본의 옹호자들은 다른 나라들도 과거에 큰 잘못을 저질렀고 사과도 하지 않았다는 점을 지적한다. 일본이 어떤 사과의 말과 행동을 해도 주변국들은 절대 만족하지 않고 과거사를 채찍 삼아 일본을 계속 때리러들 것이라고도 얘기한다. 저자는 이 또한 맞는 말이지만 핵심은 일본이 1930년대와 40년대에 일어났던 침략전쟁과 같은 과거사를 직면해야 하는 이유는 한국이나 중국을 위해서가 아니다고 말한다. 그것은 바로 일본을 위해서다. 일본의 과거에 대한 답은 일본인들 스스로가 구해야 한다. 도대체 무엇 때문에 일본이, 일본의 독립성을 파괴하며 해외에서 일본이라는 단어를 잔인하고 비인간적인 광기의 대명사로 만든 사람들의 손에 장악되었는가 하는 질문에 대한 답을 말이다.(586쪽)

저자는 일본과 한국의 외교 현안도 언급한다. 무엇보다 저자의 균형 잡히고 미래 지향적인 혜안에 감탄을 금할 수 없다. 이 책은 일본의 고대 역사와 문화에서부터 시작하는데 저자는 외부인이지만 그야말로 일본을 깊이 알고 있다고 생각된다. 이 책의 제목인 '일본의 굴레'는 누가 일부러 만들어 일본에게 씌운 것이 아니다. 일본 스스로가 만든 것이다. 그래서 그 굴레를 벗는 것도 일본 스스로가 자각해서 할 수밖에 없다. 책을 다 읽으면 일본의 현재와 정치 경제 시스템이 잘 이해된다. 일본의 미래 역시 어느 정도 눈에 보인다. 나는 한국과 일본이 협력해서 동아시아의 중심 국가로 발전하기를 바란다. 그건 그냥 장밋빛 꿈일까? 그런 점에서 일독하기를 추천한다.

[독서일기 39]

재밌어서 밤새 읽는 해부학 이야기

사카이 다츠오/ 전지혜 옮김/ 더숲

'재밌어서 밤새 읽는' 시리즈는 더숲 출판사에서 내는, 학부모와 교사가 선택한 청소년 분야 베스트셀러 시리즈다. 화학, 물리, 지구과학, 천문학 등 시리즈가 쭉 이어진다. 적어도 이 책 『해부학 이야기』는 청소년 수준을 넘어 성인이 읽어도 신선하고 재미있으며 깊이도 있다.

저자는 도쿄대학 의학과를 졸업하고 준텐도대학 의학부 해부학 교수로 있다. 저자는 해부학을 인체라는 우주를 여행하면서 장기나 조직이라는 목적지에 도달할 수 있도록 길을 가르쳐주고, 그 작용과 성질 등을 알려주는 인체 지도로 부른다. 예를 들어 뇌경색이 일어나면 허벅지 위쪽에 있는 동맥에 카테터를 넣어서 뇌까지 도달하게 한 후 막힌 혈관을 뚫어 치료하는데 카테터를 넣을 혈관을 잘못 선택하면 카테터가 목적지인 뇌가 아니라 심장이나 다른 장기로 들어가게 될 수도 있는 것이다.(6쪽)

삼성전자의 시가총액이 500조쯤 된다고 하는데 그렇게 거대한 회사를 팔아도 인간 몸 전체는커녕 간이나 폐와 같은 장기 하나를 만들지 못한다. 한국 주식 전체를 팔아서 시가총액인 2,500조 가량을 손에 쥐어도 똑같다. 그러니 한 사람의 몸은 한 국가의 부와 맞먹을 정도가 아니라 훨씬 뛰어넘는 존재다. '천부인권'을 이런 관점에서 봐도 좋을 것이다.

해부는 세 종류로 나뉜다. 첫 번째는 의대에서 교육과 연구를 목적으로 진행하는 '정상해부'다. 두 번째는 대학병원과 종합병원 등 큰 병원에서 환자가 사망했을 사인을 규명하고자 유가족의 허가를 받아서 진행하는 '병리해부'다. 세 번째는 사인이 분명하지 않은 시신(이상사체)을 검시관이 검시하거나 의사가 검안한 뒤 사인을 규명하고자 진행하는 '법의해부'다. 이 책은 '정상해부'를 다루고 있다.

1771년경 스기타 겐파쿠와 마에노 료타쿠라는 의사가 각각 네덜란드어로 쓰인 해부학 서적을 손에 넣었다. 그 책을 가지고 사형수 시신 해부를 견학한 두 사람은 실제 장기는 한방 의학에서 배운 오장육부와 전혀 다르고, 네덜란드어로 적힌 책의 내용이 정확하다는 사실에 놀라움을 금치 못했다. 그래서 두 사람은 네덜란드 해부학 서적을 번역하기로 했는데 네덜란드 어를 잘 알지 못해 천신만고 끝에 1774년 완성한 책이 『해체신서』다.(90쪽) 그 후로 일본 의사들의 관심은 서양 의학에 쏠리게 되었다. 그런데 에도 시대에는 사형수의 시신으로 해부를 진행했는데 사형 방법 중 화형이나 톱질형 등에 처한 죄수는 시신이 손상돼 해부 대상으로 곤란했고 참수형에 처한 죄수만 해부 대상으로 삼았다. 일본에서는 해부를 추가 형벌로 생각해서 이를 잔인하다고 여기는 사람도 많았다고 한다.

일본이 쇄국 정책을 푼 후인 1859년에 네덜란드 의사인 폼페가 일본의 남자 의사 마흔다섯 명과 여자 의사 한 명이 입회한 가운데 사흘간에 걸쳐서 사형수의 인체를 해부했다고 한다. 폼페 의사의 문하에서 준

텐도대학 의원의 창설자인 사토 다카나카, 훗날의 도쿄대학 의학부장 등 근대 서양 의학의 정착에 공헌한 사람이 다수 배출되었다.(97쪽)

책은 '재밌어서 밤새 읽는'이라는 제목에서 알 수 있듯 대중 의학서적이다. 그래서 해부학에 관한 전문지식보다 대중적인 지식 전달에 초점을 맞추고 있다. 책 중에서 흥미있는 부분을 몇 가지 정리해 둔다.

엄지손가락은 자주 움직이는 손가락이라서 근육도 독특하다. 손바닥 쪽 엄지손가락 뿌리 주변에 약간 부풀어 있는 부분이 모지구(엄지두덩)라고 하며 여기에 엄지손가락을 움직이는 네 개의 근육이 모여 있다. 여기에다 아래팔 쪽에 네 개가 더 있어 엄지손가락을 움직이는 근육은 총 여덟 개나 되는 호사스러운 구조다.(137~138쪽) 진화생물학에서 직립보행하는 인간에게 손이 중요하고 특히 엄지손가락의 진화 발달이 중요하다고 말하는데 그것과 연관되는 것 같다. 수백만 년의 인간 진화사에서 엄지손가락을 움직이는 근육이 그렇게 발달한 것이다.

손은 물건을 집을 때처럼 복잡한 움직임을 처리할 수 있도록 스물일곱 개의 작은 뼈로 구성되어 있다. 이 뼈들이 흩어지지 않도록 관절을 이어주는 기능을 하는 것이 바로 인대다. 인대는 뼈와 뼈 사이를 연결해주는 강한 섬유성 결합 조직이다. 각 손가락의 근육 끝에는 힘줄이 붙어있고, 이 힘줄 다발은 손목 주변에서 건초(힘줄집)로 둘러싸여 있다. 힘줄은 상처가 생길 우려가 커서 얇은 벽으로 만들어진 물주머니(활액초)가 힘줄 주변을 감싸서 완충재 구실을 하며 보호해준다. 그런데 손에 상처가 나거나 손으로 무언가를 두드리는 작업을 오래 하면, 이 힘줄을 감싸는 물주머니에 염증이 생겨 통증 때문에 움직이기 힘들게 되기도 한다. 이 증상이 건초염(힘줄윤활막염)이다.(139~140쪽) 언젠가 피

아니스트 랑랑이 건초염 때문에 베를린 필 연주를 못하게 되자 조성진이 대신 연주했다는 기사를 본 적이 있는데 손을 많이 쓰는 피아니스트가 잘 걸리기 쉬운 병인 셈이다.

폐를 해부해서 적출하면 거뭇거뭇하다. 이는 오랫동안 흡입한 공기 속 매연 등이 폐에 쌓여서 그렇다. 설령 공기가 깨끗한 환경에서 살았던 사람이라도 예외가 될 수 없다. 폐는 일반적으로 감촉이 부드럽고 손가락으로 누르면 쑥 들어간다. 그러나 폐질환을 앓았던 사람은 폐가 단단해지거나 안쪽이 석회화되어 있을 때도 있다.(152쪽) 오랜 시간 폐로 호흡을 하면 먼지나 매연이 많이 들어갈 텐데 폐가 계속 작동하는 게 신기한 일이다.

심장의 골격은 심방과 심실을 완전히 분리한다. 심실 근육은 심실 근육 골격에 붙어 있고, 심방 근육은 심방 근육 골격에 붙어 있다. 이렇게 심장은 위아래로 나뉘어서 이 둘 사이는 직접적인 관련이 없다. 만약 심방과 심실이 동시에 수축하면 심장이 펌프 구실을 할 수 없기 때문이다. 먼저 심방이 수축해서 심실로 혈액을 보내고 나서 시차를 두고 심실이 수축해야만 한다. 이렇게 잠깐의 시차를 두기 위해 심장의 골격을 이루는 우섬유삼각 속에는 심방의 수축 흥분을 조금 늦게 심실에 전달하는데 쓰이는 가늘고 긴 연락 통로가 있다. 이 연락 통로는 특수한 심근 섬유로 구성된 자극전도계의 일부인 방실속(방실다발)이다. 이를 통해서 심방에서 심실로 자극을 전달한다. 자극전도계는 매우 가는 연락 통로이므로 해부하더라도 맨눈으로 확인하기 힘들어서 관찰하기가 쉽지 않다.(159쪽) 심장이 사람이 태어나서 죽을 때까지 이렇게 정밀한 수축 시스템을 운용한다는 것이 놀랍기만 하다. 아무리 정밀하고 단단한 기계도 수리하고 유지 보존 처리를 하지 않으면 고장이 나는데 심장은 끄떡도 없으니 말이다.

    신장도 대단한 장기다. 신장은 소변을 만드는 작업을 맡아 하는데 생각보다 힘든 일이다. 왜냐하면 하루에 얼마만큼의 소변을 만들어내게 될지 미리 알 수 없기 때문이다. 사람은 매일 똑같은 식단으로 식사하지 않으므로 수분과 염분의 섭취량도 날마다 달라진다. 또 운동하면서 흘리는 땀이나 호흡하며 날아가는 수분량도 일정하지 않다. 이렇게 불규칙한 수분과 염분의 균형을 맞추는 일을 신장이 담당한다. 만약 신장이 이 작업을 미룬다면 어떤 일이 벌어질까? 체내의 염분 농도는 정밀히 조절된 상태다. 그런데 신장이 제구실을 해내지 못할 때 칼륨을 많이 함유한 채소나 과일 등을 다량으로 섭취하면 혈액 속 칼륨이 늘어나 심장이 멈출 수도 있다. 또 체액의 염분 농도는 일정하게 유지되므로, 염분을 너무 많이 섭취하면 농도를 낮추고자 체액이 늘어난다. 그렇게 되면 혈액량이 늘어나 혈압도 올라간다.(171쪽) 어느 책에서 신장은 '우리 몸 안의 바다'라는 문구를 본 적이 있다. 우리는 먼 옛날 바다에서 진화해 왔으므로 체액을 옛 바다 성분과 비슷하게 유지해야 하고 그 역할을 신장이 담당한다는 것이다. 우리가 사는 도시에는 인공신장실이 많다. 정밀한 신체와 건강에 새삼스레 감사하게 된다.

    고릴라는 체격이 듬직하지만 의외로 엉덩이가 작다고 한다. 이에 반해 인간은 상반신이 빈약해 보이지만 엉덩이는 볼록하고 크게 발달해 있다. 인간은 직립 보행을 하기에 복부 내장을 떠받치고자 골반이 옆으로 넓고, 직립 보행을 하고자 엉덩이 근육이 발달했다는 것이다.(178쪽)

    안구를 움직이려면 외안근(안구근육)이라는 여섯 개의 근육이 필요한데 이를 위해서 열두 가닥의 뇌신경 중에서 세 가닥을 사용해야 한다. 안구를 움직이는 일에 신체는 엄청난 자원을 투자하고 있는 셈이다. 외안근은 의도한 대로 안구를 움직이는 것뿐만 아니라 또 다른 큰 소임을 맡고 있다. 카메라의 손 떨림 방지와 같은 기능이다. 몸이나 머리가 움직일 때 안구도 함께 움직이면서 시야가 흔들린다면 어지러움을 느낄 수 있다. 이를 방지하려면 몸이나 머리를 움직일 때 반사적으로 안구를 반대 방향으로 움직여서, 시점을 일정하게 유지할 수 있어야 한다. 그래야 보이는 장면이 흔들리지 않기 때문이다. 이 작용을 맡은 장치가 바로 외안근이다.(231쪽)

대중적인 해부 설명서이지만 단순히 인체의 신비를 넘어선 묵직한 진화의 무게와 역사를 함께 느낄 수 있는 책이다. 인체는 자연에서 살아남기 위해 오랜 시간을 얼마나 적응을 해 왔을까? 이런 인체가 눈에 잘 보이지도 않는 정자와 난자가 결합해서 세포분열을 거듭해서 만들어졌다니 그저 놀랄 뿐이다. 수정에서 사람의 태아가 크는 과정을 연구한 '인체발생학'을 봐야겠다. 인체발생학으로 인간이라는 입구를, 해부학으로 인간의 완성된 신체를 함께 보면서 인간이라는 소우주를 다시 한번 상념하고자 한다.

[독서일기 40]

강방천&존리와 함께하는 나의 첫 주식 교과서

강방천, 존리/ 페이지2북스

　개인적으로 강방천과 존리 두 분을 좋아한다. 한국이 '자본주의 사회'이고 우리는 그 사회에 몸을 담그고 살고 있다. 자본주의 사회에서 벗어나고 싶은 사람은 텔레비전 프로그램 '자연인'처럼 사회를 떠나서 살면 된다. 그러나 대부분의 사람은 '자연인'처럼 살 수도 없고 살고 싶어 하지도 않는다. 그렇다면 건전한 자본주의와 사회 모두에 가능한 득이 되는 시스템이 필요할 것이다. 강방천과 존리와 같이 주식투자를 좋아하고 잘하면 과연 건전하고 역동적인 자본주의가 가능할까? 이건 다양한 시각에서 긍정과 부정 등 여러 대답이 나올 이야기이다. 그러나 적어도 개인의 삶과 사회에 조금이라도 득이 되는 건 사실일 것이다.

　강방천은 <에셋플러스자산운용>, 존리는 <메리츠자산운용>을 운영하고 있다.(이 책이 나올 때는 두 사람 모두 그만뒀다.) 두 사람은 통상 가치투자자라고 하지만 두 회사의 한국 펀드 편입종목을 보면 같은 점도 있고 다른 점도 있다. 나는 강방천의 리치투게더펀드 중 글로벌 펀드에서 테슬라를 편입한 것을 보고 놀랐다. 가치주 펀드 주창자가 PER이 350배가 넘는 회사를 보유한다고? 그런데 한 유튜브 방송에서 강방천은 테슬라를 '새로운 데이터 수집 및 활용 회사'로 볼 수 있는 측면도 있다고 말했다. 즉 새로운 빅테크 기업이라는 말이다. 애플과 같은 자동차 생태계를 새로 만들고 구독경제를 하는 비즈니스 모델이 뛰어나다는 주장이다. 그런 점도 있을 수 있지만 의문이다. 벤츠, BMW 같은 회사들이 전기차 시장으로 물밀 듯 진입해 들어와도 테슬라가 경쟁력을 가질 수 있을까? 궁금하다.

존리는 이 책에서도 강조하지만 한국의 큰 문제 중 하나를 '사교육'으로 꼽고 있다. 사교육 때문에 장년 세대는 노후 준비를 못하고 있고, 청소년들은 불행한 삶을 살고 있다는 것이다. 존리가 보기에 자녀들 사교육비를 청소년 명의의 장기 투자 펀드에 가입해 두는 것이 훨씬 바람직하다. 존리는 유튜브 방송에서도 이 주장을 지치지도 않고 되풀이해 말하고 있다. 전적으로 동의하지만 각자도생의 삶에 익숙한 한국인들이 아무리 국내용에 불과한 입시전쟁이라고 하더라도 과감하게 탈출할 수 있을지는 의문이다. 부산의 메리츠운용회사 건물에 가서 직원에게 '사교육과 투자' 강의를 들으니 사교육 투자 통계와 미래 직업 변화를 설명하면서 사교육보다 그 돈으로 투자에 집중하는 게 훨씬 이익률이 높다는 주장을 하면서 20세 이하만 가입할 수 있는 '주니어 펀드'를 권했다.

여태까지 한국에서 사교육 시장을 줄이는 시도는 모두 실패했다. 그런데 투자 이익률을 따져서 사교육 투자가 문제가 많다는 주장과 실천은 처음 있는 일로, 성공할지 궁금하다. 현재 부모가 미성년 아이들 용으로 드는 메리츠의 '주니어 펀드' 계좌가 급속히 늘어난다고 하는데 내가 생각하기로는 상류층과 중산층이 아이들의 '펀드 투자'와 '사교육 투자'를 병행하지 않을까 생각한다.

먼저 책에서 말하는 강방천의 주식 투자철학을 들어보자.

첫째, 인기 있는 것이 아니라 좋은 것을 사라.

둘째, 이왕이면 쌀 때 사라.

셋째, 한 곳에 '몰빵'하지 말고 분산하라.

넷째, 좋은 것이라면 오래 함께 하라.

강방천은 이 중 네 번째가 제일 중요한데 많은 사람이 거꾸로 한다고 말한다.(11쪽)

존리는 투자철학을 '경제독립운동 선언문'으로 요약했다.

하나, 선한 부자가 되기 위해 온 가족이 함께 한다.

둘, 한 살이라도 어렸을 때부터 시작한다.

셋, 자녀들을 시험으로부터 해방시켜라.

넷, 노동자로만 머물지 말고 자본가가 돼라.

다섯, 금융문맹에서 벗어나라.

여섯, 돈이 나를 위해 일하는 것을 깨닫고 주식투자에 대한 편견을 없애라.

일곱, 주식이나 펀드는 모으려고 하는 것이지 단기 수익률에 집착해서 자주 사고파는 것이 아니다.

여덟, 라이프스타일을 바꾸고 소비 대신 투자를 통해 행복을 찾아라.

아홉, 긍정적인 생각을 항상 유지하고 부정적인 사람들과 멀리 한다.

열, 대한민국의 미래는 매우 밝다는 것을 널리 알려라.(15쪽)

존리의 선언문을 읽으면 한국인과 중국인의 차이가 생각난다. 사마천이 쓴 『사기』에 부자들에 관한 '화식열전'이 있다. 중국인은 죽은 이의 명복을 빌 때도 지전을 태울 정도로 돈을 좋아하고 부끄러워하지 않으며 돈에 관한 욕망을 스스럼없이 드러낸다. 그래서 등소평이 개혁개방을 시작한 후로 불과 40년 만에 중국이 경제대국이 될 수 있었으리라. 그런데 한국인은 돈과 경제활동을 천시한 조선 사대부의 풍속이 남아있어서 그런지 속으로는 돈을 바라면서 겉으로는 돈을 얘기하고 투자를 말하면 속물로 보는 경향이 있는 것 같다.

강방천은 기업의 가치는 움직이는 것이므로 정태적 가치 위에 동태적 가치를 더하라고 말한다. 저자는 동태적 분석을 통해 성공한 사례로 1990년대 초반 한국이동통신(현 SK텔레콤)을 산 사례를 들고 있다. 신기하게도 강방천과 존리 모두 1990년대 한국이동통신에 장기간 많은 금액을 투자했다.

강방천은 2008년 즈음 아이폰이 나온 이후에 스마트폰과 유튜브의 확장을 어떻게 이해할 까 고민했다. 스마트폰은 우리가 경험하지 못한 새로운 현상을 만들어냈다. 스마트폰이 기초값이 되어 MDN(모바일 디지털 네트워크) 세상이 펼쳐진 것이다. 강방천은 MDN을 토지, 노동, 자본이라는 제3의 생산 요소에 이은 제4의 생산요소로 명명했다. MDN은 기존의 땅과 완전히 다른 새로운 땅인 것이다. 과거의 투자 세계는 토지(임대비), 노동(인건비), 자본(이자), 이 세 가지 생산 요소를 근간으로 했지만 이제는 MDN이라는 새로운 땅을 활용하는 질서가 나타났고 그래야 구글과 아마존과 같은 혁신 기업들의 비싼 주가를 논리적으로 설명할 수 있다. 전통적 생산 요소는 사업을 확장할수록 생산 요소 비용이 커지는데 MDN을 활용하는 기업은 이동성과 개방성, 활용의 방식을 통해 가치를 창출해 고객이 늘수록 기업의 가치가 커져 고객 집중화가 가능하다는 특징이 있다.(105~106쪽) 즉 확장성이 큰 것이다.

강방천은 비즈니스 모델을 중시한다. 그래서 고객이 쉽게 떠날 수 없는 기업, 고객이 늘수록 고객이 좋아하는 기업, 늘어나는 인구를 고객으로 하는 기업, 불황을 즐기는 일등 기업, 누적적 수요를 쌓아가는 기업, 시간의 가치를 쌓는 기업, 멋진 자회사를 보석처럼 품고 있는 기업, 유능한 리더가 있는 기업 등을 들고 있다.(140~152쪽)

존리는 손절매를 하지 말라고 말한다. 존리가 가장 이해할 수 없는 용어 중 하나가 '손절매'라고 말한다. 예를 들어 주식을 10만 원에 샀는데 8만 원이 됐다고 가정해서 더 떨어질 것 같으니 지금이라도 손절매를 한다는 것이다. 그런데 주식을 10만 원에 산 것은 10만 원의 가치가 있어서 산 것인데 가격이 하락하면 매도하는 게 아니라 더 사야 하는 게 맞지 않느냐는 말이다. 손절매는 주식투자를 '가격 맞히기'로 하는 방식인 것이다. 주식은 변동성이 있는 자산이다. 주가가 떨어지면 왜 주가가 떨어지는지 알아보고 기업의 펀더멘털의 문제가 아니라면 걱정할 필요가 없다는 것이다.(258쪽) 문제는 개인투자자의 경우 펀더멘털에 문제가 생겼는지 아닌지를 확인하기가 쉽지 않다는 점이다. 펀드에 투자하는 것이 대안이기는 하다.

강방천과 존리는 관점의 차이가 있다. 예컨대 강방천은 미국 주식에 투자하는 것에 가산점을 준다. 미국은 비즈니스 모델이 견고한 회사가 많고, 다른 나라 시장으로 확장해나가기에 기업이 망할 가능성도 적다. 스타벅스와 맥도널드가 좋은 예다. 미국 노동시장은 유연하고 자본시장은 역동적으로 작용한다. 그래서 강방천은 미국시장으로 가라고 말한다. 존리는 미국 주식에 관심을 갖지 말라는 게 아니라 한국에도 투자할 곳이 많다고 말한다. 또 하나, 존리는 한국 주식시장에 자금이 들어와야 우리 다음 세대가 창업을 할 때 거기에 자금이 수혈될 수 있다고 한다. 한국 주식에는 여러 문제들이 있지만 반대로 말하면 그런 것들 때문에 주가가 안 올랐다는 것이다. 한국 주식 시장은 10년 동안 박스권에 갇혀 있지 않았냐고 말들 하는데 존리는 그게 너무 좋은 뉴스로 들린다고 한다. 즉 지금 한국 기업의 주가가 싸고, 박스에서 나오기만 하면, 박스 안에 스프링이 있어서 튕겨 나갈 수 있다는 것이다.

예를 들어 유튜브 방송 등을 종합하면 삼성전자를 보는 관점이 이런 시각으로 차이 날 수 있다. 강방천은 삼성전자가 영업이익을 60조원 내면 그 중에 40조를 재투자해야 하기 때문에 투자자에게 돌아오는 몫이 적고, 끊임없이 재투자를 계속해야 하는 리스크가 있다고 본다. 존리는 반도체에 위험을 무릅쓰고 40조를 투자할 수 있는 기업이 많지 않다, 즉 진입 장벽이 높다, 이렇게 긍정적으로 본다. 강방천은 예전에는 펀드에 삼성전자(우) 주식을 많이 편입했지만 지금은 편입하지 않는데 반해 존리는 위에서 말한 이유로 삼성전자(우) 주식을 많이 편입해놓았다. 둘 다 주장에 일리가 있다. 앞으로 삼성전자 주가 흐름은 어떻게 될지 궁금하다. 나는 삼성전자는 성장주 성격도 있지만 이제는 배당주 성격도 크다고 본다. 메모리반도체 등을 팔아 얻은 엄청난 이익 중 상당액을 배당하고 있다. 2021년 12월 현재 삼성전자(우)의 배당수익률은 4.4%이다. 은행 정기예금이자의 두 배가 넘는다.

존리는 한국 교육시스템을 당장 바꿔야 한다고 주장한다. 앞으로는 우리가 알고 있는 직업의 70%가 없어질 것이고 변하는 속도도 엄청나게 빠르다. 아이들 수능 보는데 온 국민이 에너지를 쏟는 것도 이해가 되지 않는다. 존리는 한국의 교육이 꼭 '아이들의 창의성을 어떻게 하면

빨리 없앨까. 어떻게 하면 더 괴롭힐까. 어떻게 하면 세상 사는 게 더 힘들어질까'에 있는 것만 같다고 말한다. 전 국민이 좋은 대학 가라고 하는 선착순 게임을 하고 있다는 말이다. 국영수 공부 말고는 아는 게 없는 아이들로 만들고 있으며, 아이들이 성장하면서 큰 비전을 갖지 못하게 한다. 끊임없이 남을 이기라는 교육만 받았지, 남을 도와주라는 교육을 안 받아봤다는 것이다. 강방천은 존리의 교육 주장에 전적으로 동의하면서 한국은 고시에 합격한 사람이 사법부 행정부에 가는, 모범생이 기득권이 되는 세상이라면서 그 기득권은 와해되는 게 맞다고 본다.

 강방천과 존리의 주장은 미래 노후 준비를 위해 귀담아 들어야 할 내용이 많다. 두 분 다 투자의 대가이기 때문에 경청해서 적당한 비율의 가계 돈을 꾸준히 장기로 펀드 등에 투자하는 것이 좋다고 생각한다. 유튜브 등으로 두 분 주장을 잘 들을 수 있지만 책으로 정리된 글을 읽는 것이 일목요연해서 더 좋을 것 같다.

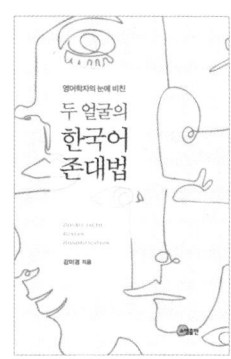

[독서일기 41]

두 얼굴의 한국어 존대법

김미경/ 소명출판

영어학을 전공하고 대학에서 30년 이상 영어를 가르친 저자는 한국어 존대법에 부정적이다. 한국어 존대법은 모든 사람을 위아래로 나누고, 그 서열에 따라 존대와 하대의 높이를 달리해야 한다. 그 존대법 속에는 서열주의가 숨어있다. 한국어는 존대법이 발전한 동시에 하대법도 세상에서 가장 발달한 언어이다. 세상에 존재하는 7,000여 개의 언어 중에서 한국어처럼 상대를 낮추는 반말이 문법으로까지 발전한 언어는 거의 없다. 한국어 존대법은 정확하게 절반은 존대 규칙, 절반은 하대 규칙을 포함한 두 얼굴의 문법이다.(14쪽)

한국 아이들은 태어나면서부터 존대법 교육을 받기 시작한다. 존대법은 단순히 문법만의 문제가 아니라 한국인의 의식 전체를 지배하는 동인이다. 존대법은 한국인들에게 태어난 순간부터 끊임없이 공손하라고 가르친다. 한국식 공손함은 기존의 질서와 권위에 대한 순종을 종용한다. 공손 문화는 복종 문화이다. 저자는 존대법은 한국 사회를 늙게 만드는 주범이라고 말한다. 나이와 직급으로 위아래를 구분하고, 말에서부터 확실한 상명하복을 강요하는 존대법은 젊은이들의 도전 정신을

자른다.(16쪽)

존대법이 설마 그렇게까지 큰 폐해를 끼칠까? 저자는 호주에 사는 쎄이요르 부족이 사용하는 쿠크 쎄이요르어를 예를 든다. 그 언어에는 '오른쪽, 왼쪽' 같은 단어가 없다. 이들은 위치를 말할 때 오른쪽, 왼쪽 대신에 절대방위인 동서남북을 기준으로 말한다. 예를 들어 "컵을 오른쪽으로 약간 이동하세요."대신에 "컵을 북북서쪽으로 약간 이동하세요."라고 말한다. 쎄이요르인은 사람을 만나면 일상적으로 "어디 가니?"하고 인사하는데, 그러면 "남남동쪽, 중간쯤 거리에"와 같이 대답한다. 쿠크 쎄이요르어를 사용하려면 항상 방위 지향적이어야 한다. 동서남북을 파악해야만 올바르게 말할 수 있기 때문이다.(27쪽)

'오른쪽, 왼쪽'이라는 단어 대신에 절대방위를 중심으로 위치를 표시한다는 간단한 문법요소 하나 때문에 쎄이요르인은 초인적인 내비게이션 능력을 갖추게 되고, 위치뿐만 아니라 시간의 흐름을 인지하고 표현하는 방법까지도 절대방위에 의존한다는 연구결과가 있다. 저자는 쎄이요르인들이 마음속에 절대방위를 가리키는 나침반을 지니게 되는 것처럼, 한국인들이 마음속에 지니게 되는 나침반은 자신과 상대의 나이와 학번과 직급, 학벌과 직종과 힘의 크기를 비교하는 서열 계산기라고 말한다. 그리고 그 서열 계산기는 존대법을 기준으로 작동을 시작한다.(26쪽) 즉 저자가 보기에 한국 아이들은 존댓말과 반말을 연습하는 동안 사람간의 상대적 높낮이를 기준으로 자신의 높이를 헤아리며 천부적인 서열 감각을 키우게 되는 것이다.

중국어와 영어에는 한국식 존대법이 없다. 그래서 이들 나라에서는 창의력이 필요한 벤처사업이 잘 되는 것은 아닐까? 이들 나라에서 벤처

사업이 잘 되는 이유에는 여러 요인이 있겠지만 평등한 동료와 직장 상사 관계가 크게 작용할 것이다. 위 아래와 선후배를 따지는 기업문화에서는 벤처사업이 성공하기 쉽지 않다. 지금 한국의 20대와 30대가 직장의 회식을 싫어하는 이유도 직장 상사를 중심으로 짜인 식사와 언어문화(이는 직장 상사와 선배가 말을 많이 하게 되고 아랫사람은 맞장구 치고 복종하는 자리가 된다)때문일 것이다.

존댓말을 둘러싼 문제는 성서 번역에서 두드러진다. 구약성서의 원문은 히브리어이고, 신약성서의 원문은 그리스어다. 두 언어에는 존대법이 없다. 따라서 2000년 전 예수는 성경 속의 모든 사람과 평등한 언어로 대화하며 복음을 전했다.

그럼 예수는 제자들에게 어떻게 말했을까? 예수가 갈릴래야 호숫가에서 그물을 던지고 있는 시몬과 안드레아 형제를 만났을 때 예수는 그들에게 반말을 하거나 존댓말을 하지 않았으며 단지 다음과 같이 말했다.

Come with me, and I will teach you to catch men.(마태오 4:19)

그러나 한국어 성경에는 제자에게 존댓말하는 예수와 반말하는 예수가 각각 따로 존재한다.

나를 따라오시오. 내가 당신들을 사람 낚는 어부로 만들겠소.(1971)
나를 따라오너라. 내가 너희를 사람 낚는 어부로 만들겠다.(2005)

저자는 묻는다. 여러분에게는 두 가지 버전의 예수 말 중에서 어떤 것이 더 적절하게 느껴지는가?(70~71쪽)

한국인들은 성경을 읽으며 예수가 존댓말을 하는지 반말을 하는지 거의 의식하지 못한다. 단지 존댓말 성경을 읽는 사람은 무의식중에 온유하고 겸손한 예수를 경험하게 되고 반말 성경을 읽는 사람들은 권위와 위엄이 있는 예수를 경험하게 될 뿐이다. 호인수 신부는 반말 성경이 문제가 크다고 지적한다. 반말 성경은 일부 사제들의 권위주의적인 태도와도 결코 무관하지 않다고 말한다.(73쪽)

외국인들은 한국에서 친구가 되기 위해서는 무엇보다 먼저 '같은 해에 태어나야' 한다는 사실에 놀란다. 한국에서는 한 살만 차이가 나도 '형'과 '동생'으로 갈리고, 대학에 일 년만 일찍 들어와도 '선배'와 '후배'로 나뉘고, 이들은 친구가 될 수 없다. 한국에서 서로 반말할 수 있는 유일한 관계가 친구 관계인데, 이런 평등한 관계는 나이도 같고 학번도 같아야만 하는 까다로운 조건을 달고 있다.(171쪽) 이런 사회문화는 고객을 안전하게 대우하기 위한 과잉존대를 불러일으키기도 한다. 이런 방식이다.

연회비 없으신 카드시구요.

이 색깔은 하나 남으셨습니다.

환불이 안 되십니다.

저희 매장은 세일 안 들어가세요.

사물을 존대하다 보니 색깔이며 수선비며 엘리베이터가 모두 고객과 점원보다 높아졌다.(179쪽)

이러니 평등한 직장 문화를 추구하는 회사는 동료를 이름 대신에 피터, 제임스와 같은 영어 호칭을 부르기도 한다.

BTS를 비롯한 케이 팝이 세계에 퍼지면서 한국어를 배우는 외국인이 늘어났다. 이들 외국인들은 공통적으로 두 가지 점을 코멘트한다. 하나는 한글이 배우기 매우 쉽다는 것이고, 다른 하나는 한국어는 매우 어려운데 특히 존대법이 가장 어렵다는 것이다.

그런데 한국어 존대법은 왜 바뀌지 않는 걸까.

첫째는 모국어는 무의식중에 사용하기 때문에 존대법 뒤에 숨어 있는 계급 논리를 의식하기 힘들기 때문이다. 둘째는 문법은 쉽게 바뀌지 않는 관성을 가지고 있기 때문이다. 셋째는 존대법으로 대접받는 윗사람들이 존대법을 유지하려 하기 때문이다.(231쪽)

저자는 일관해서 주장한다. 존대법은 서열 중심의 인간관을 한국인의 정신 속에 고착화시키는 기본적이고 핵심적인 장치이다. 존대법은 말하는 내용과 그 논리성보다 윗사람에게 어떻게 말해야 하는가를 먼저 생각하게 만들고 윗사람과 평등한 관계에서 생각하고 대화하는 정신을 가로막는다.(232쪽) 그래서 한국의 젊은이들은 국제무대에서 영어로 대화하면서도 무의식중에 누가 위이고 아래인가를 헤아리게 만든다. 한반도에서 선배와 스승과 윗사람의 눈치를 보며 윗사람의 뜻에 복종하던 한국인은 맨해튼에 가서도 그 습관을 버릴 수 없다.(233쪽)

한국인에게 과잉으로 자리잡은 의전문화도 이 존대법과 일맥상통하는 것 아닐까? 늘 흥미로웠던 한국인의 서열 문화의 뿌리가 어디에 있는지를 명쾌하게 밝히는 수작이다. 이 책을 읽으면서 존댓말의 실상과 허상을 생각하게 되었다. 예전의 성공이 오늘의 족쇄가 되는 경우가 흔히 있다. 한국인의 과거에 존댓말이 어떤 긍정적인 효과를 낸 적이 있었을 것이다. 그러나 지금 국제화가 되고, 한국 문화가 온 세계로 뻗어 나가는 지금에도 존대법에 매이는 것은 시대착오적일 것이다. 문법적으로 정 폐기하기 곤란하면 서로 서로 모두가 상대방에게 존대말을 쓰는 방식 등을 통해서라도 새롭게 정립하는 것도 좋을 것이다. 그것이 글로벌 사회에서 한국인의 역동성을 키우는 좋은 방법일 것이다.

[독서일기 42]

21세기 자본

토마 피케티/ 장경덕 외 옮김/ 글항아리

토마 피케티는 불평등을 다룬 『21세기 자본』을 쓰면서 많은 통계를 인용하고 있다. 마르크스가 쓴 『자본』과 다른 점이다. 피케티는 책에서 마르크스의 『자본』이 인용한 통계가 부실하고, 마르크스가 1867년 『자본』을 출판할 당시 이미 존재했던 통계자료도 제대로 살펴보지 않았다고 비판하고 있다. 마르크스가 책에 사용했던 통계가 적고 충분하지 못한 것은 사실이지만 마르크스가 책을 쓸 당시에는 구태여 통계를 인용할 필요도 없이 당시의 산업자본주의가 강제한 장시간 노동 및 저임금, 아동노동의 참상이 너무나 심각해서 누구나 인지하는 공공연한 사실이었던 점을 기억할 필요가 있다.

그리고 마르크스가 『자본』의 서문에서 말했듯 『자본』은 부르주아 사회의 경제적인 세포에 해당하는 노동생산물의 상품형태 또는 상품의 가치형태를 집중해서 분석하였기에 당연히 '상품-화폐-자본'과 같은 추상화된 용어와 논리를 사용할 수밖에 없었다. 더욱이 마르크스는 『자본』을 비롯한 모든 저서가 다가올 프롤레타리아 혁명의 무기로 사용되기를 원해 『자본』에는 혁명 실천을 위한 나침반의 역할이 바닥에 깔려 있었다.

피케티는 당연히 21세기에 시대착오적인 '프롤레타리아 혁명'을 주창하지 않는다. 특히 1990년 초반 소련을 비롯한 동구권의 '현실 사회주의의 몰락'(그런데 사회주의가 현실에서 존재하지 않는다면 도대체 어디에서 존재할 수 있단 말인가?) 이후로 무기력하고 한물간 듯한 느낌을 불러일으키는 '혁명' 대신에 '불평등'을 화두로 잡았다. 따라서 이 책의 초점은 각 나라에서 벌어지는 '불평등'의 심각성을 논하고 어떻게 하면 그 불평등을 줄일 수 있을까에 모여 있다.

그래서 피케티는 방대한 통계자료를 인용해서 불평등의 심각성을 밝히고(이 부분은 피케티가 유감없이 장기를 발휘했다) 그렇게 불평등이 심각해진 원인을 찾은 다음에 그 불평등을 교정할(혁명으로 아예 불평등이 없는 사회를 만들겠다는 주장은 거론하지 않는다) 현실적인 수단인 자본 누진세를 제안한다.

서구의 자본은 원시적 축적을 거쳐 산업자본주의로 성장했다가 제국주의로 만개해 1차 세계대전과 2차 세계대전의 주요한 원인이 되었다. 그러나 이 책에서도 많은 통계자료를 통해 밝히고 있듯이 (서구의) 자본은 두 차례의 세계대전과 식민지 상실로 심각한 타격을 입었다. 그래서 저자는 1945년부터 상당한 기간 소득 및 자본 불균형이 완화되었다는 점을 밝힌다.

그런데 자본주의 사회에서 왜 자본은 축적되고 불평등해지는가?

저자는 $r \rangle g$라는 부등식으로 이 근본적인 불평등을 밝힌다.(r은 연평균 자본수익률, g는 경제성장률)(39쪽) 즉 자본성장률이 경제성장률을 크게 웃돌 때는, 논리적으로 상속재산이 생산이나 소득보다 더 빠르게 늘어난다. 물려받은 재산을 가진 사람들은 자본에서 얻는 소득의 일부만 저축해도 전체 경제보다 더 빠른 속도로 자본을 늘릴 수 있다. 이런 상황에서는 거의 필연적으로 상속재산이 노동으로 평생 동안 쌓은 부를 압도할 것이고 자본의 집중도는 극히 높은 수준에 이를 것이다. 그런데 이런 수준의 집중도는 능력주의의 가치, 그리고 현대 민주사회의 근본이 되는 사회정의의 원칙과 맞지 않을 수도 있다.(39쪽)

책 95쪽에 나오는 '산업혁명 이후의 세계의 성장(연평균 성장률)'을 보면 서기 원년과 1700년 사이의 인구증가율과 경제성장률은 0.1퍼센트 이하였다. 1820~1913년은 1.5퍼센트다.

1913~2012년은 3.0퍼센트였다. 그런데 자본수익률은 영국과 프랑스의 경우 연 4~5퍼센트이다. 1900년 이전은 인플레이션이 거의 없었다. 인플레이션은 20세기 특유의 현상이다.(129쪽) 저자는 이런 자본수익률을 말하면서 고리오 영감의 파스타 사업은 스티브 잡스의 태블릿과 맞먹는 높은 수익률을 낳았다는 점을 말한다. 제인 오스틴을 비롯한 19세기의 고전소설에서 부유층은 대체로 토지의 지대와 국채 수익으로 살아갔었다.(249쪽)

저자는 자본/소득 비율로 자본의 축적도를 말한다. 영국, 프랑스, 독일에서 국민총자본의 가치는 1913년에 국민소득의 6.5~7배였으나 1950년에 국민소득의 약 2.5배로 감소한다. 이는 두 차례의 세계대전으로 인한 자본(건물, 공장, 사회기반시설 등)의 물리적 파괴뿐만 아니라 해외 자산 가치의 급락과 소유권 변화와 규제 등 전후의 새로운 정치적 성향으로 인한 낮은 자산 가격 때문이다.(179쪽)

저자는 자본주의의 제1기본법칙으로 $\alpha = r \times \beta$를 말한다.(α는 자본소득 분배율, β는 자본/소득 비율) 예를 들어 β=600퍼센트이고, r=5퍼센트이면 α=r×β=30퍼센트다. 다시 말해서 국부가 6년 동안에 벌어들인 국민소득에 해당되고 연간 자본수익률이 5퍼센트라면 국민소득에서 자본이 차지하는 몫은 30퍼센트다.(69쪽) 예를 들어 2010년경 부유한 국가들에서 자본소득(이윤, 이자, 배당금, 임대료 등)은 일반적으로 국민소득의 약 30퍼센트였다. 자본/소득 비율이 600퍼센트 정도였으므로, 자본수익률은 약 5퍼센트였다. 구체적으로 말하면 현재 부유한 국가들의 연간 1인당 국민소득 3만 유로 가운데 노동소득이 2만 1,000유로(70퍼센트)이고 자본소득이 9,000유로(30퍼센트)다. 국민 1인당 평균 18만 유로의 자본을 소유하므로, 9,000유로의 자본소득은 연평균 5퍼센트의 자본수익률에 해당된다. 물론 이는 평균값이다.(70쪽)

자본주의의 제 2기본법칙은 β=s/g이다. (β는 자본/소득 비율, s는 저축률, g는 성장률)이다.

예를 들어 s=12퍼센트이고 g=2퍼센트이면, β=s/g= 600퍼센트다. 즉 한 국가가 매년 소득의 12퍼센트를 저축하고 국민소득 성장률이 연간 2퍼센트라면, 장기적으로 자본/소득 비율은 600퍼센트가 될 것이다. 따라서 그 국가는 국민소득의 6배에 해당되는 자본을 축적하게 될 것이다. 자본주의의 제2기본법칙으로 간주될 수 있는 이 공식은 분명하면서도 중요한 점을 반영하고 있다. 즉 저축을 많이 하고 느리게 성장하는 국가는 장기적으로(소득에 비해 상대적으로) 거대한 자본총량을 축적할 것이고, 이는 사회 구조와 부의 분배에 중요한 영향을 미칠 수 있다. 다시 말해 거의 정체되어 있는 사회에서는 과거에 축적된 부가 필연적으로 엄청난 중요성을 띠게 될 것이다. 따라서 18세기와 19세기에 관찰된 수준에 근접할 정도로, 21세기에 자본/소득 비율이 구조적으로 높은 수준으로 회귀한 것은 저성장 체제로의 회귀로 설명될 수 있다. 이처럼 성장 둔화, 특히 인구 성장의 둔화는 자본이 귀환하는 요인이다. 기본적인 요점은 성장률에 작은 변화가 생겨도 장기적으로 자본/소득 비율에 아주 큰 영향을 미칠 수 있다는 것이다.

피케티는 영국과 프랑스의 200년 가까운 통계로 자본/소득 비율과 자본수익률을 제시한다. 즉 18세기 후반부터 19세기에 영국과 프랑스에서 국민소득 중 자본소득의 몫이 35~40퍼센트였는데, 20세기 중반에는 20~25퍼센트로 줄어들었고 20세기 말과 21세기 초반에는 25~30퍼센트로 늘어났다. 이것은 18세기와 19세기의 5~6퍼센트 정도의 평균 자본수익률과 상응하는데, 이 수익률은 20세기 중반에는 7~8퍼센트로 높아졌고 20세기 후반과 21세기 초반에는 4~5퍼센트로 떨어졌다.(241쪽)

자본수익률을 더 자세히 살피면 상장회사 주식이나 산업자본을 포함해 위험부담이 가장 큰 자산의 수익률은 흔히 7~8퍼센트 이상인 반면, 위험부담이 적은 자산의 수익률은 상당히 낮다. 18세기와 19세기의 농경지는 4~5퍼센트 정도였고, 21세기 초반의 부동산은 3~4퍼센트로 낮다. 당좌예금이나 저축예금 등 소규모 자산의 실질수익률은 겨우 1~2퍼센트 정도밖에 안 되거나 심지어 더 적고, 물가상승률이 은행의 낮은 명목이자율을 초과할 경우에는 마이너스가 되기도 한다.(244쪽)

저자는 불평등을 분석하면서 상위 10퍼센트와 상위 1퍼센트를 중요 기준으로 잡는다. 저자는 적절한 용어인지는 유보하면서 상위 1퍼센트를 '지배층', 상위 10퍼센트를 '부자'라고 부른다. 2013년의 프랑스처럼 인구가 대략 6,500만 명이고 그중 성인이 약 5,000만 명인 국가에서 상위 1퍼센트는 약 50만 명이며, 미국처럼 인구가 3억 2,000만 명에 성인이 2억 6,000만 명인 국가에서는 상위 1퍼센트가 260만 명이다.(이 기준으로 따지면 인구 5천만 명인 한국의 성인 수 1퍼센트는 대략 40만 명정도이다. 우리 사회의 강남 거주자를 비롯한 지배층이다.) 따라서 인구의 1~2퍼센트가 귀족이었던 1789년의 프랑스이든, 인구 가운데 가장 부유한 1퍼센트를 비판한 월가 시위가 일어났던 2011년의 미국이든, 모든 사회에서 상위 1퍼센트는 사회적 지형과 정치적, 경제적 질서에 중요한 영향력을 행사하기에 충분히 큰 집단이다.(304쪽)

(한국 정당과 선거에서 상위 1퍼센트를 향한 개혁인가, 상위 10퍼센트 또는 상위 20퍼센트를 향한 개혁 조치인가는 정당의 스탠스와 개혁 강도를 정하는 데 아주 중요한 기준이다. 민주당도 상위 10퍼센트 또는 20퍼센트를 향한 개혁을 과감하게 해내지 못한다. 이들 10~20퍼센트 세력은 사회 여론에 큰 영향을 미치며 흔히 중산층으로도 불리고 때로는 민주당의 큰 지지세력이기도 하다. 그래서 종부세와 다주택자 증세를 비롯한 여러 법적 조치와 실천에 왜곡이 생긴다.)

저자는 다양한 통계를 분석한 끝에 8장의 '상위 10퍼센트와 서로 다른 세계들' 항목에서 상위 10퍼센트를 다시 나눈다. 저자는 경영자와 기술자, 고위공무원이나 교사, 의사, 상인, 식당 주인 등 다양한 직업군을 분석한 끝에 이렇게 결론짓는다.

"상위 10퍼센트에는 언제나 두 개의 매우 다른 세계가 존재한다. 노동소득이 분명히 우위를 차지하는 '9퍼센트'와 자본소득이 점점 더 중요해지는 '1퍼센트'가 그것이다. 두 집단 간의 전환은 언제나 서서히 이루어지며, 물론 서로가 경계를 오갈 수 있지만 두 집단 간에는 분명하고 체계적인 차이가 존재한다."(337쪽)

(이런 점들을 보면 우리는 서울 강남의 33평 아파트 값이 왜 30억을 넘는지 이해할 수 있다. 이는 일종의 진입장벽이다. 조선시대의 양반이란 신분 장벽이 현재는 강남의 주택 장벽으로 변환된 것이다. 이들 지역에서 초등학교부터 고등학교까지 같은 학교를 다니고 같은 생활권역을 공유하는 것은 단순히 대학을 잘 가기 위한 '학군'을 넘어서서 재산 및 신분적 아비투스로 작용하는 것이다.)

'9퍼센트'의 소득에는 자본소득이 전혀 없는 것이 아니지만 부수적인 역할만 한다. 반대로 '1퍼센트'에서는 노동소득이 조금씩 부수적이 되는 한편 자본소득이 점점 더 주요한 소득 원천이 된다. 또 다른 흥미로운 패턴은 자본소득을 토지 및 건물의 임대료와 유동자본에서 나오는 배당금 및 이자로 나누어 살펴보면 상위 10퍼센트의 자본소득의 매우 큰 부분은 주로 후자(특히 배당금)에서 나온다는 것을 알 수 있다. 예를 들어 프랑스에서는 1932년뿐만 아니라 2005년에도 자본소득이 차지하는 비중이 상위 '9퍼센트' 계층에서는 20퍼센트였지만 상위 0.01퍼센트 계층에서는 60퍼센트로 증가한다. 두 경우 모두 이 같은 급격한 증가는 금융자산으로부터의 소득으로 완전히 설명된다. 이중 거의 모두가 배당금 형태다.

(우리나라에도 주식 부자인 미성년자와 성인이 많고 이들이 받는 막대한 배당금을 언론 보도를 통해 자주 본다. 삼성전자는 성장주이면서 배당주인데 시가배당율이 약 4퍼센트 정도이고 막대한 금액을 이재용을 비롯한 삼성 일가에 배당한다. 그래서 드라마 스카이캐슬에서 의대

를 가기 위해 무시무시한 노력을 하는 상류층의 모습은 실제 1퍼센트 또는 0.1퍼센트 지배층의 모습과는 거리가 멀다. 이들은 주식 배당금만으로도 자신의 계급적 지위를 누리기에 부족함이 없고 의사와 같은 고강도 육체노동자(?) 직업에 관심이 없다. 마르크스는 『자본』에서 자본은 죽은 노동이며 이 노동은 오직 흡혈귀처럼 살아 있는 노동을 흡수함으로써만 활기를 띠고 자본가로서 그는 오로지 인격화된 자본일 뿐이고 자본가의 영혼은 자본의 영혼이라고 말한다. 하지만 한국에서 자본은 아이러니하게도 '기업하기 좋은 나라' 또는 '기업하기 좋은 도시'와 주식 투자자 모두에게 이익이 되는 '배당금 증가'라는 인간화된 모습으로 나타난다.)

피케티는 8장의 '1980년 이후 폭발한 미국의 불평등' 항에서 미국의 자본이득을 분석한다. 다양한 자료를 비교해보면 2008년의 금융위기 직전과 2010년대 초에 상위 10퍼센트의 몫이 미국 국민소득의 50퍼센트를 약간 넘었다고 추정할 수 있다. 미국에서 불평등 증가의 대부분은 '1퍼센트'에서 나왔다. 상위 1퍼센트가 국민소득에서 차지하는 몫은 1970년대의 9퍼센트에서 2000~2010년에는 약 20퍼센트로 11퍼센트 상승했다. 1977년에서 2007년까지 미국의 경제성장을 검토해보면 가장 부유한 10퍼센트가 전체 성장의 4분의 3을 차지했다는 것을 알 수 있다. 이 기간에 가장 부유한 1퍼센트가 미국 국민소득 증가분의 거의 60퍼센트를 흡수했다. 하위 90퍼센트의 소득증가율은 연 0.5퍼센트 이하였다. 이 수치들은 반박의 여지가 없으며 놀라운 수준이다.(356~358쪽)

(이 수치는 2008년 금융위기와 빅테크 기업이 성장한 2010년 이후

에 더 악화되었음이 틀림없다. 이를 통해 우리는 왜 트럼프가 중하위 노동계층에서 그렇게 열렬한 지지를 받았는지 알 수 있다. 중국이 2001년 WTO에 가입하고 미국에 엄청난 물량의 수출을 하는 등 세계화 시대에 미국의 제조업 노동자 등은 큰 경제적 타격을 받고 실업자 및 빈곤층으로 내려앉았다. 미국의 중하층 노동자들이 힐러리 클린턴을 비롯한 '캐비어 좌파'에게 보이는 증오감의 원천이 여기에 있다. 바이든과 트럼프의 대선에서도 트럼프가 낙선했지만 놀라운 득표율을 보여줬다.)

2021년 12월 언론 보도에 따르면 피케티 등이 참여하는 세계불평등연구소가 2018년에 이어 4년 만에 두 번째로 불평등 보고서를 냈다. 2021년, 전세계 상위 10퍼센트의 부자가 전체 소득의 52퍼센트와 자산의 76퍼센트를 점유하고 있다는 내용이다. 소득 불평등은 20세기 초 제국주의가 정점이던 때와 비슷하게 심한데, 자산 불평등은 그보다 더욱 심하다. 보고서에 따르면 한국 성인 인구의 평균 소득은 구매력평가(PPP) 환율 기준 3만 3천 유로(약 3,843만원)라고 평가했다. 그런데 상위 10퍼센트와 하위 50퍼센트의 격차는 우리나라가 14배로, 프랑스(7배)나 이탈리아와 스페인(8배), 영국(9배), 독일(10배)등 서유럽 국가들보다 최대 2배나 크다. 게다가 우리나라 상위 10퍼센트가 보유한 부는 하위 50퍼센트의 52배로, 소득보다 불평등 정도가 훨씬 심하다. 전체 근로소득에서 여성의 점유율은 2020년 32.4퍼센트로, 일본(28퍼센트)이나 인도(18퍼센트)보다는 높지만, 서유럽(38퍼센트)이나 동유럽(41퍼센트)보다 낮았다. 우리나라 소득 상위 10퍼센트의 몫은 2012년 44.9퍼센트였는데 2021년 올해는 46.5퍼센트로 1.6퍼센트 상승했다.(한겨레 2021. 12. 9)

또 한가지 특징은 미국의 슈퍼경영자들이 받는 엄청난 연봉이다. 최상위 소득의 폭발적인 증가는 '극단적 능력주의'의 한 형태로 설명될 수 있다. 극단적 능력주의는 현대사회, 특히 미국에서 특정 개인들이 출생이나 배경이 아닌 자신의 고유한 능력을 기반으로 선택된 것처럼 보인다며, 이들을 '승자'로 지정하고 더욱더 후하게 보상할 필요성이 분명히 있다는 것을 뜻한다.(401쪽)

(이런 극단적 능력주의는 한국의 20대와 30대에도 많이 퍼져 있다. 이들은 오로지 객관적 측정이 가능한 '시험'으로만 채용과 승진 등을 할 것을 주장하고 그 연장선 상에서 '공정'과 '정의'를 부르짖는다. 그런데 시험 성적을 포함한 개인의 '능력'이란 결코 '개인'의 능력만이 아닌 집안의 경제력과 학력, 지원 등 포괄적인 능력임을 이들은 잊곤 한다.)

피케티는 이런 문제를 시정하기 위해서 제14장 '누진적 소득세를 다시 생각한다'에서 누진적인 소득세의 도입과 발전을 고찰한다. 노동소득과 자본소득을 구분하고 자본소득은 불로소득으로 간주해서 그리고 상속세도 누진적으로 높게 매기기를 주장한다. 더 나아가 제15장 '글로벌 자본세'에서 미래에도 핵심적인 역할을 계속 수행해야 할 두 가지 기본 제도로 '사회적 국가'와 '누진적 소득세'를 든다. 그리고 민주주의가 현 세기의 세계화된 금융자본주의를 다시 통제하려면, 오늘날의 문제를 해결할 수 있는 새로운 수단을 개발해야만 한다고 주장하면서 높은 수준의 국제적 금융 투명성과 결부된 누진적인 글로벌 자본세를 추천한다.

통계자료를 통한 설득력있는 현황 분석 끝에 소수 부자에게 집중된 자본의 통제를 위해서 '누진세'와 '글로벌 자본세'와 같은 세금 대책을 주로 드는 것은 실망스럽다. 세금 처방은 물론 실효성이 있겠지만 이미 잘 알려져 있는 정책 수단이다. 그리고 1퍼센트와 0.1퍼센트의 부자들은 세금을 피하거나 줄이기 위한 다양한 방법을 동원할 수 있다. 프랑스 대혁명조차 소유 불평등을 개선하지 못했다.

피케티는 2019년 출간한 『자본과 이데올로기』에서 21세기에 가능한 참여사회주의 윤곽을 제시한다면서 기업 내 권력 및 의결권 분유와 강력한 누진세를 주장한다. 정의로운 교육과 조세재정, 사회, 환경 관련 연대의 새로운 형식들을 사회연방주의를 통해 발전시키자고 제안한다.

다시 책으로 돌아가면 피케티는 16장에서 공공부채 문제를 논한다. 선진국의 공공부채는 전례가 없는 수준인데 공공부채를 감축하기 위한 방법으로 첫째 자본세와 둘째 인플레이션, 셋째 긴축재정을 들고 있다. 민간자본에 파격적인 세금을 부과하는 것은 가장 공정하고 효율적인 해결책이다. 그것이 실패한다면 역사적으로 대규모 공공부채를 처리하는 주된 방법인 인플레이션이 있다. 공정성과 효율성 측면에서 최악의 해결책은 지속적인 긴축재정인데 현재 유럽이 따르고 있는 방식이다.

(홍남기 기획재정부 장관을 비롯해서 조선일보 등이 주장하는 한국 국가부채 논쟁이 떠오른다. 국가부채를 어디에 쓰는가, 그리고 국가부채를 어떻게 갚는가 하는 것은 계급이해가 첨예하게 갈리는 문제다. 예를 들어 코로나19로 피해를 본 소상공인과 자영업자에게 50조 또는 100조 배상 지원을 하는 문제가 있다. 일반적으로 연 2퍼센트를 넘는 물가상승을 인플레이션이라고 하는데 지금 미국의 높은 인플레는 공공부채에 관해서는 감축효과가 있는 셈이다. 그러나 일반적으로 자산가와 주식 소유자는 인플레를 방어하고 더 큰 이득을 얻는다.)

『21세기 자본』을 읽으니 엄청난 장기간의 통계자료와 분석이 부럽다. 한국은 소득과 자본 관련 자료를 국세청이 꽉 쥐고 내놓지 않는다. 세계 경제의 거시 흐름과 불평등에 관한 시야가 넓어지는 것을 느낀다. 본문과 통계 분석을 꼭 읽어야 한다. 단지 책의 서문과 결론만을 읽고 누진적 소득세의 중요성을 깨닫는 것은 이 책이 보유한 잔치 음식을 놓아두고 디저트 한 조각만을 먹는 것과 같을 것이다.

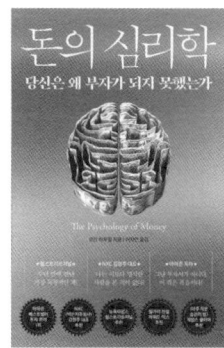

[독서일기 43]

돈의 심리학

모건 하우절/ 이지연 옮김/ 인플루엔셜

　박성진 이언투자자문 대표와 최준철 VIP자산운용 대표가 추천한 책이다. 앞부분에서 흥미있는 사례가 많이 나왔지만 책의 마지막에 미국 현대 경제사를 요약한 부분이 놀라웠다.

　저자는 제2차 세계대전 이후 미국에서 일어난 일을 미국 소비자의 역사로 말한다. 전후 경제가 침몰하는 것을 막기 위해 미국 당국은 저금리를 유지하고 소비자 신용 시대를 열었다. 1945년 미국의 총 가계부채는 294억 달러였는데, 1955년에는 1,257억 달러, 1965년에는 무려 3,312억 달러로 늘었다. 트랙터와 옥수수 수확기에서 냉장고와 세탁기까지 소비 열풍이 불었다. 엄청난 숫자의 주택 건설 붐이 일었고, 자동차 생산과 소비 역시 마찬가지였다. 1950년대의 중요한 특징은 '부가 그 어느 때보다 평등하게 공유되었다'는 점이다. 평균 임금은 1940년에서 1948년 사이에 두 배가 됐고, 다시 1963년까지 두 배가 됐다. 부자와 가난한 사람 사이의 격차가 이례적일 만큼 좁혀졌으며 이런 추세는 1980년까지 이어졌다. 이 시기에 부채가 어마어마하게 늘었지만 소득도 크게 증가했으므로 충격은 크지 않았다. 미국은 호황이었고, 유례없이 '다 함께' 호황이었다. 이 시기는 그야말로 '팍스 아메리카'의 시대로 불러도 좋았다.

그러나 1973년부터 균열이 시작돼 물가가 폭등하고 실업률이 높아졌다. 1970년대가 되면서 일본이 호황이 되었고 중국 경제가 일어나기 시작했으며 중동은 산유국으로서 힘을 과시하고 있었다. 빌 클린턴 대통령이 2000년 연두교서에서 자랑했듯 미국은 '새로운' 경제로 들어섰다.

1945년에서 1973년 사이 경제와 1982년에서 2000년 사이 경제의 가장 큰 차이점은, 성장의 크기는 동일했으나 전혀 다른 주머니로 들어갔다는 사실이다.

"1993년과 2012년 사이에 상위 1퍼센트의 소득은 86.1퍼센트 증가했으나, 하위 99퍼센트의 소득은 6.6퍼센트 증가하는데 그쳤다." 경제학자 조지프 스티글리츠는 2011년 이런 글을 남겼다. "지난 10년간 상위 1퍼센트의 소득은 18퍼센트 증가했으나, 중산층 소득은 실제로 하락했다. 고졸 남성의 소득 하락은 가팔랐다. 25년간 12퍼센트가 하락했다."(375쪽)

2020년부터 계산해서 지난 35년간 극렬한 불평등이 미국 사회의 한 축이 되었다. 동시에 미국인 대다수는 '옆집에 뒤처지면 안 돼' 현상을 보이며 무리한 소비와 대출을 일삼았다. 2008년에 금융위기라는 파국이 생겼다. 미국 경제는 일부 사람들에게 더 유리하게 작용하기 시작했으며 성공은 이제 과거와 같이 능력 중심이 아니게 되었다. 그리고 사람들은 "그만둬. 나에게 불리하잖아."라고 소리치기 시작했다. 티 파티 운동, '월스트리트를 점령하라' 운동, 브렉시트, 도널드 트럼프의 공통점이 각각 "그만 멈춰, 난 내리고 싶어"라고 소리치는 집단을 대변하는 점이다. 페이스북과 인스타그램과 인터넷 매체가 부유하게 사는 사람의 생활을 낱낱이 보여주면서 사람들의 박탈감은 더해졌다.

저자는 이렇게 말한다. 따라서 '이건 뭔가 잘못됐어'의 시대가 계속될지도 모른다. 그리고 '우리는 뭐가 됐든 근본적으로 새로운 것이 지금 당장 필요해'하는 시대도 계속될지 모른다. 역사란 지독한 것 다음에 또 지독한 것이 오는 것이니까 말이다.(383쪽)

'돈의 심리학'을 다루며, 부제로 '당신은 왜 부자가 되지 못했는가'를 단 책이 왜 끝에 '미국 현대 경제사 약전'을 실었을까? 저자는 역시 책 끝에 '나의 투자 이야기'를 실었는데, 저자가 액티브 펀드나 워런 버핏 펀드, 또는 애플과 구글, 마이크로소프트와 기술주에 투자해서 큰 이익을 보았으리라 기대하는 사람에게 예상 외의 투자 방법을 내놓는다. 저자는 저축을 많이 하며, 누릴 수 있는 것보다 낮은 수준의 생활수준을 유지하고(소비를 적게 한다), 주식은 저비용 인덱스 펀드에만 투자한다. 시장수익률을 능가하려고 시도하는 데서 비롯되는 추가적인 리스크를 부담하지 않고도 목표를 달성할 수 있다면, 굳이 그런 시도를 할 필요가 없다는 것이 저자의 주장이다. 즉 저자 가족의 순자산은 집, 체크계좌(저축), 뱅가드 인덱스펀드 몇 가지가 전부다. "투자에 대한 나의 깊은 신념 중 하나는 이것이다. 투자 노력과 투자 결과 사이에는 상관성이 거의 없다. 그 이유는 꼬리 사건들이 세상을 좌우하기 때문이다. 몇 가지 변수가 결과의 대부분을 책임진다. 당신이 투자에 아무리 많은 노력을 기울여도 당신의 전략을 크게 좌우할 두세 가지를 놓치면 좋은 결과를 얻지 못할 것이다. 그 반대도 마찬가지다."(354쪽)

따라서 이 책의 핵심은 돈을 잘 벌 수 있는 투자 전략이 아니라 '리스크' 관리에 모여 있다. 사람과 시장은 항상 실수할 수 있기 때문이다. 저자는 이렇게 말한다. "우리는 실수의 여지를 평가절하하고 오인한다. 사람들은 종종 실수에 대비한 여지를 마련하는 것을 보수적인 대비책이라 생각한다. 실수할 수 있음을 인정하고 대책을 마련해두는 것은 어느 정도의 잠재적 결과를 견딜 수 있게 한다. 버틸 수만 있으면 확률이 낮은 상황에서도 이득을 취할 때까지 살아남을 수 있다."(226쪽)

리스크를 과소평가하는 것에 관해 저자는 또 다른 논거를 내놓는다. 그는 이를 '리스크에 대한 낙관적 편향' 내지는 '러시안 룰렛은 통계대로 움직여야 한다 신드롬'이라고 부른다. 어떤 상황에서도 불리한 경우를 받아들일 수 없을 때 나에게 유리한 확률에 애착을 갖는 것을 말한다. 러시안 룰렛을 할 때 확률은 우리에게 유리하다. 그러나 러시안 룰렛의 불리한 결과는 모두를 날려버린다. 95퍼센트는 우리에게 유리하고, 5퍼센트는 파산할 확률이라면 그 위험은 감수할 가치가 없다. 유리한 경우의 대가가 아무리 매력적이더라도 말이다. 여기서 악마는 바로 레버리지다. 레버리지, 즉 돈을 더 많이 벌기 위해 빚을 내는 것은 통상적인 위험을 파산에 이를 위험으로까지 발전시킨다. 위험한 점은 대부분의 경우 이상적인 낙천주의가 종종 파산의 확률을 가려버린다는 점이다.(231쪽)

한 집단의 경험이 돈에 대한 관점을 형성하는 점도 흥미로웠다. 1960년대 미국에서 태어난 사람은 10대와 20대를 거치는 동안 물가가 3배 이상 뛰었다. 엄청난 상승이다. 그러나 1990년대에 태어났다면 평생 물가상승률이 워낙 낮았기 때문에 인플레이션은 생각조차 해본 적이 없을 것이다. 이 두 집단의 사람들이 남은 평생 인플레이션에 대해 같은 생각을 가졌을 리는 만무하다. 실업과 일반적인 돈에 대해서도 말이다. 절대로 이들이 금융 정보에 같은 방식으로 반응할 거라고 기대해서는 안 된다. 절대로 이들이 동일한 인센티브에 움직일 거라고 생각해서는 안 된다. 이들은 서로 다른 세상에서 돈에 대한 관점을 형성했다. 이런 경우 어느 한 집단의 사람들이 터무니없다고 생각하는 돈에 대한 관점이, 다른 집단의 사람들에게는 완벽히 합리적일수도 있다.(35쪽) 2022년 현재, 오랫동안 잠잠했던 인플레이션이 미국을 덮치고 있다. 미국 파월 연준 의장도 인플레이션 대책을 놓고 우왕좌왕하면서 일찍 금리를 올렸어야 했다며 후회하는 발언을 하고 있다. 한때 파월은 인플레이션은 일시적이라고까지 말했다. 연준 의장도 오래 계속된 낮은 인플레이션에 판단력이 흐려진 것이 아닐까.

 시장 변동성에 관한 저자의 생각도 흥미롭다. 저자는 묻는다. 자동차나 주택, 음식, 휴가의 대가는 기꺼이 지불하는 사람들이 왜 훌륭한 투자 수익의 대가를 지불하는 것은 기를 쓰고 피하려 하는가? 그는 주식 투자를 할 때 시장 변동성을 벌금이 아니라 수수료처럼 생각하자고 권한다. 디즈니랜드의 입장료는 100달러다. 대신 아이들과 잊지 못할 근사한 하루를 얻는다. 2018년에는 1,800만 명이 넘는 사람들이 이 수수료를 낼 가치가 있다고 생각했다. 투자도 마찬가지다. 투자에서 변동성은 거의 언제나 수수료이지 벌금이 아니다. 변동성과 불확실성이라는 수수료(수익률의 대가)는 현금이나 채권 같은 값싼 공원보다 높은 수익률을 얻기 위한 입장료다.(263쪽)

 저자는 어떤 전문가라도 시장예측은 형편없다고 말한다. 그런데 왜 이렇게 주식시장에는 시장예측을 하는 전문가가 넘쳐날까? 유튜브와 언론에는 몇 달, 몇 분기, 몇 년의 시장예측을 하는 전문가가 많다. 심리학자 필립 테틀록이 이런 말을 한 적이 있다. "우리는 내가 예측 가능하고 통제 가능한 세상에 살고 있다는 믿음이 필요하다. 그래서 그 필요를 충족시켜주겠다고 약속하는, 권위 있게 들리는 사람들에게 의지한다."(320쪽)

하지만 우리는 시장을 예측할 수 없다. 비즈니스, 경제, 투자는 불확실성의 영역이다. 수학 공식이 아니다. 저자는 투자 세계에서 행운과 실력을 구분하기 어렵다는 점을 강조한다. 저자는 서문에서 로널드 리드란 잡역부의 예를 들며 이렇게 말한다. 잡역부가 하버드 대학교를 졸업한 의사보다 심장이식수술을 잘했다는 이야기는 상상할 수 없다. 잡역부가 최고 교육을 받은 건축가보다 고층 빌딩을 더 잘 설계했다는 스토리 역시 마찬가지다. 그러나 투자의 세계에서는 가능하다. 금융 투자 성과는 지능, 노력과 상관없이 운에 좌우된다고 저자는 말한다. 물론 100퍼센트 그렇지는 않다.

나름 생각하는데, 주식시장에서 리스크를 줄이는 최선의 방법은 여유자금으로 좋은 펀드를 분산해서 골라 장기투자를 하는 방법이 아닐까 한다. 그리고 주식이나 코인으로 돈을 벌었다는 사람은 자신의 실력인지, 아니면 경제 상황이 좋았다거나 다른 운이 작용하지 않았는지 뒤돌아봐야 할 것 같다. 대한민국 모두가 돈이라는 종교에 빠져 있는 요즘, 돈에 관해 냉철한 생각을 하도록 이끄는 책이다.

[독서일기 44]

백년의 급진

원톄쥔/ 김진공 옮김/ 돌베개

저자는 중국인민대학 교수이자 농업전문가다. 1978년 개혁개방을 시작한 후에 지금까지 40여년 간 이어지는 중국 경제발전의 동력은 무엇일까? 2000년 경 떠오르는 신흥국가로 불린 브릭스(Brics, 브라질, 러시아, 인도, 중국)나라 중 꾸준히 경제가 성장하고 질적 도약을 이루는 나라는 중국이다. 인구가 많다거나 국토가 넓다는 이유만은 아닐 것이다. 이 책은 중국이 어떤 길을 가고 있고, 가려고 하는가에 대해 서구의 시각이 아닌 중국 내부의 시각을 보여준다. 책에 실린 글은 모두 중국이라는 맥락에서 쓴 것으로 한국인이 보기에는 낯선 주장도 많지만 첨예한 문제의식이 녹은 글도 많다. 한국어판 서문에 저자의 고민과 주장이 잘 나타나 있다.

저자는 2008년 미국의 금융위기 이래로 신흥 시장경제 국가는 대부분 공업화 쇠퇴가 일어났다고 진단한다. 대다수의 개발도상국이 서구식의 현대화를 추구하지만, 이들 개발도상국은 서구 발전에 내재된 '식민화'라는 발전을 위한 전제조건을 갖추지 못했다. 개발도상국이 '식민화'할 나라가 어디에 있겠는가? 개발도상국은 어디서 발전을 위한 동력을 강력하게 돌릴 것인가. 쉽지 않은 일이다. 결국 서구 모델에 따라 '개발주의'를 추구한 개발도상국들은 모두 발전의 함정에 빠지게 된다.

중국은 어떤가? '초대형 대륙 경제체'인 중국은 객관적으로는 '삼농(농촌, 농업, 농민)'에서 잉여를 추출하는 특수한 '비교 우위'를 통해 공업화를 위한 내향형의 원시적 축적을 완성했고, 이어서 구조적인 외향형의 산업 확장을 이루었다. 그러나 금융자본이 주도하는 글로벌 '열등화 경쟁 메커니즘'이 전 세계로 비용을 전가하는 상황에서도 발전을 지속하려면, 생태 문명을 지향하는 '포용적 성장'으로 전환하는 것이 무엇보다도 필요하다.(7쪽)

저자의 주장은 분명하다. 서구식 현대화는 복제도 불가능하고 지속도 불가능하다는 것이다. 전세계의 개발도상국에서 서구의 경로를 따라가서 성공했다고 검증된 사례는 없다는 것이다. 서구는 과거 산업자본이 식민지를 향해 대규모로 확장해감으로써 구조적인 사회적 변화가 발생했지만 산업자본 확장 단계의 내재적인 모순을 결코 해결하지는 못했고 결국 제국주의 전쟁인 1차와 2차 세계대전과 같은 전쟁에 의존할 수밖에 없었다. 1970년대에 이르러 서구는 해외로 산업을 이전하기 시작했고, 경제구조를 금융자본 위주로 재편했다. 서구사회는 금융과 서비스와 기술 분야에 취업한 화이트칼라 중심으로 바뀌었고, 중산층이 주도하는 다이아몬드형의 시민사회와 이를 토대로 한 이른바 정치 현대화를 했다.

서구의 정치 현대화는 기생적인 금융서비스업으로 지탱되고 내재적으로 기생성을 지니고 있지만 사실은 산업자본이 해외에서 벌어들이는 수익에 의존해서 지탱된다는 것이다. 그런데 월스트리트에 금융 쓰나미가 밀어닥치자 서방국가의 부채 위기가 폭로되었다. 그리고 높은 비용이 요구되는 이런 현대화는 지속되기 어렵다는 사실이 갈수록 분명해지고 있다. 게다가 유권자의 압력에 따라 복지 비용을 높일 수밖에 없는 정치 현대화의 '비가역적인 톱니바퀴' 속에서 그 어떤 정치가도 금융자본의 기생성을 계속 심화시키는 것 이외에 다른 선택을 할 수가 없다.(9쪽) 한국도 앞으로 복지 비용을 계속 높여나가면서 비가역적인 부채 증가의 톱니바퀴에 들어가게 될 것이다. 그런데 개발도상국은 서구 선진국처럼 자신의 제도 비용을 외부에 떠넘길 수가 없다. 그래서 멕시코의 멕시코시티, 브라질의 리우데자네이루와 상파울로, 인도의 뭄바이와 델리 등을 막론하고 대형 개발도상국에는 인구의 절반을 넘는 농촌을 떠나온 빈민이 거주하는 대형 빈민굴이 존재한다. 저자는 개발도상국의 도시화란 결국 '공간을 수평이동하여 빈곤을 집중시키는 것'에 불과하다고 말한다.

중국은 농업에서 경제 잉여를 추출하는 방법으로, 즉 전체 민중이 산업화 비용을 부담하는 방식으로 공업화를 이룩했다. 공업화를 위한 원시적 축적의 과정에서 형성된 이런 중국적 특색의 '정부 조합주의' 경제 토대는 이후 제도 변화 과정에서 '경로 의존성'을 형성하게 된다. 그리고 개혁 과정에서 정부의 '기업화'를 특징으로 하는 정부시장경제를 파생시켰다. 이런 체제에 대해, 국유부문이 독점과 집중을 초래한다고 비판할 수 있겠지만, 저자는 '중국 경험'의 본질은 '정부의 기업화'라는 조건 하에서 산업구조를 상대적으로 온전하게 유지해왔다고 말한다. 나는 중국이 왜 강력한 국유기업을 유지하는가 궁금했는데 약간 의문이 해소됐다. 또 저자는 중국이 수천 년 유지한 관개농업으로 형성된 집단

문명과 집단문화, 중앙집권체제를 통해 사회적 자원을 통합하고 농가 경제에 내재한 대가를 따지지 않는 노동력 투입 등의 메커니즘을 통해 다른 개발도상국에 비해 빠르고 손쉽게 공업화 단계로 진입했다고 말한다.

저자는 공업화가 중기 단계에 접어든 이후에 농촌 내부의 인력 유출과 고령화 등 사회 경제적 구조 변화를 지적하면서 생태 문명의 이념을 받아들여야 한다고 주장한다. 그는 자본 결핍에 시달리는 지방 정부는 개발주의를 유지하며 '고부채=고투자=고성장'이라는 발전모델에 매달릴 수밖에 없어 자원의 유출과 생태환경의 악화라는 위기에 직면해 있다고 진단한다. 저자는 대안으로 '생태 문명'과 '조화사회 건설' 그리고 향촌사회의 내부 발전모델을 주장한다.(15쪽)

책의 1부 '백년의 급진을 성찰하다'와 2부 '중국의 길을 묻는다'는 한국어판 서문에서 말한 문제의식을 구체적인 사례와 논거를 통해 보여주고 있다. 예를 들면 농민공이 있다. 저자는 농민공을 소농경제를 유지하면서 단기 현금 수입을 추구하는 잉여노동력으로 본다. 중국에서 장장 20년의 고도 성장 기간에 1억~2억 명의 농민공들이 심각한 착취에 시달렸음에도, 고전적인 의미의 노동계급의 조직적 저항이 일어나지 않은 이유이다. 농민공들이 경기 등락에 따라 시계추처럼 농촌과 도시 사이를 이동하는 현상과 중국이 여타 국가와 비교해 확보하고 있는 비교 우위, 즉 저임금에 복지 혜택도 전무한 농민공들이 만들어내는 저비용의 대규모 수출은 서구사회로서는 도저히 이해할 수 없는 것이다.(55쪽)

저자는 또 중국을 소자산계급과 중산층이 인구의 대부분을 차지하는 나라로 규정한다. 맨 꼭대기의 대자본은 인구의 1퍼센트도 되지 않는다. 중국을 소자산계급 나라로 부르니 이상하게 들린다. 중국은 공산주의 국가가 아닌가? 아니다. 중국은 신품종 수박과 같은 나라로 겉은 붉으나 속은 파랗다. 겉모습은 '사회주의' 시장경제 체제이지만 실제로는 '시장 경제'가 훨씬 강한 나라이고, 중국 시장에서 기업들이 겪는 치열한 경쟁은 상상을 초월할 정도다. 중국에 진출한 미국과 유럽의 다국적 기업을 비롯한 많은 외국 기업이 시장 점유율을 높이지 못하고 고전하고 있다.

1980년대 이후의 개혁은 국가 공업화를 위한 원시적 자본 축적 단계에서 형성된 '조합주의'적 정부가 여러 차례의 재정 위기를 겪으면서 제도의 비용을 전가하고, 경제적 가치가 떨어지는 영역에서 점진적으로 퇴장해온 데 따른 결과이다.(107쪽)

저자는 중국의 농민 문제를 강조하면서 농민의 생계, 농촌의 지속 가능성, 농업의 안정성으로 요약되는 '삼농 문제'를 강조한다. 동시에 저자는 농업 현대화가 규모의 경제에 의존할 수밖에 없다는 주장을 배격한다. 그는 현재 세계에 존재하는 유수의 대농장 국가 가운데, 식민지를 점령하여 약탈과 학살 및 토지 강탈을 하지 않고서도 대농장 경제와 대규모 플랜테이션 경제를 형성한 국가는 없으며, 토지의 시장거래를 통해 대규모 농업 경제를 형성한 국가도 없다고 말한다.

한국도 한때 기업농을 주장하는 경제 관료들이 많았으나 지금 농촌 현실은 인구 유출로 사실상 무너진 모습이다. 농촌에 젊은 사람은 없고 아이가 태어나는 곳도 드물며 대부분의 농촌 지역은 가까운 장래에 소멸 예상 지역이다. 그렇다면 소농 중심, 친환경 농업 경제가 한국 농업이 가야 할 길이 아닌가? 중국도 마찬가지인 모양이다. 저자의 주장이 중국 농촌에서 어떻게 적용되고 있는지, 현재 중국 농촌의 실상이 어떤지는 잘 알 수 없다. 그러나 책을 읽으며 중국에 다종다양한 경제 사상과 실천이 있음을 알게 됐다. 아마도 중국 정치와 국가에 관해서도 많은 논쟁이 있지 않을까? 중국은 결코 단일한 사상, 단일한 실천만이 존재하는 나라는 아닌 것이다.

[독서일기 45]

뇌가 지어낸 모든 세계

엘리에저 스턴버그/ 조성숙 옮김/ 다산사이언스

뇌는 감각기관을 통해 들어오는 정보를 전기 화학 신호로 처리한다. 뇌 신경세포는 오감 즉, 시각, 청각, 후각, 미각, 촉각 신호가 무엇을 의미하는지 알지 못한다. 그런데 우리가 오감을 각각 따로 경험하는 이유는 신경세포 사슬이 조직된 경로가 서로 다르기 때문이다.

책에서 펼치는 이런 주장은 어느 정도 상식화되기도 했다. 하지만 우리는 과학이 그렇게 말한다는 것을 알면서도 내심으로는 설마 그럴까 하는 의심을 품는다. 왜냐하면 우리가 보는 시각을 비롯한 오감이 너무나도 생생하고 현실로 존재하기에 이게 뇌에서 전기 화학 신호에 불과하다는 사실이 도저히 믿기지 않기 때문이다. 손에 차르르 감기는 비단의 감촉과 투박한 청바지의 느낌은 너무 다르다. 이게 모두 전기 화학 신호라고!

미국 예일-뉴헤이븐병원의 신경과 의사인 저자는 많은 임상 사례를 통해 '뇌 곧 전기 화학 신호가 부리는 마술 세계'를 설득력있게 보여준다. 이런 마술은 우리의 경험을 만들어내고 자아의식을 유지시킨다.

혼자 사는 바일러 씨는 황반변성을 앓아 실명했다. 그런데 다시 앞이 보이기 시작했다. 집 안에서 알지도 못하고 말을 섞어본 적도 없는 사람들이 나타났다. 지난주에는 곰 한 마리가 부엌을 어슬렁거렸다. 거실 카펫에 자라난 풀을 뜯는 소들도 보았으며, 벽과 벽 사이를 재빠르게 오가는 물고기 떼도 보았다. 이웃들은 상냥한 노신사 바일러 씨가 치매에 걸린 것이 아닌지 걱정했다. 치매는 아니고 찰스보닛증후군이다. 이 증후군은 시각장애인에게 주로 나타난다. 찰스보닛증후군은 눈에서 입력 신호가 들어오지 않아도 시각겉질이 활성화된다. 왜 그런 현상이 생기는지는 두 가지 이론이 있는데 하나는 신호가 들어오지 않아 할 일이 없어진 시각 신경세포가 가끔 즉흥적으로 전기 신호를 내보낸다는 것이다. 또 하나는 청각이나 촉각과 같이 이전에는 별개였던 회로가 다른 진입 나들목을 통해 시각겉질로 들어와 시각으로 처리될 수도 있다는 것이다.

저자는 판타지 영화에 나오는 것과 같은 이런 사례를 통해 인간에게 뇌란 어떤 존재인지, 뇌가 보는 세계란 어떤 모습인지를 밝힌다. 흥미로운 다른 세계를 보자.

앨라배마 주 헌츠빌 시의 교통 공무원들은 기가 막혔다. 2주 동안 여덟 건의 사고가 똑같은 장소, 어드밴티스트 대로와 원 도로의 교차로에서 일어났기 때문이다. 더 어이없게도, 사고 원인까지 똑같았다. 어드밴티스트 대로를 달리던 차가 원 도로 쪽으로 좌회전을 하다 맞은편에서 달려오던 차를 그대로 들이받은 것이다. 이 교차로는 아침에 통근하는 사람들이 이용하는 흔한 길이었고, 지금까지는 그런 일이 일어난 적이 없었다.

교통전문가가 조사하니 교차로의 좌회전 신호등 체계를 조금 바꾼

뒤부터 줄줄이 사고가 나기 시작한 것으로 밝혀졌다. 아침 출근길 운전 기억이 머릿속에 남아 있는 사람이 얼마나 될까? 대부분 사람은 회사 출근길에 거의 습관적으로 운전한다. 그래서 교차로 신호등에 새로운 신호가 추가된 것을 알아차리지 못했다. 딴생각에 빠진 운전자가 무의식적으로 평소 버릇대로 좌회전하면서 맞은편에서 달려오는 차를 향해 돌진한 것이다.

이 시나리오에서 놀라운 점은 운전이 믿을 수 없을 정도로 복잡한 행동이라는 사실이다. 발은 미묘한 차이에도 민감하게 반응하는 엑셀과 브레이크를 오가며 밟았다 떼었다를 반복하며 핸들을 다루면서 1톤 무게의 차량을 능숙하게 조작한다. 운전자는 무의식적으로 이런 행동을 처리한다. 그러니까 우리 뇌에는 운전한다는 의식에 의존하지 않는 '또 다른 시스템'인 무의식 기제가 존재하는 것이다. 마치 자동조종장치가 비행기를 탈없이 조종하는 것과 같다. 저자는 질문을 던진다. 그런 무의식 기제는 우리가 경험하는 세상에 알게 모르게 얼마나 많은 영향을 미치고 있을까?

저자는 1969년 9월에 일어난 수전 네이슨이라는 8살 여자아이 살해 사건을 들어 '억제된 기억'을 논한다. 수전은 친구 집에 놀러 갔다 오는 길에 감쪽같이 사라졌다. 1969년 12월에 저수지 근처 협곡에서 수전의 사체가 발견됐다. 1989년 28살의 아일린 프랭클린은 딸이 방바닥에서 노는 모습을 지켜보고 있었다. 그런데 갑자기 자신이 8살 때 가장 친한 친구인 수전과 밴 뒷좌석에 앉아 있던 장면이 떠올랐다. 아일린은 자신의 아버지가 수전을 성추행하고 돌멩이로 수전의 머리를 세게 내려치는 것을 보았다. 아일린은 먼저 치료 전문가에게 그 기억을 상담받은 후에 남편에게 말했다. 아일린의 아버지 조지 프랭클린은 살인혐의로 체포되었다.

　피고인 조지 프랭클린의 변호인은 아일린의 증언 가운데 상당 부분이 사건 당시 보도된 내용이었다고 주장했다. 그들은 아일린이 기억한다고 말한 '모든 것이 하나도 빠짐없이' 이미 대중에게 알려진 내용이었다고 주장했다. 아일린은 자신이 읽은 수사 내용을 기억하고 있는 것일 수 있었다. 아일린의 '억제되었던 기억'은 진짜 기억일까? 아니면 왜곡된 기억일까?

　기억억제는 일반적으로 트라우마가 있을 때 생긴다고 저자는 말한다. 신체적 성적 학대를 당한 아이는 자신이 어떤 일을 겪었는지 기억하지 못하다가 오랜 시간이 흐른 뒤 무언가가 계기가 되어 학대의 기억이 한꺼번에 밀려온다. 외과 의사가 환자의 수술 후 통증을 막으려 마취를 하듯이 뇌의 무의식은 트라우마 사건을 기억할 때의 고통을 억누르기 위해 억제라는 장치를 사용한다는 것이다. 뇌는 우리의 생각과 결정 능력을 보호하기 위해, 가끔은 기억의 시간 순서를 조금씩 뒤섞거나 우리가 믿고 싶은 이야기와 맞지 않는 사소한 세부 사항을 멋대로 생략한다. 기억억제는 뇌가 우리를 보호하기 위해 어떤 식으로 생략 오차를 사용하는지 알려주는 극단적 예라고 할 수 있다.

　기억은 바뀔 수 있고 인공적으로 이식될 수 있다. 뇌는 순간순간의 스냅사진을 배열해 연속적인 기억으로 만들어낼 때 다양한 출처에서 스냅사진을 가져온다. 그 출처는 자신의 경험일 수도 있고 다른 종류의 기억일 수도 있다. 무의식계는 출처를 가리지 않고 그런 스냅사진을 모아 한 줄로 엮은 다음 우리의 자아인식에 맞는 서사를 만들어낸다. 놀랍다.

환청을 듣는 조현병 환자를 예로 들자. 조현병 환자는 환청이 자기 목소리임을 깨닫지 못하고 그 현상을 설명하기 위해 창의성을 발휘한다. 그래서 첩보 요원, 기술적 장치, 영적 존재 등의 가능성을 생각한다. 이런 존재들이 보이지 않는 힘을 동원해 그의 머릿속에 접속했다는 것이다. 즉 조현병 환자의 무의식이 환청을 듣는 불완전한 이야기의 빈틈을 메우기 위해 나름의 합리적 시도를 하는 것이다. 이처럼 뇌의 무의식계는 완전한 서사를 유지하려 한다. 무의식계는 혼란스럽거나 모순된 경험을 억지로 이어 붙이며 일관된 해석을 만들어낸다. 왜? 우리의 자아의식을 지키기 위해서다. 우리는 인간으로서 주변 세상의 질서와 체계, 우리가 처한 위치를 이해하려고 한다. 그래야만 생존할 수 있기 때문이다. 그래야만 우리는 목표를 세우고 계획을 달성하려고 한다.

저자는 과감한 가설로 말한다. 의식계는 자아의식을 경험하게 해주고, 고통과 기쁨을 느끼게 해주며 의지대로 정신과 신체를 제어할 수 있게 된다. 우리는 의식계 덕분에 뇌가 만드는 이야기를 실행에 옮길 수 있다. 무의식계는 그런 이야기를 만든다. 무의식계는 단편으로 끊어진 경험 조각을 끌어모아 빈틈을 메우고 우리의 인생사를 순서대로 배열한다. 그렇게 정체성을 잘 만들수록 생존 확률이 더 높다. 그래서 뇌는 건강한 개인적인 이야기 제조가이다.

그래서 우리는 끊임없이 이야기를 만들고 이야기에 열광하는지도 모른다. 개인사 또는 집단사로 불리는 이야기 블랙박스는 뇌가 만드는 생존 법칙에 복무하는 일꾼인지도 모른다. 그러니까 인간은 이야기 덩어리이며, 어제도 오늘도 수많은 이야기 속에 파묻혀 지내는 것이 아닐까.

[독서일기 46]

1991

마이클 돕스/ 허승철 옮김/ 모던아카이브

『1991』같은 논픽션은 첫째 관점, 둘째 개성, 셋째 전문성을 들어 평가할 수 있다. 이 책은 둘째 작가의 개성과 세 번째 기자 출신으로서의 전문성은 괜찮은 것 같은데, 책이 취한 관점이 썩 뛰어나다고는 말하기 어렵다. 『1991』은 구소련과의 체제경쟁에서 승리한 미국과 서구의 입장에서 구소련의 몰락을 다루고 있는 것처럼 보인다. 그래서 서구식 민주주의 시각에서, 공산주의 사회가 몰락하고 서구 민주주의와 자본주의가 종국적으로 승리했다는 역사의 종언 관점으로 구소련의 몰락을 기록한 것 같다. 그러나 그런 관점이 반드시 옳다고 할 수 있을까?

역사를 볼 때 어떤 관점이 옳은지 판별하는 것은 쉬운 문제가 아니다. 우크라이나 전쟁을 예로 들어보자.

1) 우크라이나는 독립국가이기 때문에 나토에 가입하든 아니든 그 나라의 주권에 속한 문제라는 관점이 있다. 이런 관점에서는 푸틴과 러시아는 침략자로 응징받아야 마땅하고 푸틴이 침략한 땅은 원상회복해서

우크라이나가 다시 차지해야 한다.

 2) 나토가 러시아에 했던 약속을 어기고 계속 동쪽으로 확장했고, 미사일방어체계(MD)도 갖추는 방식으로 러시아의 안보를 침해했다. 우크라이나와 러시아는 2,000킬로 국경을 맞대고 있으며 우크라이나 국경에서 모스크바까지 500킬로밖에 되지 않아 단거리 미사일로도 공격이 가능하다. 더욱이 나토의 맹주 미국과 나토는 우크라이나의 나토 가입을 권하고 받아들이겠다고 공식 천명했으며 우크라이나는 헌법으로 나토 가입을 명시하기까지 했다. 그렇기 때문에 러시아의 침공은 방어권 측면에서 불가피한 측면이 있으며 이 모든 사태의 책임은 형식적으로는 러시아지만 실제로는 미국에게 있다.

 3) 2차대전 이후로 자유주의적 질서가 유럽을 장악했다. 그래서 전후 체제를 근본에서 무너뜨리는 러시아의 우크라이나 영토 차지는 절대로 용납할 수 없다. 러시아는 우크라이나 영토에서 철군해야 한다.

 4) 키신저처럼 미국이 러시아를 너무 압박하면 러시아와 중국이 한편이 되어 더 돈독해지고, 미국의 중국 포위 전략이 중대한 차질을 빚으므로 러시아에 적당히 땅 주고 전쟁을 끝내자는 현실주의파가 있다.

 어떤 관점을 취하느냐에 따라 우크라이나 전쟁을 보는 시각이 확연히 다를 수 있다.

 젤렌스키 대통령도 마찬가지다. 어떤 사람은 러시아의 침공에 맞서 조국을 수호하는 애국자로 평할 수 있고, 어떤 사람은 나토 가입 문제를 잘못 처리하고 중립국으로 위치를 잡지 않는 바람에 막을 수 있었던 전쟁에 말려들어 국민에게 큰 고통을 끼친 어리석은 대통령으로 평할 수도 있다.

그럼 『1991』에 나오는 고르바초프의 개혁과 구소련의 몰락을 1) 개혁 필요와 시기 2) 경제개혁 3) 중국과 협력 4) 국가와 민족 문제 5) 연방 공화국 체제 유지 등 관점에서 살펴보고자 한다.

먼저 개혁 필요와 시기를 살펴보자. 구소련 체제는 개혁이 필요했다. 요네하라 마리는 저서 『러시아 통신』에서 구소련 체제를 이렇게 평하고 있다.

"실업자는 없지만 아무도 일하지 않는다. 아무도 일하지 않지만 모두 급료를 받는다. 모두 급료를 받지만 아무것도 살 물건이 없다. 아무것도 살 것이 없지만 어떻게든 먹고 산다. 어떻게든 먹고 살지만 모두가 불만을 갖는다. 모두가 불만을 갖지만 전원이 '찬성'이라고 투표한다."

소비에트 체제는 그대로 가면 무너질 수밖에 없었던 것이다. 고르바초프가 서기장이 된 1985년에서야 제대로 된 개혁이 시작되었다는 것이 이상할 뿐이다. 왜 이렇게 구소련의 개혁은 늦어졌을까? '경로의존'의 저주가 작동한 것이 아닐까? '경로의존'은 한 번 택한 방식이나 시스템이 비효율적이어도 그대로 유지하는 방식을 말한다. 이와 관련해 자주 언급되는 것이 영자 타자기 자판 배열이다. 타자기 왼쪽 윗줄은 QWERT로 시작하는데 처음 타자기를 만든 사람이 글자의 엉킴을 방지하기 위해 만든 자판 배열 방식이라고 한다. 그러나 그 후 전동 타자기와 컴퓨터 자판이 나와도 사람들은 몸에 익은 기존의 비효율적인 방식을 계속 유지해서 새로운 자판이 나오기가 쉽지 않은 것이다.

그러나 고르바초프가 공산당 서기장이 되어 개혁을 시작한 것도 반드시 늦은 것만은 아니라고 본다. 방향과 목적지, 그리고 지도부의 역량이 더 중요하기도 했다. 역자가 '옮긴이의 말'에서 내놓은 평에 동의한다. "이 책을 읽으면서 개혁은 의도보다 과정이 중요하고, 목표 지점까지 영민하고 주도적으로 이끌고 가는 지도자의 역량이 중요하다는 생각을 하게 된다. 한 나라나 사회가 처한 상황과 문제에 대한 진단과 처방을 성급히 내리고 개혁 정책을 어설프게 밀어붙이면 큰 혼란과 고통을 초래할 수 있다는 것을 고르바초프의 개혁이 보여준다."(632쪽)

그러나 고르바초프의 역량 부족은 동시에 러시아 공산당의 역량 부족이기도 했다. 고르바초프 개인에게만 모든 책임을 떠넘기는 것도 지나칠 것이다.

두 번째로 소련 공산당은 정치개혁보다 경제개혁을 먼저 했어야 했다. 등소평은 소련 공산당이 경제개혁보다 정치개혁을 왜 먼저 하는지 의아해했다고 한다. 소련 국민들은 더 나은 경제와 삶을 바랐다. 그러면 경제개혁부터 차근차근 시작해서 국민적 지지를 얻고 정치개혁으로 나아갔어야 했다. 그런데 덜컹 정치개혁부터 먼저 시작하고, 더구나 정치개혁 후반에 선거로 의회를 뽑는 방식으로 나갔으니 수많은 문제가 터질 수밖에 없었다. 우리가 몸에 익숙해서 쉽게 받아들이는 '선거 민주주의'는 분열과 투쟁 등 복잡한 후유증을 낳기 쉽다. 더군다나 70년 동안 보통 비밀 선거를 하지 않았던 소련체제에서는 더욱 그렇다. 경제를 개선하고 말단직부터 선거제도를 차근차근 도입했어야 했다.

고르바초프와 옐친은 1990년 9월 초 500일간 서방식 혼합제도를 도입했다. '500일 계획'으로 알려진 이 정책은 소련경제의 80퍼센트 민영화, 중앙계획 폐지, 대외 무역 활동의 자유화를 꾀했다. 가격이 자유화되고, 루불화의 환전도 가능해지고, 집단농장이 해체되고, 사유 재산을 인정하게 될 터였다. 게다가 이 모든 조치가 상대적으로 고통 없이 이루어질 터였다. 500일 계획은 또 다른 허황된 꿈이었다. 고통을 수반하지 않은 중앙통제에서 자유시장으로의 이행 같은 것은 존재하지 않았다.(467쪽)

공산주의 체제에서 자본주의 체제로 단숨에 이행한다는 이런 어이없는 계획을 누가 생각해냈으며, 누가 실천에 옮긴 것일까? 가격 결정과 무역, 소유권 문제는 어떻게 처리하겠다는 것인가? 봉건제에서 자본주의로 이행하는 것은 이백 년에 걸쳐 점진적으로 진행되었다. 그럼에도 수많은 사회 문제를 낳았다. 서구 국가의 원시적 자본 축적은 한편에서는 식민지 쟁탈로, 한편으로는 내부 노동계층을 쥐어짜는 방식으로 나타났다. 어린아이까지 방직공장에서 노동자로 일하는 초기 자본주의의 잔혹함이 공산주의의 탄생을 불러오기도 했다.

그리고 책 후반부에서 고르바초프와 러시아 공산당과 싸우는 보리스 옐친은 1991년 6월 러시아 연방의 대통령으로 취임한다. 옐친 시대에 자본주의 시장경제로 이행하면 반드시 따라오는 자본의 원시적 축적이 여기서도 예외 없이, 기괴한 형태로 진행된다. 알짜 국유기업을 모리배와 정치꾼들이 불하받고, 모스크바의 공공용지가 헐값에 팔리고, 국민은 가난해지고 일부 정상배들만 배를 불리는 시대가 온 것이다. 겉으로나마 노동자 농민의 국가였던 러시아는 거대재벌 '올리가르히'의 나라로 변했다.

1991년부터 1999년까지 대통령으로 재임한 옐친이 진행한 급속한 자본주의화는 그야말로 재앙이었다.

노벨상 수상 작가인 스베틀라나 알렉시예비치가 책 『세컨드 핸드 타임』에서 인터뷰한 사람의 진술을 보자.

"제가 누구냐고요? 저는 옐친의 편에 섰던 미친놈 중 하나였습니다. 전 의회 건물 앞을 사수하며 탱크 밑에 깔릴 각오까지 되어 있었습니다. 저는 제가 사기를 당했다고 생각합니다. 전 자본주의가 필요 없습니다. 지금 우리가 마주한, 우리에게 밀어 넣은 미국식도 스웨덴식도 아닌 형식도 갖추지 않은 저런 자본주의는 필요 없습니다."(183쪽)

"예전에는 위대한 제국이 있었어. 한쪽 대양에서 다른 쪽 대양까지, 극지방부터 아열대 지방까지 아우르는 거대한 제국이었는데, 그 제국은 대체 어디로 사라진 거야? 폭격 하나 없이, 히로시마 같은 일을 겪지도 않고 패배해버렸어. '위대하신 햄의 제국'에게 패했다고! 때깔 좋은 먹거리들이 승리했다고! 메르세데스 벤츠가 우릴 이겼다고."(228쪽)

"저는 저만의 궤도가 있었고 그 궤도를 따라 살아가는 데 익숙해져 있었어요. 초중고-대학교-가족. 협동조합 아파트를 분양받기 위해서 남편과 돈을 모았고 아파트를 구입한 다음에는 차를 사려고 돈을 모았어요. 그런데 그 궤도가 망가져버린 거예요. 우리는 궤도를 이탈해서 자본주의 속으로 던져졌어요. 전 엔지니어였고 설계연구소에서 일을 했어요. 그런데 지금은 직업소개소를 찾아가도 별 소득이 없어요. 미장이, 도장공들이나 필요하대요. 저와 함께 대학교에서 공부를 했던 한 동기는 어떤 여성 사업가의 집을 청소하고 그 집 개를 산책시키는 일을 하고 있어요. 하녀인 거죠. 처음에는 모욕감 때문에 매일이 눈물바람이었는데, 지금은 적응이 되었다고 해요. 하지만 전 그렇게 못 하겠어요."(412쪽)

즉 세 번째 문제는 러시아가 중국의 개혁개방 성과를 배우고, 중국과 협력하지 않은 점이다.

1978년부터 개혁개방을 시작한 공산주의 국가 중국이 '시장 경제'로 들어서는 길은 멀고도 험했다. 중국 경제연구가 우샤오보어는 중국의 경제개혁을 다룬 『격탕 30년』에서 일단 이런 경제 발전 선례가 없었다고 말한다. 원자재 공급, 노동 관리, 임금 제도, 가격 책정, 국유기업의 권한 및 이윤 양도 개선 등 무엇 하나 쉬운 개혁이 없었다. 거기다 도로와 철도, 항만, 공단 조성 등 국가가 재정을 투자할 인프라는 끝도 없이 널렸다. 국영기업과 민영기업의 갈등도 적지 않았고 사상 투쟁도 만만찮았다. 공산당 내 좌파 세력은 혹시 개혁개방이 자본주의로 돌아가는 것 아닌가 하는 우려 목소리를 높였다. 중국 공산당은 개혁 개방을 하면서 수많은 고비를 넘었다. 중국은 돌다리도 두들겨보는 방식으로 신중하게 연안 지역을 개방했고 '연안 지방 특별경제구역'을 설치해서 경제 실험과 동시에 성과를 내는 방식으로 일을 차근차근 진행했다. 다행히 중국이 '사회주의 시장경제'에 성공했으니 망정이지, 그렇지 않았으면 '저성장과 외채 급증'과 같은 남미식 경제 파탄에 이를 수도 있었다.

그런데 왜 1991년의 러시아는 바로 옆나라 중국이 '사회주의 시장경제'라는 사실상의 자본주의 경제를 도입하면서 성과를 거뒀는데도 배울 생각은 하지 않았던 것일까? 러시아는 사회주의 체제에서 30년을 지낸 중국보다 두 배나 긴 세월을 공산주의 계획경제로 지내왔는데 말이다.

이건 옐친 정부의 관료와 모리배 등이 국가 자산을 팔아먹으면서 이득을 보기 위해 취한 고의일까? 아니면 뭘 몰라서였을까?

옐친 시대에 급격한 경제 자유화와 소련 붕괴에 따른 산업 붕괴로 초

인플레이션이 일어났다. 옐친이 취한 충격 요법에 따라 가격 자유화가 즉각적으로 시행되자, 물가 폭등으로 국민들의 구매력이 급속히 떨어졌고, 범죄율도 급격하게 상승하게 된다. 당시 러시아 국민의 90%가 절대 빈곤선 이하로 전락했으며 1990년 당시 5,300달러였던 1인당 국민소득이 1997년과 1998년에는 1,600~1,700달러까지 떨어졌다. 실업자만 무려 2,000만명에 이르렀다고 한다. 러시아인들에게 소련 붕괴 이후 조국의 모습 역시 상상도 못한 몰락이었다. 러시아의 전신인 소련은 미국과 대결하던 초강대국이었다. 러시아는 공산주의 체제 개혁 결과로 오히려 미국과는 전혀 상대가 안 되는 파탄 국가로 전락했다. 러시아 연방의 인구는 소련에 비해 반토막나서 1억 4,000만명이 되었고, GDP는 소련의 3분의 1이하로 줄었다. 이는 미국과 비교했을 때 인구는 미국의 40% 남짓이고 GDP는 미국의 10% 밖에 안되는 수준이다.(나무 위키 참조)

네 번째 국가와 민족 문제를 보자. 구소련은 다민족 다국가 연방 체제였다. 거기다 위성국가로 동유럽 나라를 포함하고 있었다. 이들 나라에게 갑자기 정치 군사 권력을 주면 당연히 분리해서 독립해나갈 것은 명약관화했다. 분리 독립이 나쁘다는 것이 아니라, 신중하게 균형있게 절도 있게 각 나라들의 이해관계를 조정하면서 5년에서 10년의 '이행 계획'아래 움직여야 했다는 것이다.

다섯 번째 '필수 연방공화국 체제' 유지였다. 러시아는 벨라루스와 우크라이나와 사실상의 한 나라로 수 백년 동안 지내왔다. 민족 정서도 비슷하고, 정교가 주된 종교이고(우크라이나 서부는 가톨릭이 강하다고 한다.) 역사도 공유하고 있다. 그렇다면 훗날을 위해 이 세 나라는 같은 헌법 아래 공통된 정부를 구성했어야 했다. 구소련이 분리하는 1991년에는 이들 3나라가 한 나라로서 공동 운영되는 것이 가능했다. 러시아 연방의 초대 대통령을 우크라이나 쪽에 줘도 좋았고 러시아의 석유와 천연가스를 이들 나라에 싸게 줘도 좋았다. 우크라이나와 벨라루스는 외교와 국방을 제외한 내치를 독립적으로 운용해도 좋았다. 그러나 이 책의 후반부에서 나오듯 옐친은 급작스럽고 과격하게 세 나라를 분리시켜 버렸다.

알코올중독자이자 나라를 운영할 구상이 없던 옐친은 갈수록 러시아에서 인기가 떨어졌는데, 임기말에 푸틴을 다음 대통령으로 천거한 것이 중요한 업적이라는 말까지 있다. 푸틴은 올리가르히를 제압하고, 러시아 경제를 정상 궤도에 올리고 시민들의 삶을 향상시켰다. 국내 러시아 정교와 망명 러시아 정교를 통합시키고, 국제관계에서도 러시아의 위상을 높였다. 푸틴 체제 아래서 러시아는 '정교 강대국' 국가로 가는 것처럼 보인다. 동시에 미국 일극 체제를 거부하고 다극 체제를 지향하고 있다. 1991년 구소련이 붕괴한 이후로 러시아는 다시 옛날의 영광과 자존심을 되찾고 있는 것이다. 러시아 국민이 푸틴을 압도적으로 지지하는 이유는 여기에 있다. 앞으로 러시아는 어떤 길을 가야 할까? 이 또한 어떤 관점을 취하느냐에 따라 달라질 것이다.

저자는 외국인이다. 외국에서 보는 시야는 좁을 수밖에 없다. 러시아 내부에서 1991년을 평가한 역사책을 보고 싶다.

[독서일기 47]

변화하는 세계질서

레이 달리오/ 송이루 외 옮김/ 한빛비즈

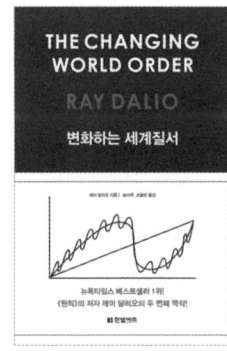

미국 투자가가 쓴 세계 주요 국가들의 성공과 실패의 '빅 사이클'이다. 레이 달리오는 투자가의 시각에서 지난 500년간의 역사에서 나타난 세계 주요 국가들의 흥망성쇠의 원인이 무엇인지 분석한다. 그리고 같은 시각의 연장선에서 현재의 미중 갈등이 어떻게 진행되고 나아갈지도 알아본다.

저자는 국가의 부와 권력을 결정짓는 8가지 결정 요인으로 1) 교육 2) 경쟁력 3) 혁신 및 기술 4) 경제 생산량 5) 세계 무역 점유율 6) 군사력 7) 금융 중심지로서의 영향력 8) 기축통화 지위 등을 들고 있다. 이런 결정 요인의 강약에 따라 진행되는 '빅 사이클'은 다음과 같은 6단계를 거친다.

1단계 새로운 질서가 시작되고 새로운 지도자에게 권력이 집중되는 단계다. 이 시기에 가장 적합한 지도자는 '권력통합형 지도자'이다. 2단계 자원 배분 체계와 정부의 관료 제도가 수립되고 치밀해지는 단계다. 3단계 평화와 번영의 시기다. 이 단계는 내부 질서 사이클의 최정점에 해당한다. 사람들에게 기회가 넘쳐 생산이 늘고, 기대감에 가득 차 원

만한 협조가 이루어지며, 부자와 성공한 사람들이 대우받는 단계다. 4단계는 과잉의 시대다. 저자는 이 시대를 '거품 번영' 단계라고 부른다. 5단계는 재정 악화와 갈등의 심화다. 중요 지표는 '시, 주, 연방정부를 막론하고 빈부 격차가 벌어지고 부채 규모가 커지며 소득이 감소하고 분쟁이 발생할 가능성이 커지는 것'이다. 관료주의가 커지고 포퓰리즘과 극단주의가 득세한다. 혼란이 만연하고 불만이 팽배한 가운데 강인한 성격의 지도자가 나타나 엘리트주의를 혁파하고 보통 사람들을 위해 투쟁하겠다고 선언한다. 포퓰리즘은 정치적 사회적 현상으로, 최상류층이 자신들의 문제 해결을 위해 노력하지 않는다고 믿는 서민들에게 인기가 있다. 5단계에서는 계급투쟁이 심화된다. 5단계 후반부에는 사법 제도와 경찰력을 지배하는 권력이 이를 정치적인 무기로 사용하고 5단계 후반으로 갈수록 시위가 다발하고 더욱 폭력적으로 변한다. 저자는 지금의 미국을 5단계로 보고 있다. 국가가 5단계에 있을 때 가장 큰 문제는 무너지기 전에 얼마나 버티느냐다.

6단계는 내전 상태다. 저자는 내전은 발생하게 되어 있다고 말하며 오랜 기간 평화를 누린 사람들이 으레 그렇듯 "우리한테는 발생하지 않아"라고 착각하는 대신 내란이 얼마나 가까이 있나 조심스럽게 신호를 찾아보기를 권한다. 내전과 혁명이 발생하면 기존 질서가 철저하게 바뀐다.

저자는 중국을 거칠게 1. 마오쩌둥의 시대(1949~1976년) 2. 덩샤오핑과 후임자들의 시대(1978~2012년) 3. 시진핑의 시대(2012년~현재)로 분류하고 2012년 시진핑이 집권했을 때 중국은 더욱 부유하고 강력해졌지만, 과도한 부채를 안고 있었고 지나치게 부패했으며 미국과 점점 대립각을 세우고 있었다고 분석한다. 양국 간의 기술전쟁에 대해서는 저자는 이렇게 평가한다.

"미국은(영향력이 빠르게 축소되고 있지만) 기술 시장을 주도하고 있다. 그 결과, 중국은 현재 미국의 영향력이 닿는 미국 제조업체와 그 외 국가의 제조업체들로부터 기술을 수입하는 데 크게 의존하고 있다. 이는 중국의 커다란 약점이 되고, 미국에는 커다란 무기가 된다. 이러한 중국의 취약성은 다른 여러 기술에서도 발견되지만, 특히 첨단 반도체 분야에서 가장 두드러진다 … 만일 미국이 중국에 공급되는 필수 기술을 차단한다면 무력 전쟁으로 번질 위험이 크게 증가할 것이다. 반면 지금과 같이 갈등이 전개된다면 중국은 5~10년 후에 기술적으로 미국보다 훨씬 독립적이고 강력한 위치에 올라설 것이다."(489쪽)

저자는 '지금과 같이'(원서는 2021년에 나왔다.) 미중간의 경쟁이 진행된다면 중국이 승리할 가능성이 높다고 진단한다. 조금 중국쪽에 편향된 주장같기도 하다. 반도체를 비롯한 첨단기술의 소재와 장비 제조는 미국이 쥐고 있고 미국은 중국에 이런 기술과 장비를 수출하지 못하도록 규제하고 있다. 미래를 예측하는 것은 항상 어렵고 여러 변수들이 많다.

저자는 모든 제국은 쇠퇴하고 오래된 제국을 대체할 새로운 제국이 부상한다고 말한다. 저자가 역사를 공부하면서 깨친 주장이지만 상식이기도 하다. 다만 우리가 사는 시대에서 그 쇠퇴가 진행되어도 우리가 금방 알지 못할 뿐이다. 인간이 자신이 사는 시대를 알기는 그만큼 어려운 일이다. 저자는 중국이 거의 모든 주요 영역에서 미국을 바짝 뒤쫓고 있다고 평가한다. 저자는 중국과 같이 일을 한 경험이 많은 투자자로서 중국을 높이 평가하고 있다. 저자의 주장은 정치학자의 이론이나 저널리스트의 현상 분석이 아닌 '투자자'로서, '돈의 흐름'을 쫓는 사람의 분석이기에 경청할 만하다. 어쨌든 앞으로도 미국과 중국의 기술 전쟁, 전략 경쟁은 더 치열해질 것은 분명하다. 이런 강대국들의 투쟁 시대에 투자자로서 그의 조언은 다음과 같다. 여러분의 재산을 '분산하라'.

[독서일기 48]

징비록

류성룡/ 오세진 외 역해/ 홍익출판사

"나는 지난 일을 경계하여 앞으로 후환이 생기지 않도록 대비하라는 뜻에서 이 책을 썼다." 류성룡의 말이다. 류성룡은 임진년의 재앙은 참으로 가혹했으며 이러한 일을 겪고도 지금 우리가 살아 있는 것은 하늘이 도와주신 것이라고 서문에서 기록하고 있다. 하지만 류성룡이 징비록을 쓴 후 300년이 지나지 않아 조선은 일본에게 침략당해 식민지 국가가 되고 만다. 임진왜란보다 더 큰 재앙을 맞은 것이다. 일본에서 오히려 징비록을 열심히 연구해 19세기 말에 어떻게 조선을 침략할 것인지 논하는 정한론에 이용했다고 하니 기가 막힐 뿐이다.

책을 읽으면 1592년의 조선은 그야말로 무력하기 짝이 없는 왕조였다. 어떻게 이렇게 국방의 기본이 되어 있지 않을까 안타까움을 넘어 분노가 치민다. 일본군이 부산에 상륙한 지 열흘 남짓 지나서 한양까지 치고 올라온 사실을 보고 명나라가 조선이 일본과 내통하지 않았는지 의심할 정도였다. 무엇보다 제대로 된 장수가 드물었고 그나마 쓸만한 군인도 억울하게 죽음을 당하기 일쑤였다. 부원수 신각이 한양 인근의 양주에서 왜군을 무찌르고 왜군 60여 명의 목을 베었다. 이는 왜군이 쳐들어온 이후로 거둔 첫 번째 승리였다. 그런데 김명원이 신각이 마음대로 자신을 떠났다고 올린 장계에 따라, 우의정 유홍이 사정을 알아보지도 않고 급히 신각을 참수할 것을 청했다. 선전관이 이미 떠난 후에 승전보가 도착했다. 조정에서 사람을 보내 참수를 중지시키고자 했지만 상황은 이미 돌이킬 수 없었다. 류성룡은 신각이 평소 청렴하고 몸가짐이 조심스러웠으며 일찍이 연안 부사가 되어 성을 보수하고 해자를 준설했으며 무기를 많이 갖추어놓았다고 말한다.(98쪽) 그나마 능력있는 장수를 전쟁 중에 이렇게 죽였으니 어떻게 될 것인가.

임진강 전투에서는 나이가 많고 전쟁 경험이 풍부한 별장 유극량이 일본군의 매복을 경계해서 경솔하게 진격해서는 안 된다고 강하게 주장하자 신할이 전투를 주저한다고 생각해 그를 참수하려고 했다. 그러자 유극량이 말했다. "저는 상투를 틀고 성인이 된 후로 지금껏 전쟁터에서 살아왔습니다. 어찌 죽음을 두려워하여 피할 생각을 하겠습니까? 제가 섣불리 진격해서는 안 된다고 말한 것은 나랏일을 그르치게 될까 염려되기 때문입니다." 유극량은 화를 내고는 강을 건넜다가 왜군의 매복에 걸려 크게 지고 말았다.(102쪽) 이런 일이 부지기수였다. 일본과 싸움에서 연전연승해 남해의 제해권을 장악한 이순신이 파직을 당하고 원균이 칠천량 전투에서 대패한 것도 조정의 잘못이니 어이가 없을 뿐이다.

조정은 임진왜란이 일어나기 전에 일본국에서 조총을 선물받아 잘 알고 있었다. 그러면 조총을 연구해서 만들던지, 아니면 조총을 쓰는 일본에 어떻게 하면 이길 수 있는지 전법을 준비해놓아야 했다. 무능하게 대비를 소홀히 해 조총 부대에 그냥 무너지고 말았다.

왜군들이 대동강 가에 모습을 보이고 신하들이 평양성을 빠져나가자

평양성의 관리와 백성들이 난을 일으켰다. 칼을 들고 길을 가로막으며 함부로 공격하여 종묘사직의 위패가 땅에 떨어졌다. 백성들은 도망가는 재신들을 가리키며 큰 소리로 꾸짖었다.

"너희들은 평소 나라에서 주는 녹봉을 훔쳐 먹더니 지금은 이처럼 나라를 그르치고 백성을 속이느냐?"(113쪽)

곳곳에서 의병이 일어나고, 의병과 관군이 연합해서 영천성을 탈환하는 등 영웅적인 투쟁이 이어지고 명나라 군대의 도움으로 평양성을 탈환하는 등 겨우 나라를 구했으나 선조는 이들 의병들과 관군보다 자신의 피난에 종사한 신하들 공을 더 높게 포상했다. 임진왜란 초기 승리한 영천성 전투는 이순신의 한산도 대첩 승리에 견줄 정도로 중요한 전투였다고 한다. 영천성 전투 승리로 경상 좌도를 수복할 수 있었고 일본의 후방 보급로를 차단하는 성과도 올릴 수 있었다고 한다. 나는 이씨 조선은 임진왜란 후에 망했어야 한다고 생각한다. 이렇게 무능한 왕조가 유지되어야 할 이유가 무엇인가. 그랬으면 조선 후기의 나라 형세가 훨씬 좋았을 것이다.

거북선 서술이 눈에 띈다. 거북선의 구체적인 모양이 눈에 잡힌다.

"이순신은 거북선을 처음 만들었다. 목판으로 배 위를 덮었는데 중앙이 높고 가장자리가 쳐져서 배의 형상이 마치 거북이 등과 같았다. 군사들과 노 젓는 사람들은 모두 그 안에 있고 좌우, 전후에는 모두 화포를 싣고 종횡무진으로 다닐 수 있어서 마치 베 짜는 북과 같았다."(144쪽)

임진왜란과 같은 큰 전쟁을 겪으면 나라부터 시작해서 조신과 군인에 이르기까지 수십 권의 책을 내야 마땅하다. 그래야 과거 전쟁을 분석 평가하고 미래의 국방과 외교에 대비할 것이 아닌가. 그런 점에서 류성룡의 『징비록』은 귀하고 귀한 책이다.

**작가의
드론 독서
4**

1판 1쇄 2023년 2월 24일

지은이 정광모
펴낸이 서정원
펴낸곳 도서출판 전망
주소   48931 부산광역시 중구 해관로 55(201호)
전화   051) 466-2006
팩스   051) 441-4445
이메일 w441@chol.com
출판등록 제1992-000005호
ⓒ정광모 KOREA

ISBN 978-89-7973-599-4
ISBN 978-89-7973-398-3(셋트)

값 20,000원

* 저자와의 협의에 의해 인지를 생략합니다.
* 이 책 내용의 전부 또는 일부를 재사용하시려면 저작권자와 도서출판 전망 양측의 동의를 받아야 합니다.